JN304006

女子補導団

―日本のガールスカウト前史―

矢口徹也 著

成文堂

口絵1　発足直後の女子補導会　香蘭女学校（1920年）

口絵2 女子補導団への改組―前列右から井原たみ子、3番目細貝のぶ、後列右からウーレー、檜垣茂、4番目三島純、バンカム、ヘイルストン（1924年頃）

口絵 3　女子補導団の解散記念写真―中央は 7 月に交換船で帰国するウーレー　香蘭女学校（1942年 2 月）

口絵4 第1回青少年指導者講習会―日米のガールスカウト関係者が参加した。2列目右8番目からタイバー、デュウイ、サリバン、コーキンス、ダーギン 小金井治恩館（1948年10月）

はじめに

　戦後青年教育の出発を象徴する一枚の写真がある。それは、1948（昭和23）年秋、都下小金井の日本青年館分館で開催されたCIE、文部省共催による第1回青少年指導者講習会の記念撮影である（口絵4）。そこでは、戦後の新しい教育理念と方法の普及のために全国の教育関係者を集めてグループワーク、レクリェーションが指導された。この記念写真を眺めたとき、その中央に多くの日米のガールスカウト関係者──CIEのダーギン、タイパーに挟まれて合衆国ガールスカウト連盟派遣のサリバン、テュウイ、コーキンスが座り、その周りに戦前の補導団（ガールガイド）経験者、三島純、宮原寿子、黒瀬のぶたちが並んでいることがわかる。全国の青年教育関係者の中央に並ぶこと、それは、戦後教育改革期におけるガールスカウトの位置でもあった。

　本書は、世界的青年運動であるガールガイド・ガールスカウト運動がイギリスから日本に導入され、女子補導会、女子補導団の名称で活動を展開し、第二次世界大戦中の解散を経て、戦後はアメリカ式にガールスカウトとして再発足する過程を検証したものである。日本には1920年に導入され、東京、大阪、神戸、大連、長春、さらに地方都市で結成され、都市型の女子青年教育のモデルを示した。戦後の教育改革期には、アメリカ式にガールスカウトとして再出発し、女子青年教育として、また、そのグループワーク活動によって、ひろく戦後社会教育のモデルとして応用されて今日に至っている。

　本書の問題意識は次の4点にある。

　日本のガールガイド＝女子補導団は主にキリスト教主義女学校、教会で活動を始めた。そのキリスト教主義女学校は明治期に日本の女子教育を中心的に担ったが、日本のナショナリズムの高揚期、「教育と宗教の分離」という課題を迫られた。その際、教育と伝道の双方を果たしていくために新しい女子青年教育が必要性となり、そこに女子補導団の意味があったのではないか。

2 はじめに

　第二点は、青年教育としての女子補導団の意味である。1920年代は、総力戦、科学戦としての第一次世界大戦を経て、都市に家庭が誕生し、女子中高等教育への要求も拡大しつつあった。女子教育において、従来の良妻賢母主義に加えて、市民、国民としての資質が問われた。この時期に導入された女子補導団の都市型の女子青年教育としての意味を確認したい。

　第三は、戦後教育におけるガールスカウトの役割である。ガールガイド、ガールスカウトは欧米の青年教育であり、そのグループワークの方法は戦後教育改革期に日本の社会教育、青年教育の雛形としての役割を果たした。CIE（民間情報教育局）と文部省がガールスカウトに注目してその普及を図り、さらに、他の青年団体への応用を図った意味を検討したい。

　第四は、女子補導団とガールスカウトの女子教育観に関する考察である。戦後教育改革の原則であった男女の教育機会均等の中で、ガールスカウトは女子青年教育団体として発足した。女性の市民としての資質と社会参加、同時に将来の家庭の担い手育成という課題、その点から女子補導団からガールスカウトにいたる女子教育観を具体的に検証したい。

十字架の校章と補導団章－大阪第2組（プール女学校・1927年）

女子補導団、ガールスカウトについて教育的考察を行った先行事例は少なく、戦前、戦後の社会教育にこの団体が果たした役割の大きさに比して、その研究は殆どなされていない。女子補導団に関する本研究は、それ自体、研究の空白を補う意義があると同時に、キリスト教主義と女子教育、女子青年教育という観点から一定の成果を示し得るものと考えている。

　なお、本書の刊行に際しては早稲田大学より学術出版補助金を受けたことをここに記し、謝意を表します。また、本書の出版にあたり、お世話になった成文堂の阿部耕一社長、相馬隆夫さまに心より御礼申し上げます。

2007年12月10日

矢口　徹也

目次

はじめに

序章　女子補導会・補導団研究の目的と構成 …………1
第1節　本研究の目的 …………………………2
第2節　先行研究と本研究の位置 ……………15
第3節　本書の構成 ……………………………18

第1章　イギリスにおけるガールガイドの成立と展開 …………26
第1節　ガールガイド成立前のイギリスの女子青年教育 …………26
第2節　ボーイスカウト、ガールガイドの成立 ……………………30
第3節　第一次世界大戦によるガールガイド運動の変化 …………37
小　結 ……………………………………………………………43

第2章　日本における女子教育の成立とキリスト教 …………47
第1節　学制頒布と女子教育 ………………………………………47
第2節　明治初期におけるキリスト教と女子教育 …………………50
第3節　キリスト教主義学校への明治政府の対応の変化 …………55
第4節　大正期の女子教育と臨時教育会議 ………………………64
第5節　明治大正期における女子教育とキリスト教主義学校の位置 ……66
小　結 ……………………………………………………………70

第3章　女子補導会、女子補導団と四つの女学校 …… 74
第1節　香蘭女学校 …… 74
第2節　プール学院 …… 78
第3節　松蔭女子学院 …… 82
第4節　東京女学館 …… 87
小　結 …… 96

第4章　日本におけるガールガイド運動の発足 …… 99
第1節　女子補導会発足の経緯 …… 99
第2節　初期の補導会活動 …… 103
第3節　女子補導会の性格 …… 110
小　結 …… 118

第5章　日本女子補導団への改組 …… 122
第1節　日本女子補導団への改組 …… 122
第2節　『女子補導団便覧』にみる女子補導団の性格 …… 126
第3節　女子補導団の組織と指導者の概要 …… 133
小　結 …… 136

第6章　女子補導団活動の展開
　　　　　―本部活動を中心に― …… 139
第1節　ガールガイド運動の国際化と女子補導団運動 …… 139
第2節　「本部日誌」にみる女子補導団の活動
　　　　―機関誌『女子補導団』(1926―1933)を中心に― …… 142
第3節　戦時体制下の女子補導団本部 …… 163
小　結 …… 169

第7章　女子補導団活動の実際
　　　　　―東京地区の動向を中心に― ················172
　第1節　東京地区の指導者像 ················172
　第2節　東京第1組（a）―香蘭女学校 ················176
　第3節　東京第2組（第1組b）―聖アンデレ教会 ················182
　第4節　東京第3組―聖バルナバ教会、余丁町小学校の
　　　　　余丁町少女団 ················198
　第5節　東京第4組―東京女学館 ················201
　小　結 ················207

第8章　女子補導団活動の実際
　　　　　―地方における展開 ················212
　第1節　神戸第1組、神戸国際組―松蔭女子学院
　　　　　（1923―1929） ················212
　第2節　大連第1組―大連高等女学校（1924―1931） ················215
　第3節　大阪1組・2組―プール学院（1925―1933） ················220
　第4節　盛岡第1組―盛岡聖公会（1927―） ················226
　第5節　大宮第1組―大宮愛仕母学会（1927―） ················234
　第6節　福島第1組―片曾根村農業公民学校（1929―） ················242
　第7節　長春第1組―長春高等女学校（1929―1931） ················243
　第8節　日光第1組・ブラウニー四軒町愛隣幼稚園
　　　　　（1930―） ················244
　第9節　沼津第1組・ブラウニー清水上聖公会（1931―） ················246
　第10節　長野第1組―愛シスター会（1931―） ················249
　第11節　茂原少女会―茂原聖公会（1931―） ················252
　第12節　草津第1組ブラウニ・第2組ブラウニ
　　　　　―マーガレットホーム・平和館（1932―） ················254

| 第13節 | 久喜第1組ブラウニー久喜児童の家（1932—） | 259 |
| 小　結 | | 260 |

第9章　日中戦争・第二次世界大戦下の聖公会教会と女学校 …… 268

第1節	十五年戦争と中等教育	270
第2節	宗教団体法と日本聖公会	271
第3節	戦時下の四つの女学校—外国人宣教師、教員の帰国	279
第4節	戦時下における学校の組織変更	281
第5節	戦時下における学生標準服の導入	285
第6節	国家総動員法と勤労動員	288
第7節	学校報国隊の結成、女子勤労動員の経緯	290
小　結		296

第10章　戦前日本の女子教育におけるガールガイド運動の意味 …… 300

第1節	キリスト教主義女学校における女子補導会・女子補導団の役割	300
第2節	女子青年教育としての女子補導会・補導団の意味	308
第3節	女子中高等教育の拡大と女子補導団	311
小　結		322

第11章　戦後ガールスカウトの発足と女子補導団
—占領期におけるGHQ・CIEの青年教育政策とガールスカウト— …… 325

| 第1節 | 占領期におけるGHQ・CIEの青年教育政策とガールスカウト | 326 |
| 第2節 | 女子青年団体としてのガールスカウトへの注目 | 330 |

第3節　ガールスカウトの発足と戦前の女子補導会・
　　　　補導団の関係 ……………………………………………*337*
   第4節　CIE・地方軍政部によるガールスカウトの組織化 ………*351*
   小　結 ……………………………………………………………*360*

第12章　戦後初期の「婦人教育政策」とガール
　　　　スカウトにみられる性別教育観の検討 ………*366*
   第1節　占領期における女性政策と「婦人教育」禁止の経緯 ……*367*
   第2節　占領期女性スタッフを中心とした「婦人教育」観 ………*370*
   第3節　戦後「婦人教育」復活にみられる性別教育観の背景 ……*372*
   第4節　占領期にみるガールスカウトの女子教育観 ………………*376*
   小　結 ……………………………………………………………*384*

終章　女子補導団研究の成果と課題 …………………………*389*
   第1節　各章の成果 ………………………………………………*389*
   第2節　結論と課題 ………………………………………………*399*

   お わ り に

序章

女子補導会・補導団研究の目的と構成

　ガールガイド、ガールスカウトはキリスト教女子青年会（YWCA）とともにイギリスに起源をもち、女子教育にもかかわる国際的な団体である。日本では1920年代にイギリス本国の支部として女子補導会が結成され、その後、日本女子補導団に改組、第二次世界大戦中の1942（昭和17）年に解散したが、戦後はガールスカウトとして再建されて今日に至っている。

　イギリスでは、1909年、ベーデン・パウエル（Robert Stephenson Smyth Baden-Powell）がはじめたボーイスカウト運動に少女の参加者があり、それをガールガイドとして特立することになったものであった。当初、ベーデン・パウエルの妹のアグネス（Agnes Baden-Powell）の協力を得て進められたガールガイドは、さらに彼と結婚した妻のオレブ（Olave St. Clair Baden-Powell）を代表者として発展し、ボーイスカウトと並ぶ世界的な青少年活動となった。アメリカ合衆国では、これをガールスカウトの呼称で組織化し活動を展開した。これらのガールガイド、ガールスカウトはボーイスカウトと同様に、子どもたちの興味、関心に対応したゲームやレクリエーションの要素と野外活動の技能、パトロールシステムと呼ばれる6人ほどのグループ活動に特色があり、その小集団形態と活動方式において、ひろく20世紀の教育活動全般に影響を与えることになった。

　日本では、大正時代にイギリス国教会系の日本聖公会教会を通じて関係する女学校、幼稚園等に紹介され、女子補導会（後、女子補導団と改称）として活動が開始されている。戦時期においては、イギリスの活動であったことから活動を停止した。しかし、戦後には、占領期、主にアメリカ合衆国を中心としたGHQスタッフがガールスカウトとしての普及に力を注ぎ、また、欧米的な教育方法および活動形態の雛形となり、全国に普及して多くの少女

会員による組織となった。日本におけるガールガイド、ガールスカウト運動はそれぞれ戦前において女子補導会、女子補導団と呼称されたが、戦後はアメリカ式にガールスカウトとして全国に普及し、戦後の社会教育の内容と方法にも影響を与えているのである。

本稿は、大正期、日本にガールガイドが導入されて活動を展開し、戦後初期においてガールスカウトとして再発足する過程を検証する。それは、先に述べたようにガールガイドが戦前の日本にキリスト教関係者を通じて導入されて独自に展開され、戦時中に活動を中止していたものの、戦後は教育改革の中でアメリカ合衆国式のガールスカウトとして再出発を果たし、その理念と方法とが戦後の女子青年教育のひとつとして定着したこと、同時にひろく戦後社会教育のモデルとなった理由を確認することでもある。

以下、第1節では、本研究の目的である（1）戦前日本の女子教育とキリスト教及び女子補導団との関係理解、（2）青年期教育の二重構造と都市部における女子青年教育の理解、（3）女子青年教育としての女子補導団の性格と戦後ガールスカウトへの連続性、（4）戦後の性別教育としてのガールスカウトの意味、という四点からその問題意識を説明し、第2節では先行研究と本研究の位置について、第3節では本論の構成とその概要を述べたい。

第1節　本研究の目的

本研究を進める目的とその問題意識は次の4点である。

(1)　戦前日本の女子教育とキリスト教及び女子補導団との関係理解

第一の目的は、戦前日本の女子教育におけるキリスト教の役割を理解し、またイギリス聖公会経由で導入された女子補導会の意味を明らかにすることにある。明治期、日本の女子教育を中心的に担ったキリスト教主義女学校は、日本のナショナリズムの高揚期において高等女学校令と訓令12号にみられる教育と宗教の分離という課題を迫られ、従来の教育事業を継続しながら新たな社会活動を展開していった。そこに、教育と伝道両面の役割を果たしていく女子青年教育活動が必要となったのではないか、という問題である。女子補導会、補導団を論ずる際、女子教育というのみでなく、キリスト教主

義女学校、とくにイギリス聖公会系の教会と学校の発展過程の中でその意味を考えたい。1920（大正10）年、学校、教会において始められた日本のガールガイドは、背景にキリスト教系女学校特有の課題があることを考え、本論で検討したい。その背景にある①明治期の女子教育とキリスト教、②訓令12号と高等女学校令のキリスト教主義学校への影響、③女子高等教育進学希望者への対応、は次の通りである。

① 明治期の女子教育とキリスト教

明治以降、日本における教育制度は、その発達にしたがって男女別学と差別化が進められた。学制頒布（1872・明治5）では、男女同様の就学奨励がなされたが、教育令（1879・明治12）から男女別学が明記された。その後、女子教育の担い手養成のための師範学校の設立がすすめられ、産婆学校、看護婦の養成、和洋裁学校等の女子の職業に対応した女子教育が準備された。教育勅語（1890・明治23）と翌年の文部省令では、別学原則の厳格化と男女別の学級編成に関する規則が制定されている。大正期に入り、第一次世界大戦を経て、戦前日本の教育の基本的枠組みが完成された臨時教育会議の「女子教育に関する答申」（1918・大正7）では、淑徳節操、体育と勤労、家族制度に重点がおかれ、男子とは明確に区別された実際生活に即した知識能力、家事の基礎としての理科教授が重視された。

中等教育について言えば、明治初期の中学校創設期には、中学に関して特に男子のみの学校であることが明記されず、女子生徒の在籍が確認されるものであった[1]。しかし、その後、別学化が進み、中学校と高等女学校の制度は形式・内容両面において別のかたちで発展していった。1882（明治15）年に東京女子師範学校付属高等女学校が修身を設置した高等女学校のモデルとして設立され、改正中学校令（1891・明治24）と訓令「女子教育に関する件」（1893・明治26）において高等女学校が明記、説明され、女子の就学督励が家庭教育の役割と併せて強調される。1895（明治28）年に高等女学校規定が定められ、男子の中学とは異なる修身・国語・裁縫の必修化の一方で、外国語の選択科目化、物理・化学は理科として統合されて教授されることになった。師範学校令（1897・明治30）では、別の女子師範学校が設立され、そこで養成された女性訓導はそれぞれ別学級、別学校化された学校に配属さ

以上のように明治期以降の中高等教育はあくまで男子を前提として整備されたために女子教育は別に扱われ、その制度も不十分なものであった。女子の中等教育は、公立では、ごく少数の女学校と師範学校に限られた。そのため、他の大部分はこれを私立が補うことになり、この私学の女子教育を主に担ったのは欧米人の協力によるキリスト教系の学校であった。例えば、高等女学校令の前年の1898（明治31）年時点で、公立女学校26校に対し、キリスト教主義女学校はプロテスタント系のみで63校にのぼっていた[2]。もちろん、明治維新後しばらくは、帝国大学を含めた多くの中高等教育機関全体が欧米人に依存したが、とりわけ、女子教育においては政府の対応が男子中心で進められたこともあり、この点は特に明白であった。キリスト教主義の女学校は、欧米の伝道会社が布教の目的のために経費を負担して経営するものではあったが、伝道以外にも中等教育の教育機会を女子に対して提供したこと、また、それまでの日本とは異なるキリスト教に基礎をおいた欧米的な人間観にもとづく教育を行った役割は大きい。

② 訓令12号と高等女学校令のキリスト教主義学校への影響

　一方で、1880年代末からの日本のナショナリズムの台頭と国家としての教育の独自性が強調されるにしたがって、それまでキリスト教系に多くを依存していた女子教育にも変化が求められた。1891（明治24）年、内村鑑三の「不敬事件」にはじまり、井上哲次郎を代表とする国家主義思想によって「教育と宗教の衝突」問題がおきる[3]。その結果、女子教育においては良妻賢母を基調とした教育が重視され、それまで依存してきたキリスト教主義の学校にも制約を置く動きが生まれた。1899（明治32）年に出された高等女学校令（勅令31号）と文部省訓令12号は、日本のナショナリズムによるキリスト教排斥の象徴的転機として捉えることが出来る。つまり、高等女学校令では、学校経営の枠組みと教育課程そのものが学校認可申請の要件となり、訓令12号は、具体的に次のような問題をキリスト教主義学校につきつける形となったからである。

　ア　訓令12号では、宗教教育の禁止によって、キリスト教主義学校においても宗教的儀式、聖書に関する授業等が禁止され、それは学校の存在の

根本をゆるがすものとなった。
- イ　高等女学校令では、家事、裁縫が必修となり、それまでのキリスト主義女学校での中心におかれていた英語、欧米文化理解に関する時数に限定がおかれることになった。
- ウ　高等女学校令に合わせた教員を配置し、また施設と設備の充実をキリスト教主義女学校に求めることになった。
- エ　高等女学校令以降、各府県に公立高等女学校が設立され、国家的に支援をうけた公立学校と私立としてのキリスト教主義女学校は競合することになった。これは多大な負担をキリスト教主義女学校に求めるものとなった。

　その結果、キリスト教主義女学校の多くは高等女学校としての認可申請を見送り、各種学校のままの学校経営を選択し、小学校を併設している学校の一部では初等課程を閉校した。なお、同じキリスト教系列の学校でも、多くの男子校の場合、高等教育機関への進学と徴兵猶予の問題から、早期に宗教の分離を行い中学校としての維持をはかっていった。この点、女子校と男子校とでは対照的である。

　明治期初期から女子教育の多くを担い、またリードしてきたキリスト教主義の女学校は、ミッションスクールとしての宗教教育、また英語教育を中心とした欧米文化理解が中心におかれていたため、ナショナリズム台頭期における官立の高等女学校整備によって学校存続の危機に直面した。財政難と経営困難から廃校となる学校もあったが、多くは明治初期から女子教育の担い手であった実績と信用、欧米教会の援助によって経営の継続をはかっていった。

③　高等教育進学希望者への対応

　その後、20世紀をむかえると、主に都市部では女子の中等教育進学率の上昇にともない女子の高等教育に関する要求が高まっていった。1903（明治36）年に専門学校令が公布され、日本女子大学校、女子英学塾等が専門学校になると、それらの学校への進学希望者も徐々に増加した。これは、各種学校として学校文化の維持を優先したキリスト教主義の女学校に新たな対応を求めることになった。つまり、キリスト教主義女学校の中にも上級学校を目

指す生徒が登場し、女学校卒業後の進学を視野においた文部省認可の専門学校進学資格指定を目指す課題が生じたのである。

　そのためには、各種学校を高等女学校として改変して学校経営全体を見直した申請を行うか、高等女学校に近い教育課程を設置して高等女学校と同等以上の学力を有するという「専門学校入学者無試験検定願」を文部省に提出するという選択肢が求められたのである。結果として、大正期から昭和初期にかけてキリスト教主義の女学校の多くは、高等女学校としてその組織を改変して対応するか、あるいは「専門学校入学者無試験検定願」の認可を受けたのである。その際、女学校において学校の文化そのものであるキリスト教の教育をどのように継続していくか、という切実な課題があった。正規の教育課程として宗教活動が認められない以上、各種学校として学校の経営を維持しながら、教職員、施設、教育課程を高等女学校に合わせたものにして「専門学校入学者無試験検定願」の申請を図ると同時に、正規の教育課程とは別に、学校内外でキリスト教事業・教育活動を任意で行い、その充実をはかった。それは、キリスト教系女学校としての伝統の維持と、その伝道的役割を果たすためにも必要なものとなった。

　明治期、日本の女子教育を中心的に担ったキリスト教主義女学校は、日本のナショナリズムの高揚による政策変更にしたがって、従来の教育事業を継続ながら新たな医療・福祉・教育・保育の分野において社会活動を展開していく必要が生まれた。そこに、教育と伝道両面の役割を果たしていく社会教育活動としての女子補導団の意味もあったと思われる。したがって、日本のガールガイド運動を論ずる際、単に女子教育というのみでなく、キリスト教主義女学校、とくにイギリス聖公会系の教会と学校の発展過程の中でその意味を考えてみたい。本論では、1920（大正10）年、イギリス聖公会関係の学校と教会を中心として発足したガールガイドについて、明治以降の女子教育とキリスト教の関係の中で検討を行う。

(2) 青年期教育の二重構造と都市部における女子青年教育の理解

　第二の目的は、女子青年期教育の検討、とりわけ都市部の女子補導会、補導団の意味を明らかにすることにある。戦前の日本の青年期教育には男子と

女子に分けられた別学の構造が存在し、さらに、男子、女子それぞれに中等教育、青年教育に分離した二重構造が存在した。先行研究では、男子を中心とした二重構造の問題が明らかにされてきたが、女子の中等教育と青年教育の関係は必ずしもじゅうぶん検討されていない。また、女子の社会教育、青年教育は農村部の研究に中心がおかれ、都市部の女子社会教育活動の検討はほとんどなされていなかった。日本における女子補導会・補導団の検証は、都市部の女子青年期育の問い直しという課題の中にも位置づくものである。

　近代日本の教育について論じる際、問題構造として指摘されてきたものに「青年期教育の二重構造」[4]がある。青年期教育は中等教育と青年教育に分裂し、中等教育においては、男子の場合、学力、および経済力のある家庭出身者が小学校卒業後、中学、高等学校、大学へと進学していった。その場合の中等教育は初等教育と高等教育の中間に位置づく。もう一方で、中等教育に進学し得ない大多数の青年が存在し、そのための実業補習と壮丁準備教育を中心とした青年教育を対比させるものである。1907（明治40）年に、六年間の尋常小学校卒業後に二年間の高等小学校が設置されたが、その男子の卒業生は、低度の実業教育を中心とした実業補習学校、徴兵準備のための青年訓練所での教育対象とされた（実業補習学校と青年訓練所は青年学校に制度的に統合されて、1939年に義務化される）。陸軍幼年学校、海軍兵学校のような公費による軍幹部養成、同じく公費による教員養成のための師範学校も存在していたが、多くは出身階層と学力にしたがって、中等教育と青年教育という二重構造化された複線形の学校体系に水路づけられた、というものである。

　男子の青年教育では、地域青年団を中心とした社会教育と学校教育の結びつきも強いものであった。日本には伝統的に地域の青年集団が存在したが、日清・日露戦争中、地域の青年たちが軍人後援、凱旋歓迎を行ったことが契機となり、内務・文部両省はこの青年集団に注目した。地方改良運動の必要性、1908（明治41）年の青年団に関する戊申詔書、さらに1914（大正13）年に第一次世界大戦がはじまると、総力戦が要請され、その都度、地域の青年集団の官製化、組織化が進んだ。戦前の男子の青年教育では、地方において青年団に属する青年たちは、実業補習学校や青年訓練所（後の青年学校）の生徒とほぼ重複し、中等教育を受けることができた一部の青年とは異なっ

て、壮丁準備教育と低度の職業教育を受けた人々でもあった。

　以上が青年期教育の二重構造の基本的理解である。男子の場合、徴兵を原則とした壮丁準備教育を含む青年教育があり、もう一方にエリートとして大学進学を視野においた中等教育があった。

　性別役割分業を基本とした社会の中で、良妻賢母を理念とした女子教育は別の存在であった。女子にとっての青年期教育はどのようなものであったろうか。女子においても中等教育として高等女学校が整備される一方で、補習教育、社会教育としておこなわれる青年教育（処女会、女子青年団）があった。その点から考えれば、男女別に青年期教育の二重構造は存在したことになる。しかし、女子の中等教育と青年教育は男子と次の点で異なっていた。イ．高等女学校では、修身、家政が必修であること、また、外国語、数学、物理・化学等の科目が選択あるいは、時数が削減された形となっていたこと。ロ．接続する女子高等教育機関に関し、一部の例外を除いて女子の大学入学は認められておらず、上級学校としての専門学校、高等師範学校等はごく少数の機関で、その領域も限定されたものであったこと。ハ．高等女学校自体も階層化と差別化がすすめられていたこと。具体的には高等女学校普及の要望と地方部においての学校設置に配慮した形で、普通科目と実科教育重視の併設を認めた実科高等女学校が多数設置された。実科高等女学校は修業年限も高等女学校標準より短縮された3年間であり、教育課程の上では英語・理科時数が削除されていた。

　女子の青年教育では、女子実業補習学校、さらに女子青年学校が設置され、社会教育関係団体としての処女会、女子青年団も準備されてその全国組織化がはかられていくが、兵役のための壮丁準備教育が無いために全体に男子に遅れたものであり、地域の中での存在も副次的であった。[5]遅れて準備された女子の中等教育、青年教育がともに注目され、その意義が検討されたのが大正期であった。この点は、1918（大正7）年の臨時教育会議「女子教育に関する答申」において明らかであり、女子教育の特色として良妻賢母主義の確立とともに、「実際生活に即した知識能力、家事の基礎たる理科教授」が強調されている。

　女子補導会が発足した1920年は、①明治の学制頒布以降、低迷してきた女

子就学率も大正期に入ってある程度、安定し、それにともなって女子の中等教育進学要求も高くなってきた時期であること、②総力戦、科学戦としての第一次世界大戦を経て、科学教育と女子教育のあり方が模索されたこと、③大正自由主義の空気の中で、新教育運動と児童中心主義思想が導入されつつあったこと、その結果、④臨時教育会議を経て、あらためて女子教育の青年期教育としての意味が議論された時期である。その際、注目したいのは女子補導団の対象が女学校在学者、あるいはその入学をめざす少女だったことである。日本のガールガイド運動である女子補導団は、都市部を中心とした中等教育を補足する女子青年教育として捉えることが出来る。その点は、当時の政府が地方部において網羅的にその組織化を準備した処女会、女子青年団とは明らかに異なる存在であり、組織においても人数においても小規模なものであった。しかし、女子補導団は、都市部の女子社会教育活動であり、興味関心を基本とした組織原則、その経験と自主性を尊重した新教育の側面は、都市部の女子青年教育として一定の意義を有し、それゆえ戦後改革期への注目につながっていくと考えられるのである。日本におけるガールガイド運動としての女子補導会・補導団について、都市部における女子の青年教育という観点から検討を試みたい。

(3) 女子青年教育としての女子補導団の性格と戦後ガールスカウトへの連続性

　第三の目的は、戦前の女子補導会、補導団の都市型女子青年教育としての性格とその歴史的意味を明らかにすること、その上で戦後青年教育への影響について検討することにある。イギリスではじまったガールガイドは大正期からイギリス国教会系の日本聖公会の教会、学校、幼稚園等において開始された。それは、東京、大阪、神戸を中心とした都市部の活動として始められ、当初はキリスト教者の少女が中心となったため、必ずしも全国にひろく普及したものとはならなかった。しかし、第二次世界大戦後の占領という状況下で、アメリカ合衆国式のガールスカウトに名称を変更し、多くの社会教育関係団体のモデルとしての役割を果たしながら急速に普及した。戦前は小規模な活動であったものが戦後になって急速に普及した背景には、女子補導

団、ガールスカウトがともに欧米の青年活動であることからGHQに支持されたこと、また、その内容に戦後の女子青年教育の課題を先取りする特質が含まれていたからである。その点について、①女子補導会、補導団とキリスト教との関係、②都市型の女子青年教育であったこと、③方法論としてのグループワークを活用していたこと、を中心に検討したい。具体的に説明すると、次の通りである。

① 女子補導会、補導団とキリスト教との関係

占領期において、ガールガイド、ガールスカウトが、YMCA、YWCA等とともに戦後民主主義をになう団体として注目され、青少年団体再結成の雛型となった背景には、戦前からの歴史とそのキリスト教主義に注目する必要がある。戦前にイギリスからガールガイドとして日本に導入され、女子補導会・補導団と呼ばれていた時代は、日本聖公会というキリスト教系の学校と教会を中心とした活動であったため、キリスト教関係者との人脈が国内外にひろがっていた。戦後はイギリス式のガールガイドから合衆国式のガールスカウトに改められたが、同様にガールガイド・ガールスカウトを理解する上でキリスト教とその人間的つながりは重要である。さらに、戦後青少年教育を統括したCIEの青少年団体および学生活動の担当官ダーギン、タイパーはYMCAの関係者であり、戦前からのガールガイドのネットワークはGHQ-SCAPと日本人を結ぶ多くの接点を提供したと考えられる。その点、とりわけここでは、戦前の補導会・補導団を支えた教会および学校を通じての人々のつながり、さらに戦前と戦後の関係についても確認したい。

② 都市型の女子青年教育の意味

先にも述べた通り、女子補導会、補導団が設立された1920年代は、第一次世界大戦を経て、女子の中等教育進学要求が向上し、新教育運動と児童中心主義思想が導入され、科学教育と女子教育のあり方が模索された時期であった。同時に、日清・日露戦争以降の産業化により東京、大阪への人口集中が進み、とくに、第一次世界大戦後は都市人口が急速に増加していった。そこでは、頭脳労働、俸給所得、資本家と賃金労働者の中間に位置づく新中間層という階層と家族形態としての家庭を創出するが、その特徴は次の3点に整理される。[6] イ．性別役割分業が進み、夫は職住分離の通勤を行い、妻は専業

主婦として家事・育児を担当する。ロ．職業は官公吏、教員、会社員、職業軍人が中心であり、それらは学校教育を媒介として獲得された近代的職種であること。ハ．多くの新中間層は、地方農村部から中高等教育をうけるために上京した農家の次三男によって形成され、親家族、地域の共同体からも切り離された核家族を形成する場合が多いこと、である。したがって、この都市部の新中間層による家庭では、引き継ぐべき職業を持たないために子どもの学校教育が重視され、性別役割分業観を背景ととして、多くの男子は中学校へ、女子は高等女学校、特に男子の場合、さらなる上級学校進学を目指すことになった。その点において児童の教育は尊重されたのである。女子補導会、補導団に属する女子は多くが女学校、あるいはそこへの入学を目指す少女たちであり、新中間層の子どもであった。女子補導団の性格もキリスト教主義、イギリス的であると同時に都市中間層の子どもたちの要求に対応したものであった、と考えられる。女子補導団の持つ、将来の家庭人養成のための女子教育の重視、新教育と児童中心主義の立場は、新中間層に対応するものであり、その性格は第二次世界大戦後の全国規模での工業化、都市化とそこでの戦後家庭に連続して受けいれられるものであった、と考えられる。

③ 女子補導団、ガールスカウトの活動方法としてのグループワーク

戦後ガールスカウトがとくに注目されたのは、グループワーク講習を目的としたIFEL（青少年指導者講習会）であった。そこで、CIE担当者の準備により、アメリカから招かれたガールスカウト指導者と戦前の補導会メンバーとは、全国から集合した青年教育、社会教育関係者に対するグループワーク指導を協力して行っている。もともとガールガイド、ガールスカウトは、ボーイスカウトと同様にパトロールシステムと呼ばれる班活動（グループ活動）を基本とした青年教育であった。戦後社会教育の基本形態ともなったグループワーク方式の講習の初期からガールガイド、ガールスカウトは特に注目されていた。

なぜ、グループワーク講習なのか、それはCIEが日本占領初期において、一定地域の青年が網羅的に加入する青年団体の廃止を考えていたことにある。これは、アメリカが日本の占領計画を立案する際、戦前日本の教育体制の中で、地域網羅組織が超国家主義、軍国主義の温床であると断定していた

ことに対応する措置であった。戦前・戦中において日本の社会教育関係団体の中核である地域青年団は地域網羅的な団体であり、全国の市町村で結成され、また県組織と全国組織である大日本連合青年団も結成された。本来は近世以前からの地域の共同関係を支える集団ではあったが、明治・大正期以降の官製化によって実業補習と同時に壮丁準備に関わり、軍人援護を含めた国策の支援団体であった事実、その側面に対する批判である。

地域網羅型の青年団に比して、イギリスやアメリカで発展していたガールガイド、ガールスカウト、ボーイスカウト、YMCA、YWCA等は、その運動の趣旨に賛同したもので構成される任意加入の目的組織（インタレストグループ）である。その意味でも、欧米的で、都市型の性格を持っている。日本におけるガールスカウトの前史、ガールガイドは、この目的組織型の団体であった。それは、戦前の地域青年団がもつ地域網羅性に対抗するものともなった。以上、女子補導会・補導団のグループワークを中心とした方法が戦前の日本に導入、具体的に展開された過程を確認すること、さらにガールスカウトと改変されたこの団体が占領期にCIEの注目を受け、全国の青年教育関係者、婦人会等に紹介され、青年団などの他団体のモデルになった経緯について具体的に解明したい。同時に、具体的活動内容と中心的な役割を担った人物についても可能な限り言及を試みたい。

(4) 戦後の性別教育としてのガールスカウトの意味

第四としては、女子青年教育としての戦前の女子補導団、戦後ガールスカウトの性格とその女子教育観の解明である。日本のガールスカウトは、戦後教育改革の原則であった男女の教育機会均等に対応し、女子青年教育団体として発足した。戦後教育改革の過程では、CIE、文部省それぞれに女子教育、婦人教育に対する多様な意見が存在した。例えば、戦前の女子教育と婦人教育の継続、男女共学の徹底、さらに女性の公民権実質化の観点、それぞれが女性の教育機会の拡充を求めた。CIEによるガールスカウトの奨励は、その中でいかなる位置を占めたのか、占領下のガールスカウトに関わる動向の検討は、GHQとCIEの女子教育観理解の上でも重要である。

この点は、戦後教育改革の原則である男女の教育機会均等の中でのガール

スカウトの意味、その性別教育観理解に関わる問題である。戦後、GHQの総司令官であるマッカーサーは着任直後に改革指令を示し、女性参政権は、教育の自由主義化、圧制的諸制度の撤廃、労働組合の結成、経済の民主化とともに五大改革とされた。その後、民法の改正と日本国憲法の第14条、第24条は男女平等の明文化と女性の自己決定権を示すものとなった。教育に関しては、女子教育刷新要綱（1945.12）、米国教育使節団報告書（1946.3）、帝国大学総長会議・大学入学者選抜要項・国民学校施行規則改正を経た女子の大学入学試験資格認可、義務教育初等科の男女共学、旧制高校入学資格認定が行なわれた。以上を受けて、1947（昭和22）年制定の教育基本法では第5条に男女共学が明記された。戦後教育改革において、男女共学の6・3制が発足し、社会教育においてもその活動は基本的に男女共同参加となったのである。

　しかし、女性のみを対象とした教育を継続しようとする動きも存在した。結局、女性教育については大きく三つの立場があった。それは、①戦前からの「良妻賢母」の維持としての女子教育、婦人教育をおくこと、②女性を特立した教育を禁止して男女機会均等・平等原則を維持すること、③これまでの女性のおかれた状況を考慮して当面の差別克服と女性の公民権実質化のために女性の教育機会を積極的に位置づけようとするもの、であった。女子補導会いらい女性のみの活動であった戦後ガールスカウトはこの内のどこに位置すると考えるか、あるいはGHQは何を理由にガールスカウトを支持したか、検討する必要がある。

　上記の3分類の具体例として、次の例を取り上げることが出来る。

　①の良妻賢母および女性としての特性教育にかかわるものとして、戦後初期の婦人学級、母親学級の問題がある。戦前、政策として家庭教育と婦人教育が特に強調されたのは、昭和恐慌期の「家庭教育振興ニ関スル訓令」（1935年）である。文部省が昭和恐慌期に家庭教育振興、婦人団体の組織化を強調した目的は、国内の経済的・思想的問題への対策的側面が強いものであった。経済的困窮と秩序意識の混沌の解消を家庭との関連において女性に期待するあり方は、第二次世界戦後初期の文部省の婦人教育・家庭教育にも連続した。具体的には1945年11月に「昭和二十年度婦人教養施設ニ関スル

件」を通達し、「母親学級開設要項」、「家庭教育指定市区町村設定要項」を示している。そこには、敗戦直後の混乱の中で、初の女性参政権にむけた政治教育の配慮と同時に、家族制度を基盤とした、主婦・母親役割を女性に求める考え方が強く示されていた。[7]

②について、女性を特立した教育を禁止して男女機会均等・平等原則を維持する例としては、GHQのネルソン（John M. Nelson）の動きがある。つまり、母親学級開設奨励に象徴される文部省の戦後初期「婦人教育」案に対して、CIEのネルソンは、イ、男女の厳格な社会差別を助長する、ロ、学習内容や運営方法の実態において、戦前的な体制が引き継がれている、と批判している。[8]それによって、女性をのみ対象とした名称は「両親学級」「社会学級」に変更され、「婦人教育」は行政用語上、1951（昭和26）年の『社会教育の現状』（文部省）まで、禁止された経緯がある。少なくとも、成人を対象とした社会教育場面においては、婦人を冠した教育は行われなかったのである。

③の差別克服と女性の公民権実質化のために女性の教育機会を積極的に位置づけようとする立場として、情報課の女性係官であったウィード（E. Weed）らがあげられよう。[9]彼女たちは、1945（昭和20）年11月には、加藤シズエとの会見を行い、同月、「婦人諮問委員会」（後の婦人民主クラブ）を組織し、並行して市川房枝とも検討を重ね、団体やメディアを活用した女性の参政権についての啓発と投票行動促進に尽力している。CIEスタッフとして、「婦人を投票させるための情報プラン」（1946年2月）、「日本女性の間に民主的団体の発達を奨励するための情報プラン」（同年6月）、「地方軍政部を通じた婦人団体調査と日本政府への勧告」（同年8月）を中心的に担い、戦前からの地域婦人団体の継続性の問題点を明らかにし、教育活動を推進＝女性がその権利を実質化するための社会教育活動を行った、と捉えられる。ひとたびは文部省の「婦人教育」が禁止され、両性協力が原則とされる一方で、GHQの女性スタッフと日本人女性を中心として女性の教育のありかたが模索されたことは確かである。

以上のように、男女共学原則が進められるなかで、女性の教育機会については保守的な女子教育を推進する立場、また、CIEの内部においても平等

原則をめぐって異なった立場があった。

　性別団体であるガールスカウトは、青少年団体としてだけでなく女子団体としても占領軍に注目されており、かつCIEの支援をうけている。男女共学化を教育の原則としたことは、必ずしも女性教育の特立をすべて否定することにはならない。例えば、戦前まで選挙権をもたなかった女性のための公民権の実質化や、制度改革の過程で就業や進学のための支援という意味での教育的措置も必要、というウィードに代表される考え方もある。一方で、従来の性役割やそれにともなう社会的分業再生産のための女性教育の存在や、教育内容の差別化につながる問題も慎重に検討する必要性がある。その間にあって、CIEによるガールスカウトの奨励は、いかなる位置を占めたのだろうか。占領下のガールスカウトに関わる動向の検討は、GHQとりわけCIEの性別教育観理解の上でも重要である、と考える。戦前の女子補導会以降、日本のガールガイド、ガールスカウトはいかなる女性を育成しようとしたのだろうか。その目標とする女性像に関して、時代、とりわけ二つの世界大戦がこの団体に大きな影響を与えたことは明らかである。本稿ではこの点も含めて検討したい。

第2節　先行研究と本研究の位置

　前節では、本研究の目的と問題意識について、第一に、戦前日本の女子教育とキリスト教との関係理解と女子補導団、第二に、青年期教育の二重構造と都市部における女子青年教育の理解、第三に女子青年教育としての女子補導団の性格と戦後ガールスカウトへの連続性、第四に戦後の性別教育としてのガールスカウトの意味、という四点から確認した。以下では、本研究の独自性についてのべておきたい。

　ガールガイド、ガールスカウト運動と戦前の補導会、補導団については、以上のような青年教育、社会教育において果した役割の大きさに比して、その研究は殆どなされていない。概して教育史研究では、学校教育にくらべ社会教育は研究が進んでおらず、また青年教育の中では青年団に関する研究が中心である。その組織的な研究としては、日本青年館の編纂委員会による

『大日本青年団史』、『大日本青少年団史』、日本青年団協議会による『日本青年団協議会二十年史』があり、そこでは明治期以降の日本における青年団の官製化・全国組織化、その活動の概要が記されている。また、事例研究から帰納するかたちで若者組から青年団への変容とその青年教育としての意味を問うものとして、日本青年館『若者制度の研究—若者條目を通じて見たる若者制度』、中山太郎『日本若者史』、佐藤守『近代日本青年集団史研究』、平山和彦『青年集団史研究序説』、多仁照廣『若者仲間の歴史』、『青年の世紀』をはじめ多くの研究の蓄積がある。しかし、以上は男子中心の若者組、青年団が主題であり、その他の青年団体についての研究はきわめて少ない。女子の青年教育活動はさらに取り上げられることが少なく、渡邊洋子が指摘しているように、「青年団史研究」において「女子青年団を中心とした女子の動向はほとんど取り上げられてこなかった」のである。若者組、若者仲間に対する女子の娘組の研究には瀬川清子『若者と娘をめぐる民俗』があるが、これは題名の示す通り民俗学の立場からの研究である。

　教育学研究において青年教育を検討する際の基礎文献と考えられる、宮原誠一編『青年の学習』、小川利夫『青年期教育の思想と構造』勁草書房、宮坂広作『近代日本の青年期教育』においては、青年教育の歴史的理解と再編成の課題（宮原）、青年期教育の二重構造の問題理解（小川）、後期中等教育と勤労青年教育の検討（宮坂）、について重要な提起を行っているが、学校教育と社会教育、中等教育と青年教育、都市と農村の比較、それぞれの視点からの考察はあっても女子青年教育への明確な視座は確認できない。女子青年教育、青年団体は男子に対する教育、団体の焼き直しや縮小版でなく、学校教育における中学校と高等女学校における違いのように、戦前、また、戦後においても独自の理念のもとに行なわれたものであり、その女子青年教育の歴史的理解が課題となっている。

　女子の青年教育（社会教育）としては処女会、女子青年団を中心に、堀口知明「地域婦人団体の成立と展開（2）」、千野陽一「婦人・女子青年団体の組織化と婦人教育」（『近代日本教育百年史』7巻）、千野陽一『近代日本婦人教育史』、井上恵美子「処女会の体制的組織化過程」、渡邊洋子『近代日本女子社会教育成立史』等がある。これらは、貴重な先行研究ではあるが、地方

農村部の女子社会教育とその組織化に力点がおかれ、都市部女子青年教育の活動としてはじゅうぶんに検討されていないのである。前述の渡邊の研究も、処女会の検討を中心にすえた本格的検討を行っているが、その中心はあくまで農村部であり、都市部の対象には言及してはいない。

女子補導会・補導団の研究は、都市部の女子青年教育の検討でもある。大正期以降、女子中等教育としての高等女学校が急速に普及してくる中で、女子にとっての学校教育と社会教育との関係理解、都市部の女子青年期教育の意味という課題にも対応するものと考える。

ボーイスカウト・少年団については、竹内真一『青年運動の歴史と理論』において欧米の青年運動としてボーイスカウトが取上げられているが、本格的なものは、通史としての『日本ボーイスカウト運動史』[19]、田中治彦『ボーイスカウト』[20]、上平泰博・田中治彦・中島純『少年団の歴史―戦前のボーイスカウト・学校少年団』[21]がある。この三点では、日本のボーイスカウト、少年団についてはじめて本格的な解明が行なわれ、かつ戦前日本の青年教育を検討した研究、著作となった。さらにこれを発展、深化させる方向にグループワークと戦後青少年団体、IFELを検討した田中治彦による『青少年指導者講習会（IFEL）とその影響に関する総合的研究』[22]、圓入智仁「戦前における海洋少年団の理念」[23]の研究が進められている。しかし、以上の著作でもガールガイド、女子補導団に関して言えば傍証としてふれられているのみである。したがって、猪瀬久美恵『子どもたちの大英帝国』[24]におけるガールガイドの論考、筆者の共同研究「女子青少年の研究―ガールガイド・ガールスカウトを中心に―」[25]が数少ないこれまでの研究成果であり、他にはガールスカウト日本連盟による『ガールスカウト半世紀の歩み』、『日本のガールスカウト運動』[26]が存在するのみである。従って、本研究においては、女子補導団に関係する学校、教会の所蔵資料と編纂記録から検討を始めた。

女子補導団研究は、それ自体、研究の空白を補う必要性があると同時に、戦前においては女子青年教育の理解、キリスト教主義教育の影響、さらに、戦後民主主義の中での女子教育とその位置という点からもボーイスカウト研究等とは異なった成果が期待される。青年教育の歴史研究には、①学校教育vs社会教育　②男子教育vs女子教育　③網羅型組織（青年団等）vs目的型

組織（ガールガイド、ボーイスカウト、YWCA、YMCA等）という研究傾向が存在する。女子補導会、補導団、ガールスカウトは①から③のすべてにおいて後者に属し、よって先行研究が少ない。したがって、先に述べたように女子青年教育の観点からこの団体を分析、検討することは有意義であると考える。

第3節　本書の構成

本書では以上のような問題意識を踏まえつつ次の各章にしたがって論を展開したい。

第1章では、イギリスにおけるガールガイドの成立について検討する。その目的は、①女子補導団がイギリスのガールガイド運動を導入する形で発足し、②日英同盟という友好関係もあって女子青年教育モデルとして紹介されたこと、また、③ガールガイドは「大英帝国の母」育成の課題に対応したが、その課題は、イギリスから遅れてすすんだ日本の産業化、都市化に重なること、さらに、④総力戦としての第一次世界大戦を経て世界的に認識された女子青年教育の課題でもあると考えたからである。したがって、イギリスにおけるガールガイドの歴史を確認し、日本における女子補導団理解の前提のひとつとしたい。

イギリスにおいてガールガイドがボーイスカウトから分離し、少女を対象として発足した過程とその時代状況、とりわけガイド運動が第一次世界大戦前後の「求められる女性像」の変化をどのように反映したのか、活動内容を含めて検討する。ガールガイド自体はイギリスから日本へと翻訳、紹介され、主に都市の一定の人々によって始められた補導会、補導団として活動を行った。その背景には、1．少女の発見と注目、2．工業化・都市化と家庭での性別役割分業、3．総力戦としての世界大戦と女性の戦時役割、を含んだ女子教育理解が含まれていたことを明らかにする。

第2章では、明治大正期における女子教育とキリスト教について考察する。大正期に日本で発足したガールガイド運動はキリスト教と結びつきを持って始まっている。キリスト教は、ガールガイドのみならず、明治期以降の

第3節　本書の構成　19

日本の女子教育振興の大きな要因でもある。明治政府の女子教育振興とキリスト教、とりわけ欧米から派遣された宣教師たちとの関係は、明治政府の西欧文化に対する姿勢と育成しようと女性像の変化もあって直線的ではなく、緊張関係をもちつつ推移した。ここでは、1、学制頒布と女子教育、2、明治初期におけるキリスト教と女子教育、3、キリスト教主義学校への明治政府の対応の変化と高等女学校、4、大正期の女子教育と臨時教育会議、5、明治・大正期における女子教育とキリスト教、について検討しながら、1920（大正9）年のガールガイド＝女子補導会出発の背景を理解したい。

日本における女子教育振興を考える上で大きな背景のひとつは1873（明治6）年にキリスト教が解禁されたこと、それにともなうキリスト教会と宣教師の役割があった。官立中等教育機関が男子を中心に整備されつつある中で、英学の導入と同時に、女子教育の普及という面からも重要な存在となっている。女学校の成立と普及について考えた際、キリスト教宣教師は不可欠な存在であり、明治政府関係者も多くをそれに依存していた。しかし、1880年代末のナショナリズムの台頭によって国内にキリスト教に対して批判的な動きが生じると、それは1899年の高等女学校令による女子中等教育の原則官立化の動きと訓令12号による「教育と宗教の分離」という形であらわれてくる。ガールガイドが導入され女子補導会・補導団として定着していく前史として、日本の近代女子教育とキリスト教の関係について把握しておきたい。

第3章では、日本におけるガールガイド運動が展開されたキリスト教主義にもとづく日本聖公会系の女学校の理解である。戦前の女学校としては、東京の香蘭女学校、大阪のプール女学校、神戸の松蔭女子学院、さらに、イギリス聖公会から派遣された英語教師たちを擁した東京女学館でガールガイド運動は展開されている。いずれの学校もイギリス聖公会との緊密な関係を保ち、それゆえ政府のキリスト教と女子教育の関係への政策転換においては、しばしば改革をせまられつつ独自の教育活動を組織した学校でもあった。

ここでは、この四つの女学校の設立経緯とスタッフ、教育観・教育内容をあとづけ、その上で大正期にガールガイドが導入される背景について概観しておきたい。

第4章、日本におけるガールガイド運動の発足では、イギリスではじまっ

たガールガイドが日本に女子補導会として導入された過程とその性格を検討する。それは、女子補導会、補導団として導入された少女の団体が、やがて、戦後の占領という状況下でCIEの注目を受け、全国の青少年教育関係者、婦人会等に紹介され、青年団などの他団体のモデルとしての役割をも果たした歴史の出発点である。ここでは、具体的活動内容と中心的な役割を果たした人物についても可能な限り言及を試みながら、イギリスではじまったガールガイドが、大正期、イギリス国教会系の日本聖公会に関わる教会、学校、幼稚園等に導入され、当然、東京、大阪、神戸を中心とした都市部の活動としてどのように導入されたのか考察したい。ここでは、１．女子補導会発足の経緯、２．初期の女子補導会活動、３．女子補導会の性格、という構成で検討をすすめる。

　第５章では、日本女子補導団への改組とその組織について検討する。都市における新たな女子社会教育としての可能性を持ったこの運動は1923（大正12）年に日本女子補導団に改組されて再出発した。女子補導会は、1920（大正９）年１月、香蘭女学校を出発点にイギリスの支部としてスタートした当時は、キリスト教主義性格を強く持っており、イギリス人スタッフ中心の活動であり、さらに東京を中心とした限定的な活動であった。しかし、三年を経て、日本人の代表をおき、名称も日本女子補導団に改められ、組織の改変と地方での展開が準備された。本章では、日本として独自の組織を構成した女子補導団の性格と全国各地の組および支えた指導者についての概要を述べることとしたい。具体的に、１、日本女子補導団への改組、２、『女子補導団便覧』にみる女子補導団の性格、３、女子補導団の組織と指導者の概要、の順で考察する。とりわけ２、については、（１）キリスト教の理解（２）神と天皇の位置（３）第一次世界大戦の影響（４）家庭婦人の養成と女子教育（５）新教育と児童中心主義、の観点から検討を行う。

　第６章では、女子補導団活動の展開について本部記録を中心に検討する。1923（大正12）年に日本女子補導団として改組され、展開された活動について、ここでは1925（大正14）年から発行された機関紙『女子補導団』の本部記録を中心にその活動の展開過程について概観する。第１節では、イギリス、アメリカを中心としたガールガイド、ガールスカウト運動の展開と日本

の女子補導団運動について、第2節では、現在確認できる本部日誌にみる女子補導団の活動について年次別に確認を行っていきたい。その上で、第3節では、（1）女子補導団結成時から昭和初期までの本部の動向を確認し、（2）「満州事変」の少年団、女子補導団への影響、さらに（3）1934（昭和9）年から1942（昭和17）年の閉会にいたる女子補導団について検討する。

　第7章は、「女子補導団の展開―東京の動向を中心に―」である。ここでは、東京地区での各組の動向について検討しておきたい。具体的に、日本における戦前のガールガイド運動の中心ともなり、本部が設置されていた香蘭女学校の東京第1組aとブラウニ、アンデレ教会を中心とした東京1組bとブラウニ（後の第2組）、バルナバ教会・日本女子大暁星寮の第3組、当時の牛込区余丁町小学校の余丁町少女団（後の第3組）、東京女学館の第4組について、それぞれの活動の特色を、機関紙『補導団』および関連する資料を中心にあとづけ、指導的人物、各組結成の経緯、結成の背景、活動場所と内容についても確認したい。それによって、東京を中心とした補導会・補導団の実際について明らかにしたい。東京地区の主たる指導者であり、補導会・補導団全体に関った人物について述べた上で、香蘭女学校、アンデレ教会、バルナバ教会・日本女子大と余丁町、東京女学館の順に考察を行う。

　第8章では、女子補導団の展開のうち、地方の活動について概観を試みたい。各組の発足年代順に、神戸、大連、大阪、盛岡、大宮、福島、長春、日光、沼津、長野、茂原、草津、久喜の順で概要を確認していきたい。発足時期、地域と団体名、指導者、さらに活動の背景を確認しながら内容を検討する。女子補導団は、キリスト教主義にもとづく運動を変化させて、さらに地方での普及はどのように進められていったのか。その際、その活動は地域や教育関係者、さらに当時の少女たちにどのように受容されたのか考察を行いたい。

　第9章では、日中戦争・第二次世界大戦下の聖公会教会と補導団関係の女学校の状況について検討する。

　日中戦争から第二次世界大戦下の時代、キリスト教は交戦国であるイギリス・オランダ・アメリカ合衆国等の宗教であり、とりわけイギリス国教会系である聖公会とその系列の聖公会系女学校は宗教教育の禁止を含めた弾圧を

うけた。日本のガールガイドである女子補導団も1942（昭和17）年1月に解散した。本章では、日中戦争・第二次世界大戦下の聖公会教会と補導団関係の女学校について下記の点から、概観したい。具体的に、1、15年戦争と中等教育を概説し、2、宗教団体に対する国家統制をはかった宗教団体法と日本聖公会の対応、3、外国人宣教師と教員の帰国を含めた戦時下の香蘭、プール、松蔭、東京女学館について、4、戦時下における学校の組織変更について、5、私立学校の個性でもあった各校への戦時学生標準服の導入、6、戦争継続にともなう国家総動員法と勤労動員、さらに、学校報国隊の結成、7、女子勤労動員の経緯、について検討する。女子補導団は対アメリカ、イギリス開戦後の1942（昭和17）年に解散したが、その背景にある戦時下の女子教育について、補導団活動の行われていた四つの女学校を中心に具体的に考察をすすめる。

　第10章では、戦前期全体の総括として戦前日本の女子青年期教育におけるガールガイド運動について確認する。大正時代に女学校、幼稚園等で始められ、女子補導会、女子補導団と改称され、東京さらに活動を全国に展開した同運動の背景と実態の全体を概観する。その上で、戦前期日本のガールガイド運動について改めて確認しながら、本研究の目的でもある次の3点について検討してみたい。その1は、キリスト教主義女学校における女子補導会・女子補導団の役割について、第2は、青年教育としての女子補導会・補導団の位置について、第3は、大正期から昭和初期に進学者が増加し制度的にも拡充した女子の中高等教育と女子補導団との関係についての考察である。

　第11章では、戦後ガールスカウトの発足と女子補導団の関係について考察する。大正時代にイギリスからガールガイド方式で導入された女子補導団は1942（昭和17）年に解散した。しかし、この女子青年教育活動は、戦後アメリカ合衆国を中心とした占領下においてガールスカウトとして再出発した。本章では、ガールスカウト運動と呼称されたこの団体が、占領という状況下でいかなる過程で成立したのか、さらにGHQの民間情報教育局の支持もあって全国の青年教育関係者、婦人会等に紹介され、多くの社会教育関係他団体のモデルとしての役割を果たしたことについて検討する。その際、戦前の女子補導会、補導団との連続性についても検討したい。

具体的に、占領期におけるGHQ・CIEの青少年政策―連合国軍による占領状態の下で、民間情報教育局の青年教育の展開についてあとづける。次に、CIEが女子青年団体としてのガールスカウトへ注目した背景として、（1）女性、少女の活動への注目、（2）ガールスカウトの理念・方法と青年教育、（3）ガールスカウトのメンバー、の三点から検討する。さらに、ガールスカウトとしての発足と戦前の女子補導会・補導団の関係について考察する。その上で、GHQ・CIEによるガールスカウト支援の組織化過程について明らかにしたい。

　第12章の目的は、戦後初期の「婦人教育政策」とガールスカウトにみられる性別教育観の検討である。前章に引き続き、性別団体であるガールスカウトが占領期においてCIEによって奨励された意味について考察を深めたい。戦後教育改革により、学校教育における6・3・3・4制の単線型の学校体系と男女共学の学校体制が発足し、また、社会教育においてもCIEによって「婦人教育」「母親学級」等の講座が男女に平等でないという理由で禁止されている。その様な教育における男女共同の原則が進められる中で、青年期の女子を「女子団体」として特立することは、性別教育を固定すること、とも捉えられかねない。その際、CIEの青年教育の担当者は「女子青年教育団体」としてのガールスカウトをどのように捉えていたのか明らかにすること、それによって、戦後ガールスカウト出発時の女子教育観について検討する。

　ここでは、戦前から戦後にわたる日本の婦人教育政策、占領期における女性政策と「婦人教育」禁止の経緯について概観し、「婦人教育」政策に関するGHQ内部の多様な立場、見解を検討したい。次に、占領期のGHQ女性スタッフを中心とした「婦人教育」観について考察を行い、占領後期の1951年に「婦人教育」が復活することになった背景についても分析する。以上の、「婦人教育」の禁止、「婦人教育」復活の背景にある占領政策の転換について検討しながら、CIEに指導された女子青年団体としてのガールスカウトにみる女子教育観とその意味を確認していく。

　以上をふまえ、最終章では、女子補導団研究の成果と課題について明らかにしたい。

補注

　後に詳述するが、イギリスで始められたガールガイド（Girl Guides・GG）は、アメリカ合衆国ではその発足当初からガールスカウト（Girl Scouts・GS）としてすすめられた。日本では発足当時、イギリス本国の支部として女子補導会と翻訳されて活動を行ない、後に日本独自の組織になると同時に女子補導団と呼称された。戦前の日本では、いずれもイギリス式のガールガイドとして紹介されていたが、戦後はアメリカ合衆国の影響もあり、ガールスカウト（GS）となった。なお、文中において、部分により、ガールガイド（Girl Guides・GG）をガイド、同様に、キリスト教女子青年会（Young Women's Christian Association）をYWCA、キリスト教青年会（Young Men's Christian Association）をYMCA、ボーイスカウト（Boy Scouts）をBSと略す。また、ガールガイド、ガールスカウト、女子補導会（団）という呼称について、それぞれ時代、地域によって厳密な区分が必要であるが、原則として戦前はその導入経緯から女子補導会・女子補導団、戦後は現在の日本の呼称から、ガールスカウトで表記したい。

註

1） 橋本紀子『男女共学制の史的研究』大月書店・1992年、32—37ページ。
2） 深谷昌志『増補良妻賢母主義の教育』黎明書房・1981年、190ページ。
3） キリスト教学校教育同盟『日本におけるキリスト教学校教育の現状』1961年、69—72ページを参照されたい。
4） 宮原誠一編『青年の学習』国土社・1960年、63ページ、および小川利夫『青年期教育の思想と構造』勁草書房・1978年、宮坂広作『近代日本の青年期教育』明石書店・1995年、9ページ、を参照されたい。
5） 渡邊洋子『近代日本女子社会教育成立史—処女会の全国組織化と指導思想』明石書店、1997年を参照されたい。
6） 小山静子『子どもたちの近代』吉川弘文館・2002年、157—159ページ、小山『家庭の生成と女性の国民化』勁草書房・1999年、牟田和恵『戦略としての家族』新曜社・1996年。
7） 西村由美子「戦後婦人教育の成立」室俊司『婦人問題と教育』東洋館出版・1982年、150ページ。
8） 伊藤めぐみ「CIE教育教育課の婦人教育政策」小川利夫・新海英行編『GHQの社会教育政策』大空社・1990年、216〜217ページ。

9) 下記の文献を参照されたい。
　　 山崎紫生「婦人政策の推進にかかわった占領軍の女性と日本女性の役割」（その1）『月刊婦人展望』1986年・7月、12ページ。上村千賀子「終戦直後における婦人教育」『婦人教育情報』14号・1986年、「昭和20年代の婦人教育」『婦人教育情報』18号・1988年、「占領期における婦人教育政策」『日本社会教育学会紀要』28号、「占領政策下における地方軍政部の活動」『婦人教育情報』24号、1993年。
10) 『大日本青年団史』日本青年館・1942年。『大日本青少年団史』日本青年館・1970年、日本青年団協議会『日本青年団協議会二十年史』1971年。
11) 中山太郎『日本若者史』春陽堂・1930年。日本青年館『若者制度の研究―若者條目を通じて見たる若者制度』1936年。佐藤守『近代日本青年集団史研究』お茶の水書房・1970年。平山和彦『青年集団史研究序説』新泉社・1978年。多仁照廣『若者仲間の歴史』日本青年館・1984年。多仁照廣『青年の世紀』同成社・2003年。
12) 前掲『近代日本女子社会教育成立史―処女会の全国組織化と指導思想』28ページ。
13) 瀬川清子『若者と娘をめぐる民俗』未来社・1973年。
14) 堀口知明「地域婦人団体の成立と展開（2）」『福島大学学芸学部論集』17-3、1965年。
15) 「婦人・女子青年団体の組織化と婦人教育」（国立教育研究所『近代日本教育百年史』7巻）1974年。
16) 千野陽一『近代日本婦人教育史』ドメス出版・1979年。
17) 井上恵美子「処女会の体制的組織化過程」『信州白樺』59・60号、1984年。
18) 前掲『近代日本女子社会教育成立史―処女会の全国組織化と指導思想』。
19) ボーイスカウト日本連盟『日本ボーイスカウト運動史』1973年。
20) 田中治彦『ボーイスカウト』中央公論社・新書、1995年。
21) 上平泰博・田中治彦・中島純『少年団の歴史―戦前のボーイスカウト・学校少年団』萌文社、1996年。
22) 田中治彦『青少年指導者講習会（IFEL）とその影響に関する総合的研究』（平成4年度科学研究費補助金研究成果報告書）1993年。
23) 圓入智仁「戦前における海洋少年団の理念」『日本社会教育学会紀要 No.38』2002年。
24) 井野瀬久美恵『子どもたちの大英帝国―世紀末、フーリガン登場』中央公論社・1992年。
25) 坂井博美・矢口徹也「女子青少年の研究―ガールガイド・ガールスカウトを中心に―」『早稲田教育評論』第17巻1号2003年。
26) ガールスカウト日本連盟『半世紀の歩み』1970年、同『日本のガールスカウト運動』2000年。

第1章
イギリスにおけるガールガイドの成立と展開

　ここでは、イギリスにおけるガールガイドの成立過程について概観してみたい。イギリスのガールガイドの成立について確認する目的は、①日本の女子補導団がもともとイギリスのガールガイド運動を導入する形で発足したこと、②日英同盟という友好関係を時代背景として、それが日本の女子青年教育モデルのひとつとされたこと、③ガールガイドは「大英帝国の母」育成の課題に対応したものであったが、その課題は、イギリスから遅れてすすんだ大正期における日本の産業化、都市化に重なるものであったこと、さらに、④総力戦、科学戦としての第一次世界大戦を経て、世界的に認識され始めた女子青年教育の課題でもある、と考えたからである。したがって、ここではイギリスにおけるガールガイドの歴史をあとづけ、それによって第2章以降の日本の女子補導団理解の前提のひとつとしたい。

　第1節では、ガールガイドがイギリスで発足した時代背景を考え、19世紀末からの青少年教育登場の背景について確認しておきたい。その上で、ガールガイドの成立（第2節）、第一次世界大戦によるガールガイド運動の変化（第3節）、ガールガイド運動の展開（第4節）、にしたがって概観を試みたい。

第1節　ガールガイド成立前のイギリスの女子青年教育

　イギリスにおいてガールガイド以前の女子むけの青年教育としては、男性のYMCAに続いて1855年に結成されたYWCA（キリスト教女子青年会・

Young Women's Christian Association)、1874年に創立された GFS（少女友愛協会・Girls Friendly Society）等がある。前者の YWCA は、プロテスタントの全教会的な団体で、「健全な精神、肉体、道徳の発達」機会の提供を目的とした。1855年のロバーツによる祈禱のための会合、1861年のキーナードによる看護婦ホームと少女協会の設立の二つに由来し、1877年に合同して英国 YWCA となり[3]、家庭教師、裁縫師、商店員、家事使用人、工場労働者等、多くの若い女性を組織する活動となっていった[4]。後者の GFS はタウンゼント（Mary Elizabeth Townsend）によって始められた組織であり、その性格は、「国教会派の慈善的、保守的協会で、上流階級のレディたちが、労働者階級の少女たちに、本来彼女たちを保護すべき場である暖かい家庭と母親の愛情を与え、それによって、労働者階級の女性が陥りがちなさまざまな誘惑から少女たちを救うことを目的として」おり、「田舎から都会に働きに出てくる少女たちにつきまとう危険を強調し、工場労働や家事使用人などの少女労働、とりわけ少女売春につきまとう諸問題の改善を目標」とした[5]。礼拝、研究、奉仕、親睦を通してキリスト者としての交流を深め、教会、社会、世界への貢献を目的としたものであった[6]。両者とも労働に従事する若い女性を対象としており、その後、キリスト教にもとづく活動として日本を含む世界各国に支部が形成された。

　YWCA と GFS の他に、19世紀後半のイギリスでは、ボーイスカウトの先駆とされるボーイズブリゲード、モードスタンレイらによるガールズ・クラブ、雪の花バンド[7]をはじめとした多くの少年、少女クラブが組織された。その際、イギリスの19世紀後半からの青少年運動の隆盛の背景、とりわけ1880年以降のイギリス社会について、次の指摘がある[8]。

　①　イギリス資本主義の停滞と労働運動の高揚——1850～1870年代に継続したイギリス資本主義の「黄金時代」と工業的な独占は終わりつつあった。また、技術革新・重工業化によって非熟練労働者が多数生み出され、併行して人口の都市集中が進んだ。その結果、それまでの保守・自由党の二大政党制、資本家と熟練労働者の労働連合に変化が生まれ、一方で新しい非熟練労働者による労働運動が高揚しつつあった。

　②　教会の影響後退と危機感——1870年代末からの経済不況による社会主義

運動の台頭、イギリス国教会以外のプロテスタント教派の増加によって、それまでの国教会を中心とした「国家の道徳的基盤」が動揺しつつあった。都市化と労働者の非熟練化によって若年就業者の地域的、職業的移動が容易になったが、それは、青少年に対する家族と教会の影響力を低下させることになった。

③　生活改善と青少年の余暇活動―都市部を中心として勤労する青少年の精神的、知的、身体的、社会的要求をみたす必要が生まれた。女子青少年に関しても、工場・事務の労働者、家庭教師、ドレスメーカー、都市と農村部の家事使用人に対して、社会的、経済的福祉の必要性に加え、宿泊施設、食事、レクリエーションを含む余暇の充実と仲間意識の醸成をはかることが求められた。

これら3点は、当時のイギリスの社会構造と青少年の変化にともない、政府および国家の精神的な基盤でもあった国教会が中心となって社会対策的な観点から青少年教育を推進した、というものである。なお、19世紀末から20世紀初頭にかけての学校教育と青少年の状況について、さらに、次の点を指摘しておきたい。

④　工場法と学校教育法―1833年の工場法によって、綿織物工場以外の工場で9歳未満の児童労働を禁止すること、また、13歳未満の児童労働者に対する週12時間の就学義務が工場主に課された。さらに、1844年にはこれを発展させて、月曜から金曜まで週5日間を半日労働とすることなど、就学率の向上が図られることになった。これらによって、少なくとも9歳未満の児童が保護の対象となり、13歳未満は教育の対象として社会的に認知されていくことになった。このことは、1862年の改正教育令、さらに1870年の義務教育法につながり、女子の就学率向上の課題を含めて、初等教育整備の試みと義務教育年限の引上げの動きに結びついていった。[9]

⑤　「読み・書き・算術」（3 R'S）を中心とした教育が労働者の子どもたちに拡大される中で、都市部では少年労働に従事する男子、家事労働の担い手となる少女が学校に通学しないという課題があった。19世紀末には、都市部において、新聞売り、荷物運び等の低賃金で単純な少年労働が増加する一方で、街頭で不良行動を行う若者たちが「フーリガン」として問題視される

ようになった。1899年に南アフリカにおけるボーア戦争の苦戦、また志願した若者たちの多くに健康上の適性問題が指摘され、「国家的衰退」と「国民の退行」が危機感をもって語られた。その結果、大英帝国の担い手の育成という観点から学校教育が見直され、少年・少女の生活のあり方と教育が検討された。

　以上、19世紀末のイギリスでは、世界初の産業革命による工業面での独占という「黄金時代」を過ぎ、経済面、社会的で問題が顕在化してきていた。労働運動の高揚、教会の宗教的影響力低下への危惧、青少年教育の生活課題と余暇への対応として少年、少女のための青少年活動が登場したのである。少年の場合は、大英帝国の担い手としての勤勉な労働者、また兵士となる資質が求められた。少年の典型的な運動がボーイスカウトの先駆ともいえるボーイズブリゲード（少年部隊・Boys Brigade）であった。この運動は、スコットランドのグラスゴーで日曜学校の教師をしていたウィリアム・スミス（Sir. William Alexander Smith 1854-1914）によって1883年に始められた。彼は、日曜学校の出席率が良くなかった労働者階級の13—17歳の少年を対象に、軍服様式の制服と玩具の木銃をもたせて宗教教育と軍隊的訓練を実施した。この運動は、少年たちに日曜学校への出席と、愛国心と集団的団結心を持たせることを目的として、聖書教育と軍隊的な集団行進を取り入れたもので、少年たちにも人気を呼んで全国に結成された。

　これらの少年への取り組みに対して、少女の活動の目標は「大英帝国の母」であった。19世紀初頭から、慈善学校（Charity School）、おかみさん学校（Dame School）で、少女向きには「読み書き算術」以上に裁縫が重視されており、19世紀後半の改正教育令、義務教育制度において裁縫は必修科目として位置づけられた。さらに洗濯、料理の実習が取り入れられ、科目名も家庭科、家政学に発展し、その中で、少女たちに対しては衛生観念、服従、忍耐、注意深さ、集中力の養成が図られていった。女子のための青少年活動であるGFS、ガールズ・クラブ等の団体では、学校教育と同様に「女性らしさ」が強調され、ヴィクトリア朝の性別分業観にもとづいた「良き妻、良き母」養成が課題とされたのである。

第2節　ボーイスカウト、ガールガイドの成立

　少女のためのガールガイド、ガールスカウトのルーツはボーイスカウトにあり、いずれもロバート・スティーブンソン・パウエル (Robert Stephenson Smyth Baden-Powell、1857-1941・以後、本文中ではベーデン・パウエルと記述する) によってはじめられた。ここではボーイスカウトの構想を含むベーデン・パウエルの足跡についてまず確認したい。

　ベーデン・パウエルは1857年2月22日にロンドンのウエスト・エンドに生まれた。彼の父親は進歩的な神学者、牧師でありオックスフォード大学教授でもあった。母親ヘンリエッタ・グレースは海軍提督を父に持ち、イギリスにおける女子パブリック・ハイスクールの初期の卒業生であり、水彩と音楽に親しんだ。ロバートが3歳の時、父が亡くなったのを機に、家族の姓はそれまでの「パウエル」から「ベーデン・パウエル」に変更された。

　ベーデン・パウエルは、チャーターハウス・スクールに通い、その後英国陸軍に入隊し、19歳で騎兵士官候補としてインドを任務地とした。特別の訓練を受けた後に、従軍し、その経験を経てボーイスカウト運動を開始した。彼がはじめてスカウト運動につながる少年の起用したのはボーア戦争時代 (1899-1902) の南アフリカ滞在時代のことである。大佐としてマフェキングの司令部に在任中、周囲をボーアの大軍に長期間包囲され、危機的状況におちいった時、現地の少年を選抜して「見習い兵団」を組織した。少年たちは伝令、郵便配達、見張りなどに活躍したが、この経験は、彼自身に青少年に対し訓練と責任を与える必要性を確認させた。結果的に、マフェキングの包囲戦自体もイギリスの援軍の到着によって勝利したため、ベーデン・パウエルは帰国後、全国民に注目される英雄となった。かつての彼は、名門のチャーターハウスに在学しながら、オックスフォード大学受験には失敗して陸軍に入隊した。軍内部でも本来は決してエリートコースではなかったが、偵察、教育活動によって独自の才能を発揮し、軍上層部、さらに国民に注目された人物であり、その点のエピソードも多い。[11]

　帰国後のベーデン・パウエルはイギリスの少年の「将来」に備えて、チー

ムワーク、リーダーシップ指導を計画した。また、斥候となること、尾行を行い、オリエンテーリングの技術を教えることを決断し、これがいかになされるべきかについて、『スカウティング・フォア・ボーイズ』(Scouting For Boys)の原案を1906年に執筆した。その後、『動物記』で有名なアーネスト・トンプソン・シートン（Earnest Thompson Seton）のウッドクラフトに森林生活法とキャンプの技術を学び、1907年にはパブリック・スクールと労働者の子どもたちによるブラウンシー島の実験キャンプを経て、1908年に『スカウティング・フォア・ボーイズ』を発刊した。構成は次の通りである。[12]

第1章　スカウト技能　（SCOUTCRAFT）
第2章　追跡法　（TRACKING）
第3章　森林生活法　（WOODCRAFT）
第4章　キャンプ生活（CAMP LIFE）
第5章　運動の展開　（CAMPAIGNING）
第6章　スカウトの忍耐　（ENDURANCE FOR SCOUTS）
第7章　騎士道　（CHIVARY OF THE KNIGHTS）
第8章　人命救助　（SAVING LIFE）
第9章　愛国心　（PATRIOTISM）
第10章　指導者への覚え書き　（NOTES FOR INSTRUCTOR）

市民教育、愛国心、自己犠牲、観察力、推理力、火の扱いかた、調理、救急法、国旗などがキーワードとして登場し、彼自身の軍隊での経験と自然観察、さらにシートンのキャンプ技術が反映されたものになっている。ベーデン・パウエル自身は、この本をYMCA、ボーイズブリゲードの参考に書いたといわれるが、彼が注目された人物であり、少年たちをひきつける内容であったことからイギリス各地でボーイスカウト活動が組織されていった。先にも述べたように、19世紀末以降のイギリスでは、経済面、社会的で問題が顕在化し、国家と国民の「衰退」が指摘されていた。大英帝国の担い手となるための勤勉性、また兵士となる資質に関わる訓練を含み、青少年教育の興味関心と余暇の課題に対応するボーイスカウト活動は、ベーデン・パウエル

個人へのマスコミの注視の中で、急速に発展したのである。

　以上がベーデン・パウエルとボーイスカウト発足の概要である。次に、ガールガイドとの関係について述べてみたい。スカウティング・フォア・ボーイズとボーイスカウトの構想は、少年のみではなく少女たちにも影響し、このスカウト活動へ参加希望する少女が登場した。当時のイギリスでは、女性の活躍するモデルとして、燈台守をしていた父とともに難破船の乗組員を救助したグレース・ダーリン（Horsley Darling・1815-1842）、クリミア戦争で負傷兵を看護し、近代看護法の創始者であるナイチンゲール（Florence Nightingale・1820-1910）、アフリカ探検家のミス・キング看護婦が注目されていた。彼女たちの存在は、若い時代に少女が少年と同様、スカウティングを学ぶことによって、将来、世界中で活躍できることを示すストーリーとして紹介された。

　1909年、かつての万国博覧会の会場であったクリスタルパレスにおいて、1万1千人が参加したボーイスカウト・ラリーが開催された。そこには、各地で自主的に組織されていたスカウトの服を着た少女が参加した。彼女たちは、自らを「ボーイスカウト」に対応する「ガールスカウト」と称し、スカウトの帽子をかぶり、スカウト・バッジとスカーフ、ベルト、ポールを持っていた。彼女たちはバックを背負い、左の腕にはパトロールカラーを示すリボンをつけていた[13]。ベーデン・パウエルは少女がスカウトになり得ることをスカウト誌上で認めてはいたが、少女に対応した考えを明確に持っていたわけではなく、これ以降、彼女たちに合わせた枠組み—ガールガイドの構想、を検討することになったのである。

　その目的と性格は次の通りである。ベーデン・パウエルは、ヴィクトリア朝時代に育ち、人生の大半を軍隊で過ごした人物である。ボーイスカウトに「少年らしさ」と将来の大英帝国の良き市民、兵士となることを求めたのと対照的に、ガールには「少女らしさ」と将来の大英帝国の良き妻、母像を描いた。「ボーイスカウトの訓練は、イートンからイースト・ハムのあらゆる少年にじゅうぶん適したものであるが、それをすべての少女に応用しようとすることは、彼女たちに合わせてボーイスカウト綱領を細部まで変更したとしても不可能である。少女の場合には、まったく異なった方法で運営されな

くてはならない。洗練された少女たちをおてんば娘（tomboys）にしたくはないし、一方で、スラムの少女をすさんだ生活からより良い方向に導きたい。重要な目的は、すべての少女により良き母になり、次世代をガイド（導く）する力量を身に付けさせること」であった。

　次に、ガールガイドの名称について。彼が名称について考えた時に想起されたのは、インドにおいて「ガイド」とよばれた人々からの強い印象であった。このインドの人々は北西部の辺境地域に暮らし、危険な遠征を主な役割として任務時間以外でも心と体を鍛錬していた。この点が、ベーデン・パウエルの心に残っていたために、彼は先駆的な若い女性の呼称としてガールガイド（Girl Guides）を決断した、とされている[15]。彼らの「困難な状況でのひろい知識、臨機応変の対応、求められた義務を遂行するように訓練された集団」であることに倣って、「勤勉と実用的な常識、さらに自律的である」存在としてガールガイド（Girl Guides）の名称が決定された[16]。

　その結果、示されたガールガイドの初期の訓練と組織の概要は下記の通りである[17]。

【制服】
　団（company）カラーのジャージ生地。ネッカチーフも団の色。スカート、半ズボン、ストッキングは濃紺。帽子は四角い赤のビレタ帽、夏は麦わら帽子。布のバック、料理用の棒、ひもを付けたナイフ、歩行用の棒、背中でとめたケープ。グループカラーの肩章を左に。バッジはボーイスカウトとほぼ同様に。役員は通常の団のウォーキングドレス、濃紺のビレタ帽、白い肩章、歩行棒、ひも付きの笛。

【二級ガイド】
　左腕に「そなえよ、つねに（Be Prepared）」の標語、少女はなるべくはやく団ルールのテストをパスすること。火を扱い、寝床を準備する。ユニオンジャックを切り抜き、縫うこと。

【一級ガイド】
　百合（Fleur-de-lis）のバッジを左腕に。銀行に1シリング貯金する。簡単な料理が出来ること、救護法として簡単な包帯巻き、病院の基礎的手当てを知ること。

【技能バッジ】
テスト合格後、右腕につける。
1. 救護法（First Aid）スカウティング・フォア・ボーイズにもとづく、事故への対処
2. 追跡（Stalking）少年と同様の観察と自然学習
3. 看護の仲間（Nursing Sister）救護所勤務、衛生
4. 調理（Cook）少年と同様の調理、洗浄、食卓準備
5. 自転車（Cyclist）少年と同様
6. 地域案内（Local Guide）地域の歴史を学び、ガイドする。少年と同様に救護所、消防署、警察、電報局などを把握する
7. 保育（Nurse）子どもの世話、保育、ゲーム、児童指導の基礎
8. 音楽（Musician）少年と同じくピアノ、歌唱のどちらか
9. 体操（Gymnast）身体的訓練の指導力と理論
10. 電気（Electrician）少年と同様
11. 裁縫（Tailor）手芸と器械による裁縫
12. 書記（Clerk）少年と同様にタイプ、速記など
13. 栽培（Florist）少年と同様、さらに花を育て、花束をつくること
14. 芸術（Artist）油絵、水彩画、粘土細工、木彫り、彫金
15. マッサージ（Masseuse）解剖学とマッサージ
16. 電信（Telegraphist）電気の基礎、モールス信号を読む
17. 水泳（Swimming）制服で50ヤード泳ぐ、水中での実践的救助法

【先駆】（Pioneering）少年と同様、大工仕事、模範づくり
【水兵】少年と同様、ボート操作
【手旗信号】少年と同様
【赤十字腕章】NO,1から3まで
【救命法】少年と同様に、シルバー、ブロンズ
【グループ名と紋章】愛らしい花の名前による呼称とする
【階級】キャプテン（Captain）、副官（Lieutenant）、グループリーダー（Group Leader）、副リーダー（Sub Leader）、1班6人のガイド（Six Guide per Group）
【訓練】ボーイスカウトと同様に宗教的訓練を行う（全く宗派的なものではない）

1．精神面―自然を学ぶことによる神の理解
2．実践面―日々の善行、騎士道、慈善による他者への義務

　以上を概観してわかるように、ボーイスカウトを下敷きにした計画であり、同様の活動が大部分をしめている。屋外での活動について、少女むけとしては、従来の学校教育、GFS で奨励されたものとは異なるものであった。しかし、看護、保育、裁縫、栽培活動等に少年むけとは異なる内容が含まれていた。また、1910年代までは、少女のキャンプについて異論も存在し、明確に位置づいていなかった。その点では、「少女のための組織が母性を軸としていた」[18] ことは、明らかである。また、「名称へのこだわりは、パトロール隊の命名にもみられ」[19] た。ボーイスカウトの狼（Wolf）、狐（Fox）、のらねこ（Wildcat）に対し、バラ（Rose）、矢車草（Cornflower）などの花の名前が用いられた。

　スカウト運動は本来、男子の青少年を対象に「大英帝国」を担う男性を育成するために始められたものである。一方で、ベーデン・パウエルは、女子のスカウト活動を否定していたわけではなく、1908年の『ザ・スカウト』では「少女はスカウトになれるか」との問いには、肯定的な回答をしている。[20] むしろ、彼自身はスカウトの訓練の理念が当時の少女の興味をひくものであったことを予想せず、それゆえ、1909年まで少女たちを組織することに積極的ではなかった、と考えられる。しかし、実際には1909年以前にもかなりの数の少女がスカウトに入会しており、結果的にベーデン・パウエルは、少女たちの組織化に際し、男女を区別することを考えたのである。先に述べたように、インドの例を考えながら少女組織の名称も「斥候」を意味する「スカウト」よりも「ガイド」（案内、補導者）がふさわしいと考えて、ガールガイドと名付け、女性による指導者として妹のアグネス（Agnes Baden-Powell 1858-1945）[21] にその代表者を依頼した。

　ガールガイドの計画は1909年11月にスカウト本部の機関紙において発表され、ベーデン・パウエルはアグネスとともに、初めてのガールガイドのハンドブックである『少女たちは大英帝国の強化に貢献できるか』(How Girls Can Help TO BUILD UP The Empire-THE HANDBOOK FOR GIRL GUIDES)

を執筆した。翌1910年、ガールガイドの中央委員会が結成され、さらに1915年にはガールガイド協議会の中央執行委員会（Executive Committee of the Girl Guides）が開催された。初期において、ベーデン・パウエルは運営をアグネスに委ねた。アグネスは動物学、植物学、天文学に通じており、また、自動車や熱気球など新しい発明にも強い関心を示していた。彼女はこの運動のチーフガイドを1910年から1917年までつとめ、彼女自身、後に自らを、「ガイドのおばあちゃん」（Grandmother of Guiding）と呼んでいる。[22]

新しく始められたガールガイドは誓いをたて、それに対して資格証とバッジを与えられた。少女たちは救護法、手旗信号を実践し、練習と鍛錬を行い、キャンプに出かけ、テントの代わりにしばしば納屋や牛小屋で、あるいは村の集会所で眠った。活動の当初、ガールガイドは多くの「反感」に直面した。ベーデン・パウエル自身に性別分業観が支配的であったことは先に述べたが、それ以上に多くの人々にとって、若い女性が郊外を歩きまわり、「奇妙」な服装をし、少年のような行動をすることはふさわしくないと考えており、批判も生まれた。[23]ガールガイドの最初のチーフガイドとなったアグネスは、「女は女らしく」というヴィクトリア朝的な価値観の持ち主であったが、少女たちからは、キャンプ活動をはじめとして少年たちと同じ活動をのぞむ要望も存在した。アグネスのもとでは、ガールガイドは、ボーイスカウトのモデルに従うべきではなく、料理や看護など「女性的な」活動をおこなうべきであるとされており、1913年には中央の委員会が、アウトドアのキャンプをすべきではないと宣言した。しかし、現場の反対にあい、最終的に、各地域にこの問題の決定権を委ねるということで決着している。[24]

なお、1914年には、現在のブラウニーの原型が誕生している。ガールガイドの年少者たちもガイド活動への参加を希望し、彼女たちのための部局が設置された。当初ブラウニーはローズバッド（Rosebuds）と呼ばれ、濃紺の制服にアグネスがデザインしたバッジをつけていた。しかし、少女たちの多くはこの呼称を好まなかったことからブラウニー（Brownies）に変更された。バッジもドングリをデザインしたものに変わり、制服の色も茶色に置き換えられた。ガールガイドにおけるバッジは、ボーイスカウトと同様に獲得した技能に応じて与えられるものであった。ガイド独自に、料理、船員、画家、

洋裁、事務、さらに、電気、通訳、電信などのバッジがつくられている。なお、技能バッジは1917年にブラウニーにも導入された。

第3節 第一次世界大戦によるガールガイド運動の変化

　第一次世界大戦という総力戦がガールガイドを大きく変化させた。ガールガイドが実践していた技術が戦時下の日々の中で有効であることが証明され、また、彼女たちの行った仕事の多くが初期の「反感」を一掃した。ガールガイドのパンフレットにあった次の一文が当時の状況を示している。

　　「少女たちよ、あなたの町や村のまわりでおきている戦いを想像してごらんなさい、あなたは何ができますか？　あなたは座りこんで、頭をかかえて嘆いているだけですか？　それとも勇気を持って、外に出てあなたのかわりに戦い、たおれていくお父さんや兄弟たちのために何か手助けをしますか？」[25)]

　戦時奉仕バッジ（A War Service Badge）が導入されると、少女たちは病院あるいは類似の施設で、少なくとも21日間の奉仕を行い、靴下、手袋、シャツ、パジャマ、ベルト、寝巻きを含む15種以上を編んだ。ガイドとして彼女たちは部屋を緊急介護所に変え、赤十字病院で皿洗いや洗濯のために働き、包帯と消毒綿を準備した。救護兵舎、ガールガイドの配置された病院では、兵士に供給するために支援物資と資金をあつめたのである。[26)] 以上のように第一次世界大戦を機会にガールガイドの活動と存在は社会で注目され、変化することになった。それはイギリス社会の中での女性の位置と役割の変化に対応したものでもあった。

　第一次世界大戦の始まる1914年以前のガールガイド活動は小規模なものにとどまっていたが、ガールガイドは多様な活動に取り組み、また、人々から注目された。総力戦の下、参戦国の女性は積極的に銃後活動に参加せざるを得ない状況が生まれていた。戦時体制は女性が家の外に出るという意味においてある面「画期的」な結果をもたらし、社会の女性に対する考え方も大き

く変化していった。総力戦体制はガールガイドの内外に多大な影響を与えたのである。1916年のベーデン・パウエルの文章においても、それまでのガールガイドで強調された「妻・母」や「女らしさ」の理念はややトーンダウンし、「市民」としての役割が強調されるようになった。[27]

以上のように、イギリスにおいてガールガイドは、その発足時においては良き妻・母になることに重点を置かれ、ヴィクトリア朝の女性観を反映していた。しかし、第一次世界大戦を経てイギリスでの女性像は変容をみせ始めた。欧米では女性参政権が実現された時期でもある。社会の女性に対する考え方の変化が少女たち、そしてガールガイド運動にも反映された。

こうした変化は、1912年にベーデン・パウエルがオレブ-ソームズ（Olave St Clair Soames 1889-1977）と結婚し、彼女が後に英国ガイドの中で主要な位置を占めていく過程とも関連している。オレブはベーデン・パウエルの援助のもとにガールガイドの組織内で次第に影響力を及ぼすようになり、1918年にはチーフガイドに就任した。彼女はそれまでのアグネスの考え方を批判し、女性の社会参加と自信ある女性になる側面を重視した。また、「女性らしさ」や家事分担者としての女性の役割を重視する側面が存在したものの、アグネスと比較して女性が単に夫に従属するものではなく、パートナーである点を強調している。[28] そこでは、時代とイギリス社会の変化と同時に、ベーデン・パウエル自身が若い世代の女性と結婚したことによる影響も推察される。総力戦による社会の中での女性への「期待」の変化、指導者であるベーデン・パウエルの結婚―配偶者となったオレブの役割がこの時期のガールガイドの変化に関する大きな要因として捉えられよう。

1918年時点のガールガイドの目的と、行動の規範となる約束とおきての原文[29]（カッコ内は1922年に『日本女子補導会便覧』で翻訳され示されたもの[30]）を提示すると以下の通りである。

1. CHARACTER AND INTELLIGENCE, through games, practices and activities, and hon ours and test for promotion.
（人格の養成及び知識の開発　遊戯、試験、名誉及び活動等に於て）
2. SKILL AND HANDCRAFT, encouraged through badges for proficiency.

第3節　第一次世界大戦によるガールガイド運動の変化　　39

　（手工技芸　各科に於ける会員の上達を示す徽章等により）
3. SERVICE FOR OTHERS and FELLOWSHIP, through daily good turns, organized public service, etc.
　（他人に対する奉仕　日常行ふ事の出来る親切な行為、或は組織だった公共的奉仕により）
4. PHYSICAL HEALH and HYGIENE, through development up to standard by games and exercises design for the purpose.
　（体操、遊戯、舞踏、散歩また健康増進についての法則）

THE GUDE PROMISE
　　　　（会員の契約）
On my honour I promise that I will do my best—
　TO DO MY DUTY TO GOD AND THE KING,
　　（神と天皇に忠誠たるべきこと）
　TO HELP OTHER PEOPLE DAILY,
　　（常に人々の補助たらんと務むべきこと）
　TO OBEY THE GUIDE LAW,
　　（会則を守るべきこと）

THE GUIDE LAW
　　（会則）
1. A Guide's honour is to be trusted.
　（会員は信頼せらるべきものたるべし）
2. A Guide is loyal to king and her officers, and to her parent, her country, and parents, her country, and her employers or employees.
　（会員は天皇と国家に対し忠良なる臣民のみならず、凡て其尊長に忠誠なるべし）
3. A Guide's duty is to be useful and to help others.
　（会員は常に人の益を計るべし）
4. A Guide is a friend to all, and a sister to every other Guide, matter to what social class the other belongs.
　（会員は凡ての人に親切を尽し、会員相互の間は姉妹の如く交るべし）

5. A Guide is courteous.
   （会員は礼儀正しくすべし）
6. A Guide is friend to animals.
   （会員は動物を愛護すべし）
7. A Guide obeys orders of her parents, patrol leader, or Captain without question.
   （会員は命令に服従すべし）
8. A Guide smiles and sings under all difficulties.
   （会員は如何なる困難に遭遇しても常に快活なるべし）
9. A Guide is thrifty.
   （会員は勤倹なるべし）
10. A Guide is clean in thought, word, and deed.
    （会員は思想、言語、行為に於て純潔なるべし）

　第一次世界大戦を経て、イギリスのガールガイドではキャンプなどボーイスカウトの訓練で使われているほとんどの活動が推奨されるようになり、1920年代にキャンプはガールガイドの中心的な要素となった。国内外の会員数も増加し、1909年に約6千人、1914年に4万人であったものが、大戦中の1916年以降急激に増加し1921年には16万4千人、1932年には49万5千人になった。それにともなって、ガールガイドに参加した少女たちの出身階層も賃金労働者家族が増加した。

　1920年、ジョージ5世（King George V）の娘であるメアリ（Princess Merry）がガールガイド協会の総裁になり、彼女は生涯を通じてこの運動の支持者となった。1922年には、ハンプシャーにフォックスリース（Foxlease）と呼ばれる施設が完成した。周囲65エーカーにおよぶ建物と敷地はアークボルド夫人（Mrs.Archbold Saunderson）によって寄贈されたものであるが、メアリがこの施設を維持するための資金を提供したためにプリンセス・メアリ・ハウスの名が与えられ、ガールガイド協会の最初のトレーニングセンターとなった。それ以降、イギリス各地に多くの施設が建設された。初期の時代からガールガイドはイギリスに限定されたものではなく、オーストラリア（1910）、カナダ（1909）、デンマーク（1910）、フィンランド

(1910)、南アフリカ (1910)、スウェーデン (1910)、アイルランド (1910)、フランス (1921)、などが各国独自の組織をつくってガールガイドのプログラムを実践した。

　なお、アメリカ合衆国では、ジュリエット・ロー (Juliette Gordon Low 1860～1927) によって、1912年にガールスカウト (Girl Scout) として運動が始められた。ジュリエットは、ジョージア州サバンナに生まれ、イギリス人男性と結婚した。夫と死別後の1911年にベーデン・パウエルと出会ったことを契機にして、翌12年から故郷サバンナで同活動を始め、1913年にはハンドブック『How Girls Help their Country』を出版している。アメリカでは、その発足時からガールスカウトと呼称され、野外活動や自然理解、人格養成を援助し、家庭内役割と同時に職業 (professional role) を身に付けさせるものであることが明示されている。1916年にはワシントンDCに本部がおかれ、第一次、第二次世界大戦時には廃品回収や国債募集等に協力した。1926年には会議訓練センターが設置され、大会時には大統領が臨席する国家的に認知された存在となり、イギリスのガールガイドとともに女子青少年教育団体として多くの会員数を擁することになった。

　1919年には、国際的組織として国際協会 (International Council) と帝国協会 (Imperial Council) がつくられ、多くの国々のガールガイドとガールスカウト協会との間の連絡と協議が行なわれることになった。この協会は現在のガールガイド・ガールスカウト国際連盟 (the World Association of Girl Guides and Girl Scouts) のはじまりである。1920年に第一回世界会議 (World Conference) がオックスフォードで開かれ、1924年にはフォックスリースで最初の世界キャンプが開催されている。なお、この年 (1924) からボーイスカウトでは国際スカウト会議（コペンハーゲン）で「スカウト教育はいかなる宗教の上にも成り立つ」という宗教的普遍性が宣言（コペンハーゲン宣言）されている。ガールガイド、ガールスカウトでも同様な対応を行なうことになった。1926年、世界会議がアメリカ合衆国で開かれた際 (Edith Macy Training School USA)、ベーデン・パウエルとオレブの誕生日が同じ2月22日であることから、シンキング・デー (Thinking Day) が制定され、翌年から「世界中の姉妹について考える日」として実施された。

その後、第二次世界大戦が始まると、イギリスのガールガイドは他の団体や機関とともに実践面と財政的な面から戦時協力を行なった。再利用可能な³⁵⁾すべてのものを収集し、素材はまったく無駄なく活用した。例えば、家畜の骨は爆弾のためのグリセリンとして、工場には膠を、さらに家畜用にも提供された。使用済み乾電池は、真鍮、亜鉛、パラフィンろう、二酸化マンガンになり、松かさも燃料として収集された。何より、イギリスにおいては学童疎開への協力が大きなものあった。ドイツ軍の空爆が始まると都市部の子どもたちは、安全のために地方部に疎開した。子どもたちが地域で歓迎されたと感じるように、ガールガイドは出迎えをおこなった。イルフォード、エセックスでは、年長のガイドたちは、疎開をせず、また教師もいない子どもたちのために学校を始めることを地区から許可された。募金活動もさかんに行なわれ、年少のガイドはおこずかいを、年長者は日給の半分を募金にあて、それによって多くの野戦病院、救命ボートが寄贈された。陸軍のために伝書鳩が訓練、飼育された。さらに、一部のガイドと年長のレンジャーは、GIS（Guide International Service）＝戦後ヨーロッパの再建を手助けすることを目的としての「善意の軍」（army of goodwill）を結成した。GIS の第一陣は1944年にヨーロッパ大陸に向かい、同時にエジプト、マライ半島にもむかった。彼女たちは、戦地において運搬用荷馬車をひいて運搬作業等に携わったのである。

　第二次世界大戦が終了すると、イギリスのガールガイドはヨーロッパでの新しい関係を構築していくことになった。1947年にはロンドンにおいて、ベルギー、チェコスロバキア、デンマーク、オランダ、スイス、アメリカから集まったガールガイド、ガールスカウトによる大規模な民謡フェスティバルが開催され、ハイドパークでは、国々のダンスが披露された。この年、婚約を控え、また大英帝国のチーフ・レンジャーでもあったエリザベス王女が妹のプリンセス・マーガレットを伴ってあいさつをしている。ガールガイドは結成以来40年近くの間に、二つの世界大戦を経て、イギリスにおいては皇室もかかわる国家的、かつ国際的な運動として定着したのである。

小　結

　ガールガイド運動の背景には、19世紀末からイギリスが、かつての「黄金時代」を経過して、経済面、社会的に直面していた問題への対応がある。教会の宗教的影響力低下への危惧、都市化と青少年の生活課題、余暇への対応として登場した青少年教育のひとつと捉えることが出来る。ガールガイドはベーデン・パウエルが発足させたボーイスカウト運動から分岐した形で発足したものであるが、少年の場合の目的が「大英帝国」の勤勉な市民、兵士、労働者となる資質を求めたものに対して、少女の場合は「大英帝国」の母であり、良き妻の姿であった。1910年に正式に発足したガールガイドは、当初ボーイスカウトと同様の活動を含みながら、救護、保育等のプログラムも存在し、野外活動等への参加については少女むけの活動としての適否が問われた。しかし、第一次世界大戦の中で状況は大きく変化した。総力戦の中で、急速に女性の社会参加が求められたこと、結果として女性の地位向上がはかられたこと、また、ガールガイドそのものも戦時の救護と支援に活躍したこともあって、少女の活動としての認知を得ることになった。ベーデン・パウエルの妻、オレブが指導者として新しい女性像を示したこともあり、運動はさらにイギリス国内外で発展を示すことになった。このイギリスで誕生した運動は、1920（大正9年）年、日本に紹介された。

註

1) Vronwyn M. Thompson, '1910…AND THEN?', Guide Association, 1990, p.3.
なお、邦訳を含めた主たる文献として下記のものがある。
ガールスカウト日本連盟『半世紀のあゆみ』1970年。
ボーイスカウト日本連盟『ベーデン-パウエル伝』1967年。
ウィリアム・ヒルコート著　安斉忠恭監訳『ベーデン-パウエル―英雄の2つの生涯』産調出版・1992年（原書 William Hillcourt with Olave Lady Baden-Powell, 'Baden-Powell:the two lives of a hero', London, 1964）
ボーイスカウト日本連盟『日本ボーイスカウト運動史』1973年。
日本ボーイスカウト大阪連盟『大阪ボーイスカウト運動史』1973年。
猪瀬久美恵『子どもたちの大英帝国』中央公論社・1992年。

田中治彦『ボーイスカウト』中央公論社・1995年。

上平泰博・田中治彦・中島純『少年団の歴史』萌文社・1996年。

Allen Warren, 'Mother for the Empire?': The Girl Guides Association in Britain, 1909-1939.

Mangan. J.A., 'Making Imperial Mentalities: Socialization and British Imperialism', 1990.

2）キリスト教青年会は、都市で労働する青年のためのキリスト教の組織。1844年にジョージ・ウイリアムズによって、イギリス・ロンドンで創立された。

3）欧米各国、さらに世界でこの運動はひろめられ、1894年には世界YWCAが組織された。現在、世界YWCAの加盟国は80ヶ国余で、会員数は約800万人になっている。日本YWCAは、早稲田の大隈重信邸で1905（明治38）年に創設された（初代会長は、女子英学塾の津田梅子）。

4）竹内真一『青年運動の歴史と理論』大月書店・1976年、178—179ページ。

5）猪瀬久美恵『子どもたちの大英帝国』中央公論社・1992年、228ページ。

同書によれば、「『少女友愛協会』がウィリアム・スミスの『少年部隊』の少女版であることを明言し、国教会の教区牧師たちにリーダーを依頼し、イングランド南部の農村部を中心に、10年間に支部を821にまで急増させることに成功している。活動の中心は、少女を『堕ちた女』にしないよう、レスペクタブルな職場の確保におかれたが、少女たちを安い労働力として雇用したいと願う工場主からの激しい反発にあい、次第に活動方針を、上流、中産階級家庭の家事使用人の雇用開拓に絞るようになった」。

6）平安女学院短大愛友会『地の塩』NO.1、1963年、25ページ。日本では、1916（大正5）年、アメリカ人宣教師マギルによって京都の平安女学院生徒の宗教活動としてはじめられた。戦後はアメリカ聖公会GFS会員、八代斌助日本聖公会主教の指導もあって、関西地区の教会、施設、学校で活動が行われた（日本聖公会GFS『GFSのあゆみ（1916—1996）』）。

7）前掲『子どもたちの大英帝国』230ページ。GFSと並ぶ少女クラブ活動で、工1889年に、ナンネレイにより工場で働く少女たちを対象として設立された。

8）前掲『青年運動の歴史と理論』178—184ページ。

9）前掲『子どもたちの大英帝国』112ページ。なお、ブライアン・サイモン（成田克矢訳）『イギリス教育史』II、亜紀書房・1977年、を参照されたい。

10）前掲『子どもたちの大英帝国』215—218ページ。

11）例えば、ドイツ・フランス陸軍の演習を偵察した際に、蝶の収集家に変装して偵察し、その軍事施設の見取り図を、蝶の羽根のスケッチに偽装して描いたこと。腕時計を最初に使用した軍人であり、それまで海軍で用いられていた手旗信号を初めて陸

小結

　　上で使用した、等彼独自のアイデアを示唆するエピソードが多い。兵舎生活の中の即興劇、偵察活動の際の環境・自然観察などは、後年のボーイスカウト、ガールガイドの活動に反映された。

12) 『Scouting For Boys』（ボーイスカウト日本連盟所蔵）、および前掲『少年団の歴史』28—29ページを参照されたい。
13) op. cit., '1910...AND THEN?' 4ページ
14) Rose Kerr, The Story of Girl Guides', London, 1932（repub. 1976）p. 29.
15) op. cit., p35。
16) op. cit., p35。
17) op. cit., pp31-33。
18) 前掲『子どもたちの大英帝国』233ページ。
19) 同前。
20) 前掲『少年団の歴史』45ページ（The Scout, 16 May 1908, 'Can Girls be Scouts?', cited in Jeal, p. 469）。
21) ガールガイドの組織がなかなか伸張しないことを理由に、1917年には、チーフを辞任したが、1945年に86歳で死去するまでガールガイド副議長を勤めた。
22) op. cit., '1910...AND THEN?'p. 4．
23) 同前。
24) ibid., Allen Warren, 'Mother for the Empire?' pp. 102-103.
25) ibid., 'The Story of Girl Guides' p. 73.
26) op. cit., '1910...AND THEN?'. p. 5．
27) ibid.
28) 前掲『子どもたちの大英帝国』236—238ページ。なお、アメリカでは同運動は1912年にはじまったが、その名称はイギリス式の「ガールガイド」ではなく「ガールスカウト」として発足した。なお、次の文献を参照した。
　Eileen K.Wade, 'THE WORLDCHIEF GUIDE': The Story of LADY BADEN-POWELL', Hutchinson of London, 1957。
29) Robert Baden-Powell, 'Girl Guiding: The Official Handbook', C.Authur Person Ltd. 1920, p11, p51.
30) 女子補導会本部編・坂西志保子訳『女子補導会』基督教興文協会・1922年、1—2ページ、40—41ページ。
31) ibid., Allen Warren, 1990.
32) op. cit., '1910...AND THEN?', p. 8．
33) Fern G. Brown, 'Daisy and the Girl Scout', Albert Whitman and Company. 1996.

34) Mildred M. Pace, 'JULIETTE LOW', The Jesse Stuart Foundation, 1997.
35) op. cit., '1910...AND THEN?'p. 14.

第2章
日本における女子教育の成立とキリスト教

　大正期に日本で発足したガールガイド運動はキリスト教との結びつきを持って始まっている。キリスト教はガールガイドのみではなく、明治期以降の日本の女子教育振興の大きな要因でもあった。明治政府の女子教育振興とキリスト教、とりわけ欧米から派遣された宣教師たちとの関係は、明治政府の西欧文化に対する姿勢と育成しようとする女性像の変化もあって直線的ではなく、緊張関係をもちつつ推移した。ここでは、学制頒布と女子教育（第1節）、明治初期におけるキリスト教と女子教育（第2節）、キリスト教主義学校への明治政府の対応の変化と高等女学校（第3節）、大正期の女子教育と臨時教育会議（第4節）、明治・大正期における女子教育とキリスト教（第5節）、について検討しながら、1920（大正9）年の日本のガールガイド＝女子補導会出発の背景について理解したい。

第1節　学制頒布と女子教育

　江戸時代までの日本では、士農工商という身分序列と家父長権を絶対とする家族制度の下で、女性の地位は低いものであった。したがって、女性に対しては「三従の教え」に象徴される婦徳の涵養がはかられ、上層の女性に限って、読書、習字、和歌、女礼、琴、生花、茶などが身だしなみとして学ばれていた。庶民にとっては、一部が寺子屋で読み書きの初歩を習得することにとどまっていた。明治維新後、1872（明治5）の学制頒布の際の太政官布告には、「今より以後一般人民華士族農工商及婦女子、必ず邑に不学の戸なく、家に不学の人なからしめん事を期す人の父兄たるもの宜しく此意を体認

し其愛育の情を厚くし其子弟をして必ず学に従事せしめざるべからざるものなり」と記され、ひろく教育が奨励された。「高上の学に至ては其人の才能に任すといへども幼童の子弟は男女の別なく小学に従事従事せしめざるものは其父兄の越度たるべき事」として、四民平等と男女の教育機会均等が述べられている。この時期の「男女の別」ない教育の背景には、「女子も男子と同じ人間であるが故に、学校教育を受けるべきだし、受けさせるべきだという考え方」と「男子も女子も、それぞれに職分があるのでその職分を充分に果たすためには、女子も男子と同様に教育を受けさせるべきだという考え方－中略－その場合の職分というのは男は外治、女は内治という内容であったため、男子の外治的教養のためには、親以外の師による学校教育を必要とするが、女子の内治的教育には家庭教育で可能」[1]という二つの発想があった。後者の場合、女子の学校設立への要請には結びつかないため、例えば官立の女学校開設にあたっては、よい子どもを育てるためのよい母という「賢母賢妻思想」から説明されている。

後に日本の婦人解放運動に影響を与えたJ.S.ミルの『婦人の隷属』がイギリスで出版されたのは1869（明治2）年、イプセンの『人形の家』は1878（明治11）年、ベーベルの『婦人と社会主義』が1879（明治12）年であり、欧米では女性解放の動きが胎動しつつあった。しかし、明治初期の日本においては、『明六雑誌』に森有礼が「妻妾論」を掲載して、妻となり、母となるためにこれまでの女子の軽視を問い直し、また中村正直が善良なる母をつくるために男子婦人同様の修養を提唱している段階であった。なお、学制期においては、女子教育のための明確な規定はなく、尋常小学教科のほかに女子の技芸を教える女児小学がみられるのみである。明治前期、学制頒布後の初等教育の普及率を男子と比較した場合、女子の就学率はしばらく低い水準が続いたため[2]、女子の実際の教育場面における振興が課題となっていた。多くの人々にとって学校教育の効用は理解されず、徴収される学費と労働力でもあった子どもたちが通学することによる経済的負担が問題視された。とりわけ女子にとっての通学の意義が浸透し、就学率が向上するにはしばらく時間を要することになった。

1873（明治6）年、文部省の招きで来日したデヴィッド・モルレー

(David Murray)は、日本国内を視察した後に女子教育の必要性を指摘し、女子教育振興のために女性教員養成の必要性を提案している。その結果、田中不二麻呂の建白書による1875（明8）年の女子師範学校開校につながった。なお、これに先立って1872（明治5）年には東京女学校が官立女子教育機関として新設されていたが、この学校は西南戦争による経費削減のため1878年には廃止された。そのため、1882（明治15）年に女子師範学校の予科を廃止し、高等普通学科として付属高等女学校が設置された。女学校に高等の名が冠せられることになったのはこれが初めてである。この間、1871（明治4）年に津田梅子たち女子留学生は「開拓使」から米国に留学し、各地では師範学校を中心とした府県立女子学校が設置された。1877（明治10）年に開校した華族学校（学習院）に華族女学校が設立されるのは1885（明治18）年のことである。このように女子教育機関が成立しつつあったが、男子と比較した場合、質量ともに立ち遅れたものであった。

　1893（明治26）年には、低い女子就学率に対し、下記の通り「女子教育ニ関スル件」（文部省訓令第8号）が出されている。

普通教育ノ必要ハ男女ニ於テ差別アルコトナク且女子ノ教育ハ将来家庭教育ニ至大ノ関係ヲ有スルモノナリ現在学齢児童百人中修学者ハ五十人強ニシテ其ノ中女子ハ僅ニ十五人強ニ過キス今不就学女子ノ父兄ヲ勧誘シテ就学セシムルコトヲ怠ラサルヘキト同時ニ女子ノ為ニ其教科ヲ益々実用ニ近切ナラシメサルヘカラス裁縫ハ女子ノ生活ニ於テ最モ必要ナルモノナリ故ニ地方ノ情況ニ依リ成ルヘク小学校ノ教科目ニ裁縫ヲ加フルヲ要ス

裁縫ノ教員正当ノ資格アル者ヲ得難キノ場合ニ於テ一時雇員ヲ以テ之ニ充ツルモ妨ナシト雖其ノ人ノ性行ニ関シテ採用ノ際深ク注意ヲ加ヘンコトヲ要ス

　以上、女子就学率の低迷は、将来の家庭教育という観点からも問題視され、対応策として、保護者に就学を働きかけること、また、女子のための実用的教科として裁縫科を加え、そのための教員採用が指示されているのである。

第2節　明治初期におけるキリスト教と女子教育

　明治期において、学制では男女共学が唱えられているが、実質的には男子中心に学校制度は発展・整備された。そのような中で、欧米のキリスト教宣教師の女子教育への役割は大きい。本節では、明治期におけるキリスト教と女子教育について概観する。

　当時の女子教育振興を考える上で大きな背景のひとつに1873（明治6）年にキリスト教が解禁されたこと、それにともなうプロテスタント教会の役割がある。官立中等教育機関が男子を中心に整備されつつある中で、英学の導入と女子教育の普及という両面において大きな存在となっている。日本開国後、監督派（American Episcopal Mission）、長老派（American Presbyterian Mission）、オランダ改革派（Dutch Reformed Church Mission）の宣教師が派遣された。彼、彼女たちはキリスト教布教が許される以前から日本語研究を行い、また英語を教授していた。これは、英学導入の契機となり、その点では近代的教育のはじまりであるとともに、私学においては今日に至る女子諸学校に連続しているものも多数存在する。

　例えば、長崎で活動を開始した監督派は大阪で照暗女学校を、東京では立教女学校をはじめた。長老派は東京の築地居留地において女子学院のもととなる私塾（A6B6）をつくり、長老派の流れをうけたオランダ改革派は横浜でヘボン夫妻が横浜居留地に開いた診療所の一部を借りてフェリス女学院のもとをつくった。アメリカ合衆国会衆派（American Board Mission）は神戸に神戸女学院、京都に同志社女学校を創設し、メソジスト監督派（American Methodist Episcopal Mission）は東京に小学校（青山学院女子部のはじまり）をつくり、浸礼派（American Baptist Mission）は東京に駿台英和学校を開いている。

　例えば、合衆国系の女学校について年次を追ってみると、フェリス女学院（横浜・1870）、ミッションホーム（横浜共立学園・1871）、梅香崎女学校（長崎・1873）、照暗女学校（平安女学院—大阪のち京都・1875）、神戸英和女学校（神戸・1875）、同志社女学校（京都・1876）、梅花女学校（大阪・1878）、活水

女学校（長崎・1879）、光塩学校（梅光女学校―下関・1879）、ブリテン女学校（成美学園―横浜・ブリテン女学校）等がある。この他にも、東京ではプロテスタント系の桜井女学校をはじめ、一般女子教育施設として多数の女学校が創設されたが、その中には、個人住宅をあてる等、規模の小さいものも多かった。キリスト教主義による女子教育は、江戸時代からの「婦徳」とは異なり、英米人女性による英語教育、寄宿生活によって生活をともにする中で、欧米の人間観・社会観をそこに学んだ若い女性にひろめていった。[3] 戦前日本におけるキリスト教系諸学校の系譜の概要は下記の通りである。あわせて、明治期、キリスト教系の学校以外においても、欧米の教師の雇用を通じて、キリスト教は、英語教育の内容、さらに生活文化のありようについて教育全般に影響を与えていることを確認しておきたい。

近代日本におけるキリスト教系諸学校の系譜（戦前を中心に主要なものを略示した[4]）

○ Protestant
【聖公会】
私塾立教学校1874　立教尋常中学1896　立教中学1899
　　立教女学校1877　立教女学校1899　立教高等女学校1908
照暗女学校1875　平安女学院1895　平安高等女学校1915
　　アンデレ神学校1877　出島英和学校1878
　　大阪三一神学校1884　高等英学校1890　桃山中学校1902
　　永生女学校1879　プール女学校1890　プール高等女学校1929
　　　　香蘭女学校1888　香蘭高等女学校1945
　　　　　松蔭女学校1892　松蔭高等女学校1915
【長老派・改革派】
ミス・ギダーの学校1870　アイザック・フェリス・セミナリー1875
　　築地大学校1880　東京一致英和学校1883　明治学院1886
　　バラ塾1871　ブラウン塾1873　東京一致神学校1877　先志学校1881
　　　スタウト塾1872　スチール・アカデミー1887　東山学院1891
　　　　スターヂス・セミナリー1887　梅香崎女学校1890（梅光女学院）
Ａ６番女学校1870　Ｂ６番女学校1873　新栄女学校・桜井女学校1876
　　　　　　　　　　　　　　　　　　　　　　　　　女子学院1890

　　　　　　　　　　　　　　　金沢女学校1885　北陸女学校1900
　　　　　　　　　　　　　　頌栄学校1884　頌栄高等女学校1920
　　　　　　　　　　　　　ウィルミナ女学校1884（大阪女学院）
　　　スミス塾1887　スミス女学校1889　北星女学校1894
　　　　　仙台神学校1886　東北学院1891
　　　　宮城女学校1886（高等女学校認可1911）（宮城学院）
　金城女学校1889　金城女子専門学校付属高等女学部1929（金城学院）
【アメリカン・ボード】
　　　女学校（神戸ホーム）1875　神戸英和女学校1879　神戸女学院1894
　　　　　　　　　　　　　　　　　　　cf.高等科3年課程1891
　　　同志社分校女紅場1877　同志社学院女学校1888　同志社高等女学部1930
　　　梅花女学校1878　梅花高等女学校1913
　　　　　　　　私立松山女学校1886　松山東雲高等女学校1932
　　　　　　　　　　　　頌栄保母伝習所1885　保育学園
【メソジスト―美以教会（アメリカ・メソジスト）】
女子小学校1874　海岸女学校1877　東京英和女学校1895青山学院1894
　　耕教学舎1878　東京英学校1881青山学院1894　青山女学院と合同1927
　　　　活水女学校1879　活水高等女学校1944
　　　　　　　　　　加伯利英和学校1881　鎮西学館（学院）
ミセス・カローリーン・ライト・メモリアルスクール1882　遺愛女学校
　　　来徳女学校1886　弘前遺愛女学校1887　弘前女学校1889（弘前学院）
　　　　　　英和女学校1885　私立福岡女学校1917（福岡女学院）
【メソジスト―カナダ】
　東洋英和女学校1884　（高等女学科1919）東洋永和女学校1941
　　　　　　　静岡英和女学校1887　静岡静陵高等女学校1941
　　　　　　　　山梨英和女学校1889　山梨栄和女学校1941
【メソジスト―南美以教会（アメリカ南メソジスト監督）】
英夜学校パルモア英学院1887　パルモア英学院昼間部1888　関西学院1889
　広島女学会1886　広島英和女学校1887　広島女学院1932
【メソジスト―美普教会（アメリカ・メソジスト・プロテスタント）】
　　ブリテン女学校1880　横浜英和女学校1886　成美学園1939
　　　　　名古屋英和学校1887　私立名古屋中学校1906（名古屋学院）

【バプテスト―アメリカ・バプテスト】
　　横浜バプテスト神学校1884　東京中学院1895　関東学院1919
　　家塾聖教学校1875　横浜英和女学校1886　捜真女学校1892
　　尚絅女学校1892　仙台尚絅高等女学校1943（尚絅女学院）
　　　　日ノ本女学校1893（日ノ本学園高等学校）
【バプテスト―アメリカ南部バプテスト】
　　　　福岡バプテスト神学校1907（関東学院大学）
【基督教会（ディサイプルス派）】
　　聖学院新学校1903　女子聖学院神学部1905　聖学院中学校1906
【キリスト友会】
　　普連土女学校1887　聖友女学校1943（普連土学園）
【アメリカ婦人一致伝道教会】
　　亜米利加婦人教授所1871　共立女学校1875（横浜共立学園）
【プロテスタント―津田梅子】
女子英学塾1900　専門学校1904　津田英学塾
○ Catholic
【幼きイエス会―フランス・サンモール】
　　孤児院・寄宿舎1872　築地女学校1881　仏語女学校1887
　　　　　　　　　　　　雙葉高等女学校1909
　　　　　　　　　紅蘭女学校1900（横浜雙葉）
　　私立仏英女学校1903　私立不二高等女学校1912（静岡雙葉）
　　　　　　　　　福岡女子商業学校1933（福岡雙葉）
　　　　菫女学院1933　雙葉第二初等学校1941（田園調布雙葉）
【ショファイユの幼きイエズス修道会】
　　　　信愛女学校1884　大阪信愛高等女学校1908（大阪信愛）
　　　　熊本玫瑰女学校1900（熊本信愛）（久留米信愛）（和歌山信愛）
　　イエズス会・私立岡山女学校1886　清心高等女学校1911
　―ナミュール・ノートルダム修道女会に経営移管1924―（ノートルダム清心女子大）
【シャトル聖パウロ修道女会】
　　女子仏学校1884　仏英和高等女学校1910　白百合高等女学校1935
　　　私立聖保禄女学校1886　元町高等女学校1942（函館白百合）

私立盛岡女学校1892　私立東北高等女学校1920（盛岡白百合）
　　　私立仙台女学校1893　私立仙台高等女学校1907（仙台白百合）
　　　　　　　　　　　　　乃木高等女学校1938（湘南白百合）
　　　　　　　　　　　　　箱根強羅疎開学園1944（函嶺白百合）
　　　八代女子技芸学校1910　八代成美高等女学校1926（八代白百合）
【マリア会】
　　　私立暁星学校1888　暁星中学校1899
　　　明星学校（夜間語学学校）1898（大阪明星学園）
　　　海星学校1892　海星商業学校1903　海星中学校1911
【スペイン聖ドミニコ修道女会】
　　　松山美善女学校1925松山商業女学校（カタリナ学園）
【ドイツ神言修道会】
　　　南山中学校1932（南山女子部・男子部）
【オランダ聖霊奉待布教修道女会】
女子職業学校1908聖霊学院女子職業学校1915聖霊高等女学校1941
【殉教者聖ゲオルギオの聖フランシスコ修道女会】
　　　　　　　札幌藤高等女学校1925（藤女子高等学校）
【オーストラリア聖心会】
　　　聖心女子学院・語学校1908　聖心女子学院高等女学校1910
【イエズス会】
　　　上智学院1911（専門学校令）上智大学1913
【―キリスト教世界宣教会議1910―】
　　　東京女子大学1918

【参考】―明治期におけるキリスト教以外の主たる女子教育機関―
東京女学校1872　女子師範学校1875　女子師範学校附属高等女学校1882
栃木女学校1875
跡見女学校1875
華族学校1877　華族女学校1885　学習院女子部1905
共立女子職業学校1886
大日本女子教育奨励会東京女学館1888
実践女学校1898

東京女医学校1900
日本女子大学校1901

第3節　キリスト教主義学校への明治政府の対応の変化

　明治期において、欧米の宣教師とキリスト教主義学校が日本の教育、とりわけ女子教育に大きな役割を果たしたことは前節でみたとおりである。明治政府が宣教師に多くを依存したことも事実であった。しかし、日本の近代化がすすみ、ナショナリズムの台頭にしたがって独自の女子教育政策が試みられ、それはキリスト教主義学校と対立する動きとなっていった。

　ここでは、その点について高等女学校令の公布と文部省訓令12号の理解を中心に考察したい。

(1)　キリスト教主義学校への明治政府の対応

　井上義巳は『日本キリスト教教育史』[5]において、キリスト教主義学校の歴史を三期に分けて説明している。第一期は明治維新（1868年）前後から明治10年代半ば（1880年代前半）であり、第二期は明治10年代の半ばから明治20年過ぎ（1880年代後半）までの「欧化時代」、第三期は明治20年代からはじまる国家主義の時期で、キリスト教そのものが批判される。この時期は途中曲折をたどりながら、1945（昭和20）年の第二次世界大戦終結まで継続する、というものである。キリスト教主義女学校に決定的な影響を与えた高等女学校令と訓令12号を理解するためにも、ここでは名取多嘉雄による解釈を援用しながら、あらためてこの時期区分について確認してみたい。

　第一期（明治維新前後から明治10年代の半ば）まで。この時期は、横浜、熊本、札幌の三バンドが結成され、そこで学んだ新島襄、小崎弘道をはじめとした人々は日本のキリスト教のみならず近代教育と青年観そのものに大きな影響を与えた人物となった。この時期に来日した宣教師は、幕府直轄の済美館、佐賀藩の到遠館、大学南校で多くの人材を育てたフルベッキ（Guido Herman Verbeck）、ローマ字の改良と医師としても有名なヘボン（James

1．東京女学館第1期生―後列中央がカルクス、右2番目から岸澄子、富田俊子、津軽理喜子（1890年頃）

Curtis Hepburn)、農業・印刷技術・石鹸の製造法の紹介者でもあった熊本洋学校のジェーンズ（Leroy Lansing Janes）、また、日本アルプスの命名で知られるウェストン（Walter Weston）など、多才な人物でもあった。宣教師たちは来日して伝道の機会求め、若者の向学心に応えたため、日本人である彼・彼女たちもその感化をうけて入信する者が多かった。その中で、女子教育に使命を感じる宣教師は各地で女学校を開設し、キリスト教主義学校における女子教育の基礎を築いていった。

　第二期は明治10年代の半ばから20年過ぎまでの「欧化時代」とよばれる時期である。欧化時代とは、不平等条約改正のために、井上馨外相たちが日本の近代化が完成したことを西欧諸国に印象づけ、条約の改正を図った時期である。鹿鳴館の落成した1883年（明治16年）から大隈重信による条約改正の試み―1889（明治22）年前後までを指す。「欧化」は条約改正という政府による政策を実現するためのものであり、この時期、文明開化期以上に国民の欧米崇拝熱は高まった。キリスト教は言語としての英語、服飾、食生活と並

んで欧米の文化の一部として受容され、キリスト教主義学校も急速に発達した。そのような動向は、欧米文化の受容よりも華麗な文化的雰囲気への憧憬の側面も含めてのことである。後述する香蘭女学校、松蔭女子学院、プール学院もこの時期にイギリス聖公会の宣教師によって設立されている。欧米の宣教師派遣による学校のみでなく、1885（明治18）年に岩本善治によって設立された明治女学校のような日本人の経営による学校も生まれた。また、官民あげて女子教育充実をはかり、イギリス聖公会の日本監督のビカステス（Edward Bickersteth）、ショー（Alexander Show）の協力を得て準備された東京女学館も1888（明治21）年に開校した。女子教育とキリスト教について蜜月期とも言える時期である。

　第三期は明治20年代からの国家主義の時期である。そこでは、キリスト教が批判され、キリスト教主義学校の経営には困難が生じた。象徴的なことは、1892年（明治25）年の東京帝国大学の井上哲次郎による「教育と宗教の衝突」をめぐる発言である。キリスト教信仰は教育勅語の説く忠孝の精神に反し、反国家的であるという意見を発表し、これにキリスト教の立場から本多庸一が反論した。結果的に、これ以降は日本の国家主義的傾向は助長され、キリスト教に対しても一転して否定的風潮が生じた。それは、1899年（明治32）年の高等女学校令、文部省訓令12号として具体化された。キリスト教主義女学校では両者によって、私立学校としての宗教教育継続の問題、欧米的な女性像と日本的良妻賢母像との関係において大きな課題に直面することになった。

(2) 高等女学校令の公布

　1886（明治19）年に小学校令・中学校令が整備される中で、女学校について学校令が出されることはなかった。しかし、1891（明治24）年に中学校令が改正された際に、「高等女学校ハ女子ニ須要ナル高等普通教育ヲ施ス所ニシテ尋常中学校ノ種類トス　2　高等女学校ハ女子ニ須要ナル技芸専修科ヲ設クルコトヲ得」という条文が加えられた。

　この改正によって、高等女学校が男子の中学校ニ対応する女子の中等教育期間であることが法令的に定められたことになる。その後、1895（明治28）

年には高等女学校規程が文部省令として出され、それによって修業年限、学科目等の細目が定められた。1897（明治30）年には女子師範学校併設を認める高等女学校設置を推進する文部省訓令が出され、1899（明治32）年には高等女学校令が公布された。その条文は次の通りである。

高等女学校令（明治32年2月8日勅令第31号）

第一条　高等女学校ハ女子ニ須要ナル高等普通教育ヲ為スヲ以テ目的トス
第二条　北海道及府県ニ於テハ高等女学校ヲ設置スヘシ
　　　　前項ノ校数ハ土地ノ情況ニ応シ文部大臣ノ指揮ヲ承ケ地方長官之ヲ定ム
第三条　前条ノ高等女学校ノ経費ハ北海道及沖縄県ヲ除ク外府県ノ負担トス
第四条　郡市町村北海道及沖縄県ノ区ヲ含ム又ハ町村学校組合ハ土地ノ情況ニ依リ須要ニシテ其ノ区域内小学教育ノ施設上妨ナキ場合ニ限リ高等女学校ヲ設置スルコトヲ得
第五条　郡市町村立ノ高等女学校ニシテ府県立高等女学校ニ代用スルニ足ルヘキモノアルトキハ地方長官ニ於テ文部大臣ノ認可ヲ受ケ府県費ヲ以テ相当ノ補助ヲ与ヘ第二条ノ設置ニ代フルコトヲ得
第六条　私人ハ本令ノ規定ニ依リ高等女学校ヲ設置スルコトヲ得
第七条　高等女学校ノ設置廃止ハ文部大臣ノ認可ヲ受クヘシ
　　　　高等女学校ノ設置廃止ニ関スル規則ハ文部大臣之ヲ定ム
第八条　公立高等女学校ノ位置ハ文部大臣ノ認可ヲ経テ地方長官之ヲ定ム
第九条　高等女学校ノ修業年限ハ四箇年トス但シ土地ノ情況ニ依リ一箇年ヲ伸縮スルコトヲ得
　　　　高等女学校ニ於テハ二箇年以内ノ補習科ヲ置クコトヲ得
第十条　高等女学校ニ入学スルコトヲ得ル者ハ年齢十二年以上ニシテ高等小学校第二学年ノ課程ヲ卒リタル者又ハ之ト同等ノ学力ヲ有スル者タルヘシ
第十一条　高等女学校ニ於テハ女子ニ必要ナル抜芸ヲ専修セントスル者ノ為ニ技芸専修科ヲ置クコトヲ得
　　　　　高等女学校ニ於テハ其ノ卒業生ニシテ某学科ヲ専攻セントスル者ノ為ニ専攻科ヲ置クコトヲ得
第十二条　高等女学校ノ学科及其ノ程度ニ関スル規則ハ文部大臣之ヲ定ム
第十三条　高等女学校ノ教科書ハ文部大臣ノ検定ヲ経タルモノニ就キ地方長官ノ

認可ヲ経テ学校長之ヲ定ム但シ文部大臣ノ検定ヲ経サル教科書ヲ使用スル必要アルトキハ地方長官ハ文部大臣ノ認可ヲ経テ一時其ノ使用ヲ認可スルコトヲ得

高等女学校教科書ノ検定ニ関スル規則ハ文部大臣之ヲ定ム

第十四条　高等女学校ノ教員ハ文部大臣ノ授与シタル教員免許状ヲ有スル者タルヘシ但シ文部大臣ノ定ムル所ニ依リ本文ノ免許状ヲ有セサル者ヲ以テ之ニ充ツルコトヲ得

高等女学校教員ノ免許ニ関スル規則ハ文部大臣之ヲ定ム

第十五条　公立高等女学校職員ノ俸給旅費其ノ他諸給与ニ関スル規則ハ文部大臣ノ認可ヲ経テ地方長官之ヲ定ム

第十六条　高等女学校ノ編制及設備ニ関スル規則ハ文部大臣之ヲ定ム

第十七条　公立高等女学校ニ於テハ授業料ヲ徴集スヘシ但シ特別ノ場合ニ於テハ之ヲ減免スルコトヲ得

授業料入学料等ニ関スル規則ハ公立学校ニ在リテハ地方長官ニ於テ私立学校ニ在リテハ設立者ニ於テ文部大臣ノ認可ヲ経テ之ヲ定ム

第十八条　本令ノ規定ニ依ラサル学校ハ高等女学校ト称スルコトヲ得ス

第十九条　本令施行ノ為ニ必要ナル規則ハ文部大臣之ヲ定ム

附則

第二十条　本令ハ明治三十二年四月一日ヨリ之ヲ施行ス

地方長官ハ文部大臣ノ認可ヲ受ケ本令施行ノ日ヨリ四箇年以内第二条ノ設置ヲ延期スルコトヲ得

　上記の高等女学校令以降、女子中等教育整備は急速に進められた。日清戦争開戦（1894・明治27）から20世紀のはじめにかけて政府が女子教育の整備に努めた背景について、女子の小学校への就学率の上昇、対外戦争としての日清戦争、また中産階層の家庭の育成が指摘されている。[6] 具体的に、女子の初等教育就学率も1897年に50％を超え、1900年に71％、1904年には91％に達した。日清、日露の両戦間に急速に上昇し、それにしたがって中等教育段階にすすむ女子も増加した。また、両戦争によって国民教育の重要性を認識した政府および識者が、家庭における子弟育成の担い手として女子教育を国家的見地から検討し始めた。明治期における女子中等教育政策は、堅実な中産

階層の家庭の育成ということ、軍国主義にふさわしい「軍国の母」を育成することを目的としても進められた。

　高等女学校成立の背景について深谷は、戦争の体験、条約改正と内地雑居、女性労働者の質的変化という３点から整理、説明している[7)]。

① 戦争の体験―日清戦争は日本にとって歴史上初めての外国との近代戦であった。そこでは、女性を国民として位置づけ、国策の受けとめ手とする必要が生ずる。因習的な女性規範が国策の伝達を阻害するならそれを打破する必要がある。とくに女子の教育は家事的技能と初歩的な読み書きの習得でじゅうぶんとして、娘を学校に通わせない父母を啓発しなくてはならない。就学しなければ、国家的な意識を植えつけることができない。

② 内地雑居―1899（明治32）年７月にそれまでの関税自主権と治外法権の撤廃の要望が達成された。これによって外資の速やかな導入を望む声も存在したが、多くの外国人が来日し居住することへの危惧も生まれた。混乱をもたらさないために国民の知識、道徳、体力を充実し、教育によって国民を精神的に統一する必要があった。横井小楠による徴兵拒否の同志社大学事件等によってキリスト教の教義と国体とが矛盾するという指摘のなかで、キリスト教の布教に対する警戒感、とりわけキリスト教主義女学校の拡大が問題となった。これに対応するため、県立を中心とした公立の女学校を増設し、将来の母たる者の教育を考える必要があった。

③ 女性労働者の質的な変化―それまでも農家、商家で家業に従事する女性は少なくなかったが、明治20年代後半から軽工業の発達により低賃金の女子への需要が増加し、明治30年代になると専門職、サービスに関わる女性の職種が登場した。日清戦争を契機として日本赤十字社によって組織的におこなわれた看護婦養成、電話局の開設、鉄道作業局、その他オフィス・ガールの先駆者には一定以上の読み書き算術の能力が課せられることになった。事務職に従事したのは中堅の家庭の娘であって、既成の「女子労働者」観をうちこわすものであり、それに応

郵便はがき　162-0041

恐れ入りますが郵便切手をおはり下さい

（受取人）
東京都新宿区
早稲田鶴巻町五一四番地

株式会社 **成文堂** 企画調査係 行

お名前＿＿＿＿＿＿＿＿＿＿＿＿＿＿＿＿（男・女）＿＿＿＿歳
ご住所(〒　　－　　)＿＿＿＿＿＿＿＿＿＿＿＿＿＿＿＿＿＿＿＿＿

☎＿＿＿＿＿＿＿＿＿＿＿＿＿＿＿＿＿＿＿＿

ご職業・勤務先または学校(学年)名＿＿＿＿＿＿＿＿＿＿＿＿＿＿

お買い求めの書店名

〔読者カード〕

書名〔　　　　　　　　　　　　　　　　　　　〕

　小社の出版物をご購読賜り、誠に有り難うございました。恐れ入りますが
ご意見を戴ければ幸いでございます。

お買い求めの目的（○をお付け下さい）
1．教科書　　2．研究資料　　3．教養のため　　4．司法試験受験
5．司法書士試験受験　　6．その他（　　　　　　　　　　　　）

本書についてのご意見・著者への要望等をお聞かせ下さい

〔図書目録進呈＝要・否〕

今後小社から刊行を望まれる著者・テーマ等をお寄せ下さい

第3節　キリスト教主義学校への明治政府の対応の変化　61

じた教育制度の需要が生じた。

　以上である。男子に比較して遅れていた女子の就学率が向上しはじめ、女子中等教育への進学希望層が全国的に増加してきたことは、その後の女性の就業問題にも関係する。軽工業、都市化にともなう女性の近代的な職場進出は女性の活動を家庭中心に限定していたそれまでの女性観と矛盾するものであった。しかし、一方で、「夫・舅・姑・子供という家族関係から規定する良妻賢母主義は、江戸時代の封建的家族制度が1898（明治31）年の民法に温存されたように、江戸時代の家訓書であった『女大学』の延長」としてこの時期の女子中等教育に反映されたのである。

　さらに、日本が東アジアにおける国際的緊張関係の中にあり、「大陸市場の奪取の必要に迫られていた日本の資本主義は、『女大学』式良妻賢母主義に加えるに軍神の母としての要素を女子教育の中に大切な柱として確立していかなければならなかった」時期でもあった。1900（明治33）年の「北清事

1901年高等女学校令施行規則にみられる授業および標準週時間

【甲号】

学年	修身	国語	外語	地歴	数学	理科	図画	家事	裁縫	音楽	体操	教育	手芸	計
一	2	6	3	3	2	2	1	—	4	2	3	—	—	28
二	2	6	3	3	2	2	1	—	4	2	3	—	—	28
三	2	5	3	3	2	2	1	2	4	2	3	—	—	28
四	2	5	3	2	1	1	2	4	2	3	—	—		28

【乙号】

学年	修身	国語	外語	地歴	数学	理科	図画	家事	裁縫	音楽	体操	教育	手芸	計
一	2	6	3	3	2	2	1	—	4	2	3	—	—	28
二	2	6	3	3	2	2	1	—	4	2	3	—	—	28
三	2	6	3	3	2	2	1	—	4	2	3	—	—	28
四	2	5	3	2	1	2	4	2	3	—	—			28
五	2	5	3	2	1	4	3	4	2	3	—	—		28

（ここでは、五年の乙号の例を掲載した―丙号は三年制。外国語〔外語と略〕は随意科目とすることが可能で、丙号には外国語は課さないことになっていた。）

変」の翌年の愛国婦人会創設に象徴されるように、女子社会教育には軍事的な側面が強くなっていった。表に示されたように、高等女学校規程、高等女学校令における教育内容は、家庭生活のための家事、裁縫がおかれ、男子のための中学と比較して修身、音楽の配当時数が多く、外国語、理科が少なく、さらに漢文の配当はない。1899年の高等女学校令公布当時37校であった学校数は、公立中心にその後8年間で133校に増加した。1910（明治43）年には、家政科目を中心とした修業期間4年、3年、2年の実科高等女学校の条文（第11条）が加えられた。女子教育制度の整備につれて、高等女学校は家事・裁縫・芸事に重点が置かれるようになり、訓育的側面が強調されるようになっていった。それでは、制度化された高等女学校の教育内容はいかなるものであったのか、「高等女学校令施行規則」（1901—明治34）年にみられる標準的な週授業時数について概観してみたい。[10]

前ページ表からは、漢文がない代わりに教育と手芸が採用され、家事および裁縫という実技科目が位置づけられていることがわかる。次に示した同1901年の「中学校令施行規則」と比較してみると、さらに明らかである。

1901年中学校令施行規則にみられる授業および標準時間[11]

学年	修身	国語及漢文	外語	地歴	数学	博物	物理及化学	法制経済	図画	唱歌	体操	計
一	1	7	7	3	3	2			1	1	3	28
二	1	7	7	3	3	2			1	1	3	28
三	1	7	7	3	5	2			1	1	3	30
四	1	6	7	3	5	4			1		3	30
五	1	6	6	3	4		4	3			3	30

両者を比較した場合、次のようにまとめられよう。[12]

① 同じ中等教育でありながら中学校が修業年限5年であるのに対し、高等女学校の原則は4年で一年短い。

② 高等女学校は外国語の授業数が少なく、または随意科目になっている。さらに漢文はなく、数学、理科の時間数が少ない。

③ 学校の物理、化学、博物が高等女学校では理科に統合されている。

④ 高等女学校の教科として裁縫、家事が特設され、修身と音楽の時間が多い。

(3) 女子中等教育の整備と訓令12号

このような女子教育政策の動向はキリスト教主義女学校に大きな影響を与えた。すでに森有礼文部大臣が国家主義的政策をうちだした1887（明治20）年頃からキリスト教による教育に批判的な風潮が生まれており、例えば福沢諭吉も「耶蘇会女学校の教育」において一般家事の教育の欠落という点からキリスト教主義女学校を強く批判している。それに加えて、1890（明治23）年の教育勅語の発布、さらに高等女学校令が公布された1899年には宗教と教育に関する訓令12号が示された。訓令の内容は以下の通りである。

一般ノ教育ヲシテ宗教ノ外ニ特立セシムルハ学政上最必要トス。依ツテ官立公立学校及学科課程ニ関シ法令ノ規定アル学校ニ於テハ課程外タリトモ宗教上ノ教育ヲ施シ又ハ宗教上ノ儀式ヲ行フコトヲ許ササルヘシ

この結果、キリスト教主義学校では、校内で宗教行事を行わないことを選択するか、あるいは、文部省認可資格返上を選択し、男子中等学校では徴兵猶予、官公立高等専門学校入学資格を失うかという状況に迫られた。女学校においては徴兵猶予こそ別問題であったが、後述するように同年に高等女学校令が公布され、新たに公立高等女学校が整備増設される中で、生徒の減少と専門学校進学への制度的対応を迫られることになった。キリスト教にもとづいた特色ある学校経営は困難を来し、例えば巖本善治によってはじめられた明治女学校（1885—1908）の廃校、彼の主宰した『女学雑誌』（1885—1901）も廃刊された。

先述したように高等女学校令発布まで、女子中等教育を実質的に担っていたのはキリスト教主義の女学校であった。その中で、高等女学校令とほぼ同時に訓令12号が出された背景について次のように指摘されている。

① 高度の一般教育と宗教教育とが与えられれば、「良妻賢母」の育成を目ざす高等女学校はその目的を達成することができない。しかし、条約

改正にともなう「内地雑居」によって今後もキリスト教女学校の増加が予想される。したがって、県立高女の設置と並んで、キリスト教主義女学校を何らかの形で制約する必要が生じた。

② 女学校のみでなく、宗教色の強い中学や大学が設立されるとなると公教育全般の問題となる。条約改正のたてまえから宗教学校の全面的禁止はできないため、1897（明治30）年に伊藤博文が教育と宗教との分離の方針（「政治教育と宗教との関係に就て」『教育時論』）を明らかにし、菊池文部次官がフランスの教育と宗教との区分を先例にして両者の分離を強めた。

以上に加えて、訓令12号の背景には、1888年の高等教育会議「教育ニ関シ新条約実施準備ノ件」における外国人の学校設置権の是非と私立学校令をめぐる議論があった。結果的に外国人による学校設置権、宗教教育の禁止条項は私立学校令に盛りこまれることはなかった。しかし、私立学校を地方長官の監督下におき、「教育上有害アリト認ムルトキハコレヲ禁止」という私立学校令の条文による法律支配とともに、訓令12号による制約を受けることになった。キリスト教主義による小学校、中等部のなかには廃校・廃止されたものもあった。また男子の中等学校については、高等教育への進学、徴兵猶予の「特典」廃止の関係から宗教色を抑え、普通教育を重視したかたちに変貌するものも少なからず存在した。キリスト教主義女学校についてみれば、学校設立の趣旨を守って宗教教育を継続し、ミサをおこなった結果、正規の学校と認められず各種学校の道を選択した学校も多かった。キリスト教主義女学校は「予想されたほど、生徒も減少せず」[15]存続したという指摘もある。しかし、府県立高等女学校が増設される中で公教育からは除外されたところに置かれ、その後その学校経営について新たな模索を課されることにもなったのである。

第4節　大正期の女子教育と臨時教育会議

女子教育機関は20世紀に入って、さらに量的に拡大した。高等女学校については1915（大正4）年に223校であったものが1925（大正14）年に618校と

第4節　大正期の女子教育と臨時教育会議　65

三倍近くに増加した。従来の師範学校、とりわけ女子高等師範学校に限られていた高等教育機会について、1901（明治34）年に日本女子大学校、1918（明治43）年に東京女子大学が設立された。両者とも大学の名称があるが1904年の専門学校令による専門学校である。日本女子大学校は成瀬仁臓、麻生正蔵の他、渋沢栄一、森村市左衛門、三井・住友財閥の協力を得て都市の中間層と地方地主層の女子を主たる対象とした教育が行われた。

東京女子大学は1918年にイギリスのエディンバラで開かれたキリスト教の世界宣教師会議で日本にアジア初のキリスト教女子大学を設立することが決議され、アメリカ合衆国とカナダのプロテスタント7会派、日本の新渡戸稲造、安井てつたちによって設立されたものである。「大正デモクラシー」によって婦人問題が注目され始め、職業女性の社会進出、参政権の獲得、人身売買の禁止と並んで女子高等教育が課題となった。高等女学校卒業者の中から前記の専門学校に進学する希望者の増加によって、それまで各種学校によって宗教教育を堅持してきたキリスト系女学校の中にも、文部省の指定による「専門学校検定」を受けたところ、また高等女学校への改組を行う学校も生まれた。戦前の高等女学校生徒にとっての上級学校は専門学校が中心であったが、この時期、私立女学校、キリスト教主義学校にとっても、生徒たちの上級学校進学は決して無視できないものとなってくるのである。

一方で、1918（大正7）年の臨時教育会議では女子教育に関する諮問が行われ、その結果として、明治以来の良妻賢母主義が確認された。女子高等教育に関しては「虚栄心の増長」、「婚期を遅らせる」などの理由から批判的意見も出された。女子教育について8項目の改善策が出されたが、第1項には次のように述べられている。[16]

教育ニ関スル勅語ノ聖旨ヲ十分ニ体得セシメ殊ニ国体ノ観念ヲ鞏固ニシ淑徳節操ヲ重ンスルノ精神ヲ涵養シ一層体育ヲ励ミ勤労ヲ尚フノ気風ヲ振作シ虚栄ヲ戒メ奢侈ヲ慎ミ我家族制度ニ適スルノ素養ヲ与フルニ主力ヲ注クコト

以上は、1920（大正9）年7月の高等女学校令と同施行規則の改革にも反

映された。高等女学校の目的として国民道徳の養成と婦徳の涵養に留意することが付け加えられて、精神教育が強調された。なお、この時からじゅうらいの府県立に限られていたものに加えて郡市町村設立による高等女学校が認められた。また、修業年限も「五箇年又ハ四箇年トス但シ土地ノ情況ニ依リ三箇年」として高等小学校卒業者の入学資格が認められることになり、さらに卒業生のための専攻科・高等科の設置が認められた。多くの課題をふくみながらではあるが、戦前の教育体制の中に女子中等教育は位置付けられていくことになった。

第5節　明治大正期における女子教育と　　　　　キリスト教主義学校の位置

　ここまで、概観してきた明治以降の日本における教育は、男女別学とその差別化が進められていく過程でもあった。本節では、あらためて明治期の教育制度と女子教育、さらに大正期の女子中高等教育の発展を確認しながら、その中でのキリスト教主義学校の位置について検討したい。

　学制頒布（1872・明治5）では、男女同様の就学奨励が行なわれたが、教育令（1879・明治12）から男女別学は明記された。この後、女子を対象とし、また女子教育の担い手養成のための師範学校の設立がすすめられ、産婆学校、看護婦の養成、和洋裁学校等の職業に対応した女子教育が準備された。教育勅語（1890・明治23）と翌年の文部省令では、別学原則の厳格化と男女別の学級編成に関する規則が制定されている。大正期に入り、第一次世界大戦を経て、臨時教育会議の「女子教育に関する答申」（1918・大正7）では、淑徳節操、体育と勤労、家族制度の維持に重点がおかれている。男子とは明確に区別された実際生活に即した知識能力、家事の基礎としての理科教授が重視され、実科女学校の拡大と高等教育の代替として専攻科設置が提起されていった。

　この間、明治から大正にかけての中等教育在学者をみると、明治初期の中学校創設期は地域によって、中学に特に男子のみの学校であることが明記されず、女子生徒の在籍が確認される中学校も存在した[17]。その後、別学化が進

第5節　明治大正期における女子教育とキリスト教主義学校の位置　67

み、中学校と高等女学校という制度は形式・内容両面において別のかたちで発展していくのである。1882（明治15）年に東京女子師範学校付属高等女学校が修身を設置した高等女学校のモデルとして設立され、その後、改正中学校令（1891・明治24）と訓令「女子教育に関する件」（1893・明治26）において、高等女学校が明記、説明され、女子の就学督励が家庭教育の役割と併せて強調された。なお、1894（明治27）年の徒弟学校規定は女子を対象として意識して、刺繡・機械及びその他の職業を授けることが目的されたものであり、一部は後の実科高等女学校につながる学校となった。さらに、高等女学校規定1895（明治28）が定められ、そこでは、男子の中学とは異なり、修身・国語・裁縫の必修化と同時に、外国語の選択科目化、物理・化学が理科として統合されて縮小された形となった。また、教員養成においても師範学校令（1897・明治30）によって別学の女子師範学校が設立され、そこで養成された女性訓導はそれぞれ別学級、別学校化された学校に配属され、そこでの教育の担い手となっていった。

　以上のように明治期以降の日本における女子教育の歴史は、教育令以降の別学化、さらに、中高等教育はあくまで男子を前提として整備されたために女子教育は別に扱われ、したがって、その制度も不十分なものであった。明治前期では、初等教育段階において女子就学率がしばらく低迷が続いたこと[18]、また、女子の教育機会が男子に比べて軽視されたため、女子の中等教育は、公立では、ごく少数の女学校と師範学校に限られた。そのため、女子中等教育の大部分はこれを私立が補うことになり、この私学の女子教育を主に担ったのが欧米人の協力によるキリスト教主義の学校であった。例えば、高等女学校令の前年の1898（明治32）年時点で、公立女学校26校に対し、キリスト教系女学校はプロテスタント系のみで63校にのぼっている[19]。もちろん、女子教育のみでなく、明治期の教育において、帝国大学を含めた多くの中高等教育機関が欧米人に依存した事実があることは確かである。フルベッキ、ヘボンをはじめとした欧米人宣教師の存在は、明治期の学校制度の出発そのものにとって不可欠な要素であったことも確かである。

　しかし、とりわけ女子教育においては明治前期に政府の対応がほとんどなかったため、キリスト教主義女学校の果たした役割は特に重要であった。キ

リスト教主義の女学校といった場合、欧米の伝道会社が布教の目的のために経費を負担して経営するものではあったが、伝道以外にも中等教育の教育機会を女子に対して提供したこと、また、それまでの日本とは異なるキリスト教に基礎をおいた欧米的な人間観にもとづく教育を行った役割は大きい。

　ところが、1880年代末からのナショナリズムの台頭と日本としての教育の独自性が強調されるにしたがって、それまでキリスト教系に女子教育の多くを依存していた政策にも変化が求められた。1891（明治24）年の内村鑑三の「不敬事件」にはじまり、急速に浮上してきた国家主義思想によって「教育と宗教の衝突」問題がおきた。その結果として、女子教育においては良妻賢母を基調とした教育が重視され、キリスト教主義の教育に制約を置く動きが生まれた。女子教育におけるその傾向の象徴として、1899（明治32）年に出された訓令12号と高等女学校令があった。高等女学校令により女子中等教育機関として高等女学校が位置づけられ、また、条約改正を背景にもつ宗教と教育との分離政策は、それまで女子教育を中心的に担ってきたキリスト教主義の女学校に危機をもたらすことになった。つまり、制度として確立された高等女学校では、学校経営の枠組みと教育課程そのものが学校認可申請の要件となり、具体的に次のような問題を生みだした。

① 修身、家事・裁縫の必置、外国語時数の週3時間等の限定が生まれたことは、それまで週7時間以上の英語授業を配当し、聖書と欧米文化の内面化を目標に掲げていたキリスト教主義女学校の根本をゆるがした。

② 中等教員免許取得者の配置義務や理科充実のための施設、設備充実はキリスト教主義女学校の学校経営の改変を要求した。

③ 1899年の訓令12号―宗教教育の禁止によって、学校教育場面における宗教活動の禁止が加えられ、宗教的儀式、聖書に関する授業が実施困難となった。

④ 公立の高等女学校と各地域で学校経営上の競合を余儀なくされた。

　先に述べたように、キリスト教主義女学校の多くは高等女学校としての認可申請を行わず、各種学校のまま学校経営の存続を選択せざるを得ないことなり、小学校を併設している学校の一部は初等課程を閉校した。同じキリスト教系列の学校でも、男子校の多くは大学等の高等教育機関への進学と徴兵

第5節　明治大正期における女子教育とキリスト教主義学校の位置　69

猶予のために、キリスト教主義を分離して中学校としての継続をはかっていることは、女子校と男子校とで対照的である。明治初期から女子教育の多くを担い、またリードしてきたキリスト教主義の女学校は、ミッションスクールとしての宗教教育、また英語教育を中心とした欧米文化が中心におかれていた。しかし、ナショナリズムの台頭と官立の高等女学校整備とによって、その存続の危機に瀕し、あらたな経営の方向を模索せざるを得なくなったのである。キリスト教主義の女学校の場合、財政難と経営困難から廃校となる学校もあったが、多くは明治初期から女子教育の担い手であった実績と信用、欧米からの財政的援助によって経営を継続した。[21]

　その後、20世紀をむかえると、主に都市部では女子の高等教育に関する要望が生じつつあった。1903（明治36）年に専門学校令が公布され、日本女子大学校、女子英学塾等が専門学校になると、それらの学校への進学希望者も徐々に増加した。これによって、各種学校として学校継続を行っていたキリスト教主義の女学校も新たな対応を求められることになった。つまり上級学校を目指す生徒が登場する中で、女学校卒業後の進学を視野においた文部省

2．平安女学院の少女歌劇、1920年に初のセーラー服を導入した（大正末頃）

認可の専門学校進学資格指定を目指すという課題が生じたのである。そのためには、各種学校を高等女学校に改変整備して学校経営全体を見直した申請を行うか、高等女学校に近い教育課程を設置して高等女学校と同等以上の学力を有するという「専門学校入学者無試験検定願」を文部省に提出するという選択肢が求められたのである。結果として、大正期から昭和初期にかけてキリスト教主義の女学校の多くは「専門学校入学者無試験検定願」の認可を受け、あるいは高等女学校としてその組織を改変して対応した。

その際、キリスト教主義女学校において学校の文化そのものであるキリスト教の教育をどのように継続していくか、という課題が切実であった。正規の教育課程として宗教活動が認められない以上、各種学校として学校の経営を維持しながら、教職員、施設、教育課程を高等女学校に合わせたものにして「専門学校入学者無試験検定願」の申請を計ると同時に、正規の教育課程とは別に、学校内外でキリスト教事業・教育活動を任意で行い、その充実をはかった。それは、キリスト教主義女学校としての伝統の維持とその伝道的役割を果たすためにも必要なものであった。

小　結

本章では、明治期の女子教育について、①明治初期から男子中心に学校制度が整備される中で、キリスト教主義女学校は女子中等教育を中心に担ってきた。②しかし、ナショナリズムが高まる中でこれを圧迫する形で訓令12号、高等女学校令が出され、戦前における日本的な女子中等教育制度が確立された。③その結果、キリスト教主義女学校は独自の対応を迫られ、さらに高等女学校卒業生の急増にともない女子高等教育の要望が高まると、上級学校への接続を検討していくことを述べた。この時期、1920（大正9）年に、日本におけるガールガイド、女子補導会は発足するのである。

1920（大正10）年、少女たちの学校、教会を中心としたガールガイドが、イギリス聖公会関係の女学校において女子補導会として始められた背景には、以上の女子教育とキリスト教との関係が存在した。もちろん、補導会の導入にあたっては、キリスト教の教育活動としてのみでなく、後述するが、

大正自由主義を反映した児童中心主義や新しい女子教育への試みであったことも確かである。

ただし、現在の日本のガールスカウトではみられないことであるが、当時の女子補導会はキリスト教の祈禱ではじまる活動であり、指導者は宣教のために派遣されたイギリス人女性たちであったことも合わせて考えてみると、キリスト教主義が強く反映されて出発しており、次章以降でその意味を確認したい。明治以降、日本の女子教育を中心的に担ってきたキリスト教主義女学校は、高等女学校令と訓令12号にみられる教育と宗教との分離問題の中、それまでの事業を継続して、さらに新たな医療・福祉・教育・保育分野での社会活動を展開していく。そこで、教育と伝道両面の役割を果たしていくのである。女子補導会、補導団を論ずる際、女子教育というのみでなくキリスト教主義女学校、とくにイギリス聖公会系の教会と学校の発展過程の中でその意味を考える必要がある。

註

1) 片山清一『近代日本の女子教育』建白社・1984年、7ページ
2) 当時の低就学率の原因として、片山清一は西村茂樹の報告書をもとに次のように指摘している。①学制そのものに無理があって、当時の社会現実に即していなかったこと。②女子の教育は家庭でなすべきであって、学校教育は女子には不要であると一般的に考えられていたこと。③たとえ学制による小学校に通ったとしても、当時の社会や家庭で必要とされる女子教養が得られなかったこと。④男女共学の学校制度を嫌ったこと。なお、学制頒布後10年間の男女別就学率の推移は下記の通りである。

年	男	女	平均
1873（明治6）	39.9	15.1	28.2
1874（明治7）	46.2	17.2	32.3
1875（明治8）	50.5	18.6	35.2
1876（明治9）	54.2	21.0	38.3
1877（明治10）	56.0	22.5	39.9
1878（明治11）	57.6	23.5	41.3
1879（明治12）	58.2	22.6	41.2
1880（明治13）	58.7	21.6	41.1

| 1881（明治14） | 60.0 | 24.7 | 43.0 |
| 1882（明治15） | 64.7 | 31.0 | 48.5 |

（前掲『近代日本の女子教育』建白社・1984年、8〜9ページ）

4）　国学院大学日本文化研究所編・井上順孝監修『宗教教育資料集』すずき出版・1993、井上義巳他『日本キリスト教教育史』創文社・1993年より作成。
5）　井上義巳『日本キリスト教教育史』創文社・1977年、77—79ページ。および、名取多嘉雄「近代日本と宣教師たち」『英国の心棒』聖公会出版、1988年、なお同論文は Web Page：に掲載。
6）　土屋忠雄「女子教育―明治後期」海後宗臣監『近代日本教育史事典』平凡社・1972、423—424ページ。
7）　深谷昌志『増補良妻賢母主義の教育』黎明書房・1981、157—165ページ。
8）　同前。
9）　同前。
10）「高等女学校令施行規則」（1901）および福田須美子他『高等女学校の研究』1990年・大空社、24ページ、をもとに作成した。
11）「中学校令施行規則」（1901）および前掲『高等女学校の研究』25ページ、をもとに作成した。
12）前掲『高等女学校の研究』25ページ。
13）『時事新報』1887
14）前掲『増補良妻賢母主義の教育』190—191ページ。
15）同前、193ページ。
16）臨時教育会議の諮問第六号「女子教育ニ関スル件」は次ぎの通りである。
　「女子教育ニ関シ改善ヲ施スヘキモノナキカ若シ之アリトセハ其ノ要点及方法如何」
答申（大正七年十月二十四日）
　諮問第六号女子教育ノ改善ニ関シテハ左記ノ各項ヲ実施セラルルノ必要アリト認ム
　一　女子教育ニ於テハ教育ニ関スル勅語ノ聖旨ヲ十分ニ体得セシメ殊ニ国体ノ観念ヲ鞏固ニシ淑徳節操ヲ重ンスルノ精神ヲ涵養シ一層体育ヲ励ミ勤労ヲ尚フノ気風ヲ振作シ虚栄ヲ戒メ奢侈ヲ慎ミ以テ我家族制度ニ適スルノ素養ヲ与フルニ主力ヲ注クコト
　二　高等女学校ニ於テハ実際生活ニ適切ナル知識能力ノ養成ニ努メ且経済衛生ノ思想ヲ涵養シ特ニ家事ノ基礎タルヘキ理科ノ教授ニ一層重キヲ置クコト
　三　高等女学校及実科高等女学校ノ入学年齢修業年限学科課程等ニ関スル規程ヲ改正シテ一層地方ノ情況ニ適切ナラシムルコト
　四　高等女学校卒業後更ニ高等ナル教育ヲ受ケムトスル者ノ為ニハ専攻科ノ施設ヲ完備シ又必要ニ応シテ高等科ヲ設置スルヲ得シムルコト

五　高等女学校ノ教科目ハ成ルヘク選択ノ範囲ヲ広クシ最モ適切ナル教育ヲ施スコト
　　六　高等女学校長並職員ノ待遇ヲ高メ優良ナル人物ヲ招致スルコト
　　七　女子ニ適切ナル実業教育ヲ奨励スルコト
　　八　以上ノ外高等普通教育改善ニ関スル第二回ノ答申ニ列挙シタル事項ハ大体ニ於テ女子教育ニ関シテモ同様必要アルモノト認ム
　　希望事項
　　女学校ノ校長及視学委員ニハ学識経験ニ富メル適良ノ女子ヲモ任用スルノ途ヲ講セラレムコトヲ望ム
　　女子教育ニ関スル件答申理由書　略

17)　橋本紀子『男女共学制の史的研究』大月書店・1992年、32—37ページ。
18)　文部省『学制80年史』1952年、によれば1888（明治20）年段階の学齢児童就学率は女子28.26％、男子60.31％で、1898は女子50.86％、男子82.42％である。
19)　深谷昌志『増補良妻賢母主義の教育』黎明書房・1981年、190ページ。
20)　キリスト教学校教育同盟『日本におけるキリスト教学校教育の現状』1961年、69—72ページを参照されたい。
21)　同前、77ページ。

第3章
女子補導会、女子補導団と四つの女学校

　日本におけるガールガイド運動は、キリスト教主義にもとづく日本聖公会系の女学校、教会、幼稚園を中心にすすめられた。戦前の女学校としては、東京の香蘭女学校、大阪のプール学院、神戸の松蔭女子学院、さらに、イギリス聖公会から派遣された英語教師等を擁した東京女学館ではじめられている。キリスト教は明治期以降の女子教育振興の大きな要因であり、明治政府の女子教育振興との関係の推移については前章で述べた通りである。

　いずれの学校もイギリス聖公会との緊密な関係を保ち、それゆえ政府のキリスト教と女子教育に関する政策転換においては、しばしば改革をせまられながら独自の教育活動を組織した学校でもあった。ここでは、この四つの女学校の設立経緯とスタッフ、教育観・教育内容をあとづけながら、その上で大正期にガールガイドが導入された背景について概観しておきたい。

第1節　香蘭女学校

　1858（安政5）年、日米就航通商条約が締結されると、長崎、神奈川、兵庫等が開港され、外国人居留地が設けられた。当時は日本人に対する布教活動は認められていなかったものの、その翌年（1859年）5月には中国からアメリカ聖公会のJ. リギンス（John Liggins）、6月にはC. M. ウィリアムス（C. M. Williams）が長崎に、10月にはアメリカ長老教会のヘボン（James Curtis Hepburn）、11月にはアメリカ・オランダ改革派のブラウンとシモンズが神奈川に、フルベッキ（Guido Herman Verbeck）が長崎に来日した。彼らは初期のプロテスタント宣教師であり、当初は居留地内で礼拝を行うとともに、自ら日本語を学び、英語を希望者に教え、医療活動に従事していた。

第1節　香蘭女学校

　1874（明治6）年の「キリシタン禁制」の高札撤去以降、医療、社会事業、教育活動を通じた布教活動が開始された。その中に、女子教育への取り組みもあった。

　イギリス国教会は1868（明治元）年にSPG（Society for the Propagation of the Gospel in Foreign Part）、CMS（Church Missionary Society）のふたつの伝道教会による布教活動を開始し、1886（明治19）年に第2代主教としてE.ビカステス（Edward Bickersteth 1850—1897）を派遣した。彼はイギリスの2伝道教会とアメリカ合衆国聖公会伝道局が行っていた活動を統一し、1887年2月に日本聖公会の組織成立に寄与した。また、アンデレ伝道団と聖ヒルダ伝道団を創設し、女子教育の必要性から聖ヒルダ伝道団の事業として、日本の婦人伝道師の養成、診療所開設と並んで、女学校の設立を検討した。1887年に今井寿道を初代校長として香蘭女学校（St. Hilda's School）の開設認可を行い、翌1888（明治21）年4月、東京の麻布区永坂町一番地の島津忠亮邸内で開校した。開校準備には、A.C.ショー（Alexander Croft Show）、A.F.キング（Armine Francis King）、吉澤直江が協力した[1]。『女学雑誌』（1888年3月号）に掲載された生徒募集広告は次の通りである。

　　本校は女子の教育に老練なる英国婦人及本邦人各数名を招し完全なる女学を授くるところなり今般高燥絶景なる岡上に校舎を新築し四月上旬に開校し寄宿生通学生を募集す　〇本校は敢へて生徒の衆多なるを好まず欧州教育家の輿論に従ひ少数の人員を限り親切に教授すべし

　開校時からE.ソントン（Elizabeth Thornton）、B.ヒックス（Braxton Hicks）、M.スノーデン（M. Snowden）、G.フィリップス（Gladys Philipps、後に日本女子大学校）をはじめとした女性宣教師が着任している。香蘭女学校は当初修業年限4年であり、開校時は生徒数7名（9月に16名）で発足した。1890（明治23）年に女子小学校を付設（1900年廃止）、1903（明治36）年には予科2年、本科6年になり、1910（明治43）年には高等科が設置された。創立以来のカリキュラム科目配当を概観すると、例えば、1888年の一年時は次の通りである[2]。

香蘭女学校第一年次科目配当（1888年）

	時数	修身	和漢学	英語	数学	理科	家事	唱歌	図画	体操	音楽	通計
週時			5	10	3	2	2	2	1		3	25
前期日数	105		読書作文習字	読書習字対話	算術	地理	諸礼裁縫編物	単音	器具花葉		ピヤノオーガン	7学科
週時			5	10	3	2	2	2	1		3	25
後期日数	92		読書作文習字	読書習字対話	算術	地文口授	諸礼裁縫編物	復音	植物		ピヤノオーガン	

（『香蘭女学校100年のあゆみ』より作成）

概観すると当時の女学校としては、修身が時数として明記されていないこと、それに比べて英語の時間数が多いこと（週時間数の10時間は当時の最高学年である4年次まで継続する）、音楽に唱歌ではなくピアノ、オルガンと記されていることに特徴的がある。先にも述べた通り、開校当時の生徒数は7名であったものが、1910（明治43）年の高等科の設置時点の生徒数は100名を上回った。

1899年の高等女学校令に際しては、キリスト教主義を保持するため、各種学校の形態を継続した。1903年に学則変更が行われ、予科では英語の時間は週7時、本科では週21時の英語の教授が行われ、本科3年以上では理、地理等の教科も英語で教授された。[3]当時の週授業時数は、40分授業が43時であったが、半分近くはイギリス人およびアメリカ人宣教師を中心とした人々による英語とそれに関連する英国文化にふれる内容であったことが推察される。1901年に創刊された機関紙『春秋の香蘭』第2号（1903）には、①「基督教主義の道徳に基き我が中流以上の女徳を涵養し其の品性を訓練陶冶する」こと、②「一学級生徒の定員を二十名内外に止め、此少数、否な教育上適度の員数を最も完全に教育訓練する」こと、③「数学科即ち幾何学代数学等の時間が多き」こと、が特色として述べられている。キリスト教主義による寄宿生、通学生による少人数の学校運営が行われており、当時の校舎も寄宿舎を

3．大正初期の香蘭女学校（芝白金三光町・1912年）

含めた小規模なものであった。しかし、それまでの永坂の校舎が1910年11月に失火により焼失した。その後、海外を含めた募金活動を経て学校存続が決まり、1912（大正元）年9月、芝白金三光町に新たな校舎の落成式が行われた。イギリスからコンノート皇子（Prince Arthur of Connaught）を迎えて植樹祭が行われ、イギリス国家斉唱、聖公会セシル監督の祈禱に始まり、君が代に終わる落成式が行われた。新たに開校したこの時期、在校生は400名近くになった[4]。

　1915（大正4）年には専門学校進学希望者のため、入学試験検定に対応したカリキュラム改革が行われた。先述したように、1903（明治36）年に専門学校令が公布され、日本女子大学校、女子英学塾等が専門学校になると、香蘭は高等女学校ではなかったために、卒業生のうちの進学希望者は検定試験に合格する必要があった。香蘭女学校でも同年に定められた文部省令第14号「専門学校入学者検定規程」認定を受ける必要が生まれた。そのためには、香蘭女学校卒業生が高等女学校と同等以上の学力を有するという「専門学校入学者無試験検定願」を文部省に提出する必要があり、英語の時間の大幅な削減をふくむカリキュラム改定を行なう必要があったのである[5]。その結果、1917（大正6）年に専門学校入学無試験についての指定を受けることになっ

た。高等女学校への改組を行わなかったものの、聖公会系の香蘭女学校は上級学校への接続についてひとつの現実的選択を行ったことになる。改定された1915年の教育課程は下記の通りである[6]。

1915年　香蘭女学校　学科課程表

学年	修身	国語漢文	英語	地歴	数学	理科	図画	家事	裁縫	唱歌	体操	合計
一	3	6	6	3	2	2	—	—	3	1.5	1.5	28
二	3	6	6	3	2	2	—	—	3	1.5	1.5	28
三	3	6	6	3	2	2	—	—	3	1.5	1.5	28
四	2.5	6	6	3	2	2	—	1	3	1.5	1.5	28.5
五	2.5	5	6	2	2	2	—	3	3	1.5	1.5	28.5

(『香蘭女学校100年のあゆみ』より作成)

　近代的校舎と日本の女子中等教育カリキュラムへの対応、また生徒の組織として同好会が組織され（1915年）、学校形態が整備されていった。当時は第一次世界大戦が終了にむかい、ロシアでは革命がおきつつある時代である。日本では第一次世界大戦後の「新しい教育の戦後秩序」を定める臨時教育会議が開催された。一方で、大正デモクラシーの中で子どもの文化が注目され、一部ではあるが新しい女性の生き方が模索されつつあった。子どもたちの服装、さらに洋装の制服が導入されつつあった。このような時期、日本ではじめてのガールガイド指導者となる英国人女性のグリーンストリート（Mariel Greenstreet）は1920（大正9）年に香蘭に着任した。

第2節　プール学院

　プール学院を生み出したのは、英国聖公会宣教協会（明治時代は英国国教会伝道会社　The Church Missionary Society　以下CMSと略）である。
　プロテスタント各派のアメリカ人宣教師からCMSに日本宣教に関する共同アピールが行われ、4000ポンドの献金による基金をもとにエンソー（G. Ensor）が長崎に派遣され、続いてエヴィントン（H. Evinton）が大阪を中心

に宣教をはじめた。1873（明治5）年には、ワーレン（C. F. Warren）が大阪に着任し、川口居留地で宣教の基礎を築いた。当時、川口居留地とその周辺では日本政府の制限なく教会、学校、病院が開設でき、平安女学院、梅花女子学園、大阪女学院、桃山学院、信愛女学院、聖バルナバ病院、大阪川口キリスト教会、大阪聖三一教会、大阪教会がここから活動をはじめている。

　1879（明治12）年にイギリスの女性宣教師であったオクスラド（M. J. Oxlad）が、川口居留地の自宅に学校（実際には少人数の私塾）を設立した。後に女子だけを対象として永生女学校とよばれたこの学校がプール学院の源流とされる。彼女は東洋女子教育協会（FES・Female Education Society）というイギリス宣教組織の一員で、当時、インド、中国などアジア諸国において、女子教育を通じたキリスト教伝道を行っていた。ワーレンが伝道のために建てたチャペルがオクスラドの家の裏に移築されて教室として使われた。1883（明治16）年には生徒数は35名になった（うち寄宿生は19名）[7]。同年、カンタベリー大主教から日本ではじめての監督を委嘱されたA. W. プール（Bishop Arthur W. Poole）が来日し、神戸山手に居住して全国各地の宣教活動を行った。彼は、翌1884（明治17）年、聖三一神学校を開校した直後、体調をくずして離日し、英国への帰途についた。その冬をカリフォルニアにすごしたが、回復をみないまま英国に戻った。その後も大阪での女性の宣教と教育活動の重要性を訴えながら1885年に亡くなった。[8]

　洪水被害を経て、1890（明治22）年に永生女学校は聖三一教会跡地に新校舎をたてて再興された。第二代の監督であるビカステスが臨席して開校式が行われた学校は、前監督にちなんで普溜（プール）女学校（The Bishop Poole Memorial Girls' School）と命名され、それまでのFESから直接CMSの経営する学校となった。プール女学校は大阪三一神学校とならびCMSの日本宣教の中心となった。CMSから婦人宣教師として派遣された教員は、初代校長をつとめたトリストラム（Tristram）、ハミルトン（L. C. Hamilton）など一部の人々を別として、プール女学校で英語や音楽を教えながら日本語、日本文化をまなび、やがて日本各地の教会、病院、学校に赴任していくのを常としていた。プール女学校の初期の卒業生の多くは教員とともに日本各地に伝道にむかい、また牧師の妻として宣教に献身した。[9]

プール女学校は学校外における宣教活動、奉仕活動において他のミッションスクールと比較しても積極的に関与していることに特徴がある。トリストラム校長は着任以来、大阪市内に6箇所の日曜学校を開き、そこで教員、さらに生徒も協力して地域の子どもたちに聖書を教えた。大阪、あるいはCMSという教会の特性もあって、博愛社、セツルメントへの参加など、実践的な奉仕活動、庶民に対する社会事業に特色ある校風を見出すことができる。また、寄宿舎には日本の各地から入学した生徒、長崎のミス・グッドオール（Eliza Goodall）の学校（十人学校）の出身者、さらに、中国、朝鮮、台湾からの留学生、海外からの帰国生も入舎してともに生活していた。

1899（明治32）年に高等女学校令が制定され、また文部省による訓令12号に際しては、宗教教育を継続するため各種学校として認可申請を行った。その結果、私立プール女学校、付属小学校が認可され、校内での礼拝や聖書の授業は継続可能となった。日清戦争後、日露間に緊張関係が発生し、その後の日英同盟の締結はイギリスへの好感、またイギリス国民への親近感をもたらした時期でもあった。しかし、1907（明治40）年前後から日露戦争後の不況、大阪地区での公立高等女学校の相次ぐ設立もあって生徒数が減少した。そこで、トリストラムは教員資格、授業内容、学校の設備と校地、器機、帳簿の改善を行った上で、「専門学校入学者検定規程」8条による高等女学校と同等の学力があるという「文部省指定プール女学校」の申請を行い、1909（明治42）年にその認可を受けた。認可を受けた後の教科別の週時数を示すと次の通りである。

1911年　私立プール女学校教授科目と週時数

学年	修身	国語	英語	数学	理科	地歴	裁縫	図画	家事	音楽	体操	教育	漢文	合計
一	5	5	5	2	2	3	4	1	—	1	2	—	—	30
二	5	5	5	2	2	3	4	1	—	1	2	—	—	30
三	5	5	5	2	2	3	4	1	—	1	2	—	—	30
四	5	5	5	2	2	2	4	1	2	1	2	(1)	(1)	30
五	5	5	5	2	2	—	4	1	2	1	2	(1)	(1)	30

（『明治四十四年プール女学校規則』より作成。教育、漢文は半期）

第2節 プール学院

　他のキリスト教主義女学校と比較して、修身の時間が明確に位置づけられていること（聖書を含む）、英語の時数が当時の高等女学校に比べれば多いが、週5時間であること、裁縫と家事の時間は他のキリスト教主義女学校と比較して多いことがわかる。そこには、訓令12号、高等女学校令という現実の中での選択をみることも出来る。そこでは、学校長みずから英語の指導を行う一方で、高等女学校に相当するべくカリキュラムが整備され、テニス、ヴァイオリン、オルガンの教授なども行われた。また、入学生徒の増加と教室不足、大阪川口地区の発展にともなう環境問題もあって、郊外の東成郡鶴橋天王寺村に土地を購入して新校舎を建設し、1917（大正6）年末に移転した[13]。さらに、プール女学校では、1923（大正12）に英文科を設置し、聖書、国文、英語講読、文法、作文、英国史、音声学等のカリキュラムにもとづいて授業を行ない、近隣の高等女学校卒業生を含めた生徒が学んだ。

　女子教育機関としての設備充実がはかられていたこの時期に、イギリスでガールガイドを体験した女性宣教師バックス（Mabel C. Baggs）が1925（大正14）年に着任し、大阪におけるガールガイドがはじめられた。

　なお、プール女学校はさらなる教育改革を行って高等女学校申請を行うことになり、その結果、1929（昭和4）年に認可された。

　ここでは、その週時数を示しておきたい。[14]

プール高等女学校の教授科目と週時数

学年	修身	公民	国語	外語	地歴	数学	理科	図画	家事	裁縫	音楽	体操	計
一	2	—	6	3	3	2	2	1	—	4	2	3	28
二	2	—	6	3	3	2	2	1	—	4	2	3	28
三	2	—	6	3	3	3	3	1	—	4	—	3	28
四	1	1	5	3	3	3	3	1	2	4	1	3	29
五	1	1	5	3	2	3	3	—	4	4	—	3	29

（1939『プール高等女学校規則』より作成。外語（外国語）は英語。）

4．プール女学校のイギリス人教師と補導団員―右端がバッグス（1927年）

第3節　松蔭女子学院

　イギリスから派遣された二人の司祭、フォス（Hugh James Foss）とプランマー（F. B. Plummer）が神戸に到着し、SPGとして神戸伝道がはじまったのは1876（明治9）年9月である。フォスは神戸山手付近に居住して日本語の学習と神戸在住のイギリス人のための礼拝を開始し、山手通3丁目に聖バルナバ教会を設けた。さらに彼は、1878（明治11）年、水野功、ヒュース（Henry Hughes）の協力を得てキリスト教精神にもとづく乾行義塾という男子校を設立したが、1881年には同校の敷地内に教会を移設し聖ミカエル教会と改称した。

　一方、SPGでは1886（明治19）年に、インドをはじめとした非キリスト教国で女子教育を振興する目的でLadies Association（キリスト教婦人会）を設立した。キリスト教婦人会は1889（明治22）年に神戸で女学校を設立する

ために活動を開始し、それにあわせて女性宣教師ビルケンヘッド（Birkenhead）が来日した。彼女はロンドンの高等師範学校を卒業後、イギリス、南アフリカで教育・伝道活動に携わり、来日後は乾行義塾で英語、作文、裁縫、料理等を教えていた。SPGの代表者でありキリスト教婦人会から女学校設立を委嘱されていたフォスは、神戸居留地のイギリス人宣教師ウェストン（日本アルプスの命名者としても知られる）、マクレー夫人、水野功（当時ミカエル教会執事、後神戸YMCA発起人）、三島彊（公立学校長を経て兵庫県学務課勤務）の協力を得て女学校設立に尽力した。また、ビルケンヘッドとともに学校を担う教員の確保を進め、望月興三郎・クニ夫妻らを招いた（興三郎は梅花女学校教頭、大阪YMCA会長を経験。クニは仙台の高等小学校、堺市立女学校教員を経験。後に神戸市立神戸幼稚園長）。校舎はキリスト教の理解者であった旧三田藩主九鬼氏の神戸市山本通の別荘を借り、ビルケンヘッドを初代校長として、1892（明治25）年1月に開校式が行われた。

当時、神戸市内には公立女学校は設立されておらず、神戸英和学院（1875年創立、現神戸女学院）、親和女学校（1880年創立）に次ぐものである。したがって当時の神戸市内の女子が中等教育段階に進学する際には、大阪・京都の公立女学校に入学するか、この三校を選択することになった。松蔭女学校はSPGによるキリスト教伝道を目的としたミッションスクールであり入学者に対しては聖書を講義し礼拝を行っていた。しかし、当時『つぼ美』『女学雑誌』には「家族主義」「本邦ニ適スル女子ヲ養成」、また「実用貞静ノ婦女ヲ養成スルコト」を教育の目的として掲げており、キリスト教教育を明記していない。この点は、キリスト教を天皇制倫理に反する宗教として排撃する風潮が生まれつつあった当時の時代状況への考慮と、生徒確保という現実的課題があった、と考えられている。[16] 当初11人という小規模で出発した学校は第3代校長オーヴァンス（Janet Lina Ovans）が校長に就任した1896年頃から生徒が増加しはじめたため校舎増築にとりかかった。

学校開校の当初は（尋常小学校4年の後におかれた）、当時の高等小学校にあたる部分2年間を予科とし、その上に本科3年間がおかれた。さらに1895（明治28）年に就業期限3年の裁縫専修科、翌1896年には本科と並列した形で修業年限2年の英語専修科と和漢文専修科が設置された。1899（明治

32）年、高等女学校令が制定され、また文部省訓令12号が出されたため、各種学校として認可申請を行い、12月にその認可をうけた。各種学校であるため高等女学校と異なって宗教教育、宗教儀式を自由に行うことができた反面、専門学校を含めた上級学校への入学資格を得ることはできなかった。なお、私立学校認可を受けるために、この年、予科は廃止され、本科の延長上に高等科2年間が新設された。

　生徒については、初期の入学者は聖職者・教会関係者の子どもが多かったが、1902（明治35）年の日英同盟締結にともない、同盟国イギリスの学校という評判から生徒数の増加と多様な生徒の入学傾向が生じた。しかし、この明治30年代は女学校進学者そのものの絶対数が少なく、生徒数も100名以内であったため教師を含めた親密な人間関係が維持された。加えて、校内には遠隔地からの入学者のための寄宿舎が設置され、舎監の指導と共同生活のもとで西洋文化を内面化したクリスチャンレディの養成が図られた。女性宣教師たちの人間的陶冶もあって寄宿生のほとんどはクリスチャンになったといわれている。なお、寄宿生におけるこの傾向は、前述した香蘭女学校、プール女学院においても同様である。1906（明治39）年に新講堂が完成すると、現在の文化祭にあたる文学会の開催や同窓会を中心としたバザーも行われるようになった。1910（明治43）年の卒業式では奏楽、聖歌、イギリス国歌の斉唱、聖書の朗読の一方で、君が代斉唱と教育勅語の奉読が行われた。なお、イギリス国歌の斉唱は1941（昭和16）年の日本の対英米開戦まで継続された。[18]

　その後、1909（明治41）年から生徒数は急速に減少した。前年の130名から80名以下に急に減少したのである。背景には、日露戦争後の不況感、その後に新設された神戸高等女学校をはじめとした公立学校と比較した場合、専門学校の入学試験資格を受けられないという各種学校としての問題があった。さらに大逆事件を契機とした反キリスト教の動向などが考えられる。[19] 当時、隣接する他校では志願生徒が急増する中での事態であり、財政的な問題もあって早急な対応を図ることが迫られた。

　そこで、文部省の「専門学校入学者検定規定」の指定を受けるために、週時間数、年間授業時数等が高等女学校と同等であること、教師の半数以上が

教員免許状を持つこと、理科室・実験器具が整備されていること、さらに高等女学校の学科目を教えるための図書、器械、器具、標本などの備品が整備される必要があった。先述した大阪のCMSによるプール女学校が先に指定を受けていたため、学校長のトリストラムに相談をした。その結果、教育課程として、理科、数学の充実、授業で聖書を教えていることの見直し、教員免許を持った教師を増やし、理科室を整備するなどの課題の改善に取り組み、理事者である住友彦太郎が資金援助をSPGに依頼した後、1910（明治43）年に文部省に指定申請を行った。その結果、「専門学校入学者検定規程」第8条にもとづく指定を受けたのは翌1911年のことである。さらに、公立淡路高等女学校長、川路寛堂を副校長に招請し、彼の指導の下で校舎・設備の整備を行い、また、英語時間の削減、土曜日の出校等により授業時数を改革し、1915（大正4）年2月、高等女学校としての設立認可申請が行われ、同年認可された。

　この年、松蔭高等女学校は1学年40名、5学年の定員200名で発足した。その教授科目と週時数は次の通りである。[21]

　この表をみると、当時の高等女学校の標準時数に比べた場合に英語の時数が2時間多いこと、また外国人教師による教授が行われ、5年生の随意科目として教育が置かれたこと、また、正規の科目以外に3年から5年生の希望者には華道と茶道が教授されたことが特色となっている。[22]

1915年・松蔭高等女学校の教授科目と週時間数

学年	修身	国語	英語	地歴	数学	理科	図画	家事裁縫	音楽	体操	教育	計
一	2	6	5	3	2	2	1	裁4	2	3	—	30
二	2	6	5	3	2	2	1	裁4	2	3	—	30
三	2	6	5	2	3	3	1	裁4	1	3	—	30
四	1	5	5	2	3	3	1	裁4 家事2	2	3	—	30
五	1	5	5	2	3	3		裁4 家事4		3	随意	30

（『松蔭女子学院百年史』および同校所蔵資料より作成）

　その後、1916（大正5）年から生徒数は100名を上回り、「入学競争」率も発生し、生徒数は増加し続けた。そこで、校地、校舎を拡張整備する必要が

86　第3章　女子補導会、女子補導団と四つの女学校

5．松蔭高等女学校の制服—デザインはトロットの助言（1937年頃）

生まれ、1922（大正11）年には財政基盤を安定させるため財団法人松蔭高等女学校が設立認可された。1921（大正10）年からは、それまで一日旅行であった修学旅行が4泊5日の遠方への移動となり、同年には日本人である浅野勇が校長となり、1925（大正14）年には洋装の制服が制定された。イギリスSPG系列、英語教育重視という校風から海外在住経験をもつ保護者または富裕層の子どもが入学するようになり、「女子ミッション」としての地位を確立しつつあった時期でもある。なお、高等女学校に変化しても寄宿舎とそこでの陶冶をうける寄宿生徒は継続した。大正期末、そこで舎監をしていた上西八重、新井外子、浅野校長の妻であった浅野ソワ子らによって神戸のガールガイドは始められた。

　以上、ここまで、香蘭女学校、松蔭女子学院、プール学院について明治期における学校成立の経緯、イギリス聖公会との関係、訓令12号および高等女学校令への対応を含めて概説した。ミッションスクールゆえ、政府の女子教育と宗教教育に関する政策変更に対応をせまられ、時に聖書の授業、英語の時間数をふくめて調整を余儀なくされたことがわかる。また、女子中等教育

機関への進学希望者の増加、さらに当時の女子専門学校への要望が生まれつつある時代に、学校存続という切実な状況の下で、「専門学校入学者検定指定」、さらに、各種学校から高等女学校の認可申請という道を歩んだ。

かつて、寄宿生の教育を重視し、女性宣教師との生活をともにする陶冶中心であったものが、近代学校としての形態（設備、内容、方法）の整備を迫られ、結果的に「日本的」な女子中等教育機関としての完成を目指すことになった。1920年代は、大正自由主義と女性の社会参加について意見が交わされはじめ、反面、第一次世界大戦後のさらなる国力発展と、ロシア革命の波及を防ぐの社会制度が模索されていた。臨時教育会議において戦前日本の教育の枠組みが確定されつつある中で、イギリスで生まれたガールガイドは聖公会系の女学校に導入されることになるのである。

次に述べる東京女学館は上記の聖公会系の女学校ではなく、女子教育奨励会という明治期の政府、財界関係者による取り組みとして発足した学校であり、その点においては他の3校とは異なった存在である。しかし、東京では、香蘭女学校とならんで戦前のガールガイドが活発に行われた学校のひとつであること、また、この学校の成立にあたってはイギリス聖公会の派遣した宣教師の役割が重要な位置を占めていることから、他の三校と同様に明治期における欧米文化としてのキリスト教と女子教育を考えるうえで重要な学校である。

第4節　東京女学館

自由民権運動に対して「漸進主義」をとった明治政府は、1885（明治18）年に太政官制を廃止して内閣制度を発足させ、伊藤博文は初代内閣総理大臣に就任した。国内体制の近代的整備の一方で、条約改正が大きな課題となった。欧米的な社交の場として鹿鳴館が建設されたことに象徴される「欧化政策」が推進されることになった。そこでは、欧米的な教養、文化を理解する女性の養成が求められ、そのために女子教育奨励会が発足したのは1886（明治19）年頃である。[23] 当時、女子師範学校は教員養成を中心とした学校であり、また欧米文化についてひろく学べる学校はキリスト教主義の学校が中心

であった。当時について、「鹿鳴館を中心とする社交の場が開かれると、欧米の女性に対して、わが国女性は教養が不足し、人との交際にも馴れて居らず、何かと見劣りがしていてこれをなんとかしなければということが、政府要路の人達のかなりせっぱつまった思いであった。そうした条約改正を志す伊藤博文らの思いと教育の実際の場にあって開明的女子教育の必要性を感じていた外山正一等の思いとが合致して女子教育奨励会の話が具体化することになった」[24]という状況が指摘されている。

伊藤博文のもとに、帝国大学総長であり当時は欧化政策を推進していた外山正一とイギリス人のJ.ディクソン（帝国大学英語教授）の案が持ち込まれ、1887（明治20）年1月、総理大臣官邸において女子教育奨励会の発起人会が開かれた。その結果、1、創立委員の選定　2、創立委員長の決定　3、学校の名称　4、原資金　が議題とされた。

創立委員には、伊藤博文、澁澤榮一（実業家）、岩崎彌之助（三菱合資会社）、外山正一、富田鐵之助（東京府知事・日銀）、長崎省吾（宮内省）、齋藤桃太郎（宮内省）、神田乃武（外国語学校・第一高等中学校）、末松謙澄（内務大臣）、高嶺秀夫（東京高等師範学校）、大鳥圭介（学習院・工部大学校）、原六郎（横浜正金銀行）、伊澤修二（東京音楽学校）、櫻井錠二、渡邉洪基、菊池大麓、矢田部良吉、穂積陳重（以上帝国大学）、に加えてカーギル・ノット（Cargill Knott・帝国大学）、ジェイムズ・ディクソン（James Dixon・帝国大学）、アレクサンダー・ショウ（Alexander Shaw・聖公会、英国領事館）、エドワード・ビカステス（Edward Bickersteh・聖公会監督）のイギリス人4人が加わっている。[25]

会長については、皇族をむかえることになり（後日、北白川宮能久親王に決まる）、伊藤が創立委員長をつとめた。名称は、「女子教育奨励会東京学館」から「東京女学館」に変更、決定された（東京を冠したのは、その後各地での「女学館」設立を前提にしたものである）。

原資金は発起人会では10万円とされ、5年間で募集し財界関係の澁澤榮一、岩崎彌之助の協力も確認された。[26]

その後、校地は麹町区永田町の宮内庁管理の土地に決まり、資金募集と優秀な教員の確保がすすめられた。創立委員のメンバー、予算規模を例にとっ

ても、当時としては「画期的」な女子教育のとりくみであったことが理解される。この間の経緯について名取多嘉雄の説明を引用したい。[27]

　外山は、ただちに、その実現にかかり、まず、経済界の大物澁澤榮一と岩崎彌之助に相談した。二人は、外山の考えが、同種の学校を全国に数校創りたいということであったので、それらすべてを経営できる経済的母体を作った。これは華族、官吏、民間有力者から1株250円で出資を求め、それを原資として発足させたものであった。11月から始め翌年には会員178人、出資金6万円を得た。外山らはこれを「女子教育奨励会」と名付け、会長に北白川宮をいただいた。これと併行して、東京に一校を設ける準備が進んでいた。外山はポイントとなる外人教師の紹介を帝国大学の御傭教師であるジェイムズ・ディクソンとカーギル・ノットという二人のスコットランド人を通じ、英国領事館付長老アレクサンダー・ショウに依頼した。ショウは英国教会派の主要な伝道協会の一つである英国福音伝播協会（S.P.G.という）所属の宣教師である。彼は、さらに、英国教会派宣教師を統括するエドワード・ビカステス（Edward Bickersteth）監督に相談した。―中略―9月になって、ビカステスは、外山といっしょに伊藤博文と会った。伊藤は当時総理大臣兼宮内大臣であったが、欧化政策の主導者である彼は、外山のアイデアに賛同し、創立委員長を引き受けていた。席上、ビカステスは、その学校が伝道の自由を認めるなら望ましい人を世話しようと発言した。この申し出を驚くほどあっさりと日本側が了承したので、ビカステス等は積極的に教師の獲得に乗りだした。ビカステスとショウは、英国教会の要職者すべてに、この事業が伝道にとり非常に有利であることを説いて、伝道心篤い婦人宣教師の派遣を要請する手紙を送った。これに応え、セント・ポール寺院の参事であったロバート・グレゴリー（Robert Gregory）が奔走し、11月に入って2人のベテラン教師を獲得した。年が明けてから、さらに5人が加わり、計7人の教師が得られた。

　以上の経過から、東京女学館は7人のイギリス人女性スタッフによって出発している。7人の氏名、略歴、担当科目は次の通りである。[28]

1. カロライン・カークス（Caroline Kirkes）―校長職として迎えられる。英国で伊語、仏語、独語と音楽を修め、ロンドンで女子高等教育に10年間携わる。クラブ担当。
2. エレン・マクレー（Ellen MacRae）―教頭職。ケンブリッジ大学卒業。英国教会立女子高等学校校長を9年。科学担当。
3. スーザン・バーネット（Susan Burnett）。英国で教育をうける。ロンドン大学を経てカトリン女子校教頭。絵画、音楽担当。
4. アリス・パーカー（Alice Parker）―ケンブリッジ大学卒業。英国教会立女子高等学校（マクレーと同じ高校）教員。歴史、英語リーダー、文法、作文担当。
5. フローラ・ブリストー（Flora Bristowe）―ロンドン大学卒業。数学担当。
6. フランシス・ダンクレー（Frances Dunkley）―ロンドンの王立音楽学校卒。音楽担当。
7. ジョアンナ・マクラウド（Joanna MacLeod）―英国普通教育を修了。エディンバラ大学寄宿舎賄員。カークス夫人の従者。割烹指導担当。

ここにあるように、6人の教師とひとりの従者というメンバーである。学科において、国語国文学、日本史は日本人教師が担当し、世界史、外国文学、理化学、数学等はイギリス人教師が英語で授業を行った。開校当時は義務教育である小学校尋常科が四年間であったため、11歳時に入学し、予科課程1、2、3学年、本科課程4、5、6年を履修した。また、寄宿生、さらに通学生も希望すれば教師と昼食をともにした。当初は学校が小規模であったためイギリス人教師による生活面を含めた陶冶がはかられた。とりわけ寄宿生については、「寄宿生規則」[29]に以下のように示されている。

　一　館内ノ生活ハ英国中等以上ノ社会ノ風ニ則ルヘシ
　一　英国諸教師ハ可成的生徒ト密接シ之ヲシテ英国家庭ノ生活ヲ実地ニ習ハシムルヲ以テ目的トナス

この二点に端的に示されるように、イギリス人女性教師との生活によって語学の習得をはじめとした欧米の生活習慣を習得させるという目的が明らか

である。宣教師でもあるイギリス人女性教師からの文化的影響、生徒との密接な接触は当然キリスト教の布教に関わる要素も含まれており、これは後日大きな問題として浮上する。

1888年の設置願いにみられる、東京女学館の教科および時間数は次の通り

開学当時の東京女学館本科第四年の教科および週時数[30]

	国語	漢学	英学	数学	家事	唱歌	音楽	図画	学術	歴史	他国語	通計
週時	2	2	8	2	2	1	1	2	2	2	1	25
一期	読書 作文 日本歴史 中国史等	読書	文法 作文 大家文 文学史 文学史	代数 幾何学	裁縫 割烹 看護術	諸重音輪唱	洋琴	彩色	化又は理又は植物又は生物	欧州歴史	フランス又はドイツ語学・文学	
二期	同上	同上	同上	同上	同上	同上	同上	同上	同上	同上	同上	同上
三期	同上	同上	同上	同上	同上	同上	同上	同上	同上	同上	同上	同上

(『東京女学館百年史』および同校所蔵資料より作成)

である。

ここに示されたように、英語と外国文化を重視した教育課程であることが理解される。

しかし、わずかの間に状況は一変した。先に述べたように森有礼文部大臣が打ち出した国家主義的政策によってキリスト教による教育に批判的な風潮が生まれ、福沢諭吉をはじめとする当時の文化人によるキリスト教主義女学校批判が開始された。1890（明治23）年の教育勅語を契機に、1892（明治25）年には、東京帝国大学の井上哲次郎が、キリスト教信仰は教育勅語の忠孝の精神に反し反国家的である、との指摘を行い、「教育と宗教の衝突」とよばれる状況が生まれ、結果的に1899（明治32）年の文部省訓令第12号による学校での宗教行事の禁止となるのである。欧化主義を推進し、その中で東京女学館へのイギリス人宣教師を招聘した外山正一も、1891年（明治24年）には、外国教会に教育を依存することは「有害にして亡国の策」と指摘した。[31]

92　第3章　女子補導会、女子補導団と四つの女学校

6．イギリス人宣教師と東京女学館生徒（1917年）

　さらに、自ら設立に奔走した東京女学館のイギリス人女性教師に対しては、女子教育奨励会の事務主任の増嶋六一郎弁護士とともに「授業時間外にキリスト教の伝道を行ったことを理由に罷免」した。
　1892（明治25）年の夏までに7人の女性教員は離任し、多くは帰国した。同年9月には外山正一が教務監督に就任し、この時期以降、国語科の国分操子（1894年着任）、三輪田真佐子（1897年着任）、英語科の長谷川きた（1896着任）、数学科の富所すず（1897年着任）をはじめとした日本人教師が授業を担当するようになった。しかし、東京女学館の開学からの原則であった外国人教師の英語、音楽の指導は継続され、ランキン、メレー、マーガレット・ショウー、スクワイヤ、マクドナルドが1892年以降も継続して英語・音楽の授業を担当することになった。[32]　なお、西欧の「貴婦人」の育成を目ざして、華族・政府関係者の女子入学を前提としていた東京女学館の入学者は、学校の経営に関わる理事者の紹介を必要としていた。しかし、日清・日露戦争の両戦役の時期に飛躍的に進んだ富国強兵、殖産興業政策の下で、新興資本家層の女子入学者が増加した。雇人が人力車で「お嬢さん」を迎える姿が恒常化

し、当時和服ではあったがそのハイカラさが話題にのぼるようになった。大都市東京における経済的に裕福な家庭の女子を対象とした良妻賢母育成という位置を確立しながら、それと矛盾しない範囲で英語をはじめとした欧米の文化が受容されるようになっていったのである。なお、イギリス人女性教師の一部はキリスト教施設である平河町の聖マリア館に居住し、そこでは課外英語授業とともにバイブル・クラス、クリスマス・キャロルの授業も行われ、宣教師館での寄宿あるいは通学の中でキリスト教を学ぶ生徒も一部存在した。

東京女学館普通科課程　1929（昭和4）年度

	修身	国語	英語	歴史・地理	数学	理科	図画	家事	唱歌	裁縫	体操	合計
週時	2	6	6	3	3	2	1		1	3	2	29
一学年	道徳要旨作法	講読作文書取習字	読方訳読習字書取会話	国史本邦地理	算術	植物	毛筆画		単音	裁方縫方	普通体操遊戯	
	2	6	6	3	3	2	1		1	3	2	29
二学年	同上	同上	同上	外国、歴史外国、地理	同上	動物	同上		同上	同上	同上	同上
	2	6	6	2	3	2	1		1	4	2	29
三学年	同上	同上漢文	同上文法作文	同上	同上代数	生理衛生鉱物	同上		複音	同上	同上	同上
	2	6	6	2	2	2	1	2	1	4	2	29
四学年	道徳要旨	同上	同上	外国、歴史地理、概説	代数幾何	物理	同上	衣食、住、衛生	同上	同上	同上	同上
	2	6	6	2	2	2	1	2	1	4	2	29
五学年	同上	同上	同上	内外、現代地理、概説	幾何	化学	同上	同上、育児看護、経済簿記、割烹	同上	同上	同上	同上

（『東京女学館百年史』および同校所蔵資料より作成）

それでは、東京女学館の高等女学校令（1899）、専門学校令（1903）に対する対応はどうであったのだろうか。1888（明治21）年の開校以来、予科3年、本科3年という形態を基本とし、1894（明治27）年には小学科4年、高等女学科6年、専門高等科2年になり、さらに1899（明治32）年には本科5年、専門科2年の形態となるが高等女学校の認定を受けることはなかった。むしろ、国策としての女子教育奨励会の自負もあって、東京女学館自体がひとつの学校体系として独立したかたちをとっていたのである。しかし、1903年の専門学校令によって専門学校入学資格が明文化されたこと、その後、専門学校入学者検定規定が改正された1924（大正13）年以降になって具体的な検討が進み、1929（昭和4）年に専門学校入学者検定免除指定を受けることになった。そのためには、上記のキリスト教主義女学校と同様に、①有資格教員三分の二以上の配置、②理科用機械器具と図書の充実、③屋外運動場の充実、に加え、④財団法人組織への改変、⑤女子教育奨励会員の縁故者に対する入学について「慎重に考慮を要す」こと、が指摘された。その結果、新しい校則から女子教育奨励会の文言はなくなり、1929年からの学科課程も前記のように高等女学校に準ずるものとされた。

　課程表を見ると、英語の時間数について他の高等女学校と比較すると多いものの、東京女学館としては週6時間と大幅に削減されていること、また修身の時間が配置され、公立高等女学校に近い形となっている。東京女学館の場合、他のキリスト教主義女学校と比較して高等女学校令、専門学校指定への対応は遅いものであり、この学校の独自性を維持してきたともいえる。しかし、昭和初期のこの改定は、それだけ女子中等教育にとって上級学校への接続が例外なく切実な現実になっていたと考えられる。

　なお、東京女学館では明治末から大正初期に、女子補導会の発足・その背景に関わる多くの人々が教壇に立つようになった。例えば、次の人々である。

○1910（明治43）年　　ドロセア・エリザベス・トロット（Dorothea Elisabeth Trott）英語教諭として着任。その後、神戸の松蔭女学校に一時在籍した他、マリア館に在住した。第二次世界大戦中を除いて、1957年ま

第4節　東京女学館

7．洋服、和服のまじる東京女学館卒業写真― 2 列目右から 2 番目がトロット
（1932年）

で在籍。松蔭女学校、東京女学館の制服のデザインは、ともに彼女のアドバイスによるものである。

〇1912（明治45）年　香蘭の卒業生である桧垣茂が英語教諭として着任。後に、補導会、補導団の事務局、東京の各組を担当。

〇1915（大正4）年　アミー・キャサリン・ウーレー（Army Catheleen Wooley）が英語嘱託として着任。マリア館に在住し、後香蘭に移り戦後まで勤務し、東京と全国の各組を指導。なお、同年には東京女学館第一回卒業生の富田俊子が国語、家庭の授業担当として着任（富田は後に香蘭の第3代校長）。

〇1916（大正5）年　マシューズ（Mathews）、英語担当として着任。後、神戸、東京在住で補導団を支援。

〇1919（大正8）年　ヘイルストン、英語担当として着任。ウーレーとともに後、香蘭に移り、戦後まで勤務し、東京と全国の各組を指導。

上記の中のトロット、ウーレー、ヘイルストンは東京女学館のみでなく、後に香蘭、松蔭にも在籍しガールガイドを指導する人物であった。そのうち、ウーレー、桧垣茂を中心に1923（大正12）年2月、東京女学館のガールガイド、東京第4組は発足した。なお、同年9月の関東大震災を機に、それまでの虎ノ門から羽沢（現渋谷区広尾）の旧御料地跡に校地移転し、近くに存在した学習院女子部、聖心女子学院の生徒、香蘭女学校との交流もふくめて東京女学館でのガールガイド活動はすすめられた。

小　結

本章では、日本のガールガイド運動である女子補導会、補導団が初期に発足した四つの女学校について概観した。それは、日本のガールガイド運動発足の歴史的背景を具体的に理解するためであった。ここでは、この四つの女学校の設立経緯とスタッフ、教育観、教育内容をあとづけた。

四つの女学校は、香蘭と松蔭がSPG系列で、プール学院はCMS系列であり、また、東京女学館は女子教育奨励会という国家的な取組みから成立したが、欧米文化の受容と教員スタッフの派遣において多くを聖公会ミッションに依存して出発している。したがって、いずれも、イギリス聖公会との緊密な関係を保ち、それゆえ当時の日本政府のキリスト教と女子教育に関する政策転換においては、しばしば改革をせまられ、独自の教育活動を組織した学校でもあった。訓令12号、高等女学校令に対しては、当初、キリスト教主義、さらに独自の学校文化を維持するために各種学校としての学校経営を維持する方針であったが、その後、次のような改革を行った。

香蘭女学校は高等女学校への改組を行わなかったものの、1917（大正6）年に専門学校入学検定指定の認可を文部省から受けた。

プール学院は日露戦争後の不況、公立高等女学校の設立によって生徒数が減少したため、1909（明治42）年に専門学校入学検定指定の認可を受け、さらに1929（昭和4）年に高等女学校に改組された。

松蔭女学校は日露戦争後の不況と近隣の神戸高等女学校等の新設により生徒数が激減したことを機に、1911（明治43）年、文部省に専門学校入学検定

指定の認可を受けた。さらに、英語時間の削減、土曜日の出校等により授業時数を改革し、1915（大正4）年2月、高等女学校に改組された。

東京女学館の場合、大正期より高等科、専門科を独自に設置した学校体系を有していたが、1929（昭和4）年に専門学校入学検定指定を受けた。

以上の専門学校入学検定指定、あるいは高等女学校への改組のためには、教職員、施設、教育課程を高等女学校に合わせたものにして申請を行う必要があった。そこでは、従来のような教育課程としての宗教活動が認められず、修身を必修として設置する必要があった。また、英語を中心とした欧米文化理解に関わる時間配当をかなり削減する必要があった。

その意味では、各校とも政府の方針に抗いながらも、現実の高等女学校、あるいは高等女学校に順ずるかたちに学校経営を変換せざるを得ない歴史があった。そのための改革の中で、日本のガールガイドは発足した。

註

1) 『香蘭女学校100年のあゆみ』1988、20—23ページ。
2) 同前、28ページ。
3) 同前、39ページ。
4) 同前、42—43ページ。
5) 同前、44ページ。なお、香蘭女学校の申請書類、カリキュラム関係資料の多くは東京都公文書館に所蔵されている。
6) 同前。
7) 『プール学院の110年』1990年、2—4ページ。
8) 同前、12—14ページ。
9) 同前、26—29ページ。
10) 同前、28—34ページ。
11) 同前、40ページ。
12) 『明治四十四年プール女学校規則』1911年、プール学院資料室蔵。
13) 前掲『プール学院の110年』、50ページ。
14) 『プール高等女学校規則』1939年、プール学院資料室蔵。
15) Ladies Association は1894年に The Women's Missionary Association（WMA）と名称を変更し、SPG の布教区で女子教育振興の活動を続けた。その後、1904年に WMA は SPG に併合されて Committee for Women's Work（CWW）となり、資金面も SPG 全体の一部となった（『松蔭女子学院百年史』1992、18—19ページ）。

16）　同前、25—26ページ。
17）　同前、47ページ。
18）　同前、56ページ。および松蔭女学校同窓会誌『千と勢』第4号、1910年。
19）　同前、65—66ページ。
20）　同前、68ページ。
21）　同前、76ページより作成。
22）　同前、76—77ページ。
23）　『東京女学館百年史』1991年、21ページ。
24）　同前、24ページ。
25）　同前、32—33ページ。
26）　同前、34ページ。
27）　名取多嘉雄「英国婦人エレンマクレーと女学館」『英学史研究』第16号、1983年。
28）　同前、および前掲『東京女学館百年史』68—72ページ。
29）　前掲『東京女学館百年史』79—80ページ。
30）　前掲『東京女学館百年史』87—89ページより作成。
31）　1891年1月、『東京日日新聞』「高等中学校の存廃に関する意見」に「本邦子弟の教育を外国教会お助けの学校に委任するは非なり。有害にして亡国の策は唱うべからず」。前掲「英国婦人エレンマクレーと女学館」。
32）　「東京女学館教職員一覧」前掲『東京女学館百年史』13ページ。
33）　前掲『東京女学館百年史』228—233ページ。
34）　D. E. トロット「マリア館と虎ノ門学校」（名取多嘉雄訳）『東京女学館史料』第四集、1982年、60—62ページ。
35）　前掲『東京女学館百年史』358—362ページ。
36）　同前、362ページ。
37）　同前、366—367ページ。
38）　同前、15—16ページ。

/ 第4章

日本におけるガールガイド運動の発足

　本章および次章の目的は、イギリスではじまったガールガイドが日本に導入された過程とその活動の検討にある。それは、大正期に女子補導会、補導団として導入された少女の団体が、やがて、戦後の占領という状況下でCIE の注目を受け、全国の青少年教育関係者、婦人会等に紹介され、青年団などの他団体のモデルとしての役割を果たした背景の解明にもつながる。ここでは、具体的活動内容と中心的な役割を果たした人物についても可能な限り言及を試みながら、イギリスではじまったガールガイドが、大正期、イギリス国教会系の日本聖公会に関わる教会、学校、幼稚園等に導入され、東京、大阪、神戸を中心とした都市部の活動としてどのように展開されたのか検討したい。

　本章では、1920（大正9）年1月、女子補導会という名称で始められた日本のガールガイド運動について、1．女子補導会発足の経緯、2．初期の女子補導会活動、3．女子補導会の性格、という3節構成で考察していきたい。

第1節　女子補導会発足の経緯

　日本におけるガールガイド運動は東京市芝区白金三光町にある聖公会設立の香蘭女学校（St. Hilda's High School）ではじまった。先述したように、同校は1888（明治21）年に、イギリスの聖公会から派遣されたビカステス監督によって創設されたSPG系列の女学校である。

　1919（大正8）年、同校にイギリス人教師のM．グリーンストリート（Muriel Greenstreet）が着任した。彼女は英国ガールガイドの一級指導者で

もあり、着任直後から日本でのガールガイド運動の準備を始めた。その際、すでに来日していた麹町インマヌエル教会のバンカム司祭夫人（Mrs. Buncomb）を責任者とし、香蘭教員であった荒畑元子（基子の表記もあり）の協力を得てすすめられた。翌1920（大正9）年1月30日、香蘭女学校内の12名の生徒を集め、ガールガイド・イギリス連盟の支部（The National Council for Girl Guides in Japan）として日本のガールガイド組織は発足し、邦訳は日本女子補導会とされた。この時、第一次世界大戦が休戦し、戦前の国際連盟が結成された月のことである。ミセス・バンカムは日本女子補導会の代表（Chief Commissioner）となり、グリーンストリートは副代長（Lieutenants）という立場であった。彼女の日本滞在は1922年までの3年間であり、この間に初めて訪れた日本の文化になじみながら、この運動を発足させたのである[2]。

補導会の発足時から香蘭女学校の生徒として参加した櫻井国子は、当時の状況について次のように証言している（カッコ内は著者）[3]。

「香蘭女学校の四年生のときでした。ある日、お教室で富田俊子先生（東京女学館第1回卒業生、後に香蘭女学校校長）が、『今度、英国のガールガイド運動を、この学校でもすることになりましたから、入会したい人はミス・グリーンストリートか荒畑元子先生に申し出て下さい。』とおっしゃいました。私は家に帰ってから父に『ガール・ガイド・ムーブメントとは何でしょう。』と聞きましたところ、父は『ガイドというのは、道案内ということだがなあ。』とあまりはっきりしませんでした。それでお友だちと相談して『道案内できるようにする方法は、きっとよいことにちがいないから入会してみましょうよ。』と仲よし六人で申し込みました。その中には後にリーダーとなって、香蘭で熱心に指導をなさった石田光子様も入っておりました。ガールガイドをそのまま和訳して『女子補導会』と名付け、その発会式が1919年に東京の聖アンデレ教会のお庭でありました。」

櫻井国子は青山学院教員の父、成明とキリスト教信者の母、とめの下で育ち、妹の澄子とともに香蘭に通学しており、上述のように、香蘭教員の富田

俊子から補導会の紹介を受けたことがわかる（なお、発会式が1919年にアンデレ教会で行なわれたという点は、他の多くの記録に1920年1月に香蘭で発足と書かれていることとは異なる。しかし、グリーンストリートの来日が1919年であることから、準備段階の組の結成であると考えたい）。

　日本において、イギリスの聖公会関係の学校と教会でガールガイドが出発したことについて、その背景を示す明確な文章は未見である。したがって、いくつかの文書、証言から検討せざるを得ない。女子補導会の便覧には次のように記されている。
4）

　　一九一九年に第一級の補導会員が日本に参りました。そして此処で世界の多くの補導会員に会いましたが、また誰も日本の少女等を会に紹介した事のないのに気がつきました。そして早速十二名の日本人と西洋人との一団を組長となす準備のために教へました。彼等は月曜日曜毎に出会って、如何にして此遊戯をなす事が出来るかを学びました。そして終に一九二〇年一月三十日初めて日本に補導会が組織されました。
　　忘れな草と桜草との二組が一団となって生まれ出で、東京芝区白金三光町三六〇番地に集会の結果『第一東京』と呼ばれる様になりました。そしてだんだん拡張されて各地にも組織されようとして居ります。

　文中の一級団員とはグリーンストリートのことである。彼女自身は後年、この運動を始めた経緯について、「当時、まだ若い教師だったわたしは、リリーフの教師（だれかのかわりに）として3年間、東京の香蘭女学校で教鞭をとるため、日本に渡りました―中略―少女のクラブの様なものが何もないことに気がついたわたしは、やがてリーダーとなるべき人々の手助けを得て」補導会をはじめた、と述べている。また、香蘭の教師でグリーンストリートに次いで香蘭の補導会を担当したT.C.ウィリアムス（Miss Theodora Caroline Williams）は、イギリス本国の関係者・宣教師団への報告書―『1920年版年報』に「SPGの女性活動」という項目で、次のように記述している。
6）

第4章 日本におけるガールガイド運動の発足

「クリスチャンの少女たちと探求者たちがガールガイドを始め、また募集を行っている。ミス・グリーンストリートとミス・アラハタは学校内でミーティングを行い、OGのひとりはブラウニーを始めた。ガールガイドは、この学校の同窓意識のために限定されたものではないけれど、わが校の少女たちとミス・ホーガンの学校の何人かは活動をすすめるための班をつくった。少女たちはこの活動にひじょうに熱心である」

ここでは、ガールガイドが香蘭教師のグリーンストリートと荒畑元子の指導によって始められ、それがキリスト教信者の少女たちを中心とした活動であることが報告されている。さらに、翌1921年版には同じくT.ウィリアムスによる次のような記述がある。[7]

「きちんとした約束に従うガイドとブラウニーの活動が存在し、それは寄宿舎生活との関係からも実行され、少女たちを規則的に聖書のレッスンに向かわせる手助けとなっている。この様な時間を費やす活動に関する問題として、女子大学の学生の場合、拘束された時間割であることがあげられる。彼女たちには大学との関係から、ひじょうに多くの課題が時間内で実施されるため、しばしば実践は困難である。私は、このような活動（ガールガイド）は多くの拘束を受けず、また責任も少ないハイスクールの少女たちに対して、すすめられるべきものと考える。」

ここでは、女子補導会員と幼少のブラウニーの少女たちによって、熱心に活動がすすめられつつあり、それがキリスト教教育にとっても有効であることが確認されている。後に詳述するが、女子補導会の対象はあくまでキリスト教徒であり、したがって、活動も「神への誓い」から始まっている。補導会が聖書のレッスンに結びついていったことは容易に理解される。また、女子大学（報告書の前後に暁星寮の記述があり、また、香蘭教員のグラディー・フィリップが講義を担当したことからも日本女子大学校のことであると考えられる）の学生は、大学での拘束時間が多くて補導会への参加が困難であること、が指摘されている。結果として、ガールガイド活動をすすめる主たる対象は女

8．初の女子補導会ラリー。中央がグリーンストリート（香蘭女学校・1921年）

学校生徒におくこと、が述べられている。

　以上、日本のガールガイドである日本女子補導会は、イギリスのガールガイド連盟の日本支部という形で発足し、聖公会の経営する香蘭女学校において入信者を中心に始められたこと、さらに、キリスト教教育の一貫として紹介、導入されたものであり、T.C.ウィリアムスをはじめとした他の宣教師たちも布教のための有効性を確認していったことがわかる。

第2節　初期の補導会活動

　発足当初の東京第1組は、香蘭女学校の各学年生徒と刺繡部員の中の志望者によって構成され、校内で集会を行い、「わすれな草」「桜草」という2つの班でパトロールを行った。しばらくすると、白金三光町と近接する芝の聖公会、聖アンデレ教会でも補導会の活動が開始され、両者を区別するために香蘭の組を1a、アンデレ教会の組を1bと呼称した。団章（会員ピン）はイギリスと同じものを使い、「やくそく」「おきて」はイギリス連盟の案を翻訳したものであった。発足当時の第1組には、櫻井国子（後、津田塾を経て教員、

補導団事務局担当、戦後は動物学等の翻訳活動)、櫻井澄子(国子の妹で、1937年のアメリカ合衆国でのガールガイド・ガールスカウト世界大会に参加、後、吉田姓となり、戦後はガールスカウト日本連盟第2代会長)、細貝のぶ(後に日本聖公会牧師の黒瀬保郎と結婚して、黒瀬のぶ)、細貝なお(のぶの妹)等のメンバーが香蘭の生徒として発足初期から参加していた。

当初、日本独自の制服は作られておらず、イギリスから取り寄せた制服着用を検討したが、紺無地のメリンスの和服と袴という日本式の制服も採用された。1920年の夏には聖アンデレ教会の女性宣教師ディクソン(Eleanor M. Dixon)の福島県猪苗代湖畔の別荘でキャンプを行い、1922(大正11)年5月には香蘭女学校内で初のラリーが行なわれている。1920年夏のキャンプの活動内容は次の通りである。[8]

［指導者］ミス・ディクソン、ミセス・マキム、檜垣茂(東京女学館)、ミス・タナー(香蘭副校長)
［参加者］女子補導会東京第1組他9名(村岡鶴枝、宮川俊子、桜井くに、佐々木イツ子、平田信代、井原タミ子、細貝ノブ、宮川秀子他)
［活動プログラム］磐梯山登山、湖で水泳、湖畔の松林で野外炊飯、湖畔半周ハイキング、翁島へのハイキング、植物採集、押花整理、国旗掲揚、朝晩の礼拝、郡山聖ペテロ・聖パウロ教会の日曜礼拝出席、道しるべ追跡、疎水の川幅計測、食事・料理当番実習(1921年にも、第1組、第2組合同で同様の活動)

当時の女子対象の活動としては稀有な、ボーイスカウトと同様の野外活動、自然観察、パトロール活動、さらに宗教教育と国旗掲揚が行われていることを確認しておきたい。

香蘭女学校で始まった第1組の他に、複数の組が結成された。補導会発足当時の組について、前出の櫻井国子は以下のように述べている。[9] 長い引用となるが、当時の様子を裏付けるものとして確認しておきたい。

「集まった少女達は、たしか三組に分かれていました。第一組は香蘭女学

校の各学年と刺繡部から応募した生徒、第二組は英国の少女二、三人と、聖心と学習院の生徒たちの国際組、そして第三組は日本女子大学付属女学校の学生でした。

　第一組は比較的人数が多かったので、私たち教会に属している生徒は、同じく教会員であるお茶の水（女子高等師範付属の学校）、東京女学館の生徒と共に、桧垣先生（当時、東京女学館教員）をリーダーとして、東京第一組の第二グループのような形で、毎週金曜日に聖アンデレ教会で集会をもち、縄結び、包帯巻きなど、基本のことをいろいろ学びました（当初、香蘭の組を便宜上第一組a、アンデレ教会の組を第一組bとした）。そして一ヶ月に一回ぐらい、全部の組が香蘭女学校に集まって、ミス・グリーンストリートのきびきびした指導で、英国のガイドの訓練法により、班活動や馬蹄形の作り方、ゲームによって楽しく学ぶ方法などを教わりました。ミス・グリーンストリートは日本語がおできにならなかったので、すべての命令は英語でだされ、それには迅速に従わなければなりませんでした。ガイドの精神を盛り込んだ英語の歌を学ぶのも楽しみでした。英国人は一般に躾けのきびしい教育を受けており、その上、ガイドとしての使命感に燃えていらっしゃるせいか、きちんと制服を着けたガイドが数名も集れば、私どもに与える感銘は非常に大きく、生涯の献身を誘うものでした。ミス・グリーンストリートの帰国後、第一組ではミス・ウィリアムス、ミス・ウーレーと引継がれ、副リーダーにも石田光子様、竹井富美子様、関根八千代様、森ひな子様と各学年から次々と後継者が出て、戦後もミス・ウーレーと後藤八重子様の努力でガールスカウト東京第一団の地位を保っております。

　第二組の国際グループは、かなり早く解散して、聖アンデレ教会の組が第二組を名乗るようになりました。そして学習院の方が数名加わりましたが、その中の溝口歌子様は在英中に入団なさっており、生粋のガイドらしさで、つねにリーダーシップを発揮し、後には黒瀬のぶ様に続いて、第二組のリーダーをなさいました。桧垣先生の直弟子の井原たみ子様も、先生とご一緒に、数年後に設置された日本女子補導団の役員として、また、母校の東京女学館につくられた第四組のリーダーとして、熱心にお尽しにな

りました。

　日本女子大（付属学校生徒を含む）の第三組は、皆さんの大学進学とともに集会が持ちにくくなり、第二組の年長となった団員も、それに加わりました。

　その頃は、少女の活発な活動はすべて『少女だてらに』といわれて批判されたものでした。それ故、ガイドたちは、一般の少女が味わうことができなかった楽しい経験をし、また、自分に備えておかなければ、いざというとき、他人を助けることができないと教えられて、熱心に縄結びや救急法を勉強しましたから、非常に有意義に、少女時代を過ごすことが出来たと思います」（カッコ内は筆者）

　ここには、香蘭女学校ではじまった女子補導会が、会員の増加にしたがって複数の組が結成され、外国人のための組、香蘭以外の学校生徒の参加があったことがわかる。具体的に、香蘭女学校に加えて、アンデレ教会、日本女子大、後に東京女学館の組が結成され、英語によるイギリス式のガールガイドの指導が行われていた。キリスト教の活動という色彩が強かったこともあって、香蘭女学校と近接するアンデレ教会に集まる英国人少女と聖心女子学院の外国人少女、学習院女子部の生徒たちによる国際組も生まれ、その中には、駐日イギリス大使の娘であるタイリー（Tyly）、K. ガントレット（K. Gauntlet―麻布中学のガントレットと妻・ガントレット恒子の娘）たちが在籍した。また会員が減少した場合には再度改組されており、教員、および生徒ともに教会を通じてつながりをもっていたことが理解される。

　ここまで述べた補導会初期の東京の動向を整理すると下記の通りである。[10]

【東京第1組a】香蘭女学校に設置され、東京第1組と呼ばれる日本最初のガールガイドとなった。1920年、一時期、アンデレ教会の組と区別するために第1組aと呼称された時期がある。戦前の東京第1組の組長は原則としてイギリスから派遣された聖公会宣教師があたり、副組長は日本人女性で、香蘭教員および香蘭女学校の卒業生があたった。彼女たちは、その後の補導会、補導団、さらに戦後のガールスカウト運動でも指導的役割

第2節　初期の補導会活動　　107

を果たした人物が多い。戦前の組長、副組長は下記の通りである。
○歴代組長
グリーンストリート（Muriel Greenstreet）
ウィリアムス（Theodora Caroline Williams）
ウーレー（Amy Katherine Woolley）
ヘイルストン（Mary Elenor Hailstone）
○副組長（カッコ内は結婚後の姓）
荒畑元子―香蘭第10回卒業生・1903年卒―香蘭教師
石田（高橋）光子―同上、第29回・1922年卒
竹井（森山）富美子―同上、第30回・1923年卒、女子補導団事務局
関根（宮澤）八千代―同上、第32回・1925年卒
森ひな子―同上、第33回・1926年卒
木藤（松本）信代―香蘭教員、戦後、千葉市川聖公会
櫻井（吉田）澄子―香蘭第33回卒業生・1926年卒、戦後ガールスカウト日本連盟2代会長
稲田旭子―同上、第38回・1931年卒
龍崎恭子―香蘭教員

【東京第1組b】（後の第2組、国際組活動停止までは1組bの呼称）　1920～聖アンデレ教会で活動。檜垣茂（聖アンデレ教会婦人伝道師、東京女学館教師）、その後、細貝（黒瀬）のぶ、英国でガールガイドを経験した溝口歌子（女子学習院卒）、楢戸けい子がリーダーをつとめた。当時の聖アンデレ教会は香蘭と近接していたため第1組a、国際組と混同されるが別の組。主としてアンデレ教会に通う香蘭女学校以外の生徒、単独会員、特別賛助会員が参加した。後に、日曜学校生徒を中心に東京第2組ブラウニーが結成された。

【東京第1組ブラウニー】1921～　香蘭女学校内聖ヒルダ陽光ホームで発足。A. K. ウーレー（Amy Kathleen Woolley）が主たる指導者。

【東京第2組】（東京国際組）　1920～23　香蘭女学校を活動場所とし、グリーンストリートを組長として発足、聖心女子学院に在籍するイギリス人をはじめとする外国人生徒と女子学習院の生徒達が集まった。

【東京第3組】1920頃〜　牛込の聖バルナバ教会で発足。香蘭に着任したG. フィリップ（香蘭教員、後に日本女子大学教員のGladys Elinor Philipps）が中心となり、後、日本女子大の暁星寮におかれた。日本女子大付属女学校生徒を中心として発足し、大学生にも呼びかけが行なわれた。三田庸子（香蘭舎監）も協力した。

【東京第4組】1922〜　平河町マリア館で東京女学館生徒を中心に準備集会はじまる。正式発足は、補導団に改組された後の1923年2月10日となった。女学館教員ウーレーの指導。関東大震災後、ウーレーは香蘭に移籍し、その後は、女学館教員の檜垣茂、井原たみ子（東京女学館卒）が指導にあたった。

以上は当時の東京市内の香蘭女学校を中心とした動きであったが、このほかに補導会として盛岡で活動が始められていること、横浜に団員が存在したことが記録されている。盛岡については、1921年発行の『女子補導会要旨』に「我国に於ける本会の運動は昨年より東京と盛岡にて初められ目下普通会員六十余名少女部会員二十余名を有す」と記されている。また、1922年の補導会初のラリーには、横浜からの参加者が記録されている。

補注：なお、例外的なものとして、東京の余丁町少女団と静岡少女団について記しておきたい。

【余丁町少女団】（後、東京3組）1921〜　牛込区余丁町小学校に、東京少年団の小柴博の協力者であった日野鶴吉が主席訓導として着任し、少年団（ボーイスカウト）を始めた。当時の余丁町小学校は通学区域内に知識人が在住、また、公務員住宅である官舎が多く存在した地域であり、子どもたちの教育のために先進的な教育の試みが行なわれていた地域であった。当時ドルトンプランやデューイ[11]を学んでいた同行の訓導・池田宜政（よしまさ＝後に作家の南洋一郎）[12]が後見者となり、小学校高学年女子を対象に少女団を1921（大正10）年に発足させた。池田は、聖公会関係者のマッキムに英語を学び、彼女の紹介でイギリス人ガイドを紹介され、余丁町少女団を日本女子補導団に加盟させた。1923（大正12）年9月の関東大震災では、救助活動を行い注目された。池田は、1924（大正13）年、世

界ボーイスカウト・ジャンボリーに少女団の代表資格で参加している。

【静岡少女団】1922年～　静岡城内小学校で設立。団長・川野辺静（戦後参議院議員）、理事長・髙橋喜太郎（学校長）、総裁・尾崎元次郎（静岡少年団）のもと、当初262名で発足。ガールガイドを参考にしつつ独自の綱領を作成している。なお、尾崎の長女、三津子は戦前イギリス滞在時にガールガイドを知り、戦後はガールスカウト静岡県支部を設立した。

　余丁町少女団、静岡少女団は両者とも、日本のボーイスカウト運動である少年団の一部として結成されたものであり、直接、聖公会の学校・教会との結びつきが存在したわけではない。しかし、両者ともイギリスのボーイスカウト・ガールガイドの影響をうけて発足したことは確かであり、また日本の聖公会関係者との連絡関係があり、例えば、余丁町少女団の池田宜政は後に結成される日本女子補導団の事務局も担当している。

　本節では、1919（大正8）年、香蘭女学校にイギリス人教師グリーンストリートが着任し、翌1920年にガールイガイドのイギリス連盟日本支部として女子補導会が発足した経緯について確認した。

　なお、香蘭女学校、聖アンデレ教会を中心とした日本聖公会の人的つながりがあったこと、また、当時日本に在住したイギリス、オーストラリア大使館員家族を始めとした外国人の子どもたちに呼びかけが行われ、聖心女子学院に通学する生徒たちが、香蘭の国際組に参加した。さらに、地理的にみれば、当時、香蘭女学校の存在した東京市芝白金三光町、聖アンデレ教会は運転を始めた山手線内の近接した地域内であり、広尾の聖心女子学院、虎ノ門の東京女学館とともに徒歩での連絡が可能な距離にあった。その意味でも、指導者であるイギリス人宣教師、各校の教員、参加した生徒たちが相互に往復できる関係であったことを指摘しておきたい。

　1921（大正10）年、香蘭女学校内におかれた女子補導会本部では『要旨』が発表され、翌1922年には、はじめての便覧（ハンドブック）『女子補導会』が発行された。

第3節 女子補導会の性格

　1921（大正10）年5月に発表された女子補導会の要旨は次の通りである。[13]
以下にしたがって確認し、女子補導会の性格について、1922年の『女子補導会』便覧とあわせて検討してみたい。

女子補導会要旨

●本会は善良なる国民として国家に奉仕せんと希ふ女子の団体なり。
●本会は境遇の如何を問はず凡ての会員に健全にして興味ある活動的課程をとらしめ娯楽中に左の四方面に渉り学校教育と相俟ちて実際的教養を授く。
一、確固たる品性を養成し知識の開発に努むる事。
二、手工技能の熟達せしむる事。
三、同胞主義の実を挙げ他人に対する奉仕を勤むること。
四、衛生を重んじ健康の増進を計る事。
　以上は凡て課業として強ひる事なく或る種の運動遊戯の中に愉快に修得せしめらるゝにより会員等は自ら興味を以て熱心に之が実行を励むに至る。
　右の外会員にして美術、音楽、語学、料理、裁縫、編物、家事、看護法、体操其の他各種有用なる特別知識を修得したる者にはそれぞれ徽章を授与して之を奨励す。
●本会の標語「備へせよ」
●本会に入団せんとする者は左の契約をなし各自其の最善を尽さんことを契ふものとす。
●契約
一、私共は神と天皇に忠誠なるべきこと。
二、常に人々の補助たらんと務むべきこと。
三、会則を守るべきこと。
●会則
一、会員は信頼せらる可き者たるべし。
二、会員は天皇と国家に対し忠良なる臣民たるのみならず凡て其尊長に忠誠なるべし。

三、会員は常に人の益を計るべし。
四、会員は凡ての人に親切を尽し会員相互の間は姉妹の如く交るべし。
五、会員は礼儀正しくすべし。
六、会員は動物を愛護すべし。
七、会員は命令に服従すべし。
八、会員は如何なる困難に遭遇するとも常に快活なるべし。
九、会員は勤倹なるべし。
十、会員は思想、言語、行為に於て純潔なるべし。
●会員の資格
一、小学々齢に達したる者並に其れ以上の年齢の女子たるべし。
一、本会の会員は入会の際前記の三契約をなさざる可からず。従つて加入者は凡て基督教信者たるべきは勿論なれども基督の教を受け信仰に入らんと求むる者にして加入を希望する時は特別に入会を許す事あり。
一、但し凡ての役員並に列長及第一級会員は基督信者に限るものとす。
●会員別並に組織
一、学校卒業以上の年齢の者を普通会員とし之を三級に分つ。
　小学校時代の者を少女部会員とす。
一、八人の会員を以て一班を組織し三ヶ以上の班ある時は之を合して一組となす。
　各班は列長並に副列長に従ひて行動し各組は組長並に副組長の指導を受く。

　我が女子補導会は英国におけるガールガイドの運動に連結したるものなり此ガールガイドの運動は嘗てロバートベーデン、ポエル将軍の創立にかゝる少年義勇団の非常なる成功に鑑みて女子の為に起こされしものにて一九一五年倫敦に於て初めて組織せらる。而して現在にては二十七万五千以上の会員並に之に伴ふ役員を有する。一大組織となりて世界の各方面に活動しつゝあり
　一九二〇年一月各国における団体と通信し之が結合を計らんが為国際的会議起され外国に於て此の運動に加入せる団体は其の国情に従ひ組織上或は諸規則等にも多少変更のあるべく自由に役員を選挙し制服徽章等を定めをもなし得る事を決議せられたり。
　我国に於ける本会の運動は昨年より東京と盛岡にて初められ目下普通会員六十余名少女部会員二十余名を有す又近く入会せんとして準備中のもの若干名あ

り

　大正十年五月

　　　　　　東京市芝区白金三光町三六〇香蘭女学校内
　　　　　　　　　女子補導会本部
尚詳細は香蘭女学校内女子補導会本部ミス、グリーンストリート宛にて御問合わせあらんことを乞ふ

　以上が、女子補導会としてはじまった日本のガールガイド運動の要旨である。以下、主に次の三点からその性格について検討したい。第一は、イギリスのガールガイドの翻訳段階からはじまったこと、第二に、キリスト教にもとづく活動であったこと、第三に、少女を対象とした都市型の社会教育活動であったことである。
　第一の、イギリスのガールガイドの翻訳段階から出発であることについて。
　要旨の骨格となる3つの契約（The Guide Promise・ちかい）、10項目の会則（The Guide Low・おきて）は、第1章の「イギリスにおけるガールガイドの成立」で見たように、イギリスのガールガイドの原案を翻訳したものであり、基本的枠組みとして、その後の女子補導団、戦後のガールスカウトに継続していくものである。標語の「備へせよ」は「Be Prepared」というボーイスカウト・ガールガイドに共通する標語である。
　また、女子補導会は、イギリスのガールガイド、ボーイスカウト運動にも「連結」したものであることが述べられている。ガールガイドについては、イギリスで1915年に正式な組織が発足して、その後27万5千人の会員を有していること、1920年には国際会議が開催されて、各国の事情に対応した組織、諸規則、役員選挙、制服徽章を定めることが出来るようになったことが紹介されている。その上で、発足から1年を経過した日本国内での補導会について「昨年より東京と盛岡にて初められ目下普通会員六十余名少女部会員二十余名を有す又近く入会せんとして準備中のもの若干名あり」と記述されているのである。
　イギリスのガールガイドを手本として、来日したガールガイド資格を持つイギリス人教師を指導者として、イギリス国教会系の女学校、教会で発足し

第3節　女子補導会の性格　　113

た女子補導会の姿をそこに確認することが出来る。

　第二に、キリスト教との関係である。補導会では、会員の資格が、小学学齢以上の女子であることと並んで、キリスト教信者あるいは入信を希望するものに限定されている。「加入者は凡て基督教信者たるべきは勿論なれども基督の教を受け信仰に入らんと求むる者にして加入を希望する時は特別に入会を許す事あり」とあり、したがって「凡ての役員並に列長及第一級会員は基督信者に限る」ものとされた。この点は、1922年の女子補導会便覧においてさらに明確に「此運動においては、創造主なる神を認識める事を第一歩として、多く自然を学ぶ事に努めるのであります。これは少女等に美の観念を深く持たせ、また敬神の念を与へるためであります[14]」と示された。日本で女子補導会は「基督教信徒でない少女等の間に組織される倶楽部或は会の様なものも多くありますが、我補導会は純然たる基督教主義に基く運動であり[15]」、実際の活動もキリスト教の祈禱から始められている[16]。

　一方で、女子補導会は天皇制を前提としており、便覧の約束には「天皇陛下に対して、忠義を尽くす約束をすること[17]」がおかれている。そこでは、「陛下に対して[18]」次のように記されている。

　　補導会員は、必ず定められた指揮者の命に従うのであります。国民間に於ても同様であります。日本国民は一つの大きな団体であって、その首として万世一系の天皇陛下を戴いております。私共が戦時に於ける軍人の様に、蹴球競技に於ける一団の様に、陛下を尊とびお從ひして居る間は、凡ての事業は成功するのであります。

　　若し各自が勝手に、自分達の思ふまゝを振舞ならば、規律も成功もないのであります。然し私共が、陛下の御命令のまゝに働きいそしむならば、私共の国はいつも栄ゆるのであります。

　ここには、天皇への「忠義」が示されている。キリスト教の神と天皇制の関係理解については、キリスト教国であるイギリスから日本に導入される際に、「深き考慮の結果と、多くの討議を重ねたる末かく決せられた[19]」結果でもあった。この点は補導団への改組、さらにその後の日本の国家体制の中で

表記が問われていく部分となった。1920年代はじめの日本とイギリス両国の関係は、日露戦争前からの日英同盟と第一次世界大戦の連合国軍としての同盟関係により良好であったが、昭和期以降の緊張関係が日本のガールガイド運動とその性格理解に影を落としていく。なお、宗教の扱いは日本のみの問題ではなく、ガールガイド運動自体が、イギリス国内において、キリスト教として非宗派的（エキュメニカル）活動を標榜して出発している。さらに、運動のその後の世界的な普及、発展の過程でキリスト教圏外での応用をはかっていくことになるのである。その意味では、日本でのキリスト教と天皇制の並存も応用の一例と捉えられる。

　第三は、少女を対象とした都市型の社会教育活動であった点である。女子補導会は都市部の女子児童、生徒を対象とした組織的な社会教育活動としても画期をなすものであった。

　日本において、青年期の女子社会教育は、男子向けの青年団から遅れる形ではあったが、明治の末期から未婚女性の修養機関として処女会の組織化がすすめられた。天野藤男と多くの女性教育関係者の協力によって1915（大正4）年には全国処女会中央部が設立され、機関誌『処女の友』の発行と地方での修養講演会が開催された。1918年には、内務・文部両省によって「女子青年団体の指導と設置要綱に関する訓令と通牒」が出され、婦徳の涵養と情操の陶冶を中心とした女子青年団体の設置が奨励され、1927（昭和2）年、処女会中央部を解体した形で大日本聯合女子青年団が発足した。しかし、処女会、その後の女子青年団ともに、活動は主に地方農村部の義務教育学校卒業後の女子を対象とした講演と個々の修養が中心であった。女子補導会の場合、対象は限定されたものであるが、都市の学校に在学する児童、生徒であること、教育目的とともにその内容と方法が明確に示され、それに対応したプログラムが確定していたのである。

　そこで、次に補導会の目的、内容、方法についてさらに確認してみたい。

　目的については、『要旨』の冒頭にあるように「本会は善良なる国民として国家に奉仕せんと希ふ女子の団体」であり、国家のために有為な女子教育活動であること、「凡ての会員に健全にして興味ある活動的課程をとらしめ娯楽中に左の四方面に渉り学校教育と相俟ちて実際的教養を授く」ことにお

第3節　女子補導会の性格　115

かれた。女子補導会は当時の児童の関心にもとづく新教育活動の側面が存在し、また学校教育とも対応した社会教育活動であることを提示している。その四方面とは、①品性養成と知識開発—遊戯、試験、名誉及び活動等に於て、②手工技能の熟達—各科に於ける会員の上達を示す徽章等により、③他人への奉仕—日常行う事の出来る親切な行為、組織的公共的な奉仕により、④衛生の重視と健康増進—体操、遊戯、舞踏、散歩また健康増進についての法則、である。内容はイギリスのガールガイドの目標として当初から示されたものであった。「美術、音楽、語学、料理、裁縫、編物、家事、看護法、体操其の他各種有用なる特別知識」は徽章を獲得するバッジシステムの内容であり、当時の最新の女子中等教育、とりわけ高等女学校の教科内容と比較した場合でも、看護法は新しい領域であった。

　1922年の補導会便覧に掲載された目次を、活動内容理解のために示すと次の通りである。

目次
○第一章
補導会とは何か　何故補導会と呼ぶか　基督教主義に基く運動
補導会は何をする事が出来るか　階級
○第二章
その一　補導会の少女部　契約　入会志望者　敬礼　標語
忠義について　(イ)神に対して　(ロ)陛下に対して
善行　補導会少女部の笑顔　入会志望者の試験　少女部の入会式
その二　第二級補導会少女部
試験項目　(イ)結び方　(ロ)小包のつくり方　指或は其他の怪我の手当法
(イ)手の傷　(ロ)擦過傷
健康法　栄養の価値ある食物　排泄作用　新鮮なる空気と深呼吸
鼻で呼吸する事　身体鍛錬法　上体の運動　腹部の運動
その三　第一級補導会少女部国歌　羅針盤の読み方　着物のたゝみ方
言伝を頭の中で憶えて人に伝えること　三角繃帯のあて方　徽章
○第三章
その一　補導会員　会員の契約　会則　「備へせよ」　入会の手続

> 補導会の階級　初歩の試験課程　補導会の標語　初歩の徽章
> 笛の意味　観察　補導会入会式　組及び組章
> その二　第二級補導会員　試験項目　（一）知識　（二）手芸
> （三）保健法　自然に就て二三　動物の習性　爬虫類　昆虫　樹木
> 草花　都市に於ける自然の研究　忍び歩き　身を隠す法　形跡
> 人物観察　応急手当　健康になる賢い方法　力を発達させる遊戯
> その三　如何にして之以上に進むか　上達章について　看護の価値
> 組長に一言す　第一級補導会員にならうとするものに与ふる　二三の要点
> 第一級試験項目　高さ及距離の見当のつけ方　初歩の者を如何に訓練するか
> 調理法　火災の場合　溺死　感電　瓦斯　煙　炭素中毒
> 手足の骨が挫けた場合　副木　繃帯　気絶　中毒　息詰り　擔荷
> 家庭に於ける保健法
> その四　凡ての会員の知らなければならぬこと　各種の結び方及び其用法
> 身体の運動及其効果　制服　補導会の祈禱　補導会の歌　会員の心得

　以上から、女子補導会の内容、方法、その意味について確認してみたい。

　第一に、内容を概観すると、野外活動、自然観察、健康管理、救護方法について実践的活動項目が並び、それぞれについて「試験」が課されていることがわかる。これらは、バッジシステムと呼ばれ、少女たちの知識・実践理解度を確認し、多くのバッジ獲得のために努力していくという向上心に働きかけるものでもあった。「少女等を才能ある婦人とするためには、予め通過せねばならない一定の試があります。然しそれも決して、試験としてではなく、寧ろ愉快な遊戯として行ふのであり」、「また其の試の他に少女等は、公の奉仕によつて自分の価値を證明する方法を見出す」と奉仕活動の重要性を強調している。

　第二に方法としては、児童中心主義の形態としてパトロールシステムによる６人のグループ活動が重視された。後のブラウニに相当する少女部では次ぎのように、自主性と協力の大切さが説明されている。

「補導会の少女部は大人の方々に対して、善事をなす少さい人々の群であります。彼等六人は各一組をなして、共に働き共に遊ぶのであります。其

六人の上には、各々組長があつて、少女等が先生と呼ぶ年上の補導会員によつて、指導せらるゝのであります。少女部の組は、各自色々の動物に因んだ名を有し、其名をとつた動物のよい特性を充分に発揮する様に努めるやうになつて居ります。譬へば敏活な兎、遊ぶ事の好きな猫、忠実な犬、機敏な栗鼠、役にたつ馬、忍耐深い駱駝等が其代表者であります」[20]

第三は、補導の意味についてである。人を助け、導くという点から、「補導会員は、自己の勇気と障害物を手早く除き去る手腕をもち、真心から人に仕へて実際役に立つ身体と精力とをもつて他の人々を助ける事が出来る様に用意されてゐなければ」ならないこと、「精確なる訓練、手際のよい繃帯の巻方、整つた正服の打扮等は『よき補導会』となる歩み出しの一歩であります。然しそれ等は唯、婦人として心得て置かねばならない多くの事柄の中の、極く小さな事柄にすぎないのであります。愉快な笑顔、臨機応変の智慧に富んでゐること、また与へられたる仕事を立派に仕遂げる敏活なる智力等をもつ事等は、よく訓練されたる補導会員である事を明らかに證明するものであります」[21]と説明された。

イギリスのガールガイド運動の目的が大英帝国を維持するための市民性にあり、また女性として、良き妻、母の養成にあったことは第一章で述べたが、女子補導会の目的にもそれは示されている。「母たる者の責任は、実に大きいものであります。然し其母は自分の持つて居らぬものを、他に与へる事は出来ません。そこで私共の目的とする処は、少女等に真の意味の自尊心を作らせ、国を愛する人、健康体で勇気ある人、又やがては有用なる母や主婦となり、立派な市民となる様に、指導し援助しやうとするのであります」[22]と母、主婦、市民の養成が重視されていたことがわかる。

日本でも大都市部を中心に、第一次世界大戦後、従来の家制度とは異なる都市型家族が増加した。東京駅が「帝都」の中央駅として整備され、環状運転を開始した山手線に乗車して官庁、企業に通勤する男性、家事・育児を担う女性（主婦）によって構成された親子二世代を原則とした都市家族が急速に増加してくる時期である。家庭に、また社会に貢献する力量と科学的・合理的な思考の出来る女性の育成が求められ始めていた。補導会の誕生はこう

9．東京第1組サンドイッチづくり（香蘭女学校・大正期）

した女性観の変化、女子中等教育進学者の増加と関連している。

　男子に比較して女子への社会教育活動に関心が薄かった時代、補導会は、女子のみの団体としてグループ活動、国際的な教育を目指した。女学生の制服も和装から洋装にきりかわりつつある時代であったが、当時の日本では女子が洋装をし、手芸と裁縫の他に、手旗信号、救急法、キャンプや野外調理を行う姿は、全体的に見れば少数であった。従来の家制度の中の女性、また、処女会・女子青年団において期待された少女像とは異なり、都市部においてもう一つの少女像が出発していたと捉えることが出来る。

小　結

　本章では、日本のガールガイドである日本女子補導会が、イギリスのガールガイド連盟の日本支部という形で発足し、聖公会の経営する学校である香蘭女学校において入信者を中心に始められたこと、また、キリスト教教育の一貫として紹介、導入されたものであったことを確認した。

活動初期の女子補導会は、香蘭女学校、アンデレ教会、バルナバ教会、東京女学館を中心に人的・地理的に近接したところで発足した。当初の性格は、第一に、イギリスのガールガイドの翻訳段階からはじまったこと、第二に、キリスト教にもとづく活動であったこと、第三に、少女を対象とした都市型の社会教育活動であり、グループワークの班活動を行なう等、当時としては稀有な存在であった。

註

1) 同校では、ガールスカウトに改められた現在も、東京第1団として活動を継続している。

2) なお、グリーンストリートが、SPGの宣教師として派遣されたという記録は、イギリスの海外派遣に関する記録にも、日本の聖公会の教育関係者名簿にも無い。しかし、そのことはグリーンストリートがSPGとまったく無縁ということではなく、例えば彼女自身が個別の収入があって来日した場合、あるいは直接日本に滞在していた聖公会関係者に招聘された場合が考えられる。以下に、現在のイギリスSPGアーカイブスのウェィクリング氏 (Catherine Wakeling Archivist USPG) にグリーンストリートについて問い合わせした際の返信を掲載しておく (2004.11)。

Miss Mariel Greenstreet does not appear to have been an SPG missionary, as there is not a card for her in the missionaries index and her name is not listed in the diocesan tables in the SPG annual reports for the 1920s. However, this is not entirely unusual, as many women missionaries at institutions associated with the SPG (such as St Hilda's School) were not directly missionaries of the Society. There are a number of reasons for this: some women had a private income of their own, so did not need to be funded by the Society; some women were recruited directly by the bishop or the head of the institution and their salaries were paid from the SPG's grant to the institution; others who were recruited directly had their salaries paid from the income of the school from fees. This means that although Miss Greenstreet was active at the school there is no personal information recorded about her in the Society's archives.

3) 櫻井くに子「私のガールスカウト体験記・第四回」ガールスカウト日本連盟『リーダーの友』38・39合併号、1976年、3月25日号、34ページ。

4) 女子補導会本部編・坂西志保子訳『女子補導会』基督教興文協会・1922年、148―149ページ。

5）　ガールスカウト日本連盟『半世紀のあゆみ』1970年、31―32ページ。
6）　The Guild of St. Paul『Annual Report and Statement of Accounts 1920』1920年、25―27ページ。原文は下記の通り。
　　Some of Christian girls and enquires have become Girl Guide or are recruits for it. Miss Greeenstreet and Miss Arahata take the meetings in school, and one of our old girls has the Brownies. It is, of course, not confined to this school for membership, but our girls and some of Miss Hogan's Embroidery school girls made a nucleus to start with. The girls getting really keen about it.
7）　The Guild of S. Paul『Annual Report and Statement of Accounts 1921』1921年、32ページ。原文は下記の通り。
　　There is some fairy promising Guide and Brownie work being done in connection with Hostel, and it is helping to bring girls regularly to Bible lessons. The great difficulty about any work like this, which takes up time, is that the students at the Women's University have very full time-tables, and a great many calls are made on their time in connection with the University, and it is sometimes almost impossible to get practice. I think the work will develop more amongst the High School girls, who are not so fully occupied and who have fewer responsibilities.
8）　前掲『半世紀のあゆみ』23ページ。
9）　前掲「私のガールスカウト体験記・第四回」34―35ページ。
10）　前掲『半世紀のあゆみ』、坂井博美・矢口徹也「補導会（団）、ガールガイド、ガールスカウトの研究」（日本社会教育学会自由研究部会発表資料2000年、於．早稲田大学）、ガールスカウト日本連盟所蔵資料をもとに確認した。
11）　家永三郎『余丁町小学校』
12）　池田宜政（1893-1980）は東京府下の教員を経て、作家、翻訳家。池田宜政（のぶまさ）、池田隆子、池田洋子、荻江信正、南洋一郎のペンネームで児童文学作家として活躍した人物。東京生れで、英語学校（夜間）部から、青山師範学校へ。在学中に学んだドイツ語の他、卒業後も教員生活の傍ら、アテネ・フランセでフランス語やラテン語を学ぶ。余丁町小学校時代に少女団を担当、女子補導団の役員資格で1924（大正13）年にコペンハーゲン開催のボーイスカウト世界大会に女子補導団役員資格で参加した。その際、東京府の欧州地区視察報告として「欧州各國ニ於ケル少國民ノ訓練」（東京市牛込区青年団）を執筆、さらに「懐かしき丁抹の少年」『少年倶楽部』1926、で作家デビューした。戦前、池田名義で『リンカーン人物伝』、『野口英世』『ペスタロッチ』等の偉人伝を執筆した。1939（昭和14）年の「婦人従軍歌」（『講談倶楽部』新年号付録）、「形見の万年筆」は戦後映画化されている。併行して、南洋一郎名義で冒険物語を執筆している（ポプラ社『南洋一郎全集』全十二巻）。他に、戦

後は『怪盗ルパン』の翻訳・紹介をした人物でもある。晩年は日本児童文芸家協会顧問を務め、1980年、逝去後に、勲四等瑞宝章が追贈されている。

なお、近年、池田の1941年の『ヒットラー』執筆を中心とした戦前、戦中の著作内容とその戦後活動について、批判的な考察がある。藤田のぼる『児童文学に今を問う』教育出版センター・1990年、勝尾金弥『伝記児童文学のあゆみ―1891から1945年―』ミネルヴァ書房・1999年、奥山 恵「『戦争』をはさむということ―池田宣政の伝記について―」『児童文学評論』4号（VOL2）2000．7．13日号、を参照されたい。

13）女子補導会本部『女子補導会要旨』（パンフレット）、1921年5月。
14）前掲『女子補導会』4ページ。
15）同前4ページ。
16）補導会には長短二つの祈禱があった。『黒瀬のぶノート』ガールスカウト日本連盟所蔵。

　（短い方）我等の造り主、命の源なる神よ、願はくは我等を助け、導き給ひて体も霊も主の住居にふさわしき者となさしめ、常に吾の為め他人の為に尽さしめ給はん事を主イエス、キリストに依りて希ひ奉る。アーメン。

　（長い方）全能にして限りない神よ、御恵によりて僕婢等は信仰の良き戦をたたかひ、主に服ひ、行にて聖栄を顕すことを得させ給、我等を助けて賢こく思ひ、正しく語り勇ましく決し、愛を以て行ひ、潔く生くる事を得させ給へ。又願くは我等の身体と霊魂とを祝し、又会員凡てを幸ひ給へ。比の国に在る者も、他の邦に在る者も皆絶えず御前の擴まらるる事を求めしめ給へ。主の御前に在る事を覚えて罪を犯さず、生ける時は強められ、死ぬる時は慰を与え給へ、ああ主よ、我等の神よ、この祈願を聖子イエス、キリストの御名によりて聴許しめし給へ。アーメン。

17）前掲『女子補導会』4ページ。
18）同前、11ページ。
19）同前。
20）同前、7ページ。
21）同前、3ページ。
22）同前、2ページ。

第5章
日本女子補導団への改組

　都市における女子青年教育として発足したこの運動は、1923（大正12年）に日本女子補導団に改組されて再出発した。女子補導会は、1920（大正9）年1月、香蘭女学校を出発点にイギリスの支部としてスタートし、キリスト教主義性格を強く持っていた。イギリス人スタッフ中心による活動であり、さらに東京を中心とした限定的な活動であったが、3年後、名称も日本女子補導団に改められ、組織も改変され、地方での展開が準備された。本章では、日本として独自の組織を構成した女子補導団の性格と全国各地の組、および支えた指導者についての概要を明らかにしたい。以下、第1節では日本女子補導団への改組、第2節　『女子補導団便覧』にみる女子補導団の性格、第3節　女子補導団の組織と指導者の概要、の順で考察し、とりわけ第2節については、（1）キリスト教の理解（2）神と天皇の位置（3）第一次世界大戦の影響（4）家庭婦人の養成と女子教育、（5）新教育と児童中心主義、の観点から検討したい。

第1節　日本女子補導団への改組

　1923（大正12）年、それまでイギリス連盟の支部として活動していた女子補導会は、日本女子補導団として独立、改組された。総裁には林富貴子（1885～1944）、副総裁に三島純（1901～）が就任した。1925（大正14）年3月当時の本部組織は次の通りである。[1]

　事務所　所在　東京都芝区白金三光町三六〇　香蘭女学校内
　　総裁　伯爵　林博太郎氏夫人

副総裁　子爵　三島通陽氏夫人
役員　三島夫人、ミス・ウーレー　檜垣茂、荒畑元、池田宜政
常務委員　賛助員より十名、各組より二名づヽ代表を以て組織す
国際委員　檜垣茂（東京都麻布区飯倉五丁目二十九番地）
団長　ミセス・バンカム（在東京）　ミセス・マシュース（在神戸）

　総裁の林富貴子、副総裁の三島純はともに華族女学校（女子学習院）卒業生である―ちなみに、林富貴子の長女（宮原）寿子は戦前、昭和初期にイギリスとアメリカ合衆国のガールガイド、ガールスカウト両本部を訪問した経験を持ち、戦後はガールスカウト日本連盟第3代会長を務めた。三島純の長女、昌子（あきこ）は同じくガールスカウト日本連盟第13代会長を務めている。林富貴子の夫の博太郎（伯爵・1874～1968）は山口県出身の東京帝国大学教授で、南満州鉄道総裁（1932～35）をつとめた。なお、同鉄道の初代総裁は東京市長、少年団日本連盟初代総裁の後藤新平である。林博太郎は、教育審議会において、初等教育・中等教育・高等教育・社会教育・教育行政および財政の五部門に分けて逐次審議を行った際、委員長として各部門を通じた答申原案の作成を担当している。
　三島純は祖父が徳島出身で日本法律学校長、検事総長をつとめた松岡康毅であり、東京帝国大学教授松岡均平の長女である。夫・通陽（1897～1965）は、鹿児島出身で栃木、福島県令、警視総監等を務めた三島通庸を祖父に、日銀総裁を務めた三島弥太郎を父に持つ。通陽は二荒芳徳とともに学習院時代、ボーイスカウトを日本に紹介した一人と言われる乃木希典からキャンプ指導を受けている。三島通陽がパリ講和会議に牧野伸顕の随員として滞在していた際、後藤新平の知遇を得ていたことも注目される。
　補導会から補導団に移行する過程でひとつの契機となったのは、1922（大正11）年5月27日にYWCAで開催された補導会のラリーであった。このガールガイド・ラリーはミス・グリーンストリートの帰国送別会を兼ねたもので、東京第1組、2組、3組を中心とした会員が参加し、横浜の在日イギリス人ボーイスカウトの団長であるグリフィン（Griffen）、少年団日本連盟の三島通陽等が参加し、通陽は妻である三島純にこのラリーを紹介した。三島

純自身、「このラリー訪問が後日私が補導団のお手伝いをするきっかけとなりました[2]」と証言している。

日本のガールガイドはイギリス人宣教師と日本聖公会関係者によって始められた補導会であるが、この他に、日本のボーイスカウト組織である少年団少女部という形での活動も誕生しつつあった。例えばそれは、第4章で述べた小柴博の東京少年団のもとに結成された【余丁町少女団】、静岡少年団の尾崎元次郎によって結成された静岡城内小学校【静岡少女団】である。その意味では、夫の三島通陽が少年団日本連盟に取り組み、その少女版を三島純へ紹介したと捉えることも出来る。

林、三島の配偶者の説明が長くなったが、例えば、博太郎が貴族院議員、南満州鉄道総裁として後藤新平と知遇があり、また教育政策に影響を持つ人物であったこと、通陽が戦前、貴族院議員とともに戦前における少年団日本連盟、大日本青少年団さらに、女子挺身隊等の役職を歴任し、戦後は文部政務次官、ボーイスカウト日本連盟の理事長をつとめたことは、戦前の補導団と少年団、また、戦後のガールスカウトとボーイスカウトとの関係を理解するうえで考慮しておく必要がある。

日本のボーイスカウトの動向について概観すると、1908（明治41）年、日本にボーイスカウト運動が紹介され、1916（大正5）年には初代総長を後藤新平として少年団日本連盟が発足した。1922（大正11）年4月には、静岡で第1回全国少年団大会が開催され、ボーイスカウト、各地の子供会、宗教少年部、日曜学校少年団などをひろく「少年団日本連盟」に統合した。同年には、ボーイスカウト国際連盟に正式加盟した。1923年9月には、関東大震災に対応して少年団・女子補導団による救援・奉仕活動が行われ、「そなえよつねに」の標語がその活動とともに注目された時期でもあった。女子補導会から女子補導団への改組された時期は、少年団日本連盟の統合と発展、三島通陽によるボーイスカウト方式の千駄ヶ谷青年団の発足（1922年）とも符号する。この時期は、イギリスのガールガイド、ボーイスカウトが翻訳段階を経て日本独自の組織として定着しつつある時期でもあった。

また、当時、日英同盟関係下において裕仁皇太子の訪英（1921年）、アルバート皇太子の来日（1922年）が行われ、青少年教育に関する日英交流も深

められていた。1921年の訪問時、裕仁皇太子はロンドンにおいて、ベーデン・パウエルを訪問し、英国ボーイスカウトから最高功労章であるシルバーウルフ章を贈呈されている。

なお、補導会から補導団へ変化する時点において、メンバーが大きく入れ替わったわけではない。補導会時代の事務局を担っていた人々は、継続して役割を担い続けていく。補導会発足時からのメンバー、細貝（黒瀬）のぶの証言は次の通りである。[3]

　私がリーダーの時に、林総裁の二人のお嬢様、宮原寿子様と淑子様も入団なさいましたから、総裁ご自身もときどき団の集会にご出席下さいまして家事のことなど、手をとって教えて頂けました。ご旅行先からもおはげましのお便りなど頂だいしております。溝口歌子様（伯爵溝口直亮の長女）と西野邦子様は副組長であって、香蘭と府立第五、第三（高等女学校）、その他の女学校からも新入団員があり、学習院からも徳川（恵子、良子）様はじめ数名ほど加わり団員等が仲よく団の集会を行って居りました。（カッコ内著者）

以上、日本女子補導団への改組の背景には、イギリス聖公会系の学校、教会における導入過程を経て、明治政府関係者の中で新たな青少年教育を標榜した人々と家族、さらに皇室と華族関係者の姿がそこに見えてくる。また、当時の皇太子（昭和天皇）のイギリス訪問とボーイスカウトとの交歓という日英の文化交流も大きな要因として考えられる。後述するが、補導会の発足当時はグリーンストリートの指導のもと、キリスト教信者を原則とした香蘭女学校および聖心女子学院の通学者（在日大使館員の子どもを含む）が多数であったのに対し、補導団になると、女子学習院、東京女学館在学生の会員の中には、キリスト教徒以外、さらに華族関係者の名前も見出すことができる。[4] 同時に、当時、補導団に参加したのはキリスト教主義の女学校、他の女学校、府立高等女学校の生徒であり、階層的には限られた少女たちが対象であったことも確かである。

第2節 『女子補導団便覧』にみる女子補導団の性格

　ここでは、日本女子補導団に改組された団体の性格、とくに目的と活動の特色について具体的に検討する。その際、1924（大正13）年刊行の『女子補導団便覧』（初版）、さらに女子補導団の形式がさらに日本独自のものとして定着した1933（昭和8）年の『女子補導団便覧』（再改訂版）、双方について考えていきたい。
　両便覧において、女子補導団の特色は次の5点から説明できると考える。
（1）　キリスト教の理解
（2）　神と天皇の位置
（3）　第一次世界大戦の影響
（4）　家庭婦人の養成と女子教育
（5）　新教育と児童中心主義
　なお、これらの特色は補導会から補導団に改められた過程で大きく変化した（1）、（2）と、もともと補導会時代から持っていた性格が明確に位置づけられた（3）、（4）、（5）があることを指摘しておきたい。

（1）　キリスト教の理解

　1924（大正13）年の『女子補導団便覧』には「女子補導団運動は、最初日本に於ては、キリスト教信者によって始められましたから、キリスト教に言い及した点があります。三つの契約と十の団則は、女子補導団の基礎でありますから、これを固く守ることは、他の国に於ける補導団と一般連絡を保つために肝要ではありますが、日本に於て一つの国民的補導運動を成立せしめんとするには宗教上の立場より『神に対して忠誠を尽す』との約束を為し得ざる場合は、之を変更することを許すも宣いと思はれます。これが為に第一の約束を変更する組には、本書の或る部分は使用随意となります」[5]とキリスト教主義以外の広い可能性を示している。この段階では、補導会時代のキリスト教主義の原則も各所に見受けられ、いわば、「キリスト教主義と日本主義の並存」が見受けられる。しかし、昭和期に入ると、この点は「我国では

第2節 『女子補導団便覧』にみる女子補導団の性格

必ずしも基督教に依るものではなく、只女子補導団の運動其物を採り入れ、我国情に相応はしい日本女子補導団を樹立して行くのを本来の目的として居る」と明確と示され、キリスト教団体としての性格から日本独自の定着を図っていくことになった。女子補導会から組織が拡大する過程で、イギリスの支部ではなく、日本の団体として改組され、日本人の理事者が就任した。その総裁、副総裁には当時の「華族」であり、夫が青少年教育関係者である女性が迎えられているのである。

その後、女子補導団が日本的定着をみせた再改訂版の『女子補導団便覧』の「意義及目的」には次のように説明されている。[7]

　女子補導団は、其団員悉くが親愛なる姉妹であり、共に学び、共に働き、共に楽しみ、相寄り、相助け、互に向上発展を計つて行く世界的団体で、且世界的一大運動である。其団員各自は現在よりも更に愉快な、更に立派な婦女子となる事に努め、善良な国民として、天皇陛下に忠誠を尽し、国家社会に奉仕し、且つ又世界の将来を益々幸福なものにし、世界各国の人々が真に平和裡に提携して、各々の福祉増進に努力する様四海同胞の実を挙げんとする、大きな希望を抱いて働いて居るのである。此意味に於て、此運動はあらゆる境遇の女子に必要であると共に、年齢にも制限を置く事の出来ないものである。従って英国では、普通団員は満十一歳より十六歳迄であるが、それより年少者の為にブラウニ、年長者の為にRangers Sea Guides Cadets 等特殊の団が設けられてある。又盲人其他の不具者（原文ママ）、或は病弱者、不良少女等の為にまで、各々適当な団が組織され、あらゆる種類の女子の幸福と向上の為に努力されて居る。
　　　　　　　　　　　　　　レンジャース　シー　ガイズ　カデッツ

ここでは、天皇への忠誠と国家社会への奉仕を確認しているが、キリスト教についての記述はなく、日本の活動であることが示され、同時に国際的活動であることが説明されている。普通団員の他に、ブラウニ、レンジャー、シーガイド（海洋少女団）、カデッツ等の結成の可能性が示されている。[8]

　女子補導団は英国では Girl Guides 米国では Girl Scouts と云ひ、我国
　　　　　　　　　　　　　　ガール　ガイズ　　　　　　　ガール　スカウツ

では之を日本女子補導団と称へて居る。女子補導団は其沿革に見る通り、少年団と同じく Robert Barden-Powell 卿（ロバート ベーデン-ポエル）が創設された団体で、一九〇九年初て英国に孤々の声を揚げたのであるが、爾来各国に於て此運動が行はれる様になつたのである。各国の女子補導団は女子補導団世界連盟によつて一団となり、ベーデゥン・ポエル卿夫人を世界総団長とし、其総本部を英国に置き、各国相互の連絡を保ち、隔年に国際大会を開催して各国より代表が集会し、本団の運動発展を議する事になつてゐる。

ここでは、イギリスでガールガイド、アメリカ合衆国でガールスカウトと呼称され、日本では女子補導団と呼称して各国独自の個性を持つとともに、源流がベーデン＝パウエルにあること、妻であるオレブ・ベーデン＝パウエルをチーフガイドとして世界連盟が組織され、また隔年に世界大会が開催され、その連携が述べられているが、宗教的記述はない。

(2) 神と天皇の位置

世界のガールガイド・ガールスカウト運動にほぼ共通し、団員すべてが暗誦する「契約」がある。女子補導団の「契約」は以下のとおりである。[9]

一．私は（神様と）天皇陛下（と）に忠誠を誓ひます。
　　（但入団志望者の信仰によって「カッコ」内の言葉を省く事が出来ます）
一．私は常に人々の補助をつとめます。
一．私は団則を守ります。

これは、イギリスのガールガイド規約を翻訳し、さらに補導会の契約を参考にしたものであるが、異なるのは神と天皇への忠誠を誓約する箇所である。ここはガールガイドの誓約においては「神および国王陛下に対して自分の義務を尽くす」[10]、である。ガールガイド運動は、「大英帝国の母」となるために、もともと愛国主義的な傾向が強く、また英国も日本も王室・皇室と関係が深かった。先に述べたように補導団になると、イギリスのガールガイド、女子補導会と比較してキリスト教の記述がなく、また「天皇陛下」を重

視し、括弧内の「神様」を省くことが出来た。この点は、その後さらに、「女子補導団は元来基督教に基いて起されたものであるが、我国では必ずしも基督教に依るものではなく、只女子補導団の運動其物を採り入れ、我国情に相応はしい日本女子補導団を樹立して行くのを本来の目的として居る」[11] という日本女子補導団の明確な特色として表明されることになった。

なお、先述したように、1920年ロンドンでボーイスカウト第1回世界ジャンボリーが開催され、そこでベーデン＝パウエルはワールド・チーフに選出され、運動は世界規模のものとなっていった。さらにその国際的発展を目指した1924年の国際スカウト会議では、「スカウト教育はいかなる宗教の上にも成り立つ」という宗教的普遍性が宣言されている（コペンハーゲン宣言）。女子補導団の文書上のキリスト教主義の削除は、ボーイスカウト、ガールガイドの世界戦略が背景に存在したことも推測される。

(3) 第一次世界大戦の影響

ガールガイドとボーイスカウトには「Be Prepared 備えよ常に」という共通の標語（スローガン）がある。補導団便覧によると、団員としての第一の義務は「小は日常の出来事において、大は災変等の時、他の人を助ける者となることであって、各自は種々の事変を想像し、其が実際に起ったときには、如何に其に処すべきかを考えて居らねばならない」[12] と示されている。補導団員の心得の具体的例として、第一次世界大戦中にドイツがロンドンに爆弾を投下した際、冷静に負傷者を手当てした若い女性の例をあげている。そこでは、非常時または日常における冷静沈着な行動と他者への貢献、日々の備えを説いている。[13]

第一次世界大戦は総力戦、科学戦、さらに国家としての思想戦であり、一般市民の総動員と、新兵器の登場への対処、そのための国民意識の向上と愛国心の鼓舞が課題となった。日本においても、日清、日露の両戦役、さらに第一次世界大戦の情報を得て「銃後」の課題と女子教育の重要性が認識されつつあった。ドイツによるロンドン空爆と一般女性の冷静な対処というのは、その象徴的な課題でもあった。ここでも、当時の日本の多くの教育者等と同様に女子補導団指導者にとって、欧米での第一次世界大戦経験と銃後活

動が注目すべきものであったことが確認できる。未婚女性を対象とした処女会と女子青年団の発展過程にも第一次大戦は影響を及ぼしているが、女子教育を以後におこりうる総力戦を想定して再編しなおすことは、この時期の女子青少年団体に共通の課題であった。

(4) 家庭婦人の養成と女子教育

第一次世界大戦の影響は女性の国民意識の高揚を促すものとなったが、この時期の日本では急速な商工業の発展と都市化が進み、官公庁と企業に勤める月給生活者（サラリーマン）とその家族世帯が増加した時期でもあった。都市部の家庭では、性別役割分業観にもとづいて、男性は官庁、企業に勤務し、女性は良妻賢母として家事全般と育児、さらに子どもの教育に関与する―雑誌「主婦の友」の創刊に象徴される家庭婦人の雛形としての主婦層が登場した。補導団の目的にも次のように書かれている。[14]

> 女子補導団の目的は、学者、音楽家、美術家、或は体育家等の如き、特殊の専門家を作るのではなく、最も普通な家庭的に完全な婦人、然も各境遇に応じて充分其責務を全うし得るだけの「準備ある婦人」を作る事である。

具体的に、補導団の目指すところは「少女等に真の意味の自尊心を抱かせ、真に国を愛し、身体健全にして勇気あり、やがてはよき主婦となり、母となり、立派な市民となり、国民となるように指導し、援助する事にある」[15]と記される。前述のとおり、第一次世界大戦後、英国のガールガイドは活動内容が変化し、市民としての女性の役割が強調されるようになった。日本の補導団においても同様に「主婦・母として」必要であること、同時に「市民・国民として」社会に貢献する能力を持った女性を育成する事の両方を目指していたのである。

(5) 新教育と児童中心主義

女子補導会、補導団は方法としてグループワークの基礎である6人を原則とした班活動のパトロールシステムを取り入れている。班長を班員から選出

第2節 『女子補導団便覧』にみる女子補導団の性格

する児童中心の活動をとりいれており、大正時代に日本に導入され始めた新教育の側面をもつものであった。1924（大正13）年には『ガールガイド教範』が発行されるが、その宣伝文には次のように謳われている。[16]

　　ダルトンプランも、プロジェクトメソッドも、又ウエンネチカシステムも凡ては本教範の生んだ処であり、又現在採用しつゝある処であります。
　　従って本書を読むという事はやがて、現代に於ける新教育の一班を研究する事になります。遊戯の間に生話を導き、運動の間に人生を教えるなどは、到底の他の企図し得ぬ点で御座います。

以上、多少宣伝的側面はあるにしても、当時最新の教育プランを例にあげながら、新教育としての重要性を述べている。また、学校教育との関係、女子補導団の実践性については、補導団便覧に次のように説明されている。[17]

　　一般の学校教育は、勿論其目的に於て女子補導団の目的と異なるものではないが、只女子補導団は学校に於ける教育を、よりよく消化させ、是を実際生活に織り込み、日々実践させ様とするのである。例へば学校での体操は其時間のみであるが、団員は各自の身体に適応した体操を毎日実行する様心懸け、又衛生に就いての知識を得れば、其を活用して健康の増進を計り、尚健康の増進は単に自己の幸福の為のみではなく、社会の為に益々多く奉仕し得んが為である事を学ぶのである。其他応急手当や看護法等も、学校の講義のみではいざと云ふ時実際に役立つには困難であるが、団員は平素集会を開く時、課業としてではなく、遊戯として興味深く之等の事を実習し、必要な場合に備へる故、常に実際の役にたつのである。

ここでは、学校教育をよりよく「消化」させる実践的存在であること、体操を例に取って、衛生知識の獲得による健康増進、応急手当と看護への応用による社会奉仕活動に結びつける、という児童の経験を重視した経験主義の活動であることが強調されている。また、都市生活者に対応した野外活動と自然体験を重視した活動も推奨された。[18]

団員は成可く自然に親しみ、単に教科書のみからではなく、実際から活々した知識を直接得る様に努め或は暑中休暇を利用して、静かな山谷に自然を友として、キャンプ生活をしながら心身を練り、動植物の実物観察に依つて自然研究をなし、又完備した台所がなくとも、充分煮焚が出来る事を知り、更に進んでは、人生の何たるかと、吾人の前に横たはる責任等に就いて、愉快な遊戯と談笑の中に、種々の経験を得るのである。

日本初の教育的組織キャンプが大阪YMCAによって六甲で実施されたのは1920年であり、地域青年団にも田沢義鋪たちによって飯盒炊飯と野外活動が指導され始めた時期ではあったが、少女のキャンプ、実物観察、自然研究としては、日本では画期的な試みであった。

ちなみに、1924年に翻訳、まとめられた「年齢ニヨルガイド教育ノ順序ノ

「年齢ニヨルガイド教育ノ順序ノ概略」

	1．品性と知能	2．職業と手細工	3．健康とその増進	4．奉仕概念
ブラウニ	宣誓と規約法則団旗と国家、定索法基本信号法、羅針盤聚集者、観察者、信号手の技能章	裁縫とかがり方、人形の衣服の縫方、点火と茶の出し方、美術家、機械工、木工師の技能章	爪と歯等の保険、呼吸、投げ方と捕へ方、体操、運動家、遊泳家、試合者の技能章	緊急救急法、口頭命令伝達法、救急者、家政家、地方の案内者の技能章
ガイド	宣誓、ガイドの規約十ヶ条、自然の研究、追跡法、分隊の指揮、節倹、美術家、星学家、動物愛護、音楽家、通訳者の技能章	野営及家庭に於ける料理、針仕事、看護法、大工、小児の看護、電気師、洗濯、漁師、庭作り、洋服裁断、写真師の技能章	競争、跳躍、縄跳び、自己及家庭の衛生、児童の衛生、体操、乗馬、自転車乗り、開拓者の技能章	事変の取扱い方、地方の案内、救急法、火事の時の救助、道案内、病人看護等の技能章
レンジャー	討論、オーケストラ、合唱等の会合隊の事務の一、即、教授、備付、歓待	美術と手仕事、製造、職業、商業、屋内及屋外の仕事の上級特務	競技、旅行、自転車乗り、散歩、体操、漕艇、美術展覧会又は陳列館等の見学	事変救護班、病院の手伝、女警察、医薬分配、児童の保健、仮小屋での仕事、託児所仕事

概略」をここに示しておきたい。

以上は、イギリスと同様に、ボーイスカウト（少年団）の活動を下敷きにしたものであるが、屋外活動については学校教育で少女向けの活動とされていないものが議論の末に補導団の活動に示された。一方、看護、保育、裁縫、栽培活動等について少年団とは異なる内容が存在し、少女向けに独自に、料理、洋裁、事務、看護、育児等に関する技能が位置づけられている。一定の性別観を有しながら、当時の女子の活動としては新しい性格を持った「新教育」活動でもあった、といえよう。

なお、第一次世界大戦と並んで、1923年という女子補導団改組の時期は、関東大震災とも重なる。自然災害にともなう都市の脆弱性の発見と、その復興再生にむけた青少年団体への注目も女子補導団の発展と決して無縁ではない。先述のように、当時結成されたばかりの補導団は男子青少年団体とともに被災者への援助活動を行っている。関東大震災の慰霊施設である東京都震災記念堂には今も、「そなへよつねに」の標語が掲示されている。

第3節　女子補導団の組織と指導者の概要

ここまで述べたように、日本では、大正自由主義教育と児童中心的な教育観が登場し、また中等教育を受ける女子が増加しつつあったこの時期に、聖公会系の香蘭女学校を起点として始められた女子補導会は、さらに日本的な定着が試みられることになった。次の表は、戦前の補導団の組の存在と活動記録が確認できたものの一覧である。組名、発足した年、活動場所、その特色について概観すると次ぎの通りである。詳細は、次章以降で考察するが、年代順に組の結成状況を示しておきたい。

女子補導会・補導団組名一覧

【東京第1組】（1920—）M. グリーンストリートを指導者、バンカムをチーフコミッショナーに、英国連盟の支部として12名で発足。香蘭の各学年生徒と刺繍部員の志望者で構成され、最初の団員は校内で集会をし、「わすれな草」「桜草」という2班から構成された。T.C. ウィリアムス、A.K. ウーレー、M.E. ヘイルストン、荒畑元子、細貝のぶ、竹井富美子、櫻井澄子等、多くのリーダーを輩

出、1942年まで活動した。

【東京国際組・2組】(1920—) M.グリーンストリートを組長として発足、英国・オーストラリア人少女等、聖心女子学院の生徒と女子学習院の生徒が参加した。1923に活動停止後、聖アンデレ教会の組が2組になる。

【東京第1組ブラウニ】(1921—) A.K.ウーレー、竹井富美子が担当した。遥光ホームの児童の他、教会関係の小学生が入会したが、1932年頃から活動が停滞し、1933年に休会。

【東京第1組b・第2組】(1920—) 檜垣茂(聖アンデレ教会婦人伝道師、東京女学館教師)、細貝のぶ、井原たみ子、英国留学経験した溝口歌子、楢戸けい子が歴代指導者。香蘭の第1組から分かれて発足し、アンデレ教会の家族、教会の日曜学校の子どもが参加した。単独会員、特別賛助会員も参加し、教会信徒としての結びつきが強い。小学校児童を中心に東京第2組ブラウニ結成も結成された。

【東京第3組】(1921—) 香蘭女学校のG.フィリップ、三田庸子(香蘭舎監)が中心となり、後に日本女子大の暁星寮におかれた。1920年から集会準備始まる。日本女子大付属女学校生徒を中心として発足。大正末に休会。

【余丁町少女会・第3組】(1921—) 池田宜政が指導者。渡辺ひさ、国木田みどり、田山茂、塚本清、福本八千代、多田まき子の女性教員、バンカム、B.マキムの協力を得る。同小学校は服部蓊校長の下、児童中心主義教育として少年団、少女団に取組む。震災援護活動でも注目された。小学校の4、5、6年を中心に結成され、少年団のジャンボリー等にも参加した。暁星寮の組の活動停止後3組の呼称を使う。

【東京第4組】(1923—) A.K.ウーレー、M.E.ヘイルストン、関東大震災後は桧垣茂、井原たみ子の指導、D.E.トロット、ポールの協力。1922年10月に平河町マリア館で準備集会。1923年2月に正式発足した。柊、けし、菊、桜、月見草、かんな等の班をもつ組であり、教員人事を含めた香蘭との交流も深かった。

【神戸国際組】(1923年—) 松蔭女学校の教職員と生徒が活動していた記録が残されている。1924年に聖公会のミセス・マシュースの補導団に関する講演の記録がある他、上西ヤエ、新井外子、浅野ソワ子(校長の妻)が指導者。須磨、松蔭高等女学校に本部。1928年頃からブラウニのみの活動に。1929年には活動を停止した。

【大連】(1924—) 大連高等女学校の生徒を中心に、イギリス人宣教師でガール

ガイド中国支部長、カートリッジの指導で活動した。1928年のカートリッジ帰国後は田村幸子が幹事となった。1931年に活動を停止した。

【大阪1組・2組】(1925年—) 大阪のプール女学校の組。英国から着任したM.バッグスが結成し、当初、高等科の生徒を対象に活動が行われた（第1組）。さらに1929年に来日したA.S.ウィリアムアスとともに指導にあたっている。その後普通科の第2組のみに。バックスは、戦後に再来日し、徳島のインマヌエル教会で団を結成、リーダーとして活躍している。

【盛岡第1組】(1927年—) 盛岡市仁王幼稚園の組。盛岡聖公会の村上秀久、村上しげ子夫妻が担当し、後、岩泉みどりが指導者。補導団本部との連絡により、1927年に香蘭女学校に勤務して東京1組を担当していたウーレー、ヘールストン、さらに香蘭卒業の櫻井国子が参加して発団式を行っている。少年団盛岡地方連盟松岡直太郎が協力している。盛岡少年団の高橋栄造は活動視察のため、1928年に香蘭のヘールストンを訪問している。なお、先述したように、補導会時代の1920年、盛岡で組結成の記録がある。

【大阪四〆島】(1929—) 大阪四〆島セトルメントの大泉清子が指導者。日曜学校のクリスマス連合等で活動。

【福島第1組】(1929年—) 片曾根村農業公民学校の組、組長は渡井芳枝。1931頃休会。

【長春】(1929—) 長春高等女学校の生徒を中心とした組。結団式は1929年10月27日。指導者1名、団員6名。組長代理を田中富貴子が務めた。

【日光第1組・ブラウニ】(1930—) 四軒町愛隣幼稚園・四軒町聖公会、1930年4月6日ブラウニ7名入団、日曜学校の中等科の生徒が中心。イギリス人宣教師のハンプレ、木村里代が指導者。後に、普通組の日光第1組結成を結成、土曜日午後に活動。

【大宮第1組】(1931年—) 埼玉県の幼児教育の先駆者でもあるE.F.アプタンの開設した保育者養成機関の大宮愛仕母学会で活動。組長は大越房子、加藤きみ子。ウーレーが指導に訪れている。

【沼津第1組・ブラウニ】(1931年—) 清水上聖公会・四恩幼稚園の組。1931年秋に活動開始。T.C.エドリンが担当した。四恩幼稚園の卒園者は若葉会との名で英語とゲームを行った。1933年1月4日にウーレーを訪問している。日本人の指導者は新藤とし子、ブラウニが村山愛子、南岡春枝、佐藤千代子。

【長野第1組】(1931年—) 小県郡弥津村愛シスター会を会場とした組で柳澤け

さを、が指導者となった。長野県新張少女団として1931年11月3日発足。ブラウニ、ガイド志望者に分かれて活動した。1932年8月にウーレーが訪れ、ガイド32人、ブラウニ29人が入団式を行った。
【茂原少女団】（1931年―）香蘭出身で東京第2組指導者でもあった黒瀬（細貝）のぶが指導者となり、1931年6月に活動を開始した。日曜学校上級生等によりツバメ、ハト、カナリヤの班。旭ノ森幼稚園で音楽会、聖ルカ病院看護婦の講習、海軍機関学校生による手旗信号指導等が行われた。
【草津第1組ブラウニ】（1932年―）聖マーガレットホームで行われ、ネテルトン、本橋たみよ、が指導を担当した。
【草津第2組ブラウニ】（1932年―）草津平和館、1932年8月発足。マギル邸、平和館にて集会、ウーレーも訪問したブラウニ集会の記録がある。なお、1923年、前橋聖公会時代にマギルを代表とした前橋第1組の記録がある。
【久喜第1組ブラウニ】（1932年―）久喜幼稚園で始められたブラウニ。日光の牛山（木村）里代の指導を受け、倉戸としみ、大宮の大越房子、加藤きみ子が協力した。1932年に30名のブラウニが入団した。
【東京第5組】（1940年―）千住キリスト教会　山口敏子が担当、詳細は不明。

　活動内容の詳細は次章以降、各地域、班での活動と指導した人物像を含めて確認するが、ここでは全体を概観するために提示した。補導団に改組されて、本部ではキリスト教主義にもとづく運動を変化させた後も、活動の多くに日本聖公会に関係するイギリス人宣教師、聖公会教会、学校、幼稚園の教職員が関わっていたことがわかる。

小　結

　本章では、日本女子補導会の名称が日本女子補導団に改められ、組織も改変され、地方での展開が準備されたことについて述べた。第1節では日本女子補導団への改組、第2節　では、『女子補導団便覧』にみる女子補導団の性格、具体的に、（1）キリスト教の理解（2）神と天皇の位置（3）第一次世界大戦の影響（4）家庭婦人の養成と女子教育（5）新教育と児童中心主義、第3節では女子補導団の組織と指導者の概要、の順で考察した。

小結

　その結果、この時期、日本のガールガイド運動はイギリス支部の補導会から女子補導団に改組され、神と天皇の位置づけに応用性を持たせることが試みられ、結果的に日本の天皇制を中心に据えて、国家への忠誠と社会奉仕の重要性を述べていることがわかった。また、総力戦、科学戦としての第一次世界大戦を経て変化しつつあった女性像、市民性が反映され、都市に増加しつつあった「家庭」と女子教育の要望に対応し、児童への注目という意味で、新教育の側面をもった運動でもあったことを確認した。運動の社会的認知と発展をはかるため、華族と教育関係者を本部に迎えているが、一方で、活動の基礎となる多くの組単位ではキリスト教主義が堅持され、聖公会を中心とした活動であった。

註

1) 「女子補導団成立」『少年団研究』第2巻、第2号・1925年3月27ページ。
2) 「三島純メモ」ガールスカウト80周年記念事業準備のための証言（2000年）、ガールスカウト日本連盟所蔵。
3) 黒瀬のぶ「私のガール・スカウト体験記」『ガールスカウトの友』No.43、1976年。
4) 例えば、林富貴子の2人の娘、尾崎三津子、徳川恵子・良子（尾張徳川家）、溝口歌子・直子（伯爵溝口直亮〔陸軍少将〕の長女、次女）など。
5) 女子補導団本部『女子補導団便覧』聖公会出版社・1924年、7ページ（このハンドブックは、1922年『女子補導会』を全面改訂したものであり、さらに1933（昭和8）年に再改訂版『女子補導団便覧』が発行されている）。
6) 女子補導団本部『女子補導団便覧』1933年、2ページ。
7) 同前、1 — 2ページ。
8) 同前、2ページ。
9) 前掲『女子補導団便覧』1924年版、21ページ。
10) 前掲『少年団の歴史』171ページ。
11) 前掲『女子補導団便覧』1933年版、2ページ。
12) 前掲『女子補導団便覧』1924年、26ページ。
13) 同前、25—27ページ。
14) 同前、3 — 4ページ。
15) 『女子補導団便覧』聖公会出版社・1924年、2ページ
16) 『少年団研究』第2巻、第2号・1925年3月掲載の折り込み広告より。

17) 前掲『女子補導団便覧』1933年版、4ページ。
18) 同前、4－5ページ。
19) 三島純他・ベーデン＝パウエル原著『ガールガイド教範』章華社・1924、120ページ。

第6章

女子補導団活動の展開
―本部活動を中心に―

　1923（大正12）年に日本女子補導団として改組され、展開された活動について、ここでは1925年から発行された機関紙『女子補導団』の本部記録を中心に概観する。以下、第1節では、イギリス、アメリカを中心としたガールガイド、ガールガイド運動の国際化と日本の女子補導団運動について、第2節では、現在確認できる本部日誌にみる女子補導団の活動について、年次別に確認を行なっていきたい。その上で、第3節では戦時体制下の女子補導団本部について、（1）女子補導団結成時から昭和初期までの本部の動向を確認し、（2）「満州事変」の少年団、女子補導団への影響、さらに（3）1934年以降から1942年の閉会にいたる女子補導団について検討する（なお、女子補導団は、第二次世界大戦の開戦後、とりわけ日本とイギリス・アメリカ合衆国が交戦状態となった1942（昭和17）年初めに解散となる。しかし、それより以前に日本の軍国主義化と英米との緊張関係が高まる中で、機関誌『補導団』も1934年に発行を停止し、それ以降急速に記録、資料が少なくなっていく。その点での限界性を前もって断っておきたい）。

第1節　ガールガイド運動の国際化と女子補導団運動

　イギリスのガールガイドは19世紀末からのイギリス国内の課題に対応するものであり、未来の「大英帝国の母」を養成するものであった。当初は、国内と植民地諸国での普及が図られたのみであったが、その運動がヨーロッパ諸国、さらにアメリカ合衆国のガールスカウトをはじめ海外に拡大するよう

になると、その国際性の充実が計られた。ガールガイドの国際会議開催と女子補導団からの参加メンバーは次の通りである。[1]

1920（大正9）第1回国際協議会—イギリス・オックスフォード
1922（大正11）第2回国際協議会—イギリス・ケンブリッジ
　檜垣茂（補導会国際委員）出席
1924（大正13）第3回国際協議会—イギリス・フォックスリース
　第1回ワールドキャンプ—イギリス・フォックスリース
　檜垣茂（補導団国際委員）出席
　（同年、余丁町小学校教員・池田宣政、ボーイスカウトの第2回国際ジャンボリーに女子補導団事務局・余丁町少女団代表の資格で参加）
1926（大正15）第4回国際協議会—アメリカ合衆国・エディスメシー
　檜垣茂（補導団国際委員）出席
1928（昭和3）第5回国際協議会—ハンガリー・パラード
　ガールガイド・ガールスカウト世界連盟成立（日本女子補導団は創立会員に）
1930（昭和5）第6回世界会議—イギリス・フォックスリース
　M. E. ヘイルストン（香蘭女学校）出席
1932（昭和7）第7回世界会議—ポーランド・ビュッツェ
　スイスのアワ・シャレー（Our Chalet）に世界ガイドセンター開設
1934（昭和9）第8回世界会議—スイス・アデルボーデン
　檜垣茂（補導団国際委員）、A. K. ウーレー（香蘭女学校）出席
1936（昭和11）第9回世界会議—スウェーデン・ストックホルム
1937（昭和12）合衆国ガールスカウト25周年記念
　国際キャンプ—アンドレクラークに櫻井（吉田）澄子参加
1938（昭和13）第10回世界会議—スイス・アデルボーデン
　A. K. ウーレー出席、ビジター：藤村千良、藤村喜恵子（大日本少年団連盟女子部）

以上をみると、女子補導会が結成された1920年に国際協議会が結成され、

第1節　ガールガイド運動の国際化と女子補導団運動　141

10．第1回ワールドキャンプの檜垣茂、3列目左から2番目（イギリス、フォックスリース・1924年）

　1924年にはフォックスリースにつくられた施設において、ワールドキャンプが開催されている。イギリスで開催された会議、キャンプもその後、ヨーロッパ、およびアメリカを会場として開催されていった。ガールガイドの国際化に合わせる形で、日本の女子補導会も女子補導団に改組して国際化に対応した組織化をはかった。つまり、華族、政府関係者をメンバーに迎えることによって組織、および財政的基盤を整備し、補導団メンバーから海外に代表を定期的に派遣することによって交流をはかっていった。また、後述するが、女子補導団はイギリス、スウェーデンからの王室、政府関係者の来日歓送迎活動等も積極的に行っている。
　その後、1928年の第5回国際協議会では、ガールガイド・ガールスカウト世界連盟（World Association of Girl Guides and Girl Scouts）が結成され、その本部はロンドンにおかれた。女子補導団はこの連盟に創立会員として参加したのである。戦前のガールガイドに関する国際会議に、檜垣茂（東京女学館の教員、聖アンデレ教会）は4回参加し、最新のガールガイドの内容と方法を日本に伝えている。また、香蘭で教員を務めていたウーレー、ヘイルストンは宣教師としての本国帰国期間を利用する形で、欧米での世界会議に女子

補導団の代表として参加している。

第2節 「本部日誌」にみる女子補導団の活動
―機関誌『女子補導団』（1926―1933）を中心に―

　補導会から補導団に移行する過程でのひとつの契機として、1922（大正11）年にYWCAで開催された補導会のラリーがあり、ミス・グリーンストリートの帰国送別会を兼ねたこのラリーに三島純が参加し、補導団への発展につながったことは先に述べた通りである。女子補導団はイギリス人宣教師と日本聖公会関係者とによって始められた補導会というキリスト教運動の要素に、日本のボーイスカウト組織である少年団少女部の要素も含め活動を展開していった。1924年5月には、神田のYWCAで補導団成立大会が開催され、この年、海外でも大連第1組が大連高等女学校生徒を中心に発足した。
　一方で、1922（大正11）年7月のガールガイド第二回国際委員会以降、女子補導団本部からは代表が継続して参加し、国際的動向の把握につとめていった。ガールガイド運動自体が、国際化の過程でキリスト教国以外での柔軟な対応と運営方針を打ち出していく中で、日本でも国際化を視野におさめた独自の運営を進めていくことになった。その中で、1924（大正14）年に便覧『女子補導団』が編纂され、また、1925（大正14）年度からは、毎年度末の3月に機関誌である『女子補導団』が発行された。その内容は、毎号「本部日誌」と各地方の組からの報告等によって構成されている。以下ではその「本部日誌」を中心に1925〜1934年（大正末期から昭和9年）までの女子補導団の活動概要について年度別に概観したい。

【創刊号】1925（大正14）年度
　機関誌『女子補導団』の発刊は例年3月であるため、創刊号（1926年3月）は1925年度の動き全体を総括するものとして描かれている。この時点では、補導会時代からの東京、大阪、神戸の聖公会系女学校を中心とした活動であり、あわせて、東京市内余丁町、大連の活動も開始されていた。この年、普通選挙法が成立し、男性の普通選挙権が確立した年であるが、一方で治安維

持法も成立している。教育関係では、世界的軍縮の中で余剰となった軍人の陸軍現役将校学校配属令が公布された。また官製化、組織化がすすめられていた地域青年団の全国組織として大日本連合青年団が結成された。なお、東京では神田、上野間の高架線工事が完成して山手線が環状運転を開始し、日本の中央駅構想に位置づけられた東京駅が完成し、丸ノ内口の発展とともに東京の近代都市化が進められていった。

発刊の辞として総裁の林富貴子は次のように述べている[2]。

　女子補導団々報を発刊するに当り一言申述べたいと思ひます。
　世界戦争後各国とも知育訓練の両方面に於て怠りがちになつておりますが我国は知育は盛んで喜ばしい事で御座いますが訓育の方面はどうかと思はれます。それをよくするには周到なる方法を講じなければ中々困難な事と思ひます。こゝに女子補導団は人格の養成品性の涵養に全力を挙げたいと思ひます。人は社会の環境の刺戟を受けて之に対応する力を生し之によつて善き品性が培はれるのでありますからまづ団員各自が人格の向上を計り品性の涵養につとめ、よき環境を作るべく努めて、漸次に他に及ぼし延いて国家社会が善き影響を受けるやうになれば畢竟我々国民の最大幸福を増進する事が出来るのであります、是故に我々団員は卒先してこれに当るのが義務であると信じます。云ふは易く行ふは難しと古人が申しましたが其難い事を不抜の精神を以してよき模範を人に示されん事を切望してやまぬ次第で御座います。
　新に発刊された団報が本団の目的を遂行する上に役立ち、又団員相互の理解親善の上に大いなる寄与を為す事を幾庶います。

ここでは、第一次世界大戦後の教育の課題として訓育、具体的には、人格養成、品性涵養をあげている。大正期から昭和にかけて、都市部では、男女ともに中学校、高等女学校への進学熱が高まりつつあり、それにともなって知育偏重の弊害も指摘されていた。また、知識とその実践性については、補導団便覧で示された目的が改めて確認されたともいえる。6〜8人のグループを原則とした自主性を生かした班活動、自然理解、野外活動等もその目的

の中に位置づけられている。

その上で、1925年時点での団員別並に組織について、「高等小学校並に高等女学校一年以上の年齢の者を普通団員」とした上で、さらに次のように説明されている[3]。

一、小学校時代の者を少女部団員とします。
二、六人又は八人の団員を以て一班を組織し二班以上の時は合して一組とします。
　各班は班長並に副班長に従つて行動し各組長及び副組長の指導を受けます。
三、団の役員として総裁副総裁各一名を置き各地方の団長はそのもとに従属します。
　又別に本部に役員があつて総裁副総裁を補助します。
　　本部には各組からの代表者と賛助員からの選出者とで組織された常務委員があります。そして特に実務に当るために常務委員の中の若干名を以て書記会計庶務の各係りを分担いたします。
四、賛助員　団の事業に賛成され年額金五円以上を寄附せらる、有志の方を賛助員といたします。
五、日本に於て此運動を全国的に統一されたものにする為に新たに加入され様となさる方々は本部へ詳細を御問合せ下さる事お願ひします。
六、組を新たに作らうとする時は先づ六人或は八人の補導団員を二三ヶ月班長として養成しその人々を班長として其の下に新加入者をもつ二三の班を組織するものであります。此の新加入者が入団の仕度が調つたならば本部に願つて組長が来て入団して頂くのです。

　ここでは、少女の組（ブラウニ）の設置、6～8人のグループによる班組織と2班以上による組の結成を行うこと、本部への申請登録、地方の団長と本部との関係、さらに財政的課題から賛助員についても記されている。なお、女子補導団のこの時点での本部組織は次の通りである[4]。

本部	所在　東京都芝区白金三光町三六〇　香蘭女学校内
総裁	林伯爵夫人
副総裁	三島子爵夫人
役員	三島夫人、ミス・ウーレー　檜垣茂、荒畑元、池田宜政
常務委員	賛助員ヨリ十名、各組ヨリ二名ヅヽノ代表ヲ以テ組織ス
国際委員	桧垣（東京市麻布区飯倉五丁目二十九番地）
団長	ミセス・バンカム（在東京）　ミセス・マシユース（在東京）

　この他、創刊号では、1925年度の活動として次の組からの報告と下記の記事があった。
○東京第1組B　檜垣茂、宮川愛子　○東京第4組　桧垣茂
○東京第2組　山縣三喜重（内容は大連補導団）　○余丁町少女団　池田宜政
○大阪第1組　ミス・バックス　○大連女子補導団
○研究　○星座　○衛生に関する日々の注意　○茸について
○遊戯と対話　○文苑（東京第1組Bの8月の鎌倉姥ヶ谷海岸でのキャンプの回想あり）

【第2号】1926（大正15―昭和元）年度
　大正の末年となったこの年、組としては、東京、関西の大都市を中心とした聖公会系女学校、教会の組活動の他、余丁町にみられる少年団少女部の組が継続して活動し、猪苗代湖畔のアンデレ教会所有の別荘を活用したキャンプ、少年団臨海ジャンボリーへ参加する組もあった。スウェーデン、イギリス等の外国人ゲストへの対応と国際交流活動に東京を中心とした各組が中心となって参加し、多様な活動を進めている。
　なお、機関誌は1927（昭和2）年3月発行であり、冒頭に、「大正天皇御登遐」哀悼の扉からはじまる。1926年12月25日、大正天皇崩御によって昭和に改元が行われた。なお、この年、壮丁準備教育の徹底のため中等教育学校以外の勤労青年を対象とした青年訓練所令が公布されている。主たる記事は次の通りである。[5]

○「女子補導団について」檜垣茂―日本の補導団とイギリスのガールガイドの関係、ガールガイド運動についての説明。
○「女子のつとめ」―大江すみ子（東京家政学院院長）による補導団講演会の概要。
○「ガールガイズ及びガールスカウト第二回世界大会の概略」1926年5月にニューヨーク市外ハドソン川近傍で開催された大会について、参加した檜垣茂による報告。
○「新聞紙に現はれたる世界大会」櫻井国子の解説。
○「少女を弁護するベーデン・ポエル卿」―ガールガイド運動に関する世界各国記事の紹介等。
○「私共の生立ち」―井原たみ子による東京第4組（東京女学館）の説明。
○「単独団員のこと」―身体的、地理的理由による組活動参加が困難な会員のための組織の案内（詳細は次項目）。
○「女子補導団単独団について」―1926年9月から女子補導団に普通団員、少女部の通常の班活動の組織の外に単独団員の組が組織された。これは、「（イ）すでに普通団員として入団した者で家庭、学校の都合上又は身体の弱いため規則的集会に出席は不可能でもなほ団員としての資格を保つ者。（ロ）規則的集会に出席し普通団員としての課程を践ふと望んでも近傍に出席すべき組の存在しない地方に住んで居る者」[6]を対象としたものであり、出席困難が解消されれば通常参加が認められる。通常は通信等を中心として参加する団員。これは、多様な形での団員組織の拡大を検討するとともに、会員の少女たちの保護者に大企業勤務者等が多く存在し、国内外の転勤が少なくない状況を反映していた。また、地方都市において補導団組織が結成されていない状況を示すものでもあった。単独団員組織については、櫻井国子（書記）、諏訪愛子（会計）が担当した。
○「臨海ジャンボリー報告」―余丁町少女団員12名が7月22日から31日まで少年団の臨海ジャンボリーに参加したことの報告。
○「上戸の夏季集会」―福島県猪苗代湖畔のアンデレ教会の女性宣教師ディクソン（Eleanor M. Dixon）宅で開催された。7月末1週間のテント生活を含むキャンプ集会の報告。各組から参加者あり。

○スウェーデン皇太子歓迎―溝口歌子（第1組B）、9月12日、スウェーデン皇太子夫妻が聖アンデレ教会礼拝に出席、東京の団員約百名が整列してむかえる。林総裁からスウェーデンのガイド総裁である皇太子妃に銀製の団章を贈呈した。また、9月13日、林総裁邸においてイギリス人本部リーダーのミス・レイトン歓迎会が開催された。プログラムは次の通り。

1．団旗掲揚及び君が代
2．林総裁の歓迎の辞
3．運針競争（ブラウニを除く全員、二尺のさらしで組ごとの競技）
4．手旗信号
5．余丁町少女団の遊戯
6．お料理（汁、のり巻、どんぶり等）
7．ブラウニの遊戯（第1組B）

○「逗子に於けるキャンプ」―東京第1組Aの報告
1926年7月13日から17日まで、逗子で行われたキャンプの報告。聖ペテロ教会を拠点にキャンプ、水泳、登山等を行った。T.ウィリアムス、ウーレーが指導者。

○「和服団服に就いて」―補導会以降、イギリス式の洋服と和服の双方が併用されてきたが、その体裁、運動性、経済性から次のように意見を求めている。[7)]

　団の精神の表現とも云ふべき団服に就て、私共和服団服係りから皆様に一言お願ひがございます。和服団服は外見の体裁、運動の自由、経済上安価等の展から理想的なものでありたく、つきましては、和服団服は現今の侭で良いでせうか。また改良を要するならばどの点をどう改良したら宜しいでせうか。右の御意見を広く皆さまから伺はせて頂き度うございます。

　イギリスから取寄せる洋式の制服は高価であり、また、海外でも和式の団服が好評であったが、団員が所属する女学校をはじめ社会の洋装化が進み、機能性の上からも要望があり、転機を示す記事でもあった。

【第3号】1927（昭和2）年度

　ボーイスカウト、ガールガイド運動を進めるベーデン・パウエル夫妻の誕生日が同じ2月22日であることを記念した国際記念日シンキング・デーの制定があり、イギリス、アメリカ合衆国との人形の親善交換も行われた。これまで、女子補導会、補導団ともに聖公会の学校、教会を中心としたものであったが、この年の夏に東京で行われた共同キャンプは、少年団日本連盟の協力を得て行われている。

　この年は、3月に片岡直温大蔵大臣の発言を端緒として銀行の倒産、金融恐慌が勃発し、4月には例外の無い国民皆兵を徹底させた兵役法が公布された。中国大陸では第一次山東出兵が行われている。社会教育面では、大日本連合女子青年団、全日本婦人同盟が結成されている。

　この年から、本部日誌には、冒頭に具体的月日が記載され、日程が確認できる。その日誌は次の通りである。[8]

○2月22日　ガールガイドの国際記念日としてシンキング・デーが制定された。これにあわせて、本部よりベーデン・パウエル夫妻に祝詞を送る（夫妻の誕生日）。
○2月26日　記念日を守るため、香蘭女学校講堂に東京各組の団員集合。
○4月　①　盛岡市で女子補導団第一組発団式（ウーレー、ヘイルストン、櫻井国子出席）
　　　　②　本部役員ウーレー休暇のためイギリスに一時帰国。
○4〜5月　イギリスの指導者4名旅行の途中日本に立寄り東京の団員に面会。
○6月　①　米国本部よりの依頼で制服着用、子供服着用の人形を各一体送る（着用服は第1組と第2組の有志にて仕立てる）。
　　　　②　18日、午後東京各組合同にて香蘭女学校講堂に於てバーネット夫人より動物愛護の講演。
○7月　スイスで開かれたガールガイド国際連盟の天幕集会に日本を代表して帰英中の本部役員ウーレー参加。
○8月　8日から一週間、麻布高松宮御用地で有志団員の夏季特別野外集

○10月15日　青山学院構内で女子補導団の集いを開き当日の純益を動物愛護のため「人道会」に寄附。当日のプログラムは次の通り。
　一、ヴァイオリン　指導者（ヘイルストン）並に団員
　二、童話劇　余丁町少女団
　三、狂言　第1組
　四、歌　第1組ブラウニ
　五、ダンス　外人団員　休憩（20分）
　六、琴　第4組
　七、対話　第1組
　八、劇　外人団員
○11月　①　埼玉県大宮にて女子補導団第1組の発団式を挙げる
　　　　②　この発団式の為本部役員大宮に行く
　　　　③　英国の本部に女子補導団の報告を送る
　（1928年）
○1月　5月にハンガリーのブタベストで国際連盟大会開催があること、日本女子補導団からの代表者出席の招聘。欠席を通知。

なお、上記のうち、8月に東京で行われた各組共同の野外キャンプについて次のような報告があった[9]。

　私共団員は毎年何等かの形で夏季集会を開く様に計画して居りますが何時も地方で開きます為めに参加し得る者が誠に少数に限られてしまひます、それで今年は何とかして東京に居る団員の為め東京で特別集会を開き度ものと希望して居りました折柄麻布盛岡町の高松宮御用地を拝借し得られるかも知れぬとの事を聞き早速少年団本部の二荒伯の御了解と御援助を得遂に六月二十五日林総裁の御供をし二荒伯と同道高松宮邸に伺候し石川事務官を通じて右御用地を八月中二十日間拝借致し度旨御願ひ申上げました所早速御許可下され此所に予想以上の好き集会所を与へられました。
　続いて二荒伯初め其他少年団本部の役員方から非常な御同情と御援助を

与へられまして着々準備を進めました。
　愈七月末にテント張をして八月初めに準備的実地予習を初める迄各組の指導者等と数回の相談会を開き仕事の分担等を定めました。

　文中の二荒伯は少年団日本連盟の二荒芳徳のことである。女子補導団を少年団日本連盟の関係者が支援している事例である。ここまで、聖公会系女学校、教会とは別個の動きとして少年団との関係から結成された東京の余丁町少女団、静岡市城内小学校少女団の事例を取り上げた。さらに、この年4月の盛岡での組発足においても少年団日本連盟の岩手県支部の松岡直太郎、高橋栄造の協力が存在した。補導団と少年団という組織、事業上は別個であっても相互に支援と連携が明らかな動きが登場している。

【第4号】1928（昭和3）年度
　東京、大阪、盛岡の班は活動を継続するが、大連で指導者カートリッジの辞任、神戸では普通団員の時間的な理由から一部活動の困難が報告された。一方で、東京、大阪、盛岡に加へ、北関東、福島地区において活動がはじめられている。これらは、後述するが聖公会北関東教区の動向である。この年、普通選挙法による男子普通選挙が実施されたが、反面、思想的取締りが強化された年でもあった。共産党員の一斉検挙、労働農民党、日本労働組合評議会、全日本無産青年同盟への解散命令の他、文部省によって学生、生徒の思想傾向の匡正、国民精神の作興が進められた。
　1928年版の冒頭においては、林富貴子は前年の昭和天皇の即位と代々木錬兵場での観兵式について次ぎのように述べている。[10]

　　昨秋は御即位の式をあげさせ給ひ国をあげておよろこび申上ておりました其十二月の観兵式の直後代々木辺から電車にのりました兵士三人がしきりに『よかつたよかつた』と申しております―中略―遠方から来たらしい兵士達が自分達の陛下としての御健康を心から御つゝがあらせられないやうにとのいのる誠心、何といふ美しい事で御座いませう。かういふ心をもつ人があればこそ日本は世界の列強として立つて行かれるのだとふかく思ひ

第2節 「本部日誌」にみる女子補導団の活動　151

ました。
　君に忠誠をちかいますといふわが補導団の契約にあてはまる言葉なのでわれら団員も此三人の兵士におとらぬ精神をもたねばならぬとふかくふかく思ひつゝ、記しました。

　前年の昭和天皇即位により、昭和時代の活動が始められた一年でもあった。この年の本部日誌からの活動概要は次の通りである。[11]

○4月17日　本部役員会
○7月14日　林総裁の招待により林邸庭園で東京、大宮の団員集会
○9月7日　　本部役員、東京各組の組長の相談会
○9月27日　東京各組の団員が香蘭女学校講堂に集り、帰国した第1組々長ミス、ウーレーの講演を聞く
○10月27日　余丁町小学校運動場にて東京全団員の大会を開く
○11月16日　イギリス本部へ報告
（1929年）
○2月3日　　シンキング・デーのためにベーデン・パウエル夫妻に本部より祝詞を送る

なお、団の現状については、次のように説明されている。[12]

　昭和三年十月中の調べによれば指導者総数二十七名団員三百十七名になります。東京では大した変化は御座いませんが地方では其の後集会を中止された所なども御座いますから団員数の上に多少の変化が出来て居る事と思ひます。
　一番若かい大宮の組は誠に好成績に成長して居られます。
　大阪では組長ミスバツグスが転任なさつたのでミスウイリアムスが之れに代られました。
　神戸では団員の時間其の他の都合で普通団員の集会を中止され少女部団員の組を初められました。

盛岡では松岡氏の代りに村上しげ子氏が指導される事になりました。

大連ではカートリツヂ夫人が止むを得ぬ事情で団長を辞任され其の後同夫人に代る可き指導者を得られない為めに同地の団員は非常に困難な位置に立たれて居るとの事同情に堪ません。然し猶ほ同団員等には熱心に努力して団の発展をはかつて居られる様子ですから其の内に再び有力な指導者が与へられる事で御座いましよう。

福島市では昨年来我々の団にならつて集会を初められましたが中々困難が多くて困つて居られるとの御同情は申て居りますが遠方の為御援助も出来ず残念に思ひます。今年はどうか団が成立して私共の御仲間入りをして戴き度と希望致します。

目下栃木県足尾からも加盟を希望して居られます。

【第5号】1929（昭和4）年度

7月、ウーレーが箱根に借りていた別荘で行われた指導者のキャンプには、各地から指導者が集合した。林富貴子、寿子は欧米旅行でガールガイド、ガールスカウト本部を訪問し、イギリスではオレブ、ベーデン・パウエルと面談した。

この年、10月に、ニューヨーク株式市場が暴落し、世界恐慌が始まった。日本国内でも生糸価格の暴落とともに経済恐慌が深刻化した。教育面で、文部省は国体観念明徴をはじめとした教化動員を実施し、中央教化団体連合会が設立された。また、社会教育課が社会教育局に「昇格」し、あわせてその中に青年教育課が設置されている。1929年度の本部日誌は次の通りである。[13]

○2月9日　林総裁の息子、鹿園男爵の告別式に参列（本部役員並に東京各組代表者）
○2月22日　シンキング・デー、ベーデン・パウエル夫妻に本部より祝詞を送る
○4月中2回　本部役員会並に組長会開催
○5月5日　英国第四ヘンリー皇子来日、芝栄町聖アンデレ教会前に整列し外人団員と共に送迎（東京団員一同）

第 2 節 「本部日誌」にみる女子補導団の活動

○5月18日　青山四丁目常盤会館で女子補導団の集いを開催
○6月4日　本部役員並に組長会
○6月15日　林総裁、長女寿子の欧米視察旅行の送別会。於、香蘭女学校講堂
○6月23日　林総裁一家東京駅発渡欧に出発。
○7月19日―24日　箱根町で指導者訓練のキヤンプ開催。参加者は次の通り

　指導者訓練のキヤンプ
　　東京……ウーレー、ヘイルストン、檜垣茂、小久保美佐保、徳川恵子、溝口歌子、井原民子、田沼阿久里、河合美代子、竹井富美子
　　大阪……加藤文子、吉田千鶴子、木村梅子、大久保清子
　　徳島……バッグス　長崎……黒田昌子　盛岡……岩泉美登里
　　大宮……加藤きみ子　沼津……エドリン
○8月29日　福島県田村郡片曽根農業公民学校教師、渡井芳枝の入団式
○9月16日　本部役員会
○9月21日　香蘭女学校で福島県田村郡農業公民学校生徒15名の入団式
○10月27日　満州長春にて長春第1組設立
○12月14日　本部役員並に組長会
○12月20日　林総裁帰国
（1930年）
○1月25日　欧米訪問から帰国した林総裁歓迎会。於、香蘭女学校講堂。

この年の補導団の現状については、次のように説明されている。[14]

　昭和四年末日の調べによる団の状況は左の通りで御座います。
　東京に第一より第四までの四組。地方に大宮、福島、盛岡、大阪の四組。満州に大連、長春の二組及単独団員組にて総計十一組。其れに目下大阪四〆島で一組始められて居ります。
　団員数は指導者三十名。団員二百八十七名で新しい組が設立されたにも

係らず前年度より全体に於いて少し減じました。之れは神戸と大阪第一組が解散された為で御座います。誠に残念ですが止むを得ません。

　昭和四年は総裁が御留守で万事不行届の点も多かつた事と存じますが本年は英国の本部を始め各国の姉妹団を御歴訪なさつて御無事御帰朝遊ばされた総裁をお迎へした事で御座いますから各方面に向つて大に発展致し度と切望して居ります。又先頃御赴任になりました加奈陀公使夫人が非常に御熱心な女子補導団の指導者で我々と親睦して下さる事も団の発展上喜ぶべき事と思ひます。

　本年七月英国本部指導者訓練地なるフォックスリースで女子補導団国際連盟大会が開かれます。我々日本女子補導団からは第一組のヘールストン女史が代表者として参加される事になりました。

　巻末に示された、各組所在地と指導者は次の通りである。[15]

東京第一組　東京市芝区白金三光町三六〇香蘭女学校内
ミス・ウレー　竹井富美子　野田まち子　島田つね子　弥永時子
東京第二組　府下渋谷町　東京女学館内（アンデレ教会を担当、筆者注）
桧垣茂　井原民子
東京第三組　東京都牛込区　余丁町小学校内
池田宣政
東京第四組　東京市渋谷区羽沢一　東京女学館内
桧垣茂　五十嵐国子
大宮第一組　埼玉県大宮町桜木町九三四　愛仕母学会内
大越房子　岡田わか　加藤きみ子
盛岡第一組　盛岡市仁王小路　仁王幼稚園内
岩泉みどり
大阪第二組　大阪天王寺町　プール女学校内
ミス・ウイリアムス　加藤文子
大連第一組　大連市　大連高等女学校内
幹事　田村幸子
長春第一組　長春常磐町二丁目八の四

組長代理	田中富貴子
単独団員	東京府下駒沢町上馬一三七六
	櫻井国子

11．徳川恵子（2列目中央）、溝口歌子（左隣）の婚約を記念して（1929年）

【第6号】1930（昭和5）年度

　この年、林富貴子総裁による欧米訪問成果の報告活動の他、機関誌とは別にリーダー支援のため「指導者の友」が発行された。聖公会北関東教区の動きとして日光の幼稚園でブラウニが発足した。

　1930年は、ロンドンの海軍軍縮条約が調印され、国内で批准された年であった。前年のニューヨークの株式暴落の影響が国内に波及し、操業短縮、賃金削減、失業問題が深刻化し、その状況は1932年頃まで継続した。国体明徴と神社への強制参拝に対してキリスト教55団体が考慮を要望している。女性の公民権認証に関して市制、町村制改正が衆議院で可決されたが、貴族院では審議未了になっている。なお、女性、子どもの人権に関して言えば、1925

年に女性・児童の売買に関する国際条約について国内限定での調印が行われ、1929年には工場法改正公布によって、女性と年少者の深夜労働等が禁止されている。しかし、現実には経済恐慌の継続と東北地方等の凶作によって欠食問題、人身売買の問題が深刻化していく時期でもあった。

本部日誌は次の通り１月から12月で年間の記述が行われている。[16]

- ○１月８日　組長会
- ○１月25日　林総裁帰国歓迎会、於香蘭女学校講堂
- ○２月22日　シンキング・デーにベーデン・パウエル夫妻に対し本部より祝詞を送る。
- ○５月２日　役員会「指導者の友」の発行について協議、可決
- ○６月11日　役員会
- ○６月23日　「指導者の友」第１号発行
- ○７月１日　役員及組長会
- ○７月５日―17日　英国フォックスリースで開催されし第６回ガールガイド世界大会
  本部役員でイギリス帰国中のミス・ヘイルストン参加
- ○９月13日　組長会
- ○10月４日　補導団大会開催、於東京キリスト教女子青年会館
- ○11月26日　役員会
- ○12月25日　東京の団員有志より「同情金九円」を東京府社会事業協会へ寄附

この年の概要について「昭和六年一月中の調によれば指導者総数二十七名団員数約三百名になります。東京では大した変化はございませんが最近渋谷に新しい組が生まれやうとして居ります。地方では、大宮の団員であつた方が日光に新たにブラウニをおはじめになりました[17]」と説明されている。

【第７号】1931（昭和６）年度

1931年は９月に「満州事変」がはじまり、15年戦争最初の一年となった。

ここまで、学校への配属将校配置、勤労青少年のための青年訓練所設置等によって壮丁準備教育の強化が進められ、さらに、家庭の女性を対象とした大日本連合婦人会が発足し、4月には重要産業統制法が公布されて国家総動員の体制が形成されていった。「満州事変」にともない、長春健児団（少年団）が軍部への支援活動を行い、少年団日本連盟も三島通陽を団長とした満蒙派遣団を実施し、日本のボーイスカウトの軍部支援が進められていった。大連、長春の女子補導団は休止状態となっている。

女子補導団では欠食児童への寄付のため「音楽と影絵の会」が帝国ホテルで開催され、その募金が寄附されることになった。この年、少女団員のための『ブラウニ便覧』が発行され、京都で少年団指導者による女子ガイド運動が準備されている。

この年の本部日誌は以下の通りである。[18]

- 1月28日　役員会
- 2月21日　世界記念日を祝うため東京団員は三光教会で記念礼拝
- 2月22日　シンキング・デー、ベーデン・パウエル夫妻に本部より祝詞を送る
- 3月18日　女子補導団第6号発行
- 5月15日　役員会
- 6月25日　役員会
- 7月3日　築地聖ルカ病院で小児科定方医師から衛生講話
- 9月16日　役員会
- 10月24日　欠食児童救済のため音楽と影絵の会開催（於. 帝国ホテル）
- 11月4日　役員会
- 11月11日　音楽と影絵の会純益金300円を東京市教育局を経て児童の弁当箱代として寄附
- 12月　『ブラウニ便覧』発行

なお、各組の指導者及団員数表が掲載されており、参照されたい。[19]

	指導者数	団員数	ブラウニ数
東京第1組	4	46	17
東京第2組	2	9	
東京第4組	(不明)	(不明)	
大宮第1組	2	14	
日光第1組	1	7	20
大阪第2組	4	13	
草津第1組	2		11
沼津第1組	1	11	
単独団員		16	

【第8号】1932（昭和7）年度

この年、海外では第一次上海事変、「満州国」建国が宣言された。国際連盟からイギリス人リットンを代表とした調査団が派遣され、結果として日本軍部の侵略が批判されることにより、対米英関係が悪化した。国内では5・15事件が発生し、東京市は5郡82町村を併合した「大東京」となった。また、大日本国防婦人会が結成されている。

女子補導団については、長野県・第1組（小県郡弥津村愛シスター会）、群馬県・草津第2組（草津町平和館）、沼津第1組（清水上聖公会）、久喜第1組（久喜児童の家）と地方のブラウニが複数、結成された。

この年は、本部日記として1932年1月から33年2月までが示されている。[20]

○1月22日　本部主催にて指導者としての準備講習会を開く
○1月24日　林総裁長女、寿子結婚祝いに在京団員一同から記念品贈呈
○2月3日　役員会
○2月22日　シンキング・デーにオレブ、ペーデン・パウエル夫妻に祝電を送る
○3月23日　要旨『補導団とは』を改正印刷
○3月23日　女子補導団第7号発行

○6月8日　役員会
○7月21日〜27日　栃木県塩原福渡温泉三島副総裁別邸にて指導者訓練のキャンプ
○8月22日　長野県小県郡弥津村で入団式。本部役員ミス・ウーレー出張
○8月24日　草津第2組ブラウニ入団式。本部役員ミス・ウーレー出張
○9月13日　役員会
○11月16日　役員会

少年団日本連盟奥寺龍渓を本部顧問に招請
日本女子補導団絵葉書を印刷、その一部を連盟本部を通じ外国団員へ頒布した

（1933年）
○1月4日　沼津第一組ブラウニで入団式。本部役員出張
○2月22日　世界記念日（シンキング・デー）連盟本部の資金調達寄附募

	指導者数	団員数	ブラウニ数
東京第1組	4	40	10（及見習4）
東京第2組	2	5	（見習数名）
東京第4組	3	8	
大宮第1組	2	8	
日光第1組	1		23
大阪第2組	2	30	
草津第1組	1		10
草津第2組	1		18
沼津第1組	5	8	18
長野第1組	4	30	28
久喜第1組	1		30
単独団員	1	16	
合計	26	145	137

総計　308

集に合わせ、全団員より集めた14円を本部送金

この年の各組の指導者及団員数は前ページの通りである。[21]

【第9号】1933（昭和8年）度

この年、1924（大正13）年に刊行されたハンドブックである『日本女子補導団便覧』の改訂版が刊行され、ゲーム、レクリエーションのガイドブックである『室内 屋外 遊戯集』も刊行された。便覧改訂版については、先にも述べたように、女子補導会時代、および大正時代の版にくらべ日本の補導団独自の記載が増え、ガールガイド運動の日本的定着を示すものであった。また、日本の沼津の四恩幼稚園で第1組ブラウニが発足し、ベーデン・パウエル、オレブの誕生日を記念する形で国際友愛基金（シンキングデイファンド）の募金運動が始められた。この年、万国赤十字大会が日本で開催されたものの、日本は国際連盟から脱退し、国内的には文部省に思想局がおかれ、その統制が強められることになった。ガールガイド世界会議には、ウーレーと檜垣が出席している。

本部日記は次の通りである。[22]

○3月20日　「女子補導団」第8号発行
○4月20日　『女子補導団便覧』改訂版発行
○5月16日　役員会
○6月23日　賛助員、役員指導者の親睦懇談会
○7月20日　『ブラウニとは』（要旨）を発行
○7月21日〜25日　東京第1組主催のキャンピングを相州辻堂YMCAの天幕村に開く、東京、沼津、久喜各地の指導者も参加。
○9月24日　埼玉県久喜町久喜第1組入団式に役員ミス・ウーレー、竹井冨美子氏出張
○10月5日　役員会
○11月1日　賛助員岸澄子邸弔問
○11月11日　「栄養料理と病人料理」講習会第1回開催　講師内田氏

- 11月18日　料理講習会第2回
- 11月25日　料理講習会第3回
- 12月18日　新賛助員佐々木信子氏入会
- 12月21日　竹井富美子結婚のため書記、会計辞任、三田庸子引継ぎ

（1934年）
- 1月10日　スイスの世界大会への出品物について相談会
- 2月9日　役員会
  桜井澄子、国際連盟書記に就任のため本部書記を辞任
  東京団長ミセス・バンコム病気のため辞任
- 2月18日　米国ガールスカウト需品部の依頼により日本女子補導団便覧及、ブラウニ便覧各1冊を送付
- 2月22日　シンキング・デーにオレブ・ペーデン・パウエルに祝電を送る

	指導者数	団員数	ブラウニ数
東京第1組	4	48	10（及見習4）
東京第2組	1	5	見習数名
東京第4組	3	8	
大宮第1組	2	8	
日光第1組	1		18
大阪第2組	2	30	
草津第1組	1		10
草津第2組	1		17
沼津第1組	4	11	14
長野第1組	4	30	28
久喜第1組	3	3	35
単独団員		15	
合計	26	158	132

総計　316

1933（昭和8）年、年度末の各組の指導者及団員数は左の通りである。[23]
以下に、同年度末の本部役員、および各組一覧を添付しておきたい。

　　　本部役員住所氏名
総裁　林伯爵夫人　東京市渋谷区幡ヶ谷本町三丁目三九九（電四谷三七〇）
副総裁　三島子爵夫人　東京市麻布区本村町一一〇（電高輪四五二二）
書記　桜井澄子　前出
編集　井原たみ子　東京市目黒区中目黒一ノ七八七
需品部責任者　ミス・ウレー　三田庸子　　香蘭女学校内

　　　各組所在地並ニ指導者
東京第一組及ブラウニ　東京市芝区白金三光町三六〇香蘭女学校内
　ミス・ウレー　三田庸子　木藤信子　桜井澄子
東京第二組　東京市芝区栄町八　聖アンデレ教会内
楢戸敦子
東京第四組　東京市渋谷区羽沢一　東京女学館内
檜垣茂　増田恭子　江連ヤヨ子
大宮第一組　埼玉県大宮町桜木町九三四　愛仕母学会内
土肥貞子
日光第一組ブラウニ　栃木県新光町四軒町　愛隣幼稚園　木村里代
大阪第二組　大阪市東成区勝山通五丁目
プール高等女学校内
　ミス・ウイリアムス　加藤文子
草津第一組ブラウニ　群馬県草津町　聖マーガレツト・ホーム内
　ミス・ネテルトン　山中よし子
草津第二組ブラウニ　群馬県草津町　平和館内
本橋たみよ
沼津第一組　沼津市三枚橋清水上聖公会内
　ミス・エドリン　進藤敏子
沼津第一組ブラウニ　沼津市山王台　四恩幼稚園内
　南岡春枝　村山愛子　佐藤千代子
長野第一組ブラウニ　長野県小縣郡弥津村　愛シスター会内

土屋知枝子
　久喜第一組ブラウニ　埼玉県久喜町　久喜幼稚園内
　倉戸敏美
　単独組　責任者　東京市牛込区矢来町二三
　(書記)　関まつ子
　東京市品川区大井立会町五三三
　(会計)　西沢愛子

第3節　戦時体制下の女子補導団本部

　ここでは、戦時体制と女子補導団という観点から、(1) 女子補導団結成時から昭和初期までの本部の動向を確認しながら、(2)「満州事変」の少年団、女子補導団への影響、さらに (3) 1934 (昭和9) 年以降から閉会にいたる女子補導団について述べておきたい。

(1)　昭和初期までの女子補導団

　ここまで1925 (大正14) 年度から1933 (昭和8) 年度末までの女子補導団の本部を中心とした活動について、機関誌『女子補導団』の本部日誌を中心に概観した。1920 (大正9) 年はじめに香蘭女学校で発足した女子補導会は、東京の聖公会系の女学校、教会での活動であったが、関西および地方都市での班、組の結成が行われ、さらに、日本のボーイスカウト運動である少年団の協力を得て結成されたものも登場した。

　併行して、1923年にそれまでのイギリス連盟の日本支部から独立する形で、日本女子補導団に改組され、華族であり当時の帝国大学教授で教育関係者である林博太郎の妻、林富貴子を総裁に、同様に少年団日本連盟の指導者でもあった三島通陽の妻、三島純を副総裁にむかえた。それは、キリスト教主義の教育活動としての性格をおさえる形で組織の拡充をはかっていった、とも言える。補導団初期においては、1924年の『女子補導団便覧』においてキリスト教主義を否定しながら、同書に祈禱文が掲載されるという矛盾、あるいは並存現象を生んでいる。しかし、この動きは、日本の女子補導団のみ

ではなく、国際的なガールガイド、ガールスカウト運動全体の方針にも対応したものでもあった。つまり、当初はキリスト教国として次代の担い手と母の養成を目的としたガールガイド、ボーイスカウト運動が、国際的にひろがりをみせるにつれて、キリスト教としてのエキュメニカル（非宗派的）のみではなく、キリスト教国以外での普及を視野に入れたものとなっていったからである。日本でもキリスト教徒ではない総裁、副総裁を本部にむかえ、政府関係者、軍部および学校関係者との結びつきを持つ少年団関係者との連携、協力を得ていくことになったのである。

したがって、女子補導団としての組の形成には初期のキリスト教教育との人間的結びつきとしての側面と、少年団日本連盟との関係から結成された二通りがある。前者については、香蘭、プール、松蔭、東京女学館、さらにアンデレ教会を初めとした団であり、後者は余丁町、静岡などの少女団である。もちろん、キリスト教的な側面と少年団日本連盟双方の要素が複合的に組み合わされているものもある。例えば、盛岡聖公会教会と岩手県少年団による盛岡1組である。また、昭和初期には、東京地区の合同夏季キャンプが少年団関係者の協力を得て行われている。

(2)　「満州事変」と少年団、女子補導団

昭和期に入ると日本の不況に世界恐慌が加わり、国内経済は深刻な状況が続いた。日本は、打開策のひとつの方向を対外侵略にむけていった。1931（昭和6）年9月18日、奉天郊外の柳条湖の満州鉄道で爆発事故があり、これを中国軍によるものとした日本の関東軍は沿線都市を軍事的に制圧した。この「満州事変」によって、第二次世界大戦につながる15年戦争が始まった。中国はこの問題を国際連盟に提訴し、その後、イギリス人リットンを団長とした調査団が派遣され、結果として、日本軍の起こしたものであることが報告された。国際連盟総会がこの報告を認めたことによって日本は1933（昭和8）年に同連盟を脱退し、日本の国際的な孤立化とイギリス、アメリカ合衆国との緊張が高まっていくことになった。

この「満州事変」は、少年団運動に大きな変化をもたらした。当時、中国大陸では長春健児団、鉄嶺少年健児団、ハルビン少年団、安東少年団、奉天

第 3 節　戦時体制下の女子補導団本部　　165

健児団、旅順少年団、大連少年団等が結成されており、長春健児団は銃器弾薬の運搬、伝令任務、負傷兵救護搬送、飛行場の天幕張り等の支援活動を行っている。さらに、三島通陽を団長とする慰問のための満蒙派遣団が11月に現地に赴いている。翌1932（昭和7）年9月には満州童子団設立のため三島通陽が少年団日本連盟の理事として講習のために派遣され、結団式には連盟理事長として二荒芳徳が赴いている。そこには、かつて、ベーデン＝パウエルがボーア戦争時に期待した少年たちの軍事援護の姿があった。

　この頃、軍部の一部から少年団に対する圧迫が生じている。その象徴的なものが三指礼問題であった。1932（昭和7）年10月20日、大阪毎日新聞に寺内寿一師団長たちによる次の意見が掲載された。

　　世界を通じて少年団が行なふ拇指で小指を押へ、中の三指だけを挙げる（三つの誓ひを意味する）いわゆる「三つ指敬礼」はユダヤ民族が「シャダイ」といふ民族神に敬意を表する時に行ふものである。これは国際的運動の急先鋒である英国のベーデン・パウエル中将がユダヤ人である関係から、三つ指の敬礼が用いられてきたものでどうも面白くない。

　三指礼は女子補導団においても用いられているもので、背景には軍部による欧米的青少年教育運動への反発があった。日本のボーイスカウト運動である少年団日本連盟に対する「服装に金がかかり、都市部の富裕層の運動であって、農村への普及性がないこと、国家主義より国際主義を重視しているように思えたこと、全員主義ではなく精鋭主義であること」という批判である。これに対し、二荒芳徳理事長は、少年団が大正時代、皇太子時代の昭和天皇のイギリス訪問を契機としたものであること、したがって皇室への絶対的信服を行うものであること、三つ指礼は宮内省にも認められた礼であり、これまでも天皇の奉送迎に用いられていること、を理由に反論を行った。

　1932（昭和7）年12月、文部省は「児童生徒の校外生活指導に関する件」（訓令22号）を出して、小学校3年生以上を対象に、教員を主たる指導者とした学校単位の網羅的少年組織の結成を指示した。これは、少年団日本連盟とは異なる組織であり、各地域においては、地域単位の少年団と学校単位の

少年団の並立、競合によって一部で混乱が生じることになった。そこで、翌年5月に再度文部省から訓令が出され、地域の状況を考慮した少年団結成が確認されることになった。さらに、文部省の依頼によって陸軍大佐、大沼直輔たちによる学校少年団の調査研究が行われ、その結果1935（昭和10）年11月には連盟とは別の帝国少年団協会が発足した。同年、少年団日本連盟は大日本少年団連盟に改称してその組織整備を行うが、同年には日本連盟の審議委員である永田鉄山（陸軍軍務局長）の刺殺、翌1936（昭和11）年には日本連盟第二代総長である斉藤実が2.26事件で暗殺され、少年団連盟に対する軍部の圧迫が深刻化することになった。[29]

女子補導団には少年団のような明確な軍事援護の姿はない。「満州事変」を境として、大連と長春の女子補導団の活動が停止し、国内においても少年団と連携した組の結成は見られなくなる。一方で、沼津、日光、久喜等の聖公会教会および幼稚園でのブラウニの組結成が行われることが全体的特徴である。昭和初期に少年団日本連盟との協力で進められた組の結成やキャンプは、「満州事変」後から急速に後退し、聖公会系の学校、教会、幼稚園で継続するのみとなる。

第一次世界大戦から第二次世界大戦の戦間期、一時期の平和軍縮の時代を経て、世界恐慌の下でのドイツ、イタリアのファシズムの台頭、日本の中国大陸侵略、対抗するイギリス等のブロック経済によってベルサイユ体制は破綻していった。少年団にみられるような圧迫はないが、女子補導団も1934（昭和9）年3月を機に、機関誌『女子補導団』の発行が停止し、その後の活動をあとづけられる、まとまった記録は未見である。

なお、ガールガイド、ガールスカウトの世界会議にはしばらく補導団代表が参加し、1934（昭和9）年の第8回世界会議（スイス・アデルボーデン）には、檜垣茂と、A.K.ウーレーが出席し、1936（昭和11）年の第9回世界会議（スウェーデン・ストックホルム）は欠席するが、1937（昭和12）年の合衆国ガールスカウト25周年を記念した国際キャンプ（合衆国アンドレクラーク）に櫻井（吉田）澄が参加した。1938（昭和13）年の第10回世界会議（スイス・アデルボーデン）には、代表としてウーレーが出席し、大日本少年団連盟女子部から藤村千良、藤村喜恵子がビジター参加している。

第3節　戦時体制下の女子補導団本部　167

12．ガールガイド・ガールスカウト25周年大会に参加した櫻井澄一右から2番目
　　（米アンドレクラーク・1937年）

　戦前1934年（昭和9）以降の新しい組の結成として、1939（昭和14）年に東京第1組にレンジャーが結成されたこと、東京第5組（千住基督教会）が1940年に発足した記録がある。[30]
　なお、補導団活動の停滞を戦時体制のみに帰することは出来ない。例えば、『女子補導団』発刊に際して林富貴子総裁自身、じゅうらいの学校教育の問題を克服すべく補導団活動の実践性を提起している。これは、知育偏重への批判でもあるが、具体的には、都市部を中心とした少女の上級学校受験をめぐる問題でもあった。実際、次章以降で具体的に確認していくが、1930年以降、補導団の活動停滞の背景には、高等女学校、さらなる上級学校進学を視野に置いた受験競争の負荷も存在するのである。

（3）　女子補導団の解散
　1942（昭和17）1月31日、次のような文章を会員に送付して女子補導団は解散した。[31]

　　お寒さ厳しき折柄団員並に旧団員の皆様ますますご健在の御事とお悦び

申上げます。
　さて、此度日本女子補導団に於きましては役員会の決議により本年1月末日を以て解散致すことと相成りました。実は近年世界情勢の激変につれ我邦の青少年運動も改革の必要に迫らるるに当り、女子補導団は少年団其他と行動を共にして大日本青少年団の結成と同時に解散して之に統合致す予定でございました処、当時青少年団の女子部は国民学校女生徒程度の部門のみにて未だ本団の加入すべき部門なく、その為適当な部門の編成さるるまで現状維持と云う事で今日に到りました。然るに此度大東亜戦争が勃発し社会の多方面で新事態に即した各種の変革を招来致した此の際、自然と本団も従来の組織の下では継続し難い状況に逢着致しました。ここに於て日本女子補導団の使命も一応完了致したものと認め一先づ解散することになりました次第皆様の御諒承を御願い致します。
　顧みますれば本団は女子に実際的教養を授くる集団訓練が未だ重要視されなかった時代にその先駆けをなし、創設以来22年微力ながら全国に10余箇の加盟団を有し、忠君愛国と国家社会への奉仕の精神に燃え、救急法に熟達する等、有為にして健康且つ明朗な女性を国家に送り出すことに努める一方、国際親善にも大いに努力して参りました。幸に同情理解ある方々のご援助と役員指導者並に団員姉妹の熱誠と協力とにより聊かでもその理想を実現して参ったことは誠に感謝と喜びに堪えない処でございます。輝かしい本団の歴史は団員生活中の幾多の楽しき思い出と共にいつまでも各自の胸から消えない事と信じます。
　終りに臨みこの重大事局下に皆様方には多年本団員として御修得なさいました奉仕の精神と有用な技能とを益々発揮され、それぞれの与へられた立場にあって尽忠報国の至誠を捧げられん事を切望致して止みません。
　　昭和17年1月31日　　日本女子補導団役員一同

　以上は、香蘭女学校の教員であり、東京第1組の指導者の稲田旭を最後の事務担当として送られたものであった。世界連盟の加盟証はその後、アメリカ軍による東京空襲の間、桧垣茂、井原たみ子によって守られ、戦後のガールスカウト日本連盟に引継がれていった。

小　結

　本章では、1925（大正14）年から発行された機関紙『女子補導団』の本部記録を中心にその活動の展開過程について概観した。
　第1節では、イギリス、アメリカを中心としたガールガイド、ガールガイド運動の世界的な展開と日本の女子補導団運動との関係について概説した。1922年から1938年までの世界大会の多くに補導団の役員が直接参加し、1928（昭和3）年ガールガイド・ガールスカウト世界連盟結成に際しては、女子補導団は創立会員となっている。戦前のガールガイドに関する国際会議には、とりわけ檜垣茂が4回参加し、最新のガールガイドの内容と方法を日本に伝えている。また、香蘭で教員を務めていたウーレー、ヘイルストンは宣教師としての本国帰国期間を利用する形で、欧米での世界会議に日本代表として参加しており、当時の交通情報環境の下では積極的な参加と交流がはかられていたことを確認した。
　第2節では、本部日誌にみる女子補導団の活動について年次別に確認を行った。1925—1934年（大正末期から昭和9年）までの女子補導団の活動概要について、本部記録に現れた補導団全体の方針、海外交流、本部事業、組と団員数等について年次、月日別に整理、検討を行った。
　第3節では、上記をふまえた上で次の3点を指摘した。（1）女子補導団結成時から昭和初期までの本部の動向から、少年団との関係について—具体的には、女子補導団としての組の結成について、初期のキリスト教教育とその人間的結びつきから結成された側面に加え、女子補導団時代には、少年団日本連盟との関係がもうひとつの要素となっていたこと。（2）昭和初期に少年団日本連盟との協力で進められた新しい組の結成、キャンプは、「満州事変」後から急速に後退し、聖公会系の学校、教会、幼稚園で継続するのみとなったこと。その点から戦争、欧米諸国との緊張関係の増大による女子補導団への影響は無視し得ない。同時に、戦前の女子補導団停滞の背景には上級学校の受験問題等もあることを指摘した。（3）女子補導団は大日本青少年団等の他の団体に合流することなく、第二次世界大戦中の1942（昭和17

年1月末日に解散した。

註

1) ガールスカウト日本連盟『日本のガールスカウト運動』(付資料編) 2000年、42、59ページ。および、Vronwyn M. Thompson『1910...AND THEN?』Guide Association 1990。
2) 『女子補導団』創刊号・1926年3月、1ページ。
3) 同前、4ページ。
4) 同前、5ページ。
5) 『女子補導団』第2号・1927年3月、2ページ。
6) 同前、49—50ページ。
7) 同前、41ページ。
8) 『女子補導団』第3号・1928年3月、3ページ。
9) 同前、7ページ。
10) 『女子補導団』第4号・1929年3月、巻頭の「偶感」。
11) 同前、4—5ページ。
12) 同前、4ページ。
13) 『女子補導団』第5号・1930年3月、2—3ページ。
14) 同前、2ページ。
15) 同前、51ページ。
16) 『女子補導団』第6号・1931年3月、2ページ。
17) 同前。
18) 『女子補導団』第7号・1932年3月、2—3ページ。
19) 同前、ページ。
20) 『女子補導団』第8号・1933年3月、3ページ。
21) 同前、2ページ。
22) 『女子補導団』第9号・1934年3月、2ページ
23) 同前、3ページ。
24) 田中治彦『ボーイスカウト』中公新書・1995年、133—134ページ。および、ボーイスカウト日本連盟『日本ボーイスカウト運動史』1973年、160—161ページ。
25) 前掲『日本ボーイスカウト運動史』164ページ。
26) 同前、170—171ページ。
27) 前掲『ボーイスカウト』137ページ。
28) 前掲『日本ボーイスカウト運動史』169—170ページ。
29) 前掲『ボーイスカウト』138—140ページ。

30）前掲『半世紀の歩み』29ページ。
31）同前、30ページ。

第7章

女子補導団活動の実際
―東京地区の動向を中心に―

　ここでは、地域での各組の動向について検討しておきたい。とりわけ、本章では日本における戦前のガールガイド運動の中心ともなり、本部が設置されていた香蘭女学校の東京第1組aとブラウニ、アンデレ教会を中心とした東京1組bとブラウニ（後の第2組）、バルナバ教会・日本女子大暁星寮の第3組、当時の牛込区余丁町小学校の余丁町少女団（後の第3組）、東京女学館の第4組について、それぞれの活動の特色を、機関紙『補導団』および関連する資料を中心にあとづけ、指導的人物、各組結成の経緯、結成の背景、活動場所と内容についても確認したい。それによって、東京を中心とした補導会・補導団の実際について明らかにしたい。以下では、まず、第1節において東京地区の主たる指導者であり、補導会・補導団全体に関った人物について述べた上で、第2節以下では、香蘭女学校、アンデレ教会、バルナバ教会・日本女子大、余丁町少女団、東京女学館の順に考察を行う。

第1節　東京地区の指導者像

　女子補導会、女子補導団に関わる人物、とりわけ各組でのリーダー的存在には、補導会時代、さらに補導団への改組後においても、聖公会の女学校と教会に関わる人々が存在した。補導会活動をはじめたグリーンストリートは1922年に日本を離れたが、ガイド経験者である外国人宣教師、彼女から指導を受けた香蘭女学校の教員、卒業生、関係者たちは、活動を継続していった。ここでは、まず、東京地区の代表的な人物として補導会、補導団運動全

体に関わった次の人々をあげておきたい。

（1）檜垣茂（ひがき　しげる）　香蘭を卒業後、女子英学塾に学び、東京女学館の教師を勤めた。国内の東京第2組（アンデレ教会）、東京第4組（東京女学館）で指導を担当しながら、1922（大正11）年から4回の世界会議、1924年のワールドキャンプに日本代表として参加した。1942年の解散時まで総主事格の本部委員、国際委員として多くの事業を遂行した。1945年末、疎開先の福島県猪苗代湖畔で栄養失調のため逝去した。

東京女学館に勤務しながら、芝の聖アンデレ教会で婦人伝道師をつとめ、女子補導会発足当時は教会内の宿舎で英国人ディクソン（Eleanor M. Dixon）と同居していたため、ディクソン所有の猪苗代の別荘をキャンプ地として活用し、香蘭、アンデレ教会、東京女学館、イギリス大使館関係者等との結びつきを深めた。香蘭女学校の同級（10期）には松本千（小泉信三の姉）がおり、補導団の後援を依頼している。

（2）細貝（黒瀬）のぶ　香蘭女学校で女子補導会結成と同時に入会した人物であり、東京第1組およびアンデレ教会の1b、2組でリーダー的立場になった。戦後の再建にあたって、聖公会関係者の補導団OGを中心に呼びかけを行い、1948（昭和23）年にCIEと文部省が共催した初の青少年指導者講習会に参加し、ガールスカウト結成にむけた中央準備委員会の一員となった。戦後は鎌倉のミカエル教会のガールスカウトを担当した。父、邦太郎は戦前、英字新聞の記者であり、アンデレ教会員である。妹の細貝なおも香蘭で補導団に参加し、アンデレ教会員として戦後も活動した。アンデレ教会の神父の細貝岩夫も親戚であり、檜垣茂と戦前から親交があった。聖公会神父の黒瀬保郎と結婚し、池袋の聖公会神学校、沼津、茂原等の教会勤務に同行し、茂原時代には新しい組の結成（茂原少女会）を行った。

（3）櫻井国子　香蘭の30回生で女子補導会結成と同時に補導団に入会し、妹の澄子とともに女子補導会、補導団で活動した。父は青山学院の教員、成明であり、母のとめは香蘭の5期生でアンデレ教会員としても檜垣茂とは交流があった。香蘭卒業後に女子英学塾に学び、さらに合衆国バークレーのカシュー大学で古生物学を専攻し、精華女学校の教員、さらに

戦後は生物学関係の翻訳活動を行っている。本部役員として書記、さらに単独会員の事務局を担当した。[1]

（4）　櫻井（吉田）澄子　　香蘭33回生。香蘭女学校から女子英学塾に学んだ。その間、補導団では本部役員、国際委員等をつとめ、1937（昭和12）年にはアメリカ合衆国ガールスカウト連盟結成25周年を記念したアンドレ・クラークでの国際キャンプに日本を代表して参加した。戦後は、ガールスカウト日本連盟国際書記、第2代会長を務め、青少年児童福祉会議（1950）の活動等を行っている。[2]

（5）　三田庸子　　香蘭女学校の寄宿舎の舎監（1930～）という立場から補導団に参加した。日本女子大学校時代にG.フィリップの影響を受けて、聖公会教会で洗礼を受け、補導会、補導団の本部役員（会計）をつとめた。戦後は日本初の女性刑務所長となった。

（6）　長谷川喜多子　　女子学院からオックスフォード大学に留学し、1901年に帰国後、女子学院、東京女学館を経て香蘭女学校の教師となり、香蘭教員さらに教頭の立場から協力した。三谷民子（女子学院長）、ガントレット恒子（嬌風会）とは女子学院同窓生であり、女子教育の発展と地位向上を含め、協力関係にあった。長谷川自身は1924年の万国連合女子青年大会（ワシントン）に出席した経験を持ち、また聖公会の寄宿舎であるマリア館に居住し、聖公会のイギリス人女性宣教師とともに、東京女学館、女子高等師範付属高等女学校の生徒に影響を与えた。なお、ガントレット恒子の娘キティは女子補導会の東京国際組に入会している。[3]

（7）　A. K. ウーレー（Amy Kathleen Woolley・1887-1976）　　戦前・戦後を通じて女子補導団（会）・ガールスカウトに関わったイギリスSPGミッションの宣教師。ウーレーは1887年にロンドンで生まれたが、1915年に27歳で来日し東京女学館に着任した。やがて聖アンデレ教会で檜垣茂に入団のピン付けを受け、香蘭女学校に隣接する聖ヒルダ陽光ホームの東京第1組ブラウニ、東京女学館にある第4組の指導を担当した。1923（大正12）年の東京大震災で東京女学館が焼失してから香蘭女学校に移り、第1組と本部に関わるようになった。盛岡、長野、大宮等の組の結成と入会式にその都度、赴いている。

1939（昭和14）年には神戸の松蔭女学校に移り、1941（昭和16）年の日米英開戦後も日本にとどまるが、補導団解散を見届け、1942（昭和17）年7月に、最後の日英交換船である龍田丸で同僚のM.ヘイルストンと帰英した。戦後、空襲で焼失した校舎が再興され始める1947（昭和22）年末、ウーレーは再来日し、旧第1組の再建と、またガールスカウト日本連盟としての再建にもプログラム委員長として関わった。

（8） M. E. ヘールストン（Mary Elenor Hailstone・1889-1979）　イギリスSPGミッションの宣教師として1920（大正9）年の来日以降、三光教会に所属し、東京女学館、香蘭女学校で英語教員を担当しながら女子補導会、女子補導団活動を指導した。ウーレーとともに1942（昭和17）年にイギリスに帰国するが、1947（昭和22）年再来日している。

○G. フィリップ（Gladys Elinor Phillips・1872-1965）　イギリスのSPGミッションの宣教師として1901（明治34）年に来日し、聖公会の南東京婦人同盟会に所属する。イギリスではケンブリッジ大学の大学院で生化学を専攻し、その経験から香蘭女学校、さらに日本女子大学で教員をつとめた。補導団としては、東京市内牛込のバルナバ教会員および日本女子大学の暁星寮の学生を対象とした東京第3組を担当した。日本女子大学生のガールガイド活動の困難さから、単独会員への対応および学生指導を中心に行い、1941（昭和16）年まで在日した。

（9） D. E. トロット（Dorothea Elizabeth Trott・1885-1968）1910（明治33）年にイギリスSPGミッションの宣教師として来日し、アンデレ教会に所属して東京女学館で教員をつとめた。東京女学館の東京4組の他、アンデレ教会の活動支援も行った。1922（大正11）年の一時帰国から1923年9月に再来日した際に、関東大震災によって横浜上陸が困難であったため、神戸港から上陸して1年間、神戸の松蔭女学校で教員をつとめた。この時期に松蔭ではマシューズ（Vera Laughton Mathews）によるガールガイドの講演が行われている。1941年にイギリスに帰国し、戦後1947年に再来日して1957（昭和32）年まで東京女学館で教えている。トロットはウーレーとともに戦時期をはさんで長期間日本で英語教育を担当し、その意味では日本の女子中等教育に貢献した代表的人物でもある。

なお、トロットは英語教育と女子補導団以外に、女学校の洋装化にも影響を与えたひとりとされる。大正期から昭和初期の補導団活動期は女学校生徒の服装が和装から洋装へと転換した時期でもあった。ちなみに、松蔭女学校では1925（大正14）年度からのセーラー服導入が決定しつつあったが、同窓会幹事の江越千代が東京在住のトロットに相談した上で現在のワンピース型に変更され、決定したことが記録されている[5]。また、東京女学館においてもトロットが中心になって、1925（大正14）年に洋装化に対応した「洋服を召すお嬢様方へのご家庭へ」という印刷物を配布している。これは、当時じゅうぶん定着していなかった女子学生の洋装着用の注意事項を記したものであるが、この動きの中で1930（昭和5）年、現在の白を基調とした制服が定着した、というものである[6]。単に服装の変化のみの問題でなく、日本の都市化、近代化の中に女学校生徒のライフスタイルの変化があったこと、それに関わった人物が同じく女子補導団指導者のひとりであることが興味深い。

以上から理解されることは、東京地区では香蘭女学校と聖公会のアンデレ教会、バルナバ教会を中心として、そこに所属するイギリス人女性宣教師、日本人教会員とその人間的つながりを軸に女子補導団の活動が展開されていったことである。そのつながりは、地方都市に、また、戦後のガールスカウトにも連続していくのである。

第2節　東京第1組（a）―香蘭女学校

この組は、第4章で述べたように香蘭女学校に設置され、東京第1組と呼ばれる日本最初のガールガイドとなった。1920（大正9）年に結成され、12名の香蘭の各学年生徒と刺繍部員の志望者で構成され、最初の団員は校内で集会をし、「わすれな草」「桜草」という2班であった。東京市内の芝白金三光町に位置した当時の香蘭女学校は近隣に欧米の大使館と家族の居住施設があり、外国人の子どもたちが通う聖心女子学院、さらにアンデレ教会が存在した。ガールガイドが国際的認知を受けはじめたこともあって、香蘭女学校

第2節　東京第1組（a）―香蘭女学校

内の第1組に関心をよせた在日外国人の子どもを対象とした国際組、アンデレ教会に集まる信者たちを主たる対象とした組が1bとして結成された。このアンデレ教会の組と区別するために1組aと呼称された時期があった。東京第1組には、香蘭女学校内の児童施設、聖ヒルダ陽光ホームでブラウニが1921（大正10）年に発足している。このブラウニは、当初、東京女学館で勤務していたA. K. ウーレーが主たる担当者であった。

　東京全体の団長はバンカム（Buncom）が務めた。戦前の東京第1組の組長は初代グリーンストリート（Murel Greenstreet）をはじめとして、しばらくはイギリスから派遣されたイギリス人女性があたり、副組長は日本人女性の香蘭教員および香蘭女学校の卒業生が担当している。先にも述べたように、彼女たちは、その後の補導会、補導団、さらに戦後のガールスカウト運動でも指導的役割を果たした人物が多い。ここで、第4章でのべた東京第1組の戦前の組長、副組長を再確認したい。

○組長
M. グリーンストリート（Muriel Greenstreet）
T. C. ウィリアムス（Theodora Caroline Williams）
A. K. ウーレー（Amy Katherine Woolley）
M. E. ヘイルストン（Mary Elenor Hailstone）
○副組長（カッコ内は結婚後の姓）
荒畑元子―香蘭第10回卒業生・1903年卒―香蘭教師
石田（高橋）光子―同上、第29回・1922年卒
竹井（森山）富美子―同上、第30回・1923年卒、女子補導団事務局
関根（宮澤）八千代―同上、第32回・1925年卒
森ひな子―同上、第33回・1926年卒
木藤（松本）信代―香蘭教員、戦後、千葉市川聖公会
櫻井（吉田）澄子―香蘭第33回卒業生・1926年卒、戦後ガールスカウト日本連盟2代会長
稲田旭子―同上、香蘭第38回卒業生・1931年卒
龍崎恭子―香蘭教員

178　第7章　女子補導団活動の実際―東京地区の動向を中心に―

13．東京第1組の手旗信号と救急法の訓練（香蘭女学校・昭和初期）

　次に、東京第1組の実際の活動について、機関誌『女子補導団』の記事から確認していきたい（1926年以降が中心となる）。

　1926（大正15）年度、東京第1ａ組長のヘールストンによれば、毎週の集りに28人の団員が出席していたが、入学試験準備等で多少減少したこと、14名が入団して2級章を9人が獲得し、21人は精勤章、10人は看護章、1人は美術章、他の1人は歓待章をとっている。さらに、音楽章、通訳章、調理章、運動章のために各7人が準備中であること、森ひな子が第2副組長を、外国人団員をミス、ドルイット（Isabel Mary Druitt）が指導していること、が報告されている[7]。また、7月13日から17日まで、16人が参加して逗子の聖ペテロ教会を拠点とキャンプが行われ、ヘールストンの他、ウーレー、T.ウィリアムスが指導にあたっている[8]。

　1927（昭和2）年度になると、集会について次のような報告があった[9]。

　　私達は毎週土曜日の午後白金の岡の上で集りをいたします。私達のこうした静かな岡の上でのつどひはほんとうに幸福なものでございます。私達の組は他のどの組より大きいものでございますのではじめのうちは中々統

一も困難の様に感じられましたがいつか団員の気持ちが一つにとけ合って今ではそうした懸念も全くなくなつて皆仲良く楽しくすごして居ります。最近の私達の生活は先づ全部を三つの部分にわけて服装点検、お話、ゲーム等をその日のプログラムによつてみんなで一緒の時を過ごした後その三組は一組はミセス・マーサーに看護法を教へていたゞき一組はお料理のおけいこをし一組は信号や又は封筒をこしらへたりいたします、私達はミセス・マーサーの様な立派なお方を先生として学ぶ事が出来ますのはほんとうに幸福でございます。団員は先生のお教へを熱心に学び又研究する事につとめて居ります。

ここには、毎週土曜午後から会がもたれたこと、3班で構成された活動は看護法、料理、手旗信号の練習が行われていたことがわかる。なお、文中のマーサーはSPGミッションのMrs. Mercer（在日、1927—1932）であり、指導者以外のイギリス人女性の補導団活動への協力が理解される。

同じくブラウニについては次の報告がある。[10]

　私共のブラウニーの集りは毎土曜日にして居ります。—中略—尋常一年生から六年生まで居りますので集りの時する遊び等も思ふ様に出来ませんが、補導団の御本にしたがつて一つのものをみんなおへるまでお互ひに教へながらして居ります。組を三つにわけまして『ねこ、うさぎ、犬』の組にわけました。そして七人を一組として居りますがこれはきまつた数で集りの度びに子供達の集ります数が変つて居ります、組には一人づつ組長があつて自分の組のめんどうを見る様にして居ます、又新しい子供が入会する様な時は組長は其の子供のめんどうを見る様にしてゐます、たとへば結び方や包帯のまき方の出来ないことを見る様にしております、毎週集りの度びに何かお話を聞きながら小さい仕事を致します、それがすみまして色々な面白いゲームをしたりダンスをしてだんゝと集りの意味がわかつて来てお互ひに美しい友達になつて行くのをみてほんとうにうれしく思つて居ります、又この様な子供の一人でも多くなつて行くことをのぞんで居ります。

以上からは、土曜に会がもたれたこと、7人を1組とした3つの班があり、それぞれに組長がおかれ、活動内容としては紐結び、包帯巻き等の課題の他に、ゲーム、ダンス等が取り入れられていることがわかる。

1928（昭和3）年度、竹井富美子からの報告では、イギリスから帰国したウーレーからの報告会、団員33人による奥沢ピクニック、土曜午後のゲームを中心とした集会の他、「日本の団員の中に一級団員が一人もないと云ふ事は大変残念な事だと思ひますので最近は堅実な一級団員を一人でも多く産み出す事が出来る様に知識の養成自然研究応急手当等に力をつく」[11]すことが課題として述べられている。一級団員は国際キャンプ等へ参加する上での基礎的資格でもあり、国際化のための課題のひとつであった。

1929（昭和4）年度については、第1組が「普通団員四十七名。少女団員二十一名指導者六名」[12]であること、班単位で小児看護法、料理法等を学び、上達章と第1級団員希望者が準備を行っていること、7月14日―19日には箱根芦ノ湖畔で16人参加のキャンプ、秋には郊外ピクニックが記録されている。また、クリスマス用に4枚の小児夜具が制作されて聖愛産院におくられた。ブラウニは毎週月曜日の午後に集会が行われている[13]。

1930（昭和5）年度は、「第一組普通団員四十名、指導者二名、毎週土曜日のお集り」[14]が行われ、1年間に9名の新しい団員が加入し、料理と看護法を学んだ団員のうち、日本独自の日本料理章、4人が看護章を取得したことが報告されている。9月には、小児看護法を学ぶ組がつくられ、ブラウニ担当の島田の指導を受けた。精勤章11人、音楽章、刺繍章取得も記録されている。5月の入団式には林富貴子、団長バンコムが出席し、春と秋のピクニックと夏には富士の裾野でキャンプが実施された。第1組のブラウニでは毎週月曜日午後の集会が20人規模（フェアリー、スプライト、グノーム）で継続された。小さい雑巾つくりをバザーで販売し、その代金は「千葉の教会の新しい聖堂」[15]のために献金された。

1931（昭和6）年度は、第1組では活発な集会が毎週行われたこと、慈善事業として帝国ホテルの音楽と影絵の会には多くの団員が参加した他、クリスマス前日には、麻布の養老院で影絵とクリスマス劇の上演訪問を行っている[16]。また、夏には保田海岸でキャンプが行われている。第1組ブラウニに

第2節　東京第1組（a）―香蘭女学校

ついては以下の報告があった。[17]

　わたくしたちは、去年秋頃、入団した九人のお友達を御紹介して共に喜んでいただきます。まだ入団しないお友達は、五、六人居りますが、ブラウニが好きになつて、喜んでお入りになる日を待つてゐます。去年十一月には教会のバザーに、前から作つてゐた、ラフィア細工のナプキン、リングと、土瓶しきを出品いたしました。皆さん、きれいで安いので買つて下さいました。去年のクリスマスには、ガイドの方と御一緒の日に、お集りをいたしました。わたくしたちは、ガイドの方々には内証でこつそりと、別室で祝会の用意をしたのです。そして不意に喜ばして上げやうといふ計画なのです。お湯を沸かし、お菓子を並べ、お茶碗を運んで席をこしらへました。正面には、イエス御降誕の馬小屋をお人形で飾りました。サァこれで出来上りました。そこへ何気ない振をした組長ウーレー先生や竹井先生に連れられたガイドの方々は、お部屋を開けてびつくり……マァ嬉しいわ!!!　そして銘々にカードや美しい御本を頂いて帰りました。その日ほどお得意だつた日はありませんでした。

　以上は、当時のブラウニのバザーとクリスマス活動の姿であり、同時に、補導団の普通組と連動した少女の活動、ウーレーと竹井富美子の指導、また教会活動としてのブラウニの様子が理解される。
　1932（昭和7）年度の東京第1組に関しては、集会はじめの出席調及服装点検の意味について述べられている他、7月21日から25日までの塩原福渡の三島副総裁別荘での各組合同キャンプ、クリスマス時の全員出演による聖劇について述べられている。[18]第1組ブラウニからは、毎月曜日午後3時から、香蘭女学校の体操場で集会が開かれていること、1月に6名の新入団員を加えたこと、小学校の上級生が放課後の勉強や用事のために遅刻すること、ブラウニ、アウルでは、ミス・ウーレー考案による種々のゲームが少女たちに好評であることがについて述べられている。[19]
　1933（昭和8）年度の東京第1組は、23名のガイドと1名の指導者（エドリン）が入団し、48人の会員が存在すること、行事としては、下記のことが

示されている。[20]

　○6月3日　麻布の高松の宮邸で、信号やゲーム。
　○7月21日～25日　横浜YMCAのテントを借りて各組合同キャンプ
　○11月11日、18、25日　内田千重子の指導で、4組と合同の栄養料理講習―老人・病人・幼児向けの料理
　○11月18日―　英国大使館のガイド、ミセス・マークレーによるダンス講習―スコツトランドのダンスを習う
　○6年間指導を受けた竹井富美子が結婚のため、長崎へ―後任は櫻井国子
　○1934（昭和9）年8月スイスで開催される万国ガイド相談会への出品のため、着物の裁縫、絵葉書、お手玉の作成

　以上である。なお、第1組ブラウニから集合と活動内容を理由とした、次の活動停止の報告があった。[21]

　　実は昨年冬から中止の状態なのでございます。原因はと申しますと、集りが非常に悪いので、その上この組はいつも同じ場所に生活して居る一処から皆来るものですから、子供同志がつひ馴れつこになつて、それがブラウニの訓練中にも遺憾なく発揮されて、打つ、叩く、騒ぐといつた光景を度々現はすのでございます。ですから指導者は相談の上、彼等が過去の楽しかつた事を想出して、今度は心からまたブラウニに来度いと申出て来るまで見合せませうと待機の姿なのでございます。

第3節　東京第2組（第1組b）―聖アンデレ教会

　この組は、東京市内のアンデレ教会で活動を行った組である。もともとは、1920（大正9）年に香蘭女学校の第1組から分かれる形で発足した組であるため、1組bと呼称された時期があったが、同じく香蘭で外国人子弟を対象に活動した国際組（第2組）が活動を停止したことにしたがって1923年頃からアンデレ教会の組が第2組と呼称された。アンデレ教会の組では、東京第1組でも述べた聖アンデレ教会婦人伝道師であり、東京女学館教師の檜垣茂、香蘭出身の細貝（黒瀬）のぶ、女子学習院卒で英国留学経験を持つ

第3節　東京第2組（第1組b）―聖アンデレ教会

溝口歌子、楢戸けい子がリーダーをつとめた。教会での集会活動ゆえに、より聖公会の活動と結びついた活動が行われ、アンデレ教会に通う香蘭女学校以外の生徒、単独会員、特別賛助会員が参加した。日曜学校生徒を中心に東京第2組ブラウニも結成された。

アンデレ教会の活動、さらに当時の補導団の活動を理解する上で具体的手だてとなる日記が残されている。1924（大正13）年1月から12月までの細貝のぶの記録を以下に提示しておきたい[22]（カッコ内筆者補足）。

出席名簿および会費納入記録にみる参加者の記録
（氏名　住所　活動開始時期　班名）
細貝ノブ　芝区栄町8　1923（大正12年）（12月以前）―　鈴蘭
宮川愛　芝区栄町16　1923（大正12年）（12月以前）―　鈴蘭
山田チエ　芝区西久保広町25　1924（大正13年）（1月以前）―　鈴蘭
野口アイ　麻布区仲ノ町4　1924（大正13年）（1月以前）―　鈴蘭
村木シン　芝区三田　三田高等女学校内　1924（大正13年）（1月以前）―　鈴蘭
牧野春子　芝区三田　三田高等女学校内　1924（大正13年）9月―　鈴蘭
白井清子　麻布区桜田町17　1924（大正13年）9月―　鈴蘭
小西道子　芝区白金三光町257　1924（大正13年）9月―　鈴蘭
入戸野まり　麻布区瀧土町63　1924（大正13年）9月―　鈴蘭
宮川秀子　芝区栄町8　1924（大正13）10月―　ブドー
宮川敬子　芝区栄町8　1924（大正13）10月―　ブドー
細貝ナホ　芝区栄町8　1924（大正13年）10月―　ブドー
瀧田伊楚　芝区栄町8　1924（大正13年）10月―　ブドー
松浦久　芝区栄町9　1924（大正13年）10月―　ブドー
後藤三重子　1924（大正13年）10月―　ブドー
溝口歌子　府下千駄ヶ谷町穏田164　1924（大正13年）10月―　ヘァベル
溝口とよ子　府下千駄ヶ谷町穏田164　1924（大正13年）10月―　ヘァベル
櫻井くに子　府下駒沢村上馬引沢1376　1924（大正13年）10月―　ヘァベル
櫻井すみ子　府下駒沢村上馬引沢1376　1924（大正13年）10月―　ヘァベル
中條静子　芝区白金三光町　1924（大正13年）10月―　ヘァベル
徳川恵子　芝区綱町1　1924（大正13年）10月―　ヘァベル

中尾栄子　芝区綱町1　1924（大正13年）10月―　ヘァベル
（この他、団員名簿欄に中村、谷口、遠藤、向井きよ、の名前あり―活動時期等詳細不明）

――――――――活動記録――――――――

大正十三年
一月七日　新年親睦会
　　会員出席者十六人　第一B、A、第四、
　十一時半より会員一同食事　十一時半より会員候補の方々を御まねきし
　三十人位の集会にて四時迄楽しく遊ぶ
　プログラム
　一、開会の辞　井原民子　一、会についての御話し　桧垣先生
　一、キムスゲーム　記憶競争　一、静な御遊び
　　茶果
　一、ダンス　一、馬蹄形となりて　一、団歌　一、会の御祈　一、敬礼
　以上　会の会計

一月十二日（土）
　　出席　十一人
　　　志望者三人
　新しい人方々、紐結び、標語を教え、三時より競争会議を二三する
　先生より契約の二についての御話承り、君が代二回歌ひ散会す
　旧い人々は残り震災後より作り上げし、着物類を草津に送る。（荷造りして）
　ダンスの第一の口元を習ふ

一月十九日（土）
　　出席十二人
　　志望者三人　前会のと同人
　　新しい方々は紐結びのおさらひ　会則の書いた残を差上げる
　　普通会員の方は火事の時のはしごの作り方、及び兜の紐結びを習ふ
　　三時よりダンス全部習ふ　先生の御話し
　　君が代の二回合唱　散会

第3節　東京第2組（第1組b）─聖アンデレ教会　　185

　旧い人は俊子さんより汚点ぬきを承ふ

三月十五日（土）
　午後二時集会
　志願者の御習ひ　包帯巻きの練習　ダンス
　御遊び　新しい陣取り
　馬蹄形　御別れの御言葉　星を戴く　宮川俊子、秀子、愛子、細貝のぶ
　御祈り　君が代　散会

三月二十一日（金）
　午後二時　集会所に列長集まる
　明日は愈々桧垣先生のご出帆であるが、先第一に御見送りの事に就いて御相談する
　どうしても送るなと先生はおっしゃったが、先生の御洋装姿と震災後の横浜と
　或方達は船の御別れを見度いとの好機心（ママ）で、到々行くときまった
　前から買ってあった箱にブルーの切を張った　あまり立派に出来上がったのでうれしい
　今日から私共の長年の計画の手初めである
　今後第一土曜　第一、第四合併の遊び会、一週おきに二級会員の徽章の為の集会
　日記を会毎に級の長が列によってつける、
　四人の新しい方々を四月の始めに出来るやう準備を急ぐ事等色々きめて
　三時過ぎに会を散じる

四月六日
　溝口歌子さま御受洗

四月十二日
　山田ちえ子、野口愛子、村木しん子様、御入団遊ばす

五月二十四日（土）

プログラム
　　普通会員
団の規則の応用　紐結びの練習　赤十字について
　　二級団員
百駅を二十秒のマラソン　一本のマッチにて火を起す　縄飛　縄廻し
戦場出婦人よりのナィティンゲールとヘンリー・ジュナン、赤十字社について御話し、袴の結び方　健康の法則　御遊び　馬蹄形　君が代　御別れ
　　出席者十人
　　入団志望者なし

六月七日（土）
　今日は近所の者　六名他出席者なし
　草花植換への為　花壇を作り　三時半より馬蹄形　キミガ代　御別れ

六月十四日（土）
　第四の井原様御越し下され、色々の御手伝ひ下されました。
　プログラム
　普通会員と二級の者と別れ戸外青々とした教会の御庭にて、各々場所を占めた
　　普通団員　二級団員
　道案内、追跡のしるしを教へ、屋内に入りて、道案内の記しの画及び
　感電と瓦斯中毒の応急手当と溺者の人工呼吸を習ふ
　其の間普通団員は改正規則を写す。又、紐結びの試験等なす
　三時半より屋外にて遊び　狐　センター　馬蹄形　君が代　別れ

翌日曜日
　聖職按手礼　草花を溝口氏宅より教会の庭に移す
　聖礼草花の経過悪し　檜垣先生へ御手紙を送る
　月曜　苗の為に近所の者集まる。

六月廿一日
　常の通り二時半より開会

二時より宮川秀子　細貝信子　会の相談する
改めて補導団の主旨と本来の目的を御話しす、補導団規則を皆が写す。
二級、普通。志望者別になり
二級、普通団貝、木等の高さをはかる法を教へ
団貝志望者（六人）
団貝に成る時の試験課程を学び敬礼及び笛の意味、会員規則、契約結び方六種
戸外に出で　一、二、三、　狐
四時より五時迄、芝公園内を二組に分れて追跡をす　馬蹄形　君が代
団の祈り　お別れ　出席者十五人

六月廿八日
　二時より
　二級、普通、志望者の三組に別れ
　二級　一級になる仕度　料理　観察について
　普通　赤十字　その他二級になるについて凡てのこと
　志望者　団員になる仕度
　遊び　三時半より　コーナースプライまがひ　一、二、三、　馬蹄形　君が代　御祈り
　出席者十九人
　　　櫻井くに　宮川ひで　細貝のぶ　櫻井すみ　宮川けい　宮川愛
　　溝口うた　瀧田いそ　山田ちえ　溝口とよ　細貝なほ　野口あい
　　　村木志ん　白井清　牧野（春子）　小西道　徳川（恵子）　遠藤三重子
　　中尾（栄子）　（カッコ内著者）

七月五日
　夏休み中の宿題について　守るべきこと　すべきこと
　二級の人　木の高さ　川の巾を計る実地　普通団員になる御稽古　お別れ

七月十三日
　女学館にて

七月廿日

村木志ん子さま御受洗

九月五日
　山田潔子様御葬式
　潔子様の御葬儀に団員一同出席
　補導団員のしごと
　合唱隊として歌の練習に四日午前七時半より集合。
　制服を間に合わせる迄に造った。五日午前より午後にかけて会堂の掃除、聖壇の飾り、プログラムくばり　花環はこび　弔辞のべ　正列して敬礼　柩を送る

九月七日　日曜日
　心をこめて栽った御花を聖殿に捧げることのかなった嬉しい日。
　私共団員も此々捧げられるものであるということを絶えず心に止めて居り度いと思ふ。

九月十三日
　十二人集合　開会二時半
　草津へスウェーター　一ッ　肩掛け　一ッ　マント　一ッ　謙　肩掛け
　オチャンチャン　一ッ　荷造りして送付する
　御買い物隊は、縄、荷札、切れ等を買ひ集め、御花環の代六円を摂って来る、ブドーの組では箱をこしらえ、ヘァベルでは入団志望者の下しらべを引受けて熱心に御勉強、後に上達章を戴く順備のお稽古で二級の方々御料理の御話等して四時半散会する。
　志望者の出席数二名　徳川恵子　中尾栄子

九月廿日　土
　二時集会
　信号をイロハニホヘトチリヌルヲワカ迄学ブ　戸外にで、救助遊びをする
　志望者の試験　キムスゲーム。　入団式の御稽古　君が代　別れ。
　志望者の問題提出
　一、父母又は保護者の許可は得ましたか　二、是非は入り度いと思ひますか

三、契約を御書きなさい　四、規則を御書きなさい　五、何故敬礼に三本の指を示すか
六、敬礼の時如何なる顔、如何なる姿正をするべきか
七、日の丸と日章旗の出来た年を問ふ。
八、笛の信号、左の笛の意味を問ふ。
ー。　‐。　---‐。　‐ー‐。　‐‐‐。
九、六種紐結びの各々用途を問ふ　五種の体操各々の効用　以上

九月廿一日　日曜日
　礼拝後入団式
　鈴　牧野、小西、白井　ヘァベル　徳川　中尾　葡　後藤　諸氏入団

九月廿四日
　組長御帰朝

九月廿七日　土
　二時半集会
　包帯巻の練習　馬蹄形に広って契約及び規則の暗誦三回　戸外に出で　五種の体操
　遊び　コーチスプライ　旗取り遊び　縄飛び競走　馬蹄形　祈り　君が代　別れ　終了
　出席人数　十九人
　新しい入団希望者二名　入戸野まり
　集金　散会後　班長会議

十月四日　土
　二時集会
　包帯練習　頭、肘より手首迄、ひざ頭よりくるぶし迄
　ひざ、掌、の巻帯及び三角帯の掛け方を教ふ　円になって規則の暗誦四回
　数当て遊びの正答者三人
　戸外出で　正列　分列等の練習　体操　救助　結び遊び　コーナスプライ　旗取り

馬蹄形　祈り　君が代　別れ
　牧野先生より拝借した御茶を一人一人持ち帰へる
　出席者十七人　内志望者入戸野まり　各組一人づゝ欠席
　集団最初の形式を制定しては如何　何時でも出来る補導会劇を作り練習して置く事
　今年のクリスマスにする何か余興　音楽に就いて　自発的に
　各個人の個性を活しもっと深く特殊の　得意の方面を研究会得する為に
　班制度を行ったり　班長として団員を近く知ることが出来　秩序正しくなり研究心が強められもっと興味を覚えると思ふ
　運動、音楽、看護、料理の各班別を　大工、手芸、会計、書記の人選
　外交、買物掛り、書籍掛り、補導会智識を得たる為本を集めて小さな図書部を作っては
　近き内に、他団の参観、遠足の下稽古、火を起したり等

十月八日　木
　集会所にて三時半より列長会議を開く。
　山田潔子氏の後任として細貝信氏、副組長とせらる。

十月十一日
　二時より組長の御講話あり　三時より戸外にて体操及び遊びをなす。

十月十八日
　栄と教区時報を折り名簿に徒って差す。
　組長以下班長は其の間毎月最終の土曜には普段聖書の御稽古の無い人に桧垣先生の御話をして戴き、
　其の他は出欠席無しでバザーの仕度等何かの為の御仕度会にすることを定めた。
　戸外で会の始め方の御稽古をする、体操を歌子さんの指南でして先生に見て戴く。
　御祈のりに見えた溝口正さんと一緒に
　先生がフランスより教□て□□□いるハンケチ取りと聴く練習の遊びをした
　出席　・第四　長崎、平田、松田、伊能、ミス・ウーレー

・ヘァベル　溝口うた、溝口とよ、桜井すみ、徳川恵
・ブドー　細貝ナホ、宮川敬、瀧田いそ
・スズラン　向井、小西、山田　十七人出席
いつもの縄飛をして、君が代斉唱　散会す。

十月二十五日
今月最後の土曜であったから、先づ丈ぞろひする迄徽章を磨き
聖書の御話し受聖餐者と未信者の二度にして戴き残りは英国より
習っていらっしゃった藤編みを習ふ。
朝鮮大学生の□□□来た飴をなめて楽しく散会した。十人出席
終りにカンパニィードリルを練習した。

十月卅一日
1、お弁当を芝生の上で円くなって
2、Company drill をして正列の馬蹄形に成り桧垣先生の御話し
3、各班二人の組に列し各班の紐結び競争をしてバラの組が勝った。
4、リレイ、レースを各組から四人で選手を出してヘァベルが一であった。
5、信号をしたが意味が余り不正確であった（東京第一Bはぬけた）
6、駅より学校迄の観察競走　ブドー
7、強盗遊び
原の中央に集って御報告を戴き、君が代一唱　散会した。

出席者凡七十人（ママ）　　（正、卒三）
第一東京Bは　組長、副組長
スズラン　宮川愛、白井清、山田ちえ、牧野はる
ヘァベル　溝口歌、桜井くに、すみ子、徳川、村木しん子
ブドー　宮川俊、宮川敬、細貝ナホ、瀧田いそ、後藤、
会計　十六人　出席した。　会の始め方を会員の前で御目に掛けた。

十一月八日　土

十一月十五日　土

二時半より開会　人数のそろふ迄紐結びの練習をした。
先生が御庭より集めていらした木の葉を一列に成って御隣の室に熟視しにいって二三分位名を記憶して書く遊びをした。
先週御約束した団則三に就いての実験談を書き来週は第七、第八を併用して実行することに定め、御稽古はそれですませて水交社に開かれた日本ジャンボリーに一同出掛、展覧会及び運動会を拝見して丁度御帰へりになる澄ノ宮様を特別席で拝して帰ったのは五時であった。
第四土曜を聖書研究日とし御稽古のない信者の方々は聖堂掃除についやすこととし定めて次の日より実行することとした。
今日有益な水交社に行った事に就いて惜しいことに出席者の僅であったことである。
出席者
桧垣先生、細貝のぶ、溝口歌、豊、桜井くに、すみ、清忍□よ、万代子さん　宮川敬子、瀧田いそ、後藤三重子

十一月廿二日　土曜日
今日は香蘭女学校のバザーであったので出席者は割合に少なかったが未信者並びに受聖餐者の聖書研究会を催し、信者方々四五人は教会の磨き物をした。明日は収穫感謝祭であるから磨物と飾とになほ念の入る　四時半頃仕事もすんで各々家路についた。

十一月廿九日
集る迄　徽章磨き　戸外で名簿読み　馭者の遊び
八百屋へ二組に別れて追跡と記憶　練習を兼ねてする

十二月六日
会員集合を待って寒いので百ヤード20秒で走るお稽古をす
体操をして温かく成って、呼吸の練習　笑って上手に出来ませんでした。
室内に入りて二組に別れ、二級と普通
二級　地図、アンデレ教会附近のを画く
普通会員は応急手当、包帯の捲き方
それがすんでから先生が御隣の室より変った風をして御通り過ぎになるのを

おぼえ書きする遊びをした。
　出席　徳川、秀子、敬子、直子、伊礎子、三重子、宮川愛子、ちえ子、のぶ子

十二月十三日
　クリスマスカセルを写し二列、四列に改向でもする御稽古をした。
　普通団員は二級の仕度
　二級団員は地図を完成する為に隣の室にて机の廻りに集って書く
　それぞれクリスマスカセルを練習し、次の土曜は第三であるが聖書研究とクリスマスプレゼントの整理をすることをきめて
　明日信徒按手を受けんとする団員の為□□を祈って散会す
　按手を受けた方　溝口歌子、宮川愛子、桜井すみ子、村木しん子
　出席　歌子、すみ子、宮川秀子、直子、敬子、伊礎子、三重子、愛子、宮川、山田ちえ、白井、小西、のぶ子

十二月廿日　土
　今年最後の集り
　クサツ、深川に送る荷作り

　以上は、細貝（黒瀬）のぶの日記に記録された1924（大正13）年度の東京1ｂ組（後の2組）の1年間の活動である。当時活動に参加した会員の多くが他界された現在、貴重な記録である。概観して、メンバーの居住地は当時の東京市内で香蘭、アンデレ教会に近接する芝地区が多く、当時、郊外に新しい住宅地区として開発された千駄ヶ谷、駒沢の地番もみられる。会員はアンデレ教会に通う聖公会信徒の娘たちが中心であり、香蘭の卒業生が多く見られるが、徳川、溝口等の女子学習院の生徒が姉妹単位で加わり、府立第六高等女学校である三田の寄宿生も参加している。会員の中には活動途中での洗礼を確認することも出来る。
　組長は檜垣茂で、彼女の東京女学館時代の教え子で、当時4組を担当していた井原たみ子の名前も登場する。毎週土曜日午後の定例的集会が基本であり、日曜礼拝と関連した行事もある。また香蘭女学校、東京女学館の組との

194　第7章　女子補導団活動の実際―東京地区の動向を中心に―

14．東京第2組の入団式―右から井原たみ子、檜垣茂（聖アンデレ教会・1926年）

合同の集りが記録されている。活動内容は、葡萄、鈴蘭、ヘァベルの3つの組を基本とし、君が代斉唱と礼拝を前後に行い、補導団の目的と規則の理解、基礎的技術（手旗信号、救助法、料理、遊戯、ゲーム、音楽、看護、料理、大工、手芸）の修得が行われている。また、渉外を担当する会計、外交、買物、書籍等の掛（係）の存在も理解され、他の団のとの交流の他、遠足の計画が記録されている。

　また、3月から9月まで、檜垣がイギリスの世界会議とワールドキャンプに参加したこと、その間、副組長の山田潔子が井原たみ子の協力を得ながら組を担当していたが、9月に山田が他界したため、細貝のぶが交代した。

　以降、第2組の年度別の報告を確認すると次の通りである。

　1925（大正14）年度は、桧垣茂によって次の報告があった。[23]

　①　組は3班構成で、1921（大正10）年から数えて5年目を迎え、「団の精神」が浸透し、団員の間の親睦も深められている。

　②　団員数は2級団員15名普通団員5名であり、団員中には既に料理、洗濯、体育、通訳章等を持っている団員が数人いて、さらに、裁縫、音楽、編

物、看護章等の取得を準備している団員も存在する。

　③　この組の特殊な点は、団員がひとつの学校に属しているわけではなく、聖アンデレ教会の信者を中心として集っていることである。20人位の組の中に10校の生徒が参加している。したがって、集会の時日を定めるのが非常に困難で、土曜日の午後を繰り合わせて集合しているが、姉妹の様な気分で楽しんでいる。

　④　団員の中の信者は小さな捧げ物のひとつとして、毎月一度聖堂掃除の手伝をし、聖壇に花を準備する。クリスマスには養老院の老女、病人を慰問する。

　⑤　組長の檜垣は4組の組長を兼任しているため、この組は主に副組長の細貝のぶが担当しており、さらに組長としての活躍を切望する。

　この年、鈴蘭班の宮川愛子から「楽しいお集り」として次の報告があった。[24)]

　　私等東京第一B組のお集りは、毎週土曜日の午後二時半からで御座います。
　　ヘアベルと葡萄と鈴蘭の三班で、組長の檜垣先生と副組長の細貝信子様のお導きを受けながら、それは元気に、楽しくお仕事をして居ります。団員達は、それぞれ異なった学校でございますけれど、私等の一番嬉しい事は、大抵の姉妹等が、聖アンデレ日曜学校のお友達同志であつたり、教会の信者である事でございます。最後の日で、なんだか疲れて、休み度いと思ふ時でも奮つて、出掛ける時、私の心には、なつかしさや、勇気が甦えつて、色々のゲームや、お仕事が元気に愉快に出来ます、そんな時は、神の国を広める兵隊の様な雄々しい気持と、ナイチンゲールの様な、広い愛と、優しさをもつて、共に手を握り合つて、進んで行き度い様な心持が溢れて、補導団のお仕事を鼓舞してくれます。私は学校から帰つて、又行くのかと思ふと、一寸、いやになる時、そんな感じを、思ひ出すと、行かないでは居られなくなります。
　　私等、主によつて結ばれた、親しい姉妹は、聖アンデレ教会に、属して居ります。

1926（大正15）年度は、山田智恵子による大正天皇崩御に関する記事があった。[25] 1928（昭和3）年度、この年から「東京第2組」として呼称された報告が檜垣茂によって行われている[26]（それまでの第2組である東京国際組としての活動が停止したことを意味する）。

① この2〜3年は組の仕事は全部副組長の細貝のぶに任せていたが、細貝のぶが家庭の事情（結婚）で集会に出席来なくなり、檜垣が毎週集りに出て、少女部員を担当することになった。

② 10人以上の普通団員の中で2、3人を除いて学校や家庭の都合で規則的に出席できなくなったため、少女部団員を中心とした集りを開いている。ブラウニの中には2級章を取得して小学校を卒業するものもおり、四月から普通団員に進むものと期待している。

③ 団員は一定の年齢になると規則的に集会に出られなくなるが、組の後援者として妹達を奨励してくれるのはありがたい。近頃は11〜12人位で集りを開いている。

この年、ブラウニから、12月23日午後2時に香蘭女学校でガイドのクリスマスが開かれたことが報告されている。始めに佐々木主教の話があり、その後、対話やガイドの唱歌、英詩の暗誦があった。

1929（昭和4）年度、第2組は少女部団員10余名、指導者3名であった。[27]

① 普通団員の班は結局結成されず、もとの団員等は家庭の事情等で規則的に集合に出られないが、時間の許す限りはブラウニの支援を行っている。集会は毎土曜日1時半から行われ、1級に進む準備を行っている。

② 少女部団員のための夏季集会は開かれなかったが、指導者は箱根でのキャンプに参加した。

1930（昭和5）年度は、次のように報告されている。[28]

① 東京第2組は、毎土曜日に小さな集会を続け、数は変化していないが、ブラウニの中の6名が7月に普通団員の入団式を行い、普通団員の葡萄班が復活した。

② ブラウニ2人が加わり普通団員6名、ブラウニ5名、入団志望者が1、2名存在する。普通団員とブラウニとで指導者が2人必要であるが、一指導者が病気のため、ひとりで担当している。

第3節　東京第2組（第1組b）―聖アンデレ教会

1931（昭和6）年度は次の報告があった。[29]

ブラウニから普通団員に進んでいた6名の組に、さらにブラウニから進んだ者が加わり、昨年末9人になって、変則の2班によって毎土曜日に集会を開催している。ブラウニの組は小学5、6年生が高等女学校入学準備を始めるためブラウニの集会ができなくなり、一時休止となった。昨年から指導者がひとり加わった。社会奉仕はじゅうぶん行えないが、東京の団員が協力して欠食児童のために音楽と影絵の夕を開催した。

1932（昭和7）年度の報告は、「人数が少ないため思ふ様な集りが出来ません。止むを得ず一時休む事に致しました」[30]との報告があり、それまでの団員の一部は第1組あるいは第4組に所属し、他は教会の手伝いを行った。なお、ブラウニは同年の暮から数名入団の準備をしている。

1933（昭和8）年度は「団員は極く小人数な上に、学校を卒業した団員もあつたりして定まつた集会は完く出来ないで居ります。たゞ月一回の教会の聖壇のおみがきのお手伝は続けて居ります。ブラウニは大抵毎土曜日の二時から入団準備の集まりを致して居ります」[31]との報告があった。

補注

東京国際組としての東京第2組は1920～23年に香蘭女学校を活動場所とし、グリーンストリートを組長として発足、聖心女子学院等に在籍するイギリス人をはじめとする外国人生徒、一部の日本人生徒が集った。国際組の活動については、最初の団員であった加藤恵美子の次のような証言がある。[32]

「集会は三光町の香蘭女学校で行われ、時々、芝公園の聖アンデレ教会で行われた。制服は紺色で各々の家庭で用意した。集会は厳格、ピクニックなど外に出る時は杖をもつ。普段はミス、グリーンストリートのピアノにあわせ歌をうたったりよくダンスを踊って楽しいものであった。又ある時は香蘭の牧師の食堂のテーブルセッテングをした。出席者が少ないときは、ガイドがひとり（加藤のみ）の時もあり、グリーンストリートと香蘭の庭を散策し、おしゃべりをした」

多くは近接した聖心女子学院の生徒が多く、具体的にガントレット恒子の娘（山田耕筰の姪）＝キティ・ガントレット、アイリス・ハーミス、ミルドレド姉妹、オーストラリア大使の娘ティリー、加藤恵美子、小原松代、大倉春代、近藤鶴代、川瀬ちえ子、吉村菊の名前が記録されている。

198　第7章　女子補導団活動の実際―東京地区の動向を中心に―

15. 東京国際組―前列右から2番目がグリーンストリート（香蘭女学校・1920年）

第4節　東京第3組―聖バルナバ教会、余丁町小学校の余丁町少女団

　東京第3組はもともと1921（大正10）年に聖バルナバ教会で始められた組であり、1920年から集会準備が始まった。日本女子大付属女学校の生徒を中心として発足、香蘭女学校の舎監をつとめていたG.フィリップ（Gladys Elinor Philipps）、彼女の指導を受けた三田庸子（フィリップの転出後は香蘭舎監）が中心となって、後に日本女子大の暁星寮におかれた。牛込の聖バルナバ教会＝日本女子大付属女学校の組は学校での多忙さゆえに活動の継続が困難となったことが聖公会年報からも明らかであり、内容に関する明確な記録もない[33]。ここでは、余丁町少女団を中心に確認していきたい。

　後に東京3組の呼称が用いられる余丁町少女団は、1921（大正10）年に東京市の牛込区余丁町小学校で始められた。訓導（教員）であった池田宣政が指導者となった組で、当初は余丁町少女団が呼称であった。小学校の4、

第4節　東京第3組―聖バルナバ教会、余丁町小学校の余丁町少女団

5、6年を中心とした女子児童で結成され、東京の団長であったバンカム（Mrs. Buncombe）の協力を得たものでもあった。日本女子大の曉星寮の組が活動を停止した後に東京3組と呼称され、渡辺ひさ、国木田みどり、田山茂、福本八千代等の女性教員が協力した。

1921年にはじまった余丁町少女団については、『ガールスカウト半世紀の歩み』に池田宜政による証言があり、それによれば、概要は次の通りである[34]。

東京市の牛込区余丁町小学校の校長は明治末に着任した服部茗（しげる）であり、当時の進歩的な児童中心主義教育が行われていた。当時の余丁町小学校は通学区域内に多くの知識人が在住し、また、当時の国家公務員住宅である官舎が多く存在した地域であったため、子どもたちに先進的な教育の試みが行われていた[35]。当時、結成された東京少年団の代表は四谷の小学校教員の小柴博であったが、その協力者であった日野鶴吉が主席訓導として余丁町小学校に着任し、1920（大正9）年に少年団（ボーイスカウト）を始めた。校長の指示もあって、ドルトンプランやデューイを学んでいた訓導・池田宜政（よしまさ＝後に作家の南洋一郎）は、小学校高学年女子を対象に少女団を1921（大正10）年に発足させ、その後見人となった。

池田は、聖公会のマキム監督の長女で当時、大久保の幼稚園を運営していたベシー・マキム（Bessie M. McKim）に英語を学んでおり、彼女の紹介でイギリス人ガイドであり、香蘭女学校、東京女学館等の教員であったウィリアムス、フィリップ、チョーブ、ウーレー、さらにミセス・バンカムを紹介された。彼女たちから、ガールガイドのガイド（補導）の重要性を聞き、また、服部校長、日野主席訓導と相談した上で余丁町少女団を日本女子補導会に加盟させた。余丁町少女団ではガールガイドと同じ組織をとって、制服、団旗、パトロール旗を制定し、女子補導団に改組した際に池田は本部の事務、会計を担当している。1923（大正12）年9月の関東大震災で救助活動に活躍して注目された。余丁町少女団はやがて1924（大正13）年に校長となった日野鶴吉を団長に、池田宜政を副団長として少年団日本連盟の集会・活動にも参加している。なお、池田は、1924年、世界ボーイスカウト・ジャンボリーに少女団の代表資格で参加した[36]。

1925（大正14）年度、池田宜政による次の報告がある。[37]

　大正十年に余丁町小学校内の四、五、六年有志を以て組織された本団は先年の大震災に際してもその発展を止める事なく、かへつて猛火の洗礼に鍛えられて当時の物すごい惨状の中にあつて兄弟である余丁町少年団と協力して罹災者の救護や慰問に力をつくした、めその存在の理由を多くの人達に認められまして其の後年々団員数も増し只今は幹部五名団員五十二名を数へて居ります。
　指導者は全部本校の訓導で、班は四つあります。自然研究社会奉仕業、天幕生活等を主な作業として居ります、昨年は海岸で臨海団を組織するつもりでしたが、都合により実行出来ませんでした、今年の夏休みには是非試みたいと計画中であります。補導団中最も幼い者達の集りである本団の団員達は他の団の方々の指導を心から願つて居ります。
　昨年の暮に小さい集会をいたしまして他の団の方をお招き致しました時は林伯爵夫人、ミセス・バンカムはじめ多数お出で下すつて短い時間ながら非常に愉快な数時間を送る事の出来た事を団員一同よろこんで居ります、暖かくなりましたら郊外で第二の集会を兼ねたピクニツクを催したいと思つて居ります、御参会下さる事を只今からお願いして置きます。

　翌1926年には岩井の高崎海岸で行われた少年団の臨海ジャンボリーについて、有志の12人の参加が報告されている。[38]
　1927（昭和2）年度には、「少女団で行っている遊びの二、三」として組内で行われていたゲームの報告があった。[39]
　1929（昭和4）年度から、それまでの余丁町少女団から東京第3組名で報告が行われている。[40]
　①　「6年の子供が色々の都合から、規則的にお集りになられなくなりました」。第3組は少女団員22名、指導者4名である。団員の年齢から普通団員としてよりも少女部団員の方が適当と考へ、本年度から少女部（ブラウニ）の方に入った。檜垣茂、櫻井国子の指導があった。
　②　夏に、千葉の上総湊で臨海集会した。通常は、毎週土曜日集会をし、

少女部員の心得について練習している。
　1930（昭和5）年度、最後の報告は次の通りである。[41]
　①　東京第3組　ブラウニ15名指導者2名、今まで毎週1回、土曜あるいは日曜日に集会をし、話、作業、遊戯、時には遠足等をした。
　②　新たに、富久小学校が新築され、1月中旬に余丁町小学校の生徒が分れて移ることになり、12月末に、忘年会をかねた送別会を行った。その後は色々の都合でまだ集会をしていない。

第5節　東京第4組―東京女学館

　東京第4組は東京女学館の組で、1922（大正11）年10月に平河町のマリア館で準備集会を行い、1923（大正12）年2月に発足した。担当したのは、女学館教員のウーレー（Amy Kathleen Woolley）、ヘイルストン（Mary Eleanor Hailstone）であったが、関東大震災後、ウーレー、ヘイルストンは

16．東京第4組―前列中央ミス・ポール、後列右端が檜垣茂、左端が井原たみ子
　（東京女学館・1929年）

香蘭に移籍し、その後、女学館教員の檜垣茂、その教え子の井原たみ子が指導を担当し、D.E.トロット（Dorothea Elizabeth Trott）が協力した。マリア館は聖公会の施設であり、ウーレー、トロットをはじめとした女性宣教師が生活し、またそこに寄宿する学生も一部補導団に参加した。[42]

東京女学館の東京第4組については、当校の出身であり、副組長をつとめた井原たみ子が、団報の第2号に「私共の生立ち」という記事を投稿している。それをもとに昭和初めまでの概要を確認したい[43]（筆者要約）。

（1922年度）東京第4組は、補導会と呼ばれていた頃の1922（大正11）年10月3日、雨の日の午後、ミス・ウーレー、ミス・ヘイルストンの指導の下、第1回の準備集会が開かれた。

（1923年度）2月迄に、前後10回の準備集会を催して、入団に必要な諸点を学んだ。紀元節の前日である、2月10日の曇った雪どけの午後、東京第4組は結成された。当日は、団長ミセス・バンカム、第1b組の組長であった檜垣茂、その副組長で故人となった山田潔子が列席した。入団式が始めに挙行され、新入団の4名は柊班の班長の井原に、他の3名はけしの班長のミス・ウーレーが担当し、ウーレーが第4組の組長となった。組長と新団員との間に挙手礼交換の場面があり、団長のバンカムと檜垣組長より訓話の後、補導団の歌と『君が代』で式を閉じた。班は、柊とけしの2班、団員はミス・ウーレーとミス・ヘイルストン両教員、7名の新団員に、第1b組から転籍した4名を加えて総数13名であった。結団式後、バンカムも参加して室内遊戯を楽しんだ。

5月にミス・ヘイルストンが副組長となり、けし班の班長は平田信代が引き継いだ。5月の19日には神田の基督教青年会館で、女子補導団の第3回大会が行なわれ、第4組も参加した。9月には、関東大震災に遭遇し、鎌倉で静養していた団員が亡くなった。また一団員は母を亡くし、3人の団員の家は類焼した。東京にいた団員は箱根に当時滞在していた組長のウーレーの身を案じながら、互いに文通等で見舞い、励まし合って、多くの家事の手助けを行い、団員の責任として、各自その最善を尽くした。市中の団員は、救助隊を編成するような事はなかったが、団員である事に忠実な活動を行った。試練の時から教訓を学んだ。

10月9日には香蘭女学校の雨天体操場を借りて、組長と団員4名とが震災後初めての集りをした。慰問品の製作と蒐集について相談し、災害地の児童への

慰問袋を10余個、「おちゃんちゃん」の製作、震災にあった第１ｂの檜垣組長に見舞品を送る事を決めた。その日、坂野（淡中）光子団員が、布類を寄附等の協力があった。震災の結果、今までの集合所である聖マリア館の移転が決まり、東京女学館の下渋谷の同校体操場を使用できることになった。

（1924年度）５月に菊の班、６月に桜の班がつくられ、４班となった。10月31日には池袋神学院校庭で、東京中の団員の野外集会が行なわれた。イギリスで開催された世界大会から帰国した檜垣茂の話を聞いた。

（1925年度）５月16日には、女学館の体操場に於いて団の大会が行なわれた。信号競争、応急手当競争、その他、救助結び競争などの競技を行った。その頃には、ミス・ヘイルストンは副組長を辞任して香蘭に移動しており、柊の班長であった井原が副組長見習になった。この頃、毎回集会の出席者数がひじょうに少く、井原も学校の時間の都合で出席不可能となり、組長ミス・ウーレーが中心となって担った。７月には箱根で一週間、ミス・ウーレー、ミス・ヘイルストン指導のキャンプが行なわれ、第１ａ組の12名と４組の３名の団員が参加した。また８月には、鎌倉でテント生活をしていた第１ｂ組のキャンプに、４組から３名が参加した。

関東大震災以降、香蘭女学校で教えていた組長のウーレーが多忙のため、９月の新学期からは組長を担当出来なくなった。副組長のヘイルストンも香蘭に移動していたため、第１ｂの組長檜垣茂に兼任を依頼した。檜垣はもともと女学館の教師であり、同校の生徒、卒業生有志から構成される第４組には適任であった。９月10日に、新しい班長会が開催され、集合日を以後毎土曜日の午後と定め、柊班を当分を解散して３班構成で活動を行った。

第４組の団員は20名程で、その内には既に学校卒業の団員多く、集会に出られない団員も多い。実際には毎回の集りには、その半数にも足りない出席数であった。しかし、1925年から単独団員が設けられて、初期の頃の古い団員や、集りに出られない団員の大部分がこれに加入することが認められ、多様な参加が可能となった。

11月７日には余丁町少女団の招待による親睦のための集会があった。

（1926年度）１月から、聖ルカ病院へ毎月１回、看護法等についての講話を、他の組と一緒に聴講しにいく。４月24日に、組長の檜垣茂は世界大会出席のため渡米した。組長の留守中は小人数の集会を３度行い、５月８日の集りには林富貴子総裁の訪問があった。６月７日に檜垣が帰国し、７月３日の土曜日の集

会では、キャンプの絵葉書、ホワイトハウス訪問の記念撮影、海外の花の措葉などをみせてもらう。7月10日の土曜日の午後には、女学館の体操場で補導団主宰の講演会が開催され、大江澄子と檜垣の講演が開催された。夏休みには猪苗代湖畔でキャンプが行なわれ、第4組からは副組長と班長が参加した。この年の下半期には市中の各組が一致協力して種々の連合会合を開催した。この年、9月12日の聖アンデレ教会でのスウェーデン皇太子及夫妻の奉迎と奉送、9月18日の林総裁邸でのミス・レートン歓迎会、10月2日の三光教会での補導団礼拝式、11月3日のコミニティ・ホールでの補導団の集日、12月12日の聖アンデレ教会での「天皇陛下御平癒祈願礼拝式」等の会合があり、第4組からも少人数ながら参加した。

以上、1922（大正11）年の発足準備から1926（大正15）年までの東京女学館の第4組の活動の概要を具体的に理解することができる。なお、上記の中で、関東大震災で東京女学館が被災した際に、ウーレー、ヘイルストンが香蘭女学校に移籍する件が登場するが、東京女学館がイギリス聖公会の援助によって学校が成立した歴史に見られるように、香蘭と女学館の両校間には人事においても交流があった。香蘭の第3代校長である富田俊子は、東京女学館の第1回卒業生であり、香蘭の東京第1組、初代副組長の荒畑元子も1908年の卒業生である。また、東京女学館で英語を担当し、第1組b、第2組、第4組を担当した桧垣茂は香蘭の卒業生である。

1925（大正14）年度は、檜垣茂によって次の報告があった（概略）[44]。

① 組長のウーレーが香蘭に移動し辞任したので、檜垣が9月以降に副組長、班長等と協力して活動を行う。名簿上の団員数は2級団員9名、普通団員11名合計20人であるが、当分集りに出られない団員が5人おり、実際は極く小さな組で、集りの人数が少なくて心細いこともある。

② 毎週土曜日午後1時15分から2時半迄東京女学館の体操場で集会を開いて、普通団員は2級団員になる準備、2級団員は上達章を得る準備をしている。

③ 夏休みにはウーレーと箱根のキャンプに行き、檜垣と鎌倉のテントへ参加した団員も数人いた。

1927（昭和2）年度は次の近況報告があった[45]。

① 夏期休暇前に16名、休暇中の野外集会で2名、9月以降に5名の新団員が加入し、一度休止した柊班を6月から復活し、4班となった。高松宮邸の夏季集会には組長、副組長団員10名が参加した。

② 赤十字病院前の東京女学館で毎水曜日に集りをし、毎回20名余の出席者がある。1、2年生が多く、にぎやかであり、檜垣は入団した新しい団員達の2級章取得の準備をしている。

③ イギリスにおいて団長経験のあるミス・ポールが来日し、その指導も時々得られるようになった。

1928（昭和3）年度は、菊班の本庄里子から報告があった。[46]

① 毎水曜日、檜垣組長、井原副組長の指導で紐結び、看護法、手旗信号、自然研究を行っている。時々、ミス・ポールがダンスを丁寧に指導してくれる。

② 団員一同馬蹄形になり君が代を斉唱し、三指の礼をして集会を終了する。

1929（昭和4）年度の報告は次の通りであった。[47]

① 普通団員数28名、指導者2名であり、毎週1回水曜日の午後、渋谷の東京女学館体操場で檜垣組長の指導を得ている。

② 7月10日から2泊で逗子の三橋家の別荘でキャンプを行った。炊飯等の作業も行った。

③ 箱根のキャンプの時入団した女学館教員で体操を担任している小久保が第4組に属すことになり、集会を補助している。女学館の旧校舎内の小さな一室を借りて補導団の部屋として活用し、団員達の採集物その他を飾っている。

④ 集会の出席団員数は毎回15〜20名で、入団準備中の者が6、7名いる。団員は専ら2級になる支度をしているが、既に数名が最近2級章を得た。2級に進級の際、一番困難なのは自然研究である。集会でも、遊びとして断片的な自然研究の問が出る事がある。事物を注意深く正確に観察する事を学び、自然界の驚異に対する興味を少しずつ開いていっている。

1930（昭和5）年度は次の通りである。[48]

① 普通団員25名指導者数2名、毎水曜日午後2時に東京女学館で檜垣組

長の指導で集会を続けている。校舎地下室の使用されていない広い一教室を借りている。集まる人数は毎週10名余である。

②　夏は、三橋、岸両家の好意で逗子でキヤンプを催し、約10名の者が参加した。

1931（昭和6）年度はバザーの報告があった。[49]

①　学校の好意に応える必要もあり、団員の希望から組長、副組長、旧団員の援助を得て秋のバザーを開催し、その利益を女学館に寄附することになった。夏休み中、バザーにそなえて品物を製造し、ドレシング、人形をつくり、11月27日に女学館の合併教室と音楽室とを借りて、午後からバザーを開催した。1時半と3時の2回興行で、各班創作並びに演出のスタントや英詩暗誦、ピアノ連弾、キャンプソング等々を余興として披露した。154円といふ予想外の純益を得て、その純益は全部女学館に寄附し人体模型一台を購入することになった。

②　平常は、水曜日午後2時からガイドの部屋で集会を行っている。

1932（昭和7）年度は、次のような報告があった。[50]

17．東京の各組合同キャンプ（高松宮邸・昭和初期）

1932年3月の卒業式後、団員中5名が卒業し、また、学校時間の都合上から組の集会に出席不可能な団員も6～7名おり、7月に一度解散して9月から時間の都合のつく団員のみで新たに組を立直すため、下級生からの入団志願者6～7名で集会を続けている状態である。
　1933（昭和8）年度の東京第4組は次の通りである。[51]
① 　小さな集会を継続している。
② 　ミス・トロットが帰英中、ミス・ウーレーが女学館に教えにくるため、毎月1回の集会を指導している。
③ 　2人の入団者があり、さらに入団志願者が1人いるが、学校の時間割の関係上集会参加が困難である。スイスの集会への出品物の製作に忙しい。

小　結

　本章では、戦前のガールガイド運動の起点である香蘭女学校の東京第1組aとブラウニ、アンデレ教会を中心とした東京1組bとブラウニ（後の第2組）、バルナバ教会と日本女子大暁星寮の第3組、余丁町少女団（後の第3組）、東京女学館の第4組についてあとづけた。その概要は次の通りである。
　香蘭女学校では、M.グリーンストリートを指導者として発足し、その後、香蘭の英国人教員であるT.C.ウィリアムス、A.K.ウーレー、M.E.ヘイルストンが担当し、荒畑元子、細貝のぶ、竹井富美子、櫻井澄子等、多くのリーダーを輩出した。ブラウニについては、1930（昭和5）年前後から活動が停滞するが、普通組は1942（昭和17）年まで活動した。
　アンデレ教会では、婦人伝道師、東京女学館教師をつとめた檜垣茂、細貝のぶ、井原たみ子、溝口歌子、楢戸けい子が指導した。アンデレ教会の家族、教会の日曜学校の子ども、単独会員、特別賛助会員も参加した教会信徒との結びつきが強い組である。小学校児童を中心とした東京第2組ブラウニは、高等女学校受験等の問題から1931（昭和6）年に休会した。
　バルナバ教会、日本女子大暁星寮では、香蘭女学校のG.フィリップ、三田庸子が中心となり、後に日本女子大の暁星寮におかれた。1920（大正9）年から集会準備を始めたが、大学生、女学生の多忙から大正末に休会した。

余丁町少女団は、池田宜政と余丁町小学校教員が指導者。聖公会のバンカム、B.マキムの協力を得るが、児童中心主義教育を導入した学校長の教育方針として少年団、少女団に取組み、小学校の高学年生を中心に結成された。少年団との結びつきも強かったが、1929（昭和4）年頃から高学年生徒の都合、近隣の学校新設と生徒の移動から停滞した。

東京女学館は、A.K.ウーレー、M.E.ヘイルストン、檜垣茂、井原たみ子の指導、D.E.トロット、ポールの協力で活動を行った。1922（大正11）年に平河町のマリア館で準備集会をし、1923（大正12）年に正式発足した。教員人事を含めた香蘭との教育、補導団活動での交流も深かったが、1933（昭和8）年度頃より授業時間の都合で活動が停滞した。

なお、1940（昭和15）年に山口敏子の指導により千住キリスト教会で東京第5組が発足していることを指摘しておきたい。[52]

註

1) 櫻井くに子「私のガールスカウト体験記・第四回」ガールスカウト日本連盟『リーダーの友』38・39合併号、1976年、12月5日号、34―35ページ。
2) 黒瀬のぶ「私のガールスカウト体験記・第七回」ガールスカウト日本連盟『リーダーの友』43号、1976年、12月5日号、26―27ページ。
3) 『日本聖公会教役者名簿』日本聖公会歴史編纂委員会・1981年等による。
4) 『ガールスカウト半世紀の歩み』1971年、49ページ。
5) 『松蔭女子学院百年史』1992年、138―139ページ。
6) 『東京女学館百年史』1991年、384―389ページ。
7) 『女子補導団』第2号・1927年3月、21ページ。
8) 同前、39―40ページ。
9) 『女子補導団』第3号・1928年3月、7―8ページ。
10) 同前、8―9ページ。
11) 『女子補導団』第4号・1929年3月、10ページ。
12) 『女子補導団』第5号・1930年3月、8ページ。
13) 同前。
14) 『女子補導団』第6号・1931年3月、3ページ。
15) 同前、3―4ページ。
16) 『女子補導団』第7号・1932年3月、3ページ。
17) 同前、4ページ。

18) 『女子補導団』第8号・1933年3月、4ページ。
19) 同前、5ページ。
20) 『女子補導団』第9号・1934年3月、4ページ。
21) 同前、4－5ページ。
22) 「細貝のぶノート」(1924年以降、戦後まで)、ガールスカウト日本連盟蔵。
23) 『女子補導団』創刊号・1926年3月、5－6ページ。
24) 同前、6－7ページ。
25) 『女子補導団』第2号・1927年3月、44ページ。
26) 『女子補導団』第4号・1929年3月、16－17ページ。
27) 『女子補導団』第5号・1930年3月、8ページ。
28) 『女子補導団』第6号・1931年3月、4ページ。
29) 『女子補導団』第7号・1932年3月、4－5ページ。
30) 『女子補導団』第8号・1933年3月、5ページ。
31) 『女子補導団』第9号・1934年3月、5ページ。
32) ガールスカウト日本連盟役員、永井かよ子、松山まさえによる加藤恵美子への聞き取り、1996年1月31日加藤宅にて(ガールスカウト日本連盟蔵)。
33) 前掲、The Guild of S. Paul『Annual Report and Statement of Accounts 1921』1921年、32ページ(4章で述べたように学校のカリキュラムの関係から女子大学生の活動の困難さが指摘されている)。
34) 前掲『ガールスカウト半世紀の歩み』、35－36ページ。
35) 新宿区立余丁町小学校『学校のある風景』1988年、新宿区立余丁町小学校『開校90年記念誌 余丁町』1991年。元東京教育大学教授の家永三郎も同校の1926年の卒業生であり、前者には、大正期の同校の進歩的な教育活動についての回想が所収されている。
36) その成果は、先述したように、1924(大正13)年度の東京府の欧州地区視察報告として「欧洲各國ニ於ケル少國民ノ訓練」(東京市牛込区青年団)に執筆され、さらに「懐かしき丁抹の少年」を『少年倶楽部』1926に執筆して、作家デビューした。
37) 『女子補導団』創刊号・1926年、7ページ。
38) 『女子補導団』第2号・1927年3月、26－30ページ。
39) 『女子補導団』第3号・1928年、29ページ。概要は次の通りである。
    1、班別にして各班の中から一人を選び、某者を十米位前方に臥せさせておく。班員各自はそれぞれに、帽子、ユニホーム靴、バンド、スカーフ、ナイフ、縄などを持ち、合図によって馳つけ順序正しく早く装はせた班が勝ち。
    2、各班がボールを足で蹴り乍ら、前方にある棒を一巡し、自班に帰り着いてから次の者の団の真中へボールを置くこと、若し入らなければ幾度でもやり直して、早い方が

勝ち。
　3、各班員のスカーフをそれぞれ結び合せて、高所から地上へそれを伝つて降ること。早く又布の結び目が正しかつた方が勝ち（火災時の練習の応用）
　4、サイダ又はビールの瓶に水を満たしたものと、入らぬものとを二本並べ、入った方から入らぬ方へ水を移し入れる。班員各自が是を繰り返すこと。但しいくら早くても最後に残った水が少なければ駄目。
　5、全体で円形を作り鬼をきめて、一人の者誰でもの肩を打ち一緒に反対の方向に走らせてすれ異った時、『おはよう、今日は、さよなら』の三語を云ひながら握手し、いい終って手を放し、元の場所へ帰る、おそかった者は鬼となる。
　6、各班別にて、最初の者が三米位前方に、合図で馳せてとゞまる。二番目の者が縄を先の者になげると、前方の者は体に結びつける。こちらの者が引張ること、これを順々に繰り返すこと。

40）『女子補導団』第5号・1930年、8ページ。
41）『女子補導団』第6号・1931年、4ページ。
42）東京第4組（東京女学館）の確認された団員は下記の通りである。
　1923　正式発足時　柊　けし　平田信代、淡中（坂野）光子アンデレの組から4人合流（井原たみ子他）
　1924　菊と桜（団員不明）
　1928　けし・守屋春子、鈴木静子　菊・本庄里子、八木沢小枝子、平野（磯田）百合子桜・瀬古美年子、白石杏子、田中稲子　柊・高西斉子けし・小河喜代子
　1929　月見草・池田菊代、かんな・揚井栗子、樋口みえ子、杉浦八重子、三浦八重子、高橋千枝子　桧垣茂・五十嵐くに子
　1930　菊・高橋千枝子　桜・天野清江、瀬古美年子　柊・増田恭子
　1931　江連八代子
　西那須野三島邸キャンプに檜垣茂、萩原綾子、江連八代子、増田恭子が参加
　1932　この時期、檜垣茂、内田千枝子、増田恭子等、5－6人の小さい団員の活動
　1933　江連八代子、内田千枝子が指導者に　高橋千枝子、罌栗班・大田孝子
43）『女子補導団』第2号・1927年3月、17－21ページ。
44）『女子補導団』創刊号・1926年3月、7ページ。
45）『女子補導団』第3号・1928年3月、8ページ。
46）『女子補導団』第4号・1928年3月、9ページ。
47）『女子補導団』第5号・1930年3月、8－9ページ。
48）『女子補導団』第6号・1931年3月、4ページ。
49）『女子補導団』第7号・1932年3月、5ページ。
50）『女子補導団』第8号・1933年3月、5－6ページ。

51）『女子補導団』第 9 号・1934 年 3 月、5 ページ。
52）前掲『ガールスカウト半世紀の歩み』29ページ。

第8章

女子補導団活動の実際
－地方における展開－

　前章では東京の活動について検討したが、本章では地方の活動について概観を試みたい。以下、組の発足年代順に、神戸、大連、大阪、盛岡、大宮、福島、長春、日光、沼津、長野、茂原、草津、久喜の順で概要を確認していきたい。発足時期、地域と団体名、指導者、さらに活動の背景を確認しながら内容を検討する。地方における補導団活動はどのように進められていったのか、その際、その活動は地域や教育関係者、さらに当時の少女たちにどのように受容されたのか考察を行いたい。
　以下、結成年代順に組の結成状況を確認すると次の通りである。

第1節　神戸第1組、神戸国際組
　　　　　－松蔭女子学院（1923－1929）

　神戸においては、松蔭高等女学校の教職員と生徒が活動していた記録が残されている。聖公会系の松蔭高等女学校および近接したミカエル教会での活動である。当時、すでに、在日イギリス人のためのボーイスカウトがフレデリック・ウォーカーによって、また、古田誠一郎による神戸ボーイスカウトが結成されていたが、1924（大正13）年1月の『神戸ボーイスカウト会報』創刊号には、次の記事がある。[1]

　「ガールガイド（小女補導会・ママ）　ガールスカウトの兄妹である同会は目下四十余名あり、小女の社会奉仕として、浅野ソワ子、上西八枝子が藤

第1節　神戸第1組、神戸国際組―松蔭女子学院（1923―1929）

喜代子氏等幹部役員として尽力されているとのことです。切に其発展を祈ります。」（カッコ内筆者）

　上西ヤエ（八重子の記述もあり）は淡路島出身で、後にミカエル教会の婦人伝道師となるが、当時、松蔭高等女学校の教員で寮監をつとめており英語も堪能であった。浅野ソワ子は松蔭の日本人初代校長、浅野勇の妻である。上記の記述からして、1923（大正12）年度には神戸における40名ほどのガールガイドの発足が確認される。なお、神戸でガールガイドが発足したこの年は、関東大震災があった年であり、イギリスに休暇で帰国していた東京女学館勤務のD.E.トロットが9月はじめに再来日して横浜から上陸を試みたが不可能のため、9月から神戸で約1年を過ごし、翌年7月まで松蔭高等女学校の教員をつとめていた事実がある。トロットが松蔭と東京女学館両校の制服洋装化に大きな影響を与えたことは先述したが、彼女は学校文化そのものに一定の影響を与えた人物である。また、トロットが後に東京女学館で女子補導団の運営にも協力したことから、松蔭の補導団活動とも何らかの接点が考えられるが、明確な資料は残されていない。

　同1924（大正13）年11月3日には「全国体育デー、ミセスマシューのガールガイドに関する講話」が松蔭女学校で行われている。[2] 1925年の『少年団研究』誌上の女子補導団発足に関する記事でも、在東京のミセス、バンカムと並んで在神戸の団長はミセス、マシュース（Vera Laughton Mathews）と記され、神戸第1組の代表者は「神戸市中山手松蔭女学校内　新井女史」とある。[3] 新井とは体育科教員の新井（兼松）外子のことで、昭和初期まで上西ヤエとともに補導団の担当となっている。

　松蔭の補導団については詳細な資料がほとんど存在しないが、機関紙『女子補導団』1928（昭和3）年度に「神戸では団員の時間其の他の都合で普通団員の集会を中止され少女部団員の組を初められました」[4] とあること、翌1929（昭和4）年度には「神戸第一組は集会困難の為残念ながら止むを得ず一時解散されました。又新らたに初められる時の来るのを希望致します」[5]、との報告が東京の本部役員からあり、1928年頃からブラウニのみの活動となり、1929年には活動を停止したことがわかる。

214　第8章　女子補導団活動の実際―地方における展開―

18．松蔭高等女学校の寄宿舎生―前列左3番目が上西ヤエ、後列右4番目がトロット（1923年）

　松蔭について、付言しておきたいのはイギリスおいてガールガイド以前にはじめられたGFS（少女友愛協会・Girls Friendly Society）が導入されており、京都の平安女学院とともに今日まで継続していることである。イギリスでも国教会を中心に、礼拝、研究、奉仕、親睦を通してキリスト者としての交流を深め、教会、社会、世界への貢献を目的とした同活動については、ガールガイドと比較してより伝統的であり、それゆえ保守的側面も併せ持つものである。松蔭においてガールガイドとしての補導団が早期に停止した一方で、GFSの継続の事実について検討する必要を確認しておきたい。

　補注
　　神戸のガールガイドを考える際に兵庫県ボーイスカウトとの関係を考慮しておく必要がある。[6]
　　神戸市ではじめてボーイスカウト活動をはじめた人物は、フレデリック・ウォーカーである。ウォーカーは明治期に英国聖公会の宣教師として来日し、神戸聖ミカエル教会に所属し、同時に、日本の青少年に英語を教えていた。彼はイギリ

ス時代にボーイスカウト活動に参加した経験があり、1912(明治45)年、神戸において市内在留の英国人や米国人の子弟27人を集め、ボーイスカウト神戸第1隊が発足した。大正時代には、聖ミカエル教会の日本人子弟も受け入れることになった。その中には、教会に通い、ウォーカーから英語を学んでいた古田誠一郎、平井哲夫たちがいた。彼らは、ミカエル教会の神父である竹内宗六の協力を得て、1921(大正10)年12月に神戸ボーイスカウト山手隊を発足させた。この動向は、兵庫県のボーイスカウト運動の出発ともなった。ボーイスカウト山手隊には、兵庫連盟第3代連盟長の楢崎四郎が入隊した。

なお、ウォーカーに英語を学んだ鈴木謙三は大日本神戸海洋少年団、増田熊太郎は湊川少年健児団、杉村伸は和田岬少年団、中島政雄は神戸ボーイスカウト荒田隊のリーダーとして活躍した。戦後、ボーイスカウト日本連盟の事務局で活躍した古田誠一郎は、1923(大正12)年、神戸市長石橋為之助の要請を受けて、日本最初のカブスカウト、須磨向上会ウルフ・カブを12月に結成した。戦前の兵庫県では、ウォーカーの指導、神戸山手隊発足を契機として神戸、尼崎、西宮、宝塚、芦屋、加古川、姫路の各地区において100近い隊が発足し、1926(大正15)年秋には神戸地方連盟を結成している。このボーイスカウト運動の展開の出発点には神戸ミカエル教会があり、その意味からも松蔭の補導団は神戸地区での青少年教育運動の中に位置づけることも出来よう。

第2節　大連第1組―大連高等女学校(1924―1931)

大連の補導団は、1924(大正13)年、大連市高等女学校の生徒を中心に、イギリス人宣教師でガールガイド中国支部長・カートリッジ(Cartridge)を指導者として発足した。1928(昭和3)年のカートリッジの帰国後は田村幸子が幹事となり、1931(昭和6)年に活動を停止した。

大連第1組については、1925年度の『女子補導団』創刊号に設立経緯に関する報告があり、以下にその要約を行いながら概要を確認したい。[7]

① 大連の補導団は、1924(大正13)年2月にガールガイド、イギリス連盟本部の中国支部長、ミセス・カートリツジによって組織された。本部に「田中夫人　呉夫人会計　三吉夫人　書記　石田夫人　通訳　守瀬夫人」の役員をおき、各種の事業、集会所の準備、制服の用意等は英語を理解できる

「千葉夫人　田村夫人」の協力を得た。5月には、45人の団員を有する第1組が結成され、15人の幼女隊も組織された。指導者訓練所が設定されたが、各種の事情で自然消滅の形となり、言語の違いから通訳に時間を費やす事が多く、その点では多くの成績をあげる事が出来なかった。

②　同年、5月には基本金募集のためのコンサートが開かれて団員もそれに出演して、キャンプの実況を演じた。8月にキャンプ生活の第1回を行い12人が参加して、水泳、探索、信号、応急手当、料理等の実習、夜はキャンプファイヤ等を無事行った。9月から翌年5月までカートリッジ夫人が総ての集会に出席出来ない事情があったが、団員は団の維持と幼女隊を補助した。少年団日本連盟、南満州鉄道の総裁をつとめた後藤新平、三島通陽の視察、訪問にも対応し、両者に賞讃された。花園造り、集会所のカーペットその他の調度品もつくっている。

③　1925（大正14）年6月には、団員全員が2級テストを受ける準備をすすめ、幼年隊の中の熱心なメンバー16人もブラウニの2級バッジ取得を目指している。7月にはこの団を離れて東京の大学（高等教育機関）に進学した4名が夏休みで大連に戻り、4名がこれからも運動を継続する事を希望したため、週1回集会して補導団運動の目的、方針等について学んだ。9月10日、2級団員が誕生し、10月には監督官の児玉伯爵夫妻が数名の友人両親と共に来団し、入隊式等に参列した。児玉夫人から10個の2級バッヂ、4個の幼女隊2級バッヂが団員に授与された。当時の団員数は普通団員24名、幼女隊は20名となった。

④　1925年8月、第2回のキャンプ生活が計画されたが悪天気の為に2度延期され、実行時には団員の都合から参加者は3名であった。この時には、大連の少年団の団長による協力があった。カートリッジ夫人の指導で3日間の天幕生活を行い、「雨の止んだ間に灯の光を頼りに海岸でダンス」、「蠟燭の光を頼りに天幕内で遊戯」をした。

⑤　11月には維持費—集会所の借賃に200円が必要となったが、団員の所属する高等女学校校長の好意によって体操場を毎火曜日午後3時から4時の間、利用する事が出来るようになった。しかし、幼女隊の部屋の維持費を得る為に劇をする事になり、カートリッジ夫人はグリム童話中の「ランプレス

第2節 大連第1組―大連高等女学校（1924－1931）

チルツキンを脚色し守瀬夫人が田村夫人と協力して日本語に翻訳」したものを台本に、幼女隊の母親たちが衣装を縫い上げ12月5日に実演して、1300人の入場者があり純益800円を得た。団を拡張する希望があるが、種々の都合上むずかしい。現在の団員から、指導者が多く成長することを希望する。

以上からは、当時の日本の「大陸政策」と南満州鉄道の交通都市としての大連において、国際都市としての性格から在住イギリス人のカートリッジが指導を担当した。大連高等女学校の生徒と小学校生徒たちの補導団活動が存在し、それを行政監督官であった児玉夫妻が視察し、また少年団日本連盟の総裁であり南満州鉄道総裁でもあった後藤新平、さらに三島通陽が訪れていたことがわかる。また、少年団との関係は、日常的にも支援があったことが伺われる。

1925（大正14）年度の団報には、大連の補導団結成時に入団して、その後東京に進学して東京第2組に入団した山縣三喜重から次の報告がある。[8]

　　　　大連の日本のガールガイドに就いて
　私は昨年三月大連に補導団が始まりました時入団致しまして今年の四月東京第二に這入つた者でございます。それで皆様に大連にどんな補導団があるかと云ふ事をお知らせ申したいと思ひます。昨年の三月一日私の居りました大連高等女学校で英国から派遣された英国ガールガイドの支那の団長でいらっしゃるミセス・カートリツヂの補導団についてのお話がございました。私は此の時初めて此の国際的運動のある事を知り大変よい会だと思って居ましたが、幸ミセスカートリツヂが大連にお住ひになる事になり補導団をお始め下さる事になりました。最初は同月二十五日私共の学校で希望者二十名を募集し練習を致しました。
　それから次第に増して八人の班が六組ばかり出来、毎週水曜の午後三時半から学校の近くの双葉幼稚園で一時間半程集会を致しました。其の時は第一に班の整列をして、団旗に敬礼し、君が代を合唱し服装検査（ミセス・カートリツヂ）及び出欠席を班長が調べてそれをミセス・カートリツヂに見ていただき、次に各班に別れて班長が普通団員になる試験の準備を与へ、信号の練習等し、最後に皆集って競争やダンスを習ひ組の整列をし

て分れました。此の他毎週金曜の午後四時から一時間ばかり班長の会を致しました。これは次の集会に班に教へる事を習ひ又班の希望を組長に申し上げる機関でございます。

この様にして五月七日に入団式を行ひ、同じく十日には資金を集める為にガイド主催の音楽会を開きました。其の後は主に二級の試験を受けるために励みました。八月四日から郊外黒石礁で一週間の間ミセス・カートリッヂと有志の者十一人と天幕生活を致しました、ほんとうに楽しうございました。其の時の写真は此の間の大会の時皆様御覧になりましたことゝ思ひます。

今年の夏休には私の他第二東京の団員三人帰連致しましてミセス・カートリッヂにお願しカントリーダンスを教へていただいたり自然研究をしたり致しました。

以上からは、当時の大連女子補導団について、手旗信号、ダンス、遊戯と２級試験の準備等の活動、また、それに対する団員、生徒の立場からの受け止めかたが見てとれる。

なお、大連高等女学校の生徒であり、女子補導団員であった彼女たちの多くは官公吏、職業軍人、商社員、南満州鉄道職員等の家族であったと考えられるが、多くが親の転勤で、さらに本人の進学のため東京等に移動していることがわかる。この点は、1927（昭和2）年度の団員、広瀬遼子による次の報告にも現れている。[9]

　　大連のガールガイドより
　日本のガイド皆様御元気でいらつしやいますか。今日は当地は零下十六度に下りました。北風が烈しく鼻も頬も千切れる程に冷たくてこの冬初めての寒さだと申します。しかし奥地に参りますと、三十度にも四十度にも下りるといふ事ですからまだゝ私達は元気なものでございます。
　私たちの大連ガールガイドもこの三月にはまる四年を数えるやうになりました。私たちの団は大連庁立高等女学校の生徒を中心として居りました団員の方々の中には上級学校を御志望になって日本にお帰りになる方がか

第2節　大連第1組―大連高等女学校（1924—1931）　219

なり多く、その為に漸くおなれになって色々な方面に御力添へを願はうと思ふ頃にはスッポリと抜きとられてしまひますので、団の発展は中々困難でございます。

ここには、前半での中国大陸での厳冬の様子の報告、後半では高等女学校生徒が卒業後も上級学校進学のために帰国することが述べられ、そのための指導上の問題について記されたものである。大連高等女学校生徒の階層的な状況と同時に、大正末期から昭和初期の高等女学校以降の上級学校への進学率上昇を反映している。

なお、日常の活動は「日曜毎に郊外の星ヶ浦海岸にあるミセス、カートリッヂのお宅に伺つて、お家の横にある涼しい樹立の下で波の音を聞き乍ら色々なお稽古をしました。或時は信号を或時はパトロールに分れて自由に後にあるお山へ草花の採集に出かけた」こと、「夏三ヶ月の間に集めた草花の内で西内順子さんのが六十種程非常に美しく押花になされましたのでリボンをかけて箱に納めイギリスの本部に送りました。ミセス、カートリッヂは『イギリスのガイドがどんなに喜んでくれるでせう』と共に喜んで下さいました[10]」という大連の国際的ガイド活動の様子も伺うことが出来るのである。

この年の入団者は13人であり、その内5人はブラウニからガイドとなり、団員合計は38人であった。

以上、多くの団員を擁する大連の女子補導団であったが、1929年度には団長カートリツジが個人的事情から辞任し、団員中に年長者がいないことから、「指導する適任者を得難く非常に困難[11]」な運営となった。日本人の在住女性の「田村夫人」が幹事役をつとめることになったが、翌1930（昭和5）年度に次の報告を最後に休止することになった。[12]

「団員十四名、指導者の転出により団は昨年秋以来集会を持ち得ず此の春卒業の生徒にて内地に遊学する者数名あり今後の運動につきては只今協議中にて或は適当なる指導者を得るまでは暫く休会に致すやも知れず何等の発展なきを残念に存じ候」

なお、1931（昭和6）年以降は「満州事変」の影響もあって以降の活動は停止した。少年団の場合、戦時協力の活動が一部にみられるが、大連、長春

220　第8章　女子補導団活動の実際―地方における展開―

19．大連第1組（大連高等女学校・1925年頃）

ともに女子補導団としての活動は停止し、その点は男女で明らかな相違点となっている。

第3節　大阪1組・2組―プール学院（1925―1933）

大阪のプール高等女学校と高等科の組である。1924（大正13）年にイギリスから着任したM.バッグス（Mabel C. Baggs）を指導者として発足したものであり、当初、英語を学ぶ高等科の生徒を対象に第1組が結成され、同様に普通科生徒のために第2組がおかれた。学校長のトリストラムをはじめとした外国人教員が運営に協力し、バックスはその後、徳島の教会に転属となるが、1929（昭和4）年に着任したA.ウィリアムアス（Agnes Seymour Williams）、加藤文子等の指導によって補導団活動は継続された。その後、プール女学校の高等科の廃止にともない第1組は活動を停止し、高等女学校普通科生徒の第2組のみの活動となった。ちなみに、バックス、A.ウィリアムスともに、第二次世界大戦を前に帰国するが、ともに戦後に再来日し、バッ

第3節　大阪1組・2組―プール学院（1925―1933）

グスは徳島のインマヌエル教会でガールスカウトの団を結成してリーダーとして活躍し、ウィリアムスは戦後もながくプール学院に勤務している。[13]

1925（大正14）年度の活動について、バックス自身による日本着任とガールガイドの発足に関する報告をまとめてみると次の通りである。[14]

①　バックスは1924（大正13）年、9月26日に大阪のプール女学校に赴任した。彼女がイギリスでガールガイドの指導者であつた事が生徒の間に知られるようになり、彼女たちは補導団活動に関心があったため、高等科に1組を結成することになった。バックスは日本語を理解できないこともあって、まずは、高等科の英文科の生徒を集めて組を作る事になった。

②　教員2名の協力によって、必要に応じて通訳をしながら活動がすすめられた。1925（大正14）年時点で、26名の団員が在籍し、3つのパトロール班（スウィートピー、勿忘草、柊）が組織され、1925年度は7回の集会が行われている。全団員が初級のテストを通過し、3つの誓いをたててバッヂをつけることになった。

1926（大正15）年度については、普通科生徒による第2組が始められ、第1組とともに活動していることが報告されている。[15]

1927（昭和2）年度は、バックス自身による次の報告があった。原文は英語での投稿であるため、概要を翻訳すると以下の通りである。[16]

尼ヶ崎より

担当するガイドたちにこの団報のために何か書いてもらおうと思ったが、彼女たちは試験で忙しいため2つの組のことについて報告をしたい。大阪1組は16名の団員で、救急法、看護法を教えているが、まだ彼女たちはバッヂの取得にはいたっていない。また、彼女たちはイギリスのダンスと歌も学んでいる。大阪の組ではイギリスの2つの組と文通を行い、イギリスからは定期的に機関紙や手紙が送られてくる。それによって、ガイドが世界を通じた大きな姉妹であることが感じられる。大阪のガイドたちはアメリカ、イギリスのそれぞれのガイドたちと文通を行っており、お互いにやりとりする手紙、絵葉書、写真についても強い関心を持っている。先日は、中国からの訪問者もあった。

222　第8章　女子補導団活動の実際―地方における展開―

20．大阪第2組（プール高等女学校・1934年）

　昨年4月は、数名のガイドをつれてテントではなく家を使ってキャンプのような試みを行ったが、あいにく雨だった。しかし、彼女たちはガイドとしての笑顔を忘れなかったし、調理、遊戯、ガイドの精神、なにより偉大な理念について互いに学ぶことが出来たと思う。
　大阪2組は、現在約30名であり、何人かは特別の試験のためにがんばらなくてはならない。彼女たちは、2級バッジ取得のために努力しているが、多くのメンバーが今期の終りまでに取得してもらうことを願う。
　　　　　　　　　　　　大阪第1組、2組　組長　M.バッグス

　以上からは、救急法、看護法、信号、キャンプを通じてガールガイドについて学び、海外との文通等の交流を行い、あわせてバッヂ取得の準備を行う活動の様子が理解される。
　1928（昭和3）年度になると、大阪では組長M.バッグスが転任し、A.ウィリアムスへの交代が報告された。[17]

第3節　大阪1組・2組―プール学院（1925―1933）

1929（昭和4）年度の大阪第2組の報告要旨は次の通りである[18]（高等科の廃止によってこの年度から第1組の報告はない）。

①　夏に15人の新入団員があり、大阪2組は計54人、そのうち2級団員は6人であり、10人が取得準備をしている。出席優良者は13人で星印がつく。

②　学校の時間の都合で生徒の時間の余裕が少なくなり、夏からは、学校のYWCAの集会と交代で集会をしており、2週に1度、水曜の午後に行う。補導団は事業の一致をはかるため、「学校のYWCAの支部の様」になっている。

③　道妙寺の川のそばで火をたき、栗やお芋を煮たりお茶をいれて楽しい時を過した。

④　高等科が廃止になったため大阪第1組がなくなったのは残念である。

⑤　OGでもある加藤ふみ子が指導者として協力している。夏には、3人が箱根の補導団全体のキャンプに出席した。

1930（昭和5）年度の報告は次ぎの通りである[19]。

①　普通団員30人、指導者6人で活動している。

②　毎週水曜日、午後2時半より3時半までの1時間をガイドの時間とする。この時間は、学校YWCAの一部であるため、YWCAの総会、その他の催しがある時は、ガイドもそれに参加する。3学期は短く学校の催し物その他の都合で、1月からの集会は1回であり、3月まで1回でも多くガイドとしての集りをしたい。残念に思っているが、報告自体、生徒たちも用事が多く原稿が集まらない。

1931（昭和6）年度は次ぎの4点である[20]。

①　団員は第2級のテスト項目について研究を続け、特に手旗信号に努

力している。指導者は第１級団員となる準備をしている。

　②　11月23日には、海辺に出かけて飯盒炊飯をし、芋、玉子を料理して食べた。その時、西の宮のボーイスカウトと互いに挨拶を交わした。

　③　イギリスのガールガイドから寄附金をもらい、それを資金にして団員のため大阪市外で毎週土曜日の午後の多様な稽古をするつもりである。

　④　副組長の加藤文子が病気のため休養している。

1932（昭和7）年度は次の報告があった。[21]

　①　土曜日午後１時に集会をする。隔週の開催であるが、とくにテストをうけるために必要な練習をしている。

　②　最近では手旗信号の練習に力を注いでいる。

　③　新鮮な空気、自然研究、火のたき方等の練習のため出来るだけ郊外に出る事を望んでおり、土曜日の午後から２度近郊に出かけて集会をした。

1933（昭和8）年度は、大阪のプール女学校からは最後の報告となった。[22]下記にあるようにミス・バッグス以降に主に組を担当していたミス・ウィリアムスのイギリスへの一時帰国、加藤文子の病気、戦時体制の進行等も背景にはあるが、翌年、室戸台風による学校の被害が多大なものであったこと、とりわけ生徒の犠牲者をともなう学校校舎の倒壊によってほとんどの課外活動が停止したからである。

　　私共の組長ミス・ウキリアムが先年夏御帰英になり大変淋しくなりましたが、団員は熱心にお集りを続けて居ります。集会は毎週土曜日午後一時より二時まで時間励行で致して居ります。近くでは集会時を三回程利用いたしまして学校の看護婦さんにお願ひし、衛生方面の事を実地に教へていたゞきました。昨年末は気候、時間の関係で郊外遠足を催す事が出来ませんでしたが、その費用を以て毛糸を買ひ、集会の時に靴下等をあみクリスマス時に孤児院に寄附いたしました。

第3節　大阪1組・2組―プール学院（1925―1933）　225

21．大阪第2組の救護訓練（プール高等女学校・1931年）

　以上、大阪のプール女学校では、1924年にイギリスから着任したM.バッグスを中心に、英語を学ぶ高等科生徒を対象に第1組、普通科生徒のための第2組がおかれ、普通組のみで最大時で54人という大きな活動であった。バッグスの転属後もA.ウィリアムアス、卒業生の加藤文子等の指導によって補導団活動は継続された。その後、高等科の廃止にともない第1組は活動を停止し、高等女学校普通科生徒の第2組のみの活動となり、救急法、看護法、信号、キャンプ、海外との文通等の交流活動、あわせて上級団員資格、技能バッヂ取得の準備を行った。高等女学校のカリキュラムの繁忙とYWCA等の行事によって集会時間の調整に難渋していることがわかる。
　加藤文子の病気、A.ウィリアムアスの一時帰国、戦時体制の進行等も背景にはあるが、1934年の室戸台風の深刻な学校被害を背景に活動を停止している。

補注
　大阪では、1929年度に四〆島セトルメントでの団活動の試みが報告されてい

る。1929（昭和4）年、四〆島セトルメントの大泉清子が指導者であり、日曜学校のクリスマス連合等で活動したものであった。報告内容は次の通りである。[23]

　拝復度々色々と御手数をかけまして誠に有難く感謝致して居ります。こゝの集りは、日なは浅く、人数も少くして振ひません。私の熱心も且少く、力もなく経済も乏く、三拍子揃ひの誠に貧弱なガイドでございます。併しこの近所の子供は大変団結心に富んで居ります。働きとして別段ございませんが、日曜学校のクリスマスの連合の時色々と御世話や御手伝をさせていただきます。教会の夫人部のバザーの準備又は食堂の給仕やら売店の売子、又教会の手助け、幼稚園の子供の手技の仕上げなど色々と少しづゝ活動して居ります。
　社会に向かつてまだまだ働くのは前途がございませう。ビラ撒きをして得た労金にて大阪中の最も貧しき人の病院、済生会病院に花など持つて見舞ひに行きます位なものです。私の力が不充分な為又時々病気で欠席したりしますので思ふ様にはなかなかまゐりません。子供も小さうございます。高等小学生が二人、小学四年生以上四五人位です。入団希望者も今のところございません。まだよくガイドそのものがのみ込めない様です。時々テストを致してみてわかります。毎火曜日には夜七時から八時半まで開催して居ります。なかなかよく服従し奉仕をよろこびます。

　セツルメントは、1870年代、イギリスの経済学者、牧師であったトインビーによって始められた貧困に直面した労働者の環境改善と教育普及を目指す運動であり、日本では1897（明治30）年に片山潜による神田三崎町のキングスレー館が最初と言われている。四〆島のガイドについて詳細な記録は見られないが、大阪の四〆島地区でセツルメント活動が行なわれ、その中にガールガイドが位置づいていたことは、それまでの女学校、教会での女子補導団とは異なるガイド活動が実施されていたことを意味するものである。

第4節　盛岡第1組―盛岡聖公会（1927―）

　盛岡の場合、後述する地方都市も同様であるが、聖公会系列の女学校ではなく、教会の経営する幼稚園、保育事業と密接に関係している。その点は、

第4節　盛岡第1組―盛岡聖公会（1927―）

東京、大阪、神戸とは異なる点である。また、地方の少年団活動との関係も存在する。以下、盛岡の補導団の背景から確認してみたい。[24]

　盛岡市と日本聖公会の関係は、明治中期、北関東教区のマキム監督の依頼で名出保太郎（後の大阪教区監督）が伝道説教会を行ったこと、青森聖アンデレ教会の小林彦五郎が聖餐式を行った記録があるが、定期的集会は1908（明治41）年5月10日、鷹匠小路の借家住宅での、第1回の定期礼拝以降である。地域の知識人であり教育者でもあった長田村補三郎（盛岡高等農林学校教員）等の協力もあり、盛岡における教会設立が決定され、A. W. クックの司祭管理のもとで森録次郎伝道師が定住した。同年には聖馬可幼児会（聖マルコ会）が設立されて主任ミス・ブリストと助手3人による15～30人の幼児教育が行われた。1911（明治44）年に市内の仁王小路に教会が移転した時に「仁王幼稚園」と改称され、その後、ミス・ディクソンの他、幼稚園保母として岡野みつ、千葉みさほが担当した。1917（大正6）年には、アメリカに留学していた村上秀久神父（後、長老）と妻の茂子が着任し、1929年（昭和4）年には、仙台のビンステッド主教によって新礼拝堂の聖別式が挙行されている。以上が盛岡聖公会の概要である。

　盛岡については、日本の補導会発足直後である1921（大正10）年の『女子補導会要旨』に次の一文がある。

「我国に於ける本会の運動は昨年より東京と盛岡にて初められ目下普通会員六十余名少女部会員二十余名を有す又近く入会せんとして準備中のもの若干名あり」

　以上からすると、1920（大正9）年から補導会活動として発足されていたことになる。当時、盛岡聖公会には聖馬可会（マルコ会）さらに仁王幼稚園があり、ミス・ブリスト、ミス・ディクソンの女性宣教師と保母が存在していたことから、彼女たちによるものと考えられるが、担当者、内容が確認できる記録は未見である。

　盛岡第1組の概要としては、教会の村上秀久、村上茂子夫妻が担当し、後、岩泉みどり、松岡（坂本）良枝が指導者となった。補導団本部との連絡

により、1927（昭和2）年に香蘭女学校に勤務して東京第1組を担当していたウーレー、ヘイルストン、さらに香蘭卒業の櫻井国子が参加して発団式を行っている。少年団盛岡地方連盟松岡直太郎も協力している。盛岡少年団の高橋栄造は活動視察のため、1928年に香蘭のヘイルストンを訪問している。

盛岡の女子補導団に関する明確な記録は、1927（昭和2）年度の櫻井国子の報告からである[25]。櫻井の記録をもとに、盛岡第1組発足の様子を確認したい。櫻井国子はウーレー、ヘイルストンとともに、1927年4月に盛岡を訪れ、入団式の様子、さらに盛岡少年団の後援、協力について具体的に記述している。概要は、次の通りである。

① 4月1日、ウーレー、ヘイルストンと櫻井は上野から夜行列車で昼前に盛岡に到着し、駅には地元の関係者、ボーイスカウト、さらにガールガイドのメンバーがいて、新聞社による撮影もあった。

② 到着したホテルでは、ボーイスカウト・メンバーの対応を受け、昼食後は少年団の団長の案内によって、市内の城趾公園で翌日の入団式の準備を行い、『石割りの桜』等の市内の名所を見物し、「大きな橋のところ」で「沢山の可愛い少女達が、少年団の方々にともなはれてお迎ひに来て」いた[26]。

③ 入団式の準備として、「紐結び、規則の暗誦等、いくつかの環になつて少年団の方々やミス・ウーレイ、ミス・ヘールストン等がテスト[27]」を行い、団歌を斉唱した。

④ 「盛岡の少年団と女子補導団は実に一家のやうな感じ」であり、「ボーイスカウトの方はガイドの方々をお兄様のやうに親切に、熱心に色々と教へ導き、小さなガイドは何でもスカウトにきゝ、云はれるとほり[28]」活動していたこと。

⑤ 散会後、少年団盛岡地方連盟理事長でもあった松岡直太郎の案内で市内見物を行い、「市役所、銀行、新聞社」、国産陳列場で南部鉄瓶、馬の絵葉書等、さらに人形大使が盛岡市に到着していたことから「アメリカからお使ひの沢山の人形[29]」を見学した。

⑥ 4月3日、日曜日はガイドの案内で聖公会の教会で礼拝をし、午後

第4節　盛岡第1組―盛岡聖公会（1927―）　　229

22．盛岡第1組結成記念写真（櫻城小学校・1927年）

　2時頃から入団式を行った。櫻城小学校の校庭には、少年団員が各々組旗をもって集まり、ガイドになる少女たちはスカウトの日章旗について土手に馬蹄形をつくった。多くの少女が、契約を唱え、三つの葉の徽章を胸に付けて補導団員となった。終了後、バーンバッグ、リレーレースの遊戯をし、最後に写真撮影を行った。
　⑦　帰路では、盛岡駅構内にガイド、スカウトが整列して補導団の団歌、少年団の団歌を歌って送った。松岡直太郎の娘である良枝とウーレーの写真を新聞社が撮影した。

　以上が櫻井による報告の要旨である。同年、盛岡女子補導団第1組団員として松岡良枝は下記の一文を寄稿している。[30]

　　君が代は千代に
　　八千代にさゞれ石の……
　　と一同で合唱して居る間に国旗が掲揚されました。アト見ればウーレー

先生もヘールストン先生も、櫻井先生も三指の礼をして居られました。此の時迄私共は未だガイドではありませんから、普通の敬礼をして居たのでした。

愈々問答が始まりました。私共は班長さんに連れられてウーレー先生の前に出ました。そして三つの契約をしました。先生は三ツ葉形の徽章を私共の胸に着けて下さいました。三指の礼をして元の位置についた時、これで自分もガールガイドになつたんだといふ嬉しさと誇らしさは止度なく湧いて来るのでした。

いろいろな競技をしてゐる中にもう十年も前からの様な親しさになりました。それからウーレー先生より色々な良いお話を聞かしていたゞいて、家路についた頃はもう夕暮時でありました。

これは昨年昭和二年四月三日盛岡女子補導団発団式当日の思ひ出であります。

1928（昭和3）年度の報告には、少年団指導者でもあった松岡直太郎にかわって、聖公会盛岡教会の村上茂子が当面の指導を担当する事になったこと、同年の本部記録には、盛岡の補導団との関係について櫻井国子から次のような報告があった。[31][32]

① 1928年5月、盛岡のボーイスカウトである高橋栄造が補導団本部視察に上京した。途中大宮で現地の補導団と交流した後、芝の香蘭女学校のミス・ヘイルストンを訪れ、東京第1組の土曜の集りを見学して組長副組長から聞き取りをした。

② 約一週間の東京滞在中、林富貴子総裁、檜垣茂、東京の少年団を訪れ、状況と写真・資料等を調査・確認した。

③ その結果、本部では地方関係者、補導団以外の希望者のために団報の充実を検討することになった。アメリカ合衆国ガールスカウトの『アメリカンガール誌』は、一般の少女雑誌となっており、参考としたい。

④ 盛岡の女子補導団は今適当な指導者がいないことを、少年団関係者が心配している。指導者充実のためにも本部の役割が重要である。

この点に関し、同年に少年団指導者の松岡直太郎は次の点を報告している[33]。

① 5月下旬から6月の上旬にスカウトである高橋栄造が大宮、東京等を訪問して厚遇を受けた。大宮の指導者、東京でミス・ヘイルストン、檜垣茂、また林総裁と面会できた。

② 盛岡のガイドは試行錯誤を繰り返しながら活動している状態であるが、これを維持、発展させていきたい。ミス・ウーレー、ミス・ヘイルストン、櫻井国子が盛岡で発団式を行ってくれたことに感謝している。

③ 「ブラウニは今は相応に成長して居る」が、「学校の課題は予想以上に多く殆ど寸暇のない為めガイド訓練の余裕のないのに困つて居る[34]」。

④ 盛岡ガイドの発祥地は聖公会附属の仁王幼稚園である。ここに、「ミス、デクソンの御指導を受けたといふ保姆が居るのを幸ひ牧師村上さんの御手を煩はして『補導団便覧』を唯一の金科玉条とし僅かの少女を御預かりして[35]」補導団を実施している。

以上のように、盛岡の少年団指導者である松岡直太郎、高橋栄造らが女子補導団の充実について検討を進めていたが、指導者に適当な人物がいないため、盛岡聖公会の教会牧師、村上秀久の妻である茂子を当面の責任者とし、大正期に宣教師として盛岡に在籍し、幼稚園の経営と補導会時代のガイド活動を準備したミス・ディクソンの下で保母をしていた女性（岩泉みどり）を指導者とすることが述べられている。

1929年度、盛岡第1組は指導者3人、普通団員12人で活動を行い、本部および、村上茂子から次の報告があった[36]。

昨年から相変らず集会をつゞけて居ります。毎週土曜日は教会堂のお掃除を致します。右の御報告は非常に簡単で御座いますが次の御通信によつて指導者の御熱心な働き振りがうかゞはれます（本部役員）

（前略）この夏岩泉さんが箱根にまゐりまして一方ならぬお世話いたゞきまして有難うございました。非常に愉快に有意義な集会の模様を承りまして少なからぬ先生方の御努力を思ひまして感謝いたしました。その後岩

泉さんも熱心に補導団員を指導して居ります。お天気のよい日に公園などでやつておられます。そして同氏は非常に興味をもつて居られますから特に東京にて補導団の御催しでもなさる場合には御知らせ下さいます様。出来るだけ都合つけて研究させていたゞきます。

盛岡にて　村上茂

　以上である。盛岡第1組の概要としては、もともと、1920（大正9）年に女性宣教師のミス・ディクソンと保母によって初期の補導会活動が準備され、一部、発足していたと考えられる。

　その後、ボーイスカウト運動である少年団盛岡地方連盟指導者の松岡直太郎らによって女子補導団の発足が準備され、東京からウーレー、ヘイルストン、櫻井国子らが招聘されて交流が始められた。教会の村上茂子が担当し、後、岩泉みどりらが指導者となった。

　地方少年団が発足・運営に協力した事例であるが、1930年度以降の報告、活動記録はない。活動停止の背景には、引用資料中にもあったように、団員たちが学校の都合から多忙であること、指導者不足の問題、さらに昭和恐慌と冷害等の問題の他に岩手聖公会と仁王幼稚園経営を担っていた村上秀久、茂子夫妻の公私の多忙さ等が考えられる。[37]

補注

　岩手県は、1910（明治43）年に和賀郡藤根村に高橋峰次郎が少年真友会を結成し、1915（大正4）年に、全国でも最初に大日本少年団に加盟したのをはじめ、同年の佐藤総吉を代表とした梁川少年団（現江刺市）、1919（大正8）年には江刺郡の玉里少年団（菊池和太郎団長）が結成され、日本の少年団運動の初期から活動をすすめていた。1922（大正11）年に結成された少年団日本連盟の初代総裁に水沢出身の後藤新平が就任したこともあって、同県内の少年団運動の充実がはかられていった。

　1926（大正15）年10月15日には南部利淳を代表者として盛岡少年団連盟が結成されている。[38] 文中の松岡直太郎はその常任理事であるが、彼が準備をすすめた女子補導団の盛岡第1組の結成はその半年後のことであり、それは盛岡少年団連盟

第 4 節　盛岡第 1 組―盛岡聖公会（1927―）　233

の早期の活動の中に捉えることもできる（一部の記録には、1927年4月3日に結成されたのは「善友少年団女子部」と記録されている）。[39]

また、盛岡聖公会と岩手県の行政関係者との関係について述べれば、大正末に岩手県知事となった得能佳吉の妻が北海道時代にアイヌ伝道を行っていたバチェラーの指導を受けた人物で、盛岡時代も聖書研究会を開催して教会にも通っていたこと、また知事自身も後に受礼して親交があったこと、があげられる（昭和初期の丸茂知事の妻も同様であった）。また、村上秀久牧師がアメリカ合衆国の留学経験があったことから、盛岡中学、盛岡高等女学校、盛岡商業等で英語の授業を担当したことも多くの若い世代と交流する契機となっていた。[40]盛岡という地方都市で、聖公会の活動である女子補導団活動が注目された背景には、行政関係者の一定の理解と少年団というボーイスカウト関係者の協力があった背景として確認しておきたい。

なお、盛岡のガールガイドは、各小学校での女子青年団組織（少女団）に影響を与えている。松岡直太郎は『女子補導団』誌上に女子補導団とほぼ同時期に盛岡市内の各小学校に女子青年団結成を働きかけたことを述べた上で下記のように報告している。[41]当時の地方の少年団指導者の一意見であり、補導団活動から学校少女団への示唆でもあるが、当時の少年団関係者のガールガイドに対する考え方を示すものでもあり、下記に引用しておきたい。

　　私は今此の連合に関係して居るのですが時々女子青年団の総会の席上で次の様な事お話して満堂を笑はせた事があります。女子青年団と云つても単に生花とか裁縫とか割烹とか其他何々々と知的講習をするばかりではなく何うしても補導団の訓練法を取り入れなくてはならぬ。諸子（女子青年）は若し猛獣（痴漢のこと）などに出会つた時長刀とか柔道とかを知つて居れば幸ひだがそれよりももつと護身用として知つて置かれたいことは信号である。又縄結び法である。諸姉はかゝるとき『アレー』と叫声を発するよりもモールスで同志に伝達した方は遙かに有効ではあるまいか、漁夫の妻女は信号で沖に居る夫君と所用を弁じて居るのを見た事がある云々、まだ沢山例があります。
　　当地の青年子女の中にも補導団の訓練法の必要な事を認めるものがポツポツ出て来たのは嬉しうございます。但団を経営するのは矢張男子が必要であります。ガールガイデングは今少し男子を取入れることをお許し下さらばモツトモツトガイド運動が発展するでしようものを。

第5節　大宮第1組—大宮愛仕母学会（1927—）

　大宮第1組は、1927（昭和2）年に大宮の桜木町にあった保育者養成機関である愛仕母学会で結成された。大宮愛仕母学会は埼玉県の幼児教育の先駆者であり、川越初雁幼稚園を整備し、さらに大宮愛仕幼稚園、毛呂山愛仕幼稚園等を開設したアメリカ人の女性宣教師アプタン（Elizabeth Florence Upton）が開設した。県内の幼稚園を整備する一方で、そこで実際に幼児教育を担う人材の育成を目指した。アプタン自身の女子社会教育への直接の関与は戦後のガールガイド時代からであるが、大宮第1組のガールガイド団員の中心はこの学校の在学生と卒業生たちであった。組長は、幼児教育のリーダー的存在でもある桜井（大越）房子、加藤きみ子であった。檜垣茂、井原たみ子等が指導に訪れている。

　1927年度、結成の経緯の報告概要は次の通りである[42]。

　1927（昭和2）年11月3日、埼玉県大宮町の愛仕母学会に1組は生まれ、東京から檜垣茂、竹井富美子、井原たみ子、が出席して入団式が行われた。百合6人、マーガレット6人の2班から構成され、桜井房子が組長、岡田淑枝が副組長となった。

　その際、入団に際して次の感想が寄せられている[43]。要約すると次ぎの通りである。

① 白百合班員

　3つの契約、10の団則、他にない規則である。団則契約にしたがって一生懸命に励みこの団を知らない女性に一人でも多く知らしめ、そして大宮全体の女性にこの福音を伝へたい。信仰を持ってやれば出来ない事はない。

② マーガレツト班員　柳川義子

　入団式がすんで、私共は大宮第1組補導団員に入団することが出来た。10の団則と3つの契約を固く胸におさめ、日常生活に活用し、いつも団服を着た心地で道を歩むにも家庭においても実行しなければならない。そし

第5節　大宮第1組―大宮愛仕母学会（1927―）　235

23．大宮第1組（愛子母学会・1927年）

て大いに国家社会に尽くす心掛である。
③　白百合班員
　補導団に私たちも入団を許されてうれしい。主の僕となって社会のため神のため真心から一致して働きたい。
④　白百合班員
　天父の御恵により補導団が昨年11月大宮に始めてひらかれた事を感謝している。教員と生徒一同一時に入団出来た事を喜んでいる。何事をなすにも全能の神の御前にあってする事を知り、神の御栄を表す事の出来るようひたすら祈っている。そして全てにこの補導団のため、神の御国建設のため共に働きたい。
⑤　白百合班員
　私たちの学校の精神目標と補導団の精神とに深い一致があった。私たちに神様が補導団というよい親友を与へて下さった。私たちは神様の御国をひろめ、一人でも善良な子どもを養成して神様の前に捧げる事の出来るよう勉強している。入団式に約束した3つの契約、団則を考えると励まされ

る。私たちの組が多くの暖い手に導かれ幼い子どもの補導者、未信者の補導者に真の補導団員として努力する事の出来るようお励まし下さい。

⑥　某

　私は昨年の11月補導団の国に生れた者である。大宮に開かれた補導団、ちょうど暗黒の中からのかすかなこの光を以って進み明るい国を造りだしたい。また、これとともに神の僕となって栄光のために励み、常に補導団員である事を自覚し、良き姉妹となる事が出来るよう努力したい。

　以上である。1928（昭和3）年度には、本部から「一番若かい大宮の組は誠に好成績に成長して居られる[44]」、という報告があるが、愛仕母学会は全国の聖公会教会から推薦をうけた生徒を集めた幼児教育機関であったこともあり、他の補導団と比較して、教会活動の中に明確にガイド活動の意味があったことがわかる。

　また、同年には本部団員の佐々木逸子から大宮第1組の組長である桜井房子が結婚して大越姓になったこと、その上で大越房子の手紙と結成1周年の写真が送付されたことが紹介されており、その内容は下記の通りである。[45]

当団員も常に実生活にとつとめつゝ新しい年と共に一歩づゝ理想に向うて参り度いと日夜祈りつゝ、つとめて居りますが御承知の如き小さな田舎の事とて仲々はかばかしく御座いません。今後はなほ一層皆々様方の御指導を受けて出来得るかぎり愛のはたらきをと希望致して居ります次第で御座います。御大典記念としても当地の団員等は金品を以て貧しい人々を賑はす事は難しう御座いますからそれに代へて労力をわずかづゝ捧げ度いと存じて居りますがその事も只今まで実際に始められて居りませんその仕事をも種々考へ中で御座います故、これ又好き御考へが御座いますならば御教へ頂き度う御座います団の皆様を何時も思ふ許りで御無沙汰致して居ります故くれぐれもよろしくお伝へ遊ばして下さいませ

1929（昭和4）年度の報告では、次ぎの点が報告されている。[46]

① 大宮第1組は、普通団員14人、指導者3名であること。
② この年に卒業等で、5人が地方に移動したが、6名の新団員加入があったこと。
③ 指導者1人が箱根で開かれた補導団の指導者のキャンプに参加したこと。

1930（昭和5）年度の報告は次の通りである。[47]

① 構成は普通団員21人、指導者1人であること。
② 1930（昭和5）年4月に5名が就職等で地方に移動、退団したこと。
③ 1930年7月9日に、ミス・ウーレーの訪問、指導があり、入団式を行って新団員12人が加入した。式後にミス・ウーレーは「数種のむすび方及ゲーム」を教授した。
④ 毎週水曜日午後集会を行うが、規則的に集る事が困難である。

1931（昭和6）年度は次の点が報告されている。[48]

① 1931（昭和6）年3月までは21人の団員と指導者であった。
② しかし、同月末に6人の団員が卒業等により地方に移動した。
③ 組長の大越房子の病気と転地療養によって、毎週金曜日に開催の集会中止の状況も生じた。大宮の場合、愛仕母学会の学校生徒であるために毎年、新団員が加入する。このことは、団の種々の訓練になれた頃に卒業という課題もあるが、卒業生が他地方の幼稚園勤務とブラウニの発足という成果にも結びついている。

1932（昭和7）年度は、組長の大越房子の転地静養の継続、集会は毎月第1日曜日の午後1時からであり、12人の新入団員の2級試験準備等が報告されている。[49]大宮第1組からの報告は同年が最終年度となり、その後は特に記録がない。報告にもあったように地方の教会から推薦された在校生徒たちの団活動ゆえに、宗教的意味、教育活動への関心自体が高く、毎年、新入団員

がある一方で、卒業、帰郷あるいは就職による継続性の課題があった。

同時に、大宮第1組のメンバーは、後述する日光、久喜等の幼稚園でのブラウニ活動の発足、経営にも協力していることを付記しておきたい。さらに、大宮第1組の活動は、戦後はアプタン自身もふくめた戦後の埼玉県ガールスカウト運動の中心にも連続していくのである。

補注

E. F. アプタン（Upton, Elizabeth Florence・1880-1966年）PE・アメリカ聖公会、は生涯のうち半分以上の期間を日本で生活した。聖公会の女性宣教師として来日したが、幼児教育においては埼玉県においてその基礎を築いた人物でもある。彼女自身がガールガイドに直接関わった記録がなく、むしろ戦後のガールスカウトになってからの協力であるが、戦前の大宮第1組のメンバーはその教え子たちである。アプタンに関する森清一の著作、および武井幸子の研究をもとに、彼女の足跡について説明しておきたい。[50]

アプタンの先祖はフランス北方のノルマンディーの有力な貴族デュピタン家であり、同地には今もなおアプタンの名が残っている。1632年、アプタン家はアメリカのマサチューセッツ州のサレムに移住した。アプタンの祖父は南北戦争において北軍の将軍として活躍し、また「アメリカ軍事法典」の著者として有名であった。アプタンの母方の祖先は、ペリー家であった。物理学を学んだ父のF・アプタンはエジソンの友人であり、事業のために大学教授の職を辞することにした。発明王エジソンに協力し、大規模な電球製造工場を設立し、数百人の職工を雇って、事業は発展した。

1880年生まれのE. F. アプタンは、早くに母を亡くし継母のもとで成長するが、6年間市立学校の教育を受け、その後、1895年に父の仕事の都合でピッツバークの町へ移転し、彼女はこの地のハイスクールに転校した。その後、ニュージャージ州のケントプレーズにある父親の友人の創立による大学の寄宿舎に入り、2年間ここで学んだ。1899年には、アメリカ最初の女子大学であったバッサー大学に入学し、1903年には同大学を卒業した。彼女はグレイス教会の日曜学校の教師となり、友人と共に身体障害者の救済と生活指導を行いその代表的役割を果たした。

その後、アプタンはヨーロッパに留学することになり、イギリスでは、伝統的

第5節　大宮第1組―大宮愛仕母学会（1927―）

24．学生時代のアプタン（1897年頃）

な生活、風物、田園生活を経験し、フランスではソルボンヌ大学で美術を学び、イタリア、ギリシャでは、歴史的名所、旧跡、宮殿、教会、一流のオペラの観劇等々を見聞した。1906年にはフランスからドイツに移り、ベルリン大学に籍をおいて新約聖書神学を学んでいる。

　E. F. アプタンが来日したのは、1908（明治41）年のことであった。少女時代から電球のフィラメントが日本産の竹で出来ていることを知り、日本に強い関心を抱き、それが日本伝道への熱意となった。すでに埼玉県川越で伝道活動を行っていたミス・ランソン、ミス・ヘーウッド（バッサー大学の先輩）の元で活動することなり、彼女は自費で日本渡航を決意し、3月に川越に到着した。川越キリスト教会は日本聖公会の地方伝道における最古の歴史をもっていたが、まもなくミス・ヘーウッドは立教女学校の校長として東京に移動し、ミス・ランソンは仙台の女子神学校（後の青葉女学院）へ転任となった。1908年（明治41年）8月に、アプタンはその後を受けて川越の初雁幼稚園の園長としても働くことになった。

　1910（明治43）年8月、関東地方に大洪水があり、荒川沿岸の被害は大きく、

惨状を極めた。この時アプタンは軽井沢にいたが、急報を受けてミス・マータンとともにただちに川越に戻り、荒川東岸の並木村に託児所を開設し、それは、小さな幼稚園を始めるきっかけとなり、さらに聖公会熊谷幼稚園を設立することにもなった。

1911（明治44）年、浦和へ移動し、県庁の近くに定員20名の幼稚園を開設した。この時、埼玉県知事の妻が正式な手続きなく子どもを入園させようとしたことに対し、アプタンは定員に達していること、願書締切期日が過ぎている理由をもって入園を許可しなかった。この事実は、浦和市内に広まり、アプタンの姿勢と幼稚園の存在が認められる契機となった。

1914年にアプタンは大宮を訪れ、大宮が鉄道工場を中心に活気溢れた若い勤労者の多い町であることを知り、ここに伝道と幼稚園の働きを始めた。大宮における最初の幼稚園を開設することになったのは1915（大正4）年である。アプタンは幼児教育の重要性とキリスト教の信仰にもとづく幼稚園教諭養成の必要性を考え、1916（大正5）年、養成準備のためイギリス、アメリカで幼児教育の諸問題について研修した。

1917年（大正6年）日本に帰任したアプタンは大宮に住み、川越、浦和、大宮、その他の各幼稚園園長として、保育者の指導に当たり、幼稚園教諭を養成する愛仕母学会創立の準備を進めた。併行して、川口、鳩ヶ谷に幼稚園を設立し、彼女の活動は埼玉県下に拡大されて保育者養成は急務となった。しかし、学校設立は大事業であり、日本聖公会には仙台の青葉女学院、名古屋の柳城保母養成学校があるため認められず、結局、1923（大正12）年4月に自費を投じて愛仕母学会が開設された。アメリカの友人からの送金で学生寮を建設し、学生たちの寮生活が始まり、学校の形が整えられた。愛仕母学会における幼稚園の教師養成はアプタンの意志と信仰によるものであり、これ以降、学生は各地の教会から牧師の推薦によって集められた。

愛仕母学会の幼稚園教師の養成課程は2コースがあり、1つは高等小学校卒業者の3年制のものと、他の1つは女学校卒業者の2年制のものであった。このほかに、聴講生の制度があり、結核療養所の軽症者なども聴講が許された。講義ではアプタンは旧・新約聖書、児童心理学、英語など、直接保育方法・保育技術に関係のない科目を担当した。

なお、アプタンは園児の母親の啓発のために「母の知恵」第1部から第6部の小冊子を作り、これを配布した。授乳方法から沐浴など育児の具体的方法が書か

第5節　大宮第1組―大宮愛仕母学会（1927―）

愛仕母学会の講義内容

科目	担当者	科目	担当者
旧新約聖書	アプタン	裁縫ト作法	田中正喜
児童心理学	アプタン	書道	五島千嘉子
英語	アプタン	国語	清水ふさ
礼拝学	駒野司祭	お茶・花	渡辺・金杉
音楽	ミス・ネリ・マキム	修身・理科	小学校・中学校教師
	土肥文子	歴史・地理	小学校・中学校教師
保育学	大越房子	教育	
日本画	臼　英玉		

愛仕母学会の年度別の学生数

回生	学生数	回生	学生数	回生	学生数	回生	学生数	回生	学生数
1	11	2	3	3	3	4	3	5	8
6	6	7	8	8	9	9	4	10	8

れ、衣服の製作方法まで記述されている。

　愛仕母学会は、第1期の学生が1926（大正15）年3月に卒業し、1936（昭和11）年の第10期生の最後の卒業まで合計63人を輩出した。

　1925（大正14）年4月、アプタンは埼玉県比企郡松山に聖ルカ幼稚園を設立し、自ら園長となったが、その際の主任は第1期生の岡田淑枝であった。

　1926（大正15）年4月、幼稚園舎と礼拝堂が大宮、桜木町に建設され、この幼稚園は聖公会幼稚園と命名された。同年には、与野愛仕幼稚園を設立、愛仕母学会の卒業生加藤きみが主任となり、愛仕母学会で学ぶ生徒の実習の場としても重要な場となった。なお、長野県軽井沢町にも聖公会幼稚園が設立された。アプタンは川越時代に、乳児を養子として育て、さらに愛仕母学会の卒業生を教師にむかえ、愛仕あそび会及び毛呂山愛仕幼稚園の創立している。

　1939（昭和14）年、第2次世界大戦がはじまるとアメリカ大使館から帰国勧告を受けた。留まる決意が強かったものの1941（昭和16）年に帰国し、戦後に再来日し、1958（昭和33）年には勲五等端宝章、さらに、大宮名誉市民となっている。1966（昭和41）年7月2日、85歳で逝去した。

第6節　福島第1組—片曾根村農業公民学校（1929—）

　福島第1組は福島県片曾根村農業公民学校での活動である。1929（昭和4）年に活動を開始し、1930（昭和5）年までの活動継続が確認されている。指導を担当したのは渡辺芳枝である。
　1928年度の女子補導団報に、本部からとして、次のような報告があった。[51]

　　福島市では昨年来我々の団にならつて集会を初められましたが中々困難が多くて困つて居られるとの御同情は申て居りますが遠方の為御援助も出来ず残念に思ひます。今年はどうか団が成立して私共の御仲間入りをして戴き度と希望致します。

　団報によれば、1928（昭和3）年度、福島において補導団の集会準備が行われており運営に関する援助の要請が求められる。それに応ずる形で、1929（昭和4）年度の入団式の記録がある。
　入団式は、1929年9月21日、香蘭女学校で行われた。福島から渡井芳枝に引率された農業公民学校の生徒が上京し高松宮邸でのキャンプ参加の後、香蘭に向かった。檜垣茂、ミス・ウーレーが入団式を担当し、溝口歌子、徳川恵子が補佐した。生徒たちは、ヘイルストンの寄宿舎に宿泊している。[52]
　なお、1929年度の福島第1組の現状報告の概要は次の通りである。[53]
　①　構成は、普通団員6人、少女部団員6人、指導者1人。
　②　9月18日～26日まで、東京、三浦半島方面に旅行。
　③　11月22、23日農産物（家庭実習）品評会、裁縫手芸品展覧会開催。
　④　毎週火曜日に集会を開き、団の遊戯と訓練をしている。
　同1929年度の機関誌『女子補導団』の本部記録にも次の記録がある。[54]

　　八月廿九日　本部役員福島県滞在中田村郡片曽根農業公民学校教師渡井芳枝氏の入団式挙行
　　九月十六日　本部役員会

九月廿一日　香蘭女学校に於て福島県田村郡農業公民学校生徒十五名の入団式を挙行

　この日程からみると、指導者である渡辺芳枝の入団手続き後に、農業公民学校の女子生徒の入団式が行われたことがわかる。福島第1組の場合、地方の農業公民学校女子生徒による組という特異な例であるが、1931年度の本部報告には「福島第一組は指導者の退職後最近本部との連絡がなく明確な団員数等知る事が出来ませんでしたが渡井氏の後任の方が出来て復活する事が出来ます様希望して居ります」とあり、1930年度で休会していることがわかる。

第7節　長春第1組―長春高等女学校（1929―1931）

　長春高等女学校の生徒を中心とした組であり、1929（昭和4）年10月27日に発足した。指導者1人、団員6人で、組長代理を田中富貴子がつとめた。大連女子補導団の5年ほど後の発足となり、活動は1931年の「満州事変」時点まで継続した。
　1929年度の報告概要は次の通りであった。

① 長春女子補導団は、普通団員6人、指導者1人の構成である。
② 結団式は1929年10月27日に行った（午前10時半から正午まで）。
③ 結団式の内容は、国旗掲揚、君ヶ代斉唱、誓約朗読、宣誓の式、風輪氏の訓辞、健児団森先生の祝辞、一同の記念撮影、国旗降下、後一時間半室内での茶話会、最後に全員で補導団歌を合唱して散会した。
④ 結団式には保護者、来賓の出席者が全部で30人程度で、気持よく厳かに第1回の入団式が挙行された。その際、団旗が受納された。
⑤ その後、1ヶ月間、団員6人による規則を順守した活動がすすめられており、さらに入団希望者があって、近いうちに、仮入団を行いたい。
⑥ 結氷期に入り、スケートが盛んになっている。集会については、次回から午前10時から正午まで作業とし、午後1時から2時半まで女学校専

用の西公園スケートリンクで練習をするつもりである。これから半年間の「冬ごもり」があり、当地では、何よりの戸外運動としてぜひ行いたい。近いうちに団旗樹立式を挙行する。

　⑦　入団者は松岡富美子、松岡翠、畠山哲子、是枝静子、伊藤敏子、吉岡つる、の6人である。

　以上のように、長春では1929年に長春高等女学校を中心に発足し、補導団としての基本的な活動の他に長期の冬に対応したスケート等の屋外活動が奨励されていたこと、また新団員の加入があったことが理解できる。結団式には長春健児団という少年団からの挨拶が行われており、指導者については大連のカートリッジのような専門家は存在しないが、田中富貴子という女性が代理をつとめていたことがわかる。

　長春女子補導団は1931（昭和6）年度の本部記録に「大連、長春は前者は引きつゞき休会、後者は満州事変のためか御返事を得る事が出来ず」という連絡事項以降、活動記録は残されていない。[57]大連の項においても述べたように、男子の活動である長春健児団が戦時に際して、ボーイスカウトの斥候活動のごとく協力を行ったことと比較し、女子補導団は活動休止している点は対照的である。

第8節　日光第1組・ブラウニー四軒町愛隣幼稚園（1930—）

　日光第1組ブラウニは、日光市内の四軒町聖公会付設の四軒町愛隣幼稚園において1930（昭和5）年4月6日に発足した。日曜学校の中等科の生徒が中心で、ブラウニ7人が入団した。ブラウニの一部は日光高等女学校に入学したのち普通団員となった。イギリス人女性宣教師のハンプレ（Marian Humphreys）[58]、大宮第1組（愛仕母学会）出身の木村里代が指導者で、当初は日曜午後に集会を行った。

　北関東地区、栃木県の補導団活動について、本部記録には、1928（昭和3）年度に「目下栃木県足尾からも加盟を希望して居られます。新らしく団

第8節　日光第1組・ブラウニ—四軒町愛隣幼稚園（1930—）　　245

を組織される所々へ充分に御援助が出来る様になれましたら定めし姉妹等の数も増し社会の為めにもなられましように目下団として其所まで手が届きませんのは誠に残念では御座いませんか」という記述があり、続いて、1930年度に「地方では、大宮の団員であつた方が日光に新たにブラウニをおはじめになりました」と報告されている。

　1930（昭和5）年度、日光第1組の報告の概要は次の通りである。

　①　ブラウニ7人、指導者2名、小人数ではあるが、週に一度の集りに皆喜んで出席している。
　②　「クリスマスの祝にはブラウニ達の劇として（グリム童話中より）可哀想な靴屋のおぢいさんとあばあさんを散々に喜ばせてしま」った。
　③　日光はひじょうに寒いため、ブラウニ達は集りを休むものもいる。
　④　困難にもたえる明るいブラウニが必要であり、「ブローチ」がより輝くように御励ましをお願いしたい。

　1931（昭和6）年度は、普通組、ブラウニからの報告があった。
　①　1930年4月6日にブラウニとして入団した少女たちは女学生になったので、ガイドの組に入るための準備をしている。
　②　集会は日曜日の午後2時から行っている。ブラウニであった時より出席は良くない。
　③　集会ごとに、30分程度、団員の案によって平常の仕事をし、場合によって団員としての奉仕が出来る様準備している。
　④　ブラウニについては、日曜学校の中等科の生徒が20名ブラウニとして入団した。毎水曜日午後3時より4時半まで集会を行う。日曜学校の生徒の多くはブラウニ希望者で4、5人が入団準備中であり、そのうち3人は女学校へ入学予定であり、新団員として熱心なガイドとなることを期待している。

　1932（昭和7）年度はブラウニについて報告があった。
　①　集会は毎週水曜日に3時から4時半くらいまで行う。
　②　以前より出席率が良くなった。ブラウニ時代は熱心であるが、女学校に入ると時間の余裕がないらしく、出席も少なくなる。ブラウニから補

導団にまで進めるようにしたいが、多くのブラウニが生れるのに元のブラウニの影が薄くなることを心配している。

　③　ブラウニたちは現在、制服をつくる事を喜び、仕事にはげんでいる。

　さらに、1933（昭和8）年度のブラウニについては次の通りである。[65]

　①　集会は毎週水曜日の午後3時からで、冬期は帰校時間が遅くなるため、ゆっくりした気持で集会が出来ない。

　②　出席数が定まっており、同じブラウニの仲間が同じ気持で歩みを続けられるため、それぞれの希望に対応していきたい。

以上、日光第1組ブラウニは、日光市内の聖公会四軒町愛隣幼稚園において1930（昭和5）年4月6日に発足し、高等女学校に入学した団員による組も存在した。日曜学校の中等科の生徒が中心で、女性宣教師のM. ハンプレと大宮愛仕母学会出身の木村里代が指導者で集会を行ったものであった。1933（昭和8）年度以降の記録はない。

第9節　沼津第1組・ブラウニー清水上聖公会（1931—）

　沼津第1組は、清水上聖公会・四恩幼稚園出身者による普通組、ブラウニが存在し、1931（昭和6）年秋に活動を開始した。指導者は女性宣教師のエドリン（Theodra C. Edlin）で、日本人の指導者はガイド担当の新藤とし子、ブラウニを指導した村山愛子、南岡春枝、佐藤千代子である。[66][67] エドリンは、後に香蘭に赴任して東京の組も担当している。四恩幼稚園の卒園者による若葉会の名で英語とゲーム等を行っていたものが発展したものとも捉えられる。1933（昭和8）年の1月4日にはウーレーが訪問している。

　1931（昭和6）年度の活動について、次の報告があった。[68]

　私共はまだ昨年の秋にはじめましたばかりでお知らせする事もそんなにございませんが毎週お集りをいたして居ります。三人入団いたしましたが

第9節　沼津第1組・ブラウニ―清水上聖公会（1931—）　247

まだ後八名は一生懸命準備をいたして居りますから間もなく入団が出来様と思つて居ります。すでに入団いたしました団員達は看護法をよく研究いたして居ります。

ここには、1931（昭和6）年の秋から3人の団員で始められたこと、入団準備者が8人いること、また、看護法を学んでいることから普通団員であることがわかる。

翌1932（昭和7）年度の報告の概要は次の通りである。[69]

①　1932年7月に指導者であるエドリンがイギリスに一時帰国したために組長代理が担当していること。

②　最近2名の団員転出があったが、12月3日、3人の入団者あり、合計8人が二級団員となり各自熱心に学んでいる。他に3人が入団の準備中である。毎週一度の集会が思うようにできない。

1932（昭和7）年度は沼津第1組ブラウニの説明がなされており、要旨をまとめておきたい。[70]

①　沼津のブラウニは四恩幼稚園の卒業生によって組織されている。

②　幼稚園は1929年4月の創立であり、今年3月に第4回の卒業生を出す。卒園生は、卒園後も毎週水曜日の午後「若葉会」と名付けられた会に出席して英語を習い、遊戯等の集会続けてきた。

③　若葉会18人のうちから9人がブラウニとして入団した。

さらに、同年のブラウニ入団式についての村山愛子の報告は次の通りである。[71]

①　沼津第1組ブラウニ入団式は1932年1月4日、沼津市山王台の四恩幼稚園で行われた。

②　お正月の第4日目、朝10時半に集合準備し、「お昼をお客様とご一

緒したいとの希望をまとめて御馳走を作ることを考へた」[72]。

③　エプロンをかけ、ナイフでじゃがいもの皮をむき、人参を細く切り、米を炊く用意等々台所は大さわぎであった。部屋の係は掃除、テーブル支度、花生けをした。

④　12時過ぎにウーレーの来訪があった。「今日のお客様はウーレー先生の他に南岡先生、ガイドの指導者の進藤先生、幼稚園の佐藤先生、と村山の五人」[73]であった。

⑤　食前の感謝をし、暖かいシチュー、食後の果実を食した。

⑥　午後は入団式であり、「一同円くなり、第一に幼稚園の三人の先生が、ガイドの入団式を済ませ、ブラウニは之に続いて入団式を行」った。ブローチをつけ、ブラウニの決心をして、「二つ三つの面白い遊びの後ウーレー先生から可愛らしいお話しを伺ひ一同満された歓びと云ひ知れぬ感激をもつて名残り惜しくお別れし」[74]た。

上記からは、エドリンの帰国後のブラウニ入団式について、普通組担当の新藤とし子、ブラウニを指導した村山愛子（後に佐々木正市主教と結婚）、婦人伝道師の南岡春枝、幼稚園教員の佐藤千代子が同組を担当し、そこに東京のウーレーが訪問して入団式を行った様子が理解される。

1933（昭和8）年度の沼津第1組とブラウニの報告は次の通りである。[75]

①　沼津第1組は集会は毎週土曜日午後3時半から活動している。11名の団員全部2級となるため学んでいる。とくに手旗信号の練習に集中し、気候のよい時期は道しるべを用いて、海岸に、山登りに、遠足等をする。

②　沼津第1組ブラウニは毎水曜日、午後2時半より3時までの英語クラスに続いて集会を開いている。集りのはじめにお祈りをもつことをブラウニの一人が発言してから、毎回自由祈禱、子どものための祈禱文を用いて祈る。入団式後1年を経て、2級ブラウニの準備をするもの、新しい入団予定者、初級ブラウニのための会の3グループに分かれ、その後、共同遊戯等をして4時に散会する。「ジュヅ玉細工、ムギワラ細工等」の作業も行っている。

以上のように、沼津第1組は、聖公会の四恩幼稚園出身者による英語を習う若葉会が母体となり、普通組、ブラウニが存在した。発足時の指導者は女性宣教師のエドリンであるが、彼女の帰国後、教会関係者の新藤とし子が普通組を担当し、村山愛子、婦人伝道師の南岡春枝、幼稚園の佐藤千代子がブラウニ運営を担当していたことがわかる。[76]

補注

沼津聖公会には、1927（昭和2）年から1929（昭和4）年まで伝道師として黒瀬保郎が赴任している。黒瀬の妻は東京第1組（香蘭女学校）第一期生の細貝のぶであり、結婚直後に沼津に着任している。四恩幼稚園が1929年4月に創立し、沼津の補導団の発足はさらにその2年後の1931年であり、沼津の活動に関する細貝（黒瀬）のぶとの明確な接点は見当たらないが、後述するように黒瀬のぶは1932年から転任した茂原で新しい補導団活動を試みており、今後上記の各教員との交流関係を含めさらに詳細を確認したい。

第10節　長野第1組—愛シスター会（1931—）

長野県小県郡弥津村（ちいさがたぐん、やつむら）愛シスター会を会場とした長野第1組は柳澤けさを、を指導者として1931（昭和6）年11月3日に発足した。長野県新張少女団とも呼称され、ブラウニ、ガイド志望者に分かれて活動した。1932年8月にはウーレーが訪れ、ガイド32人、ブラウニ29人が入団式を行っている。

1932（昭和7）年度、報告の概要は次の通りである。[77]

① 1932（昭和7）年、8月22日、ウーレーが長野を訪問してガイドとブラウニの入団式が行われ、新しい団員が生まれた。入団式の後、ウーレーの指導で補導団についての色々の話、ゲームを学び有意義な一日を過した。

② 毎月第1土曜日と第3土曜日の午後に集会をする。毎月15日暁時に「鈴の会団」にて鎮守の森に集りお掃除をして神様に礼拝する。

③　また、年に6回、村道路の掃除の奉仕をする。鎮守の森の掃除の時は全班員が出席し、美しく出来た班員には緑色のリボンを、道路掃除の時には紅のリボンを、集りの時間に全班員が出席出来た班員には黄色のリボンが与えられ、この三色のリボンによって向上すべくはげんでいる。これらのリボンは肩章の下に付けている。

④　年長ガイドの中に、2級ガイドに進んだ者が6人中3人おり、この3人に指導者になってもらい、他の3人には指導者見習として協力してもらっている。普通ガイドの中にも2級ガイドに進めそうなものがいる。

⑤　春は道しるべを使って遠足をした。11月23日に新嘗祭を祝して組の催しとして区有林の松の落葉を集めた。売り上げ金の一部を組の基金にした。

長野第1組の入団式とウーレーの訪問について、柳澤けさから次のような記録が寄せられている。[78]

　昭和七年八月二十二日は一日千秋の思ひで待ちに待ちし嬉しい日でありました。朝早く先生をお迎へすべく副組長の土屋さんと御一緒に田中駅へ出ました。兼ねて約束の九時三十五分の下り列車は構内にすべり込みました。私は何んな先生かと想像し乍ら二級章を胸に付けて出口にお待ちして居りました処思つた通り皆の尊い見るからに良い先生と直感致しました。

　先生には私を御覧になってあなたが柳沢さんですかと問はれました。其の時私は長い間離れて居ました母親に会ふ様な気持がして嬉しいやら有難いやらで胸いつぱいになり涙さへあふれました。

　組織の初めより色々と私共の為に御力をお尽くし下さいました懐かしい本部の先生、私は未だ一度も外国の方とは口をきいた事が有りませんのでなんとなく心配でございました。けれど先生には思いの外日本語がお上手でいらつしやいましたので喜びました。山間の一農村に有る私共の為に御足労下さいまして真実に嬉しい入団式をして戴いたと云ふ事は此の上もない喜びと思ひまして私共は本当にめぐまれたのだと心に感じました。

午前中に入団式をして戴く事に定めましたが私は皆が入団出来るや否やと思ひ乍ら年長ガイド、ブラウニの順に馬蹄形を作りましたが心配でたまりませんでした。年長ガイドの方々より初めましたが皆良く出来ましたので一寸安心しました。次にガイド、ブラウニとして戴きましたが思ひの外良く出来ましたので本当に嬉しく思はれました。何しろガイド三十二人、ブラウニ二十九人と云ふ大勢の志望者を入団して下さいましたのが先生には大変おつかれの事であつたとお気毒に思ひましたが先生にはお元気に式を終られましたのが本当に有難く感謝しました。空はなんとなく重く記念写真を撮る時には畑に雨がぼそぼそと降り出しました。

あ、折角準備して置いたのに雨が降つては無になつてしまふと空をうらめしく眺めましたが雨は尚更強く降り、昼食は私の組のガイドの方々の手製料理でございましたのに先生にはお喜び下さいましてお召上がりになられた事が本当に嬉しく思ひました。一時より先生の熱心なるお話私共の脳裏に深く泌み渡りたるものにて其中世界の補導団員が実に百万人有る事を承はりました。そして私共も今日から其の一員と成るのだとおっしゃられました時私は何んとも言ひ表す事の出来ない嬉しさと共に尚一層契約団則を守り立派な組となり益々向上して行かねばならぬと心に誓ひました。それから遊戯に取り掛り是れも頭と体を動かす面白い遊戯でございました。時間が来ますので一同集り団歌を唱ひ最後に先生の訓話を受け三指の礼をしたま、君が代を合唱して式を終りました。それから粗末なる茶話会を開き遊戯、唱歌等を出しました。山間の者でとても都会の方々とは大変に相違し劣つて居るとは思ひましたが入団させて戴きましたのはなんとなく親密な心持で見て貰ひました。雨は益々激しく出来る事ならお宿り戴いて色々のお話をお伺ひ申し度いとは思ひましたけれど先生のご都合上名残を惜しみつ、御見送り申し上げました。

年長ガイドの方々も大変に先生とのお別れを惜しまれた様子でございました。強雨の中を自動車は田中駅をさして進みました。エキに着きました処時間はゆっくり有りましたので先生に御願ひして三人カメラに入りました。永遠に記念すべく併し是れは果して出来上がったのか何うか戴く事が出来ませんのが淋びしく思はれます。

五時五十分のくだり列車は先生を乗せて白い煙と共に発車。さようならお大事に。

以上である。長い引用となったが、ウーレーが訪れ、入団式を行った際の具体的な動き、さらに文面からは地方の東京からの指導者、とりわけ外国人に対する緊張を読み取ることも出来る。長野第1組は柳澤けさを、を指導者として1931（昭和6）年に11月に発足している。長野県新張少女団とも呼称され、ブラウニ、ガイド志望者に分かれて多くの団員が活動を行った。補導団としての活動に加え、地域の青少年活動（少女会）としての清掃活動、奉仕作業等の実施を伺うことができる。施設としては愛シスター会というキリスト教関係の施設を連絡先としているが、他地域の幼稚園卒園者のためのブラウニ、普通組とは構成が異なるものである。

第11節　茂原少女会―茂原聖公会（1931―）

茂原少女会は教会の日曜学校上級生等を対象に1931（昭和6）年から準備されたものである。香蘭女学校の東京第1組の第一期生であり、東京第2組指導者でもあった黒瀬（細貝）のぶが指導者となり、1931年6月に活動を開始した。黒瀬（細貝）のぶは、夫の黒瀬保郎伝道師（後、主教）と各地の教会で生活し、1927～29年を沼津で過ごし、その後にこの茂原で活動を行っている。

1931（昭和6）年度の機関誌『女子補導団』には「先頃から茂原で加入準備中の黒瀬夫人から左の報告を得ました」[79]として次の点が紹介されている。

① この少女会は正式に補導団に加入していないが、補導団同様の内容をもっているため団報に報告させてもらう。刊行されている「指導者の友」に感謝する。

② 会員は茂原聖公会信者、求道者、日曜学校上級生で、指導者4人、会員26人である。

③ ツバメ、ハト、カナリヤの三組に分けて1931年6月に活動を開始し

た。定期集会は日曜の午後で、長老から聖書の話を聞き、聖歌の練習、紐結び、会則、信号、救護、自然研究も少し行っている。補導団の体操も習い、教会でニルスブックのデンマーク式を指導してもらった。時には教会の掃除、草むしり、芋ほり、花壇の下ごしらへを行う。

④　一定以上の年齢の者を対象に、聖ルカ病院の看護婦から看護法を習い、千葉の婦人会長、江島による週１回、計６回の編物講習を受けている。

⑤　貸切自動車で、一の宮海岸に行き、野外炊飯したことが２回ある。秋には音楽、舞踏の会を行い、音楽会の収益の一部は教会のオルガンの基金とした。

⑥　教会の庭は、下に田園を見晴し、遠く森に囲まれた川を眺められ、デージーの咲く芝生に松林もある。景色のよい庭と小さい聖堂と牧師館を拠点として活動して行きたい。

⑦　手旗信号は海軍機関学校生徒から本式に習ふ機会があり、各自が手製の信号旗を持って集っている。

⑧　会員章はボール紙に色紙を貼ったものを胸に、忘れ物のない組には赤いリリヤーンを房にしてつけることにしている。

⑨　全出席と優勝の組はその表を飾って行く。

⑩　指導者である黒瀬が健康上の理由から手伝いが出来ないこと、学年末、入学準備のために集会出席率が低下しており、新学期にむけて活動を充実したい。なお、音楽、舞踏の会は旭ノ森幼稚園で実施、手旗信号は風戸健（海軍機関学校生）に依頼した。

以上、茂原少女会は、日曜学校上級生等によりツバメ、ハト、カナリヤの班活動が行われた。正式な補導団としては登録されないものであったが、聖アンデレ教会の東京第２組で副組長を担当した黒瀬（細貝）のぶの経験を反映した活動であった。

第12節　草津第1組ブラウニ・第2組ブラウニ
　　　　―マーガレットホーム・平和館（1932―）

　草津第1組のブラウニは1932（昭和7）年1月に発足した。草津聖マーガレットホームでネテルトン（Irene Mary Nettleton）が担当している。後に詳述するが、草津聖マーガレットホームは、ハンセン氏病患者の「未感染児童ホーム」である。この地で布教と救済活動をしていた聖公会イギリス人の女性宣教師コンウォール・リー（Mary Helena Cornwall Leigh）たちによって1924（大正13）年、設立された施設である。第2組は草津平和館で本橋たみよを担当に、1932年8月に発足した。[81] マギル（Maria B. McGill）宅にて集会を行い、東京からウーレーが訪問して結成式を行っている。

　機関誌『女子補導団』の1931（昭和6）年度版に草津第1組ブラウニについて次の報告がある。[82]

　　私共は昭和七年の新らしい年と一緒に生れましたほんとうに赤ちやんでございます。まだお仕事らしいお仕事は何も致して居りませんが皆喜んで出席種々のゲームやお話を通して理想のブラウニに成らうと努力して居ります。

　以上からは、1932（昭和7）年初めに発足し、遊戯等を取り入れながら活動を開始したことが理解される。
　機関誌『女子補導団』1932年度では、草津第2組ブラウニについて次の報告があった。[83]

　　まだ生れまして三ヶ月程にしかなりませんが皆ほんとうに仲良くなれました。集会の度お休みするものはほとんど御座いません。只今お仕事に編物を始めて居ります。
　　（草津第一組ブラウニの御報告を〆切までにいたゞけませんでした。）

第12節　草津第1組ブラウニ・第2組ブラウニ
　　　　　　　―マーガレットホーム・平和館（1932―）

　以上の簡単な概略であるが、これを補うものとして同誌に草津のブラウニ団員からの報告がある。青木すみ子、助川ちよ子、萩原やく、佐々木厭子、山崎せつ子、石野田米子、畑山キクエ、富澤芳子、加科花子によるものであるが、その中で入団式の様子についての石野田の文を紹介したい。[84]

　　八月火曜の晩六時マギル先生のお宅にあつまりました。本部のウーレー先生がいらっしゃいました。礼拝をしてはじまりました。下町の組十六人、上町のブラウニの人もあつまってまいりました。まるくならんでじゅんばんに先生の前にいってむねにきしょうをつけていただきました。私はうける前にむねがどきどきしてをりました。ことばをむねの中でくりかえしながらウーレー先生の前に出ました。一．神と天皇陛下に努をつくしブラウニのおきてをまもります。二．毎日家のおてつだひをし又人々を助けます。ブラウニのおきて一．ブラウニは目上の人にしたがひます。二．ブラウニはわがまゝをいひません。といひおわってむねにきしょうをつけていただきました。先生におじぎをして自分のせきにかへった。みんな一しょに礼をしてすはりました、それからいろんなあそびをしてわかれました。

　もうひとりのブラウニ、佐々木の文には次のように説明されている。[85]

　　私達の為に、いただいた先生は本橋先生とマギル先生です。たまたまリー先生がおいでになって為になるお話をして下さいます。
　　私達のブラウニをする所はマギル先生のお家です。私はブラウニが大すきです。ブラウニははじめにブラウニのおきてをならいます。
　　おきてについては色々あります。神様、天皇をうやまふ事、友だちを愛する事、年よりをいたはる事、そうゆうやうな事ををへると、今度は色々のゲームをします。ほんとうにおもしろいです。ブラウニををへると皆な一緒に帰ります。

　ここでは、①草津第2組ブラウニは1932年8月にマギル邸でウーレーが参

加して行われたこと。②本橋たみよ、マギルの指導によって運営が行われ、コンウォール・リーも関与していたこと、③ブラウニのおきてを順守しながら、遊戯等が行われていたこと、がわかる。

さらに、1933年度、草津第二組ブラウニについて次の報告があった。[86]

> 寒さの為一月中お休みに致しまして二月から始めました。お蔭様で皆元気で大変に喜んで出席致します。又一生懸命にするつもりで御座ゐます。

以上、草津第1組のブラウニは日本聖公会の草津伝道の一環として、1932（昭和7）年1月にネトルトンによって聖マーガレットホームで始められた。第2組はマギル邸と草津平和館でマギルと本橋たみよが担当し、同1932年8月に発足したことがわかるが、両組の休会年は不明である。

補注1　群馬県内ガイドの歴史

群馬県内のガールガイドの始まりとしては、1923（大正12）年、前橋聖公会においてベシー・マキム（Bessie M. McKim―マキム監督の長女）を代表とした前橋第1組の記録がある。[87]

補注2　コンウォール・リーの草津伝道と教育活動について[88]

草津の女子補導団活動の背景には聖公会の布教活動とメアリ・ヘレナ・コンウォール・リーに象徴される聖公会ミッションの福祉・教育活動がある。以下では、草津湯ノ澤とハンセン氏病者、聖公会と救済事業について、また、資料をもとにコンウォール・リーの足跡と教育事業を中心に概説したい。[89]

〔メアリの来日〕

メアリ・ヘレナ・コンウォール・リー（Mary Helena Cornwall Leigh・以下メアリと略）は、1857年5月20日にイギリスのカンタベリーで生れた。生家はイギリスの裕福な貴族で、父は印度駐屯軍の陸軍大佐であったが、メアリが幼い頃病没し、兄と共に母の手で育てられた。イギリスで初等、中等教育を受けた後、フランスで美術を学び、さらにスコットランドの聖アンドリウス大学で教育学、経済学、言語学、英文学を専攻し、1886年（29歳）にLLA（Lady Literature of Arts）を得た。文才も豊かで、4冊の著書がロンドンで出版されている。

兄とも死別した後、彼女は教会の教育事業等にたずさわっていたが、母と二人で世界一周旅行を経験し、その際に日本にも立寄って強い印象を持った。母の死

第12節　草津第1組ブラウニ・第2組ブラウニ
　　　　―マーガレットホーム・平和館（1932―）

後、1908（明治41）年、51歳の時に日本へのキリスト教伝道を思い立ち、英国伝道協会SPGの南東京主教の下で自給の伝道師となった。日本語を学びながら、千葉県、神奈川県および東京の教会で布教活動を行った。その後、メアリが草津伝道の接点を持つのは、1915（大正4）年の群馬県草津町訪問時のことである（この時、日本聖公会北東京地方部のジョン・マキム監督、前橋のアンデルス長老および東京浅草の聖ヨハネ教会長老大藤鋳三郎も草津を訪問している）。当時の草津湯之沢は、ハンセン氏病者の療養地であり、生活・教育環境両面から多くの課題が存在していた。

〔草津定住〕

　日本国内でのハンセン氏病患者は明治以降、四国八十八ヶ所遍路道、山梨県身延山、和歌山県湯の峰、熊本県本妙寺界隈、さらに群馬県草津湯の澤等での生活を行っていた。国内の行政の対応も偏見を持った移転・隔離が中心であり、じゅうぶんな事業は行われていなかった。1873（明治6）年にノルウェーのハンセンが「らい菌」を発見したこともあって、日本国内のキリスト教諸団体は布教と救済という観点から活動をすすめていった。

　キリスト教のハンセン氏病への取組は、1889（明治22）年にパリ外国宣教会のテストウィドが御殿場の神山に復生病院を建設し、1894（明治27）年に米国長老派宣教師ヤングマンが東京の目黒に「慰廃園」開設、1895（明治28）年には、CMS宣教師のハンナ・リデルが熊本に回春病院を開設しており、1900（明治33）年には、復生病院院長のベルトランが草津湯ノ沢において病院建設に着手し、ハンナ・リデルも同年、湯ノ澤を視察している。

　メアリは草津訪問と前後して東京の療養所「慰廃院」の訪問をおこなっていたが、病者の信仰団体である光塩会の宿沢薫とも話合いを行い、草津での活動を決意することになった。彼女のイギリスの資産をもとに聖バルナバ・ミッションを開始し、視察の翌年である1916（大正5）年5月（59歳）に草津に定住し、以後20年間、女史の救済事業と伝道をすすめた。これは後に、1941（昭和16）年、国立療養所・栗生楽泉園に吸収されるまで続くことになった。

　彼女たちが活動の拠点とした湯ノ澤聖バルナバ教会は、管理長老アンデルス、伝道師補宿澤薫、宣教師メアリ・ヘレナ・コンウォール・リーというメンバーで出発し、定住したメアリは主日礼拝、日曜学校、信徒訪問を行った。また、地元の若い女性を救護、収容するために地域の旅館を買い取り、「聖マリア館」と名付けて女子ホームとし、これが聖バルナバ・ホームの始まりとなった。続いて男

子ホーム、女子ホーム、夫婦ホーム、家族単位で救護する準ホームが建設され、さらに「聖マーガレット館」というハンセン病患者の子どもであり、発症していない「未感染児童」生活施設も建設された。メアリとともに活動した人物には前出の宿沢薫の他、女性伝道師の井上照子、医師の鶴田一郎たちがいる。

〔教育活動〕

メアリはイギリス時代から少年・少女向けの物語を書き、もともと青少年教育への関心が強かったが、草津でも一般の草津町民が住む上町地区と湯之澤地区の幼児・児童教育に力をいれ、湯之澤の子どもたちのために聖愛幼稚園を、上町の子どもたちのために愛隣幼稚園を設立した。

なお、メアリは1923（大正12）年に自宅に4人の少女を引き取って斎藤しんの協力を得て世話していたが、引き取る子どもの数の増加につれて福島の教会信徒であった先崎けさを専従のスタッフとしてむかえた。さらに、聖マーガレット館の運営を支援しガールガイドの担当者ともなったマギルとネトルトンをむかえて活動をすすめた。[90]

マリア・B・マギル（Maria B McGill）は、米国聖公会司祭を父として、アメリカ合衆国メリーランドに生まれ、同州のハンナ・モア・アカデミーを卒業後、マサチューセッツ州のマウント・アイダ女学校の教師を経て1907（明治40）年に来日した。京都の平安女学院、大阪箕面学園勤務の後、メアリに共鳴して1928（昭和3）年に草津の聖バルナバ・ミッションに参加し、聖マーガレット館で児童の養育の他、教会の日曜学校、婦人会活動、聖愛幼稚園、愛隣幼稚園、聖望小学校を担当した。

マギルとともに聖マーガレット館で働いていたのがネトルトン（Irene Mary Nettleton）である。メアリとネトルトンが出会ったのは、メアリが1929（昭和4）に一時帰国をし、ロンドン南部のセント・ジャイルス・シスターフッド付属ハンセン氏病者救護院を訪れてのことであった。ここで働いていたネトルトンを招聘し、彼女は1930（昭和5）年8月に来日した。ネトルトンの主たる担当は聖マーガレット館であり、マギルは病者の学齢児童の教育を主に担当することになった（1936年1月に聖マーガレット館は火災のため全焼したが、同年6月、同じ場所に2階建ての現在の聖マーガレット館が完成した）。イギリス人ミッションの活動はその後、本橋たみよ、小笠原愛子たちが協力して引き継いでいる。

メアリは草津のハンセン病者たちから「かあさま」と呼ばれ、また、彼女たちの事業も政府から認められることになったが、その後1936（昭和11）年には高齢

のため兵庫県明石に引退し、1941（昭和16）年12月18日に逝去した。

　貫民之介の『コンウォール・リー女史の生涯と偉業』には、メアリの教会を中心とした生活について次のように説明されている。[91]

　　午前5時に早天祈禱、9時に日曜学校、10時から早禱礼拝と説教、午後は上町伝道所平和館にて礼拝と説教、夕には下町にて晩禱礼拝と伝道説教を行い、リー女史は礼拝毎に詩頌聖歌のオルガンを奏し、説教者なき時は自ら勧話をなし、管理司祭が出張し来る前には洗礼準備及び聖餐準備会を行った。リー女史は何れの会合にも出席し其間には病床にある信徒の訪問を行った。救護医療の方面で種々事務を処理する為其方面の役員会等もあり、全く寧日は無かつた。されば雨の日も雪の日も湯之澤の巷にリー女史の姿を見ない事は無かつたのである。

第13節　久喜第1組ブラウニ—久喜児童の家（1932—）

　久喜第1組は埼玉県久喜町の幼稚園で始められたブラウニである。日光の木村（結婚後、牛山）里代の指導を受け、倉戸としみ、大宮の大越房子、加藤きみ子が協力した。1932（昭和7）年に約30名のブラウニが入団した。

　1932年、倉戸三郎（戦後、日本安全衛生協会会長）と姉の倉戸敏、大宮愛仕母学会で副校長を務めていた桜井（結婚後、大越）房子、木村里代らによって始められた「久喜児童の家」が母体となった。児童の家は、子どもたちや保護者に新しい人生観と奉仕の精神をとの趣旨で始められたもので、キリスト教童話を中心として子どもたちに働きかけ、ブラウニの活動もその中のひとつとして取り入れられたものである。ブラウニは数年継続し、児童の家は1942（昭和17）年まで継続した。[92]

　1933（昭和8）年度、久喜第1組ブラウニについて次の記述がある。[93]

　　不可思議なブラウニ運動に参加すべく、毎日曜午前集会を持ち、郊外運動と自然研究に努力したいと各員力んでゐます。之の運動には、深い理解と高い明日への希望による保護者各位の援助が必要と思はれますので其の

為に祈つてゐます。

さらに、倉戸静子の記録によれば、活動の概要は次の通りである。[94]

① ブラウニは1932年、久喜児童の家（こどものいえ）で開始された。
② 週日は幼稚園、また毎週、日曜学校が行われており、ブラウニの集会は日曜の午後に開催された。
③ フェアリー、ピクシー、グノム等6人編成の班が6つあった。
④ 野原での道しるべつけと冒険、紐結びと三角布の練習、歌とスタンツを取り入れた活動をおこなった。
⑤ 各自の役割をもって遊び会、晩餐会、クリスマス、イースター、花の日等の行事を開催し、ファーブルの昆虫記、グリム、アンデルセンの童話をきいた。
⑥ 茶色のエプロンをつくり、ブラウニの誓を思いながら真鍮のバッジ磨きをした。

以上、久喜1組は久喜児童の家で始められたブラウニであり、先行する大宮、日光の補導団経験者の指導、協力のもとに始められた活動であることがわかる。幼稚園、日曜学校と組み合わされた教育活動でもあり、数年継続しているが、その詳細な年月は不明である。

小　結

本章では地方の活動について、組の発足年代順に、神戸、大連、大阪、盛岡、大宮、福島、長春、日光、沼津、長野、茂原、草津、久喜の順で概観を試みた。発足時期、地域と団体名、指導者、その背景について確認した。各団の指導者、活動の特色については下記の通りである。

神戸では、1923年に女子補導団の神戸地区代表 V. L. マシューズ、松蔭高等女学校の上西ヤエ、浅野ソワ子、藤喜代子、新井外子の指導で始められた。神戸ボーイスカウトとも連絡関係があり、ミカエル教会、松蔭高等女学

校で活動した。1927年頃から生徒の時間の都合から普通団員の活動が停滞しブラウニのみの活動になり、1929年に解散した。

　大連では、1924年にイギリス人宣教師でイギリスのガールガイド中国支部長、カートリッジの指導で始められた。カートリッジの帰国後は田村幸子が幹事となり、大連高等女学校生徒が中心に活動し、幼女隊もあった。1924年には後藤新平、三島通陽の訪問があり少年団との連携もあったが、卒業生の上級学校進学、「満州事変」で1931年に活動を休止した。

　大阪第1組は、M.C.バッグスの指導で始められた。バッグスによる英語の指導のため、高等科英文科の生徒対象に発足した。英文科の廃止後は第2組のみになった。第2組は M.C.バッグス、A.S.ウィリアムアス、加藤文子が指導を担当し、学校全体の協力があり、日曜学校、学校 YWCA の一部としても活動した。多忙な学校の時間割、1934年の室戸台風被害を契機に活動を停止した。なお、1929年に大阪四〆島セトルメントでも大泉清子の指導で活動を行った記録がある。日曜学校のクリスマス連合等で活動した。

　盛岡では1927年に、盛岡聖公会の村上秀久、村上しげ子、少年団盛岡地方連盟の松岡直太郎が協力し、補導団本部のウーレー、ヘイルストン、櫻井国子が参加して発団式を行っている。後に、岩泉みどり、松岡良枝が指導的役割を果たした。団員の学校の課題が忙しく1929年以降に停滞した。1920年からディクソンの下で補導会活動開始の記録もある。

　大宮では、1927年から E.F.アプタンの開設した愛仕母学会で、桜井（大越）房子、佐々木逸子、加藤きみ子が指導者となって始められた。檜垣茂、竹井富美子、井原たみ子、ウーレーが指導に訪れている。日光、久喜での幼稚園ブラウニの発足にも協力している。

　福島では、1929年から公民学校教員の渡井芳枝が指導者となり、片曽根村農業公民学校で発足した。渡井に対して桧垣茂が入団式を行い、その後普通団員、少女部員に対する入団式が香蘭女学校で行なわれた。渡井の退職によって1931年に休会している。

　長春では、1929年に発足し組長代理を田中富貴子がつとめた。団員は長春高等女学校生徒であり、少年団の長春健児団の協力があったが、1931年の「満州事変」で休会した。

日光では、1930年に女性宣教師のM.ハンプレ、大宮愛仕母学会出身の木村里代の指導で四軒町聖公会、四軒町愛隣幼稚園で始められた。日曜学校の中等科の生徒が中心となりブラウニ7名入団し、後、一部は日光高等女学校生徒を団員とした日光第1組を結成した。

　沼津では、1931年から、活動が始められた。女性宣教師のT.C.エドリン、新藤とし子、ブラウニでは村山愛子、南岡春枝、佐藤千代子が指導した。四恩幼稚園卒園者の英語とゲームを学ぶ若葉会が母体となった。

　長野では、1931年に柳澤けさをを指導者に小県郡弥津村愛シスター会で始められた。長野県新張少女団として発足した。ブラウニ、ガイド志望者に分かれて活動し、入団式にはウーレーが参加している。

　茂原では、1931年に香蘭出身の黒瀬（細貝）のぶを指導者として少女会が発足した。日曜学校上級生等を団員とし、県内の旭ノ森幼稚園で音楽会、聖ルカ病院看護婦の講習、海軍機関学校生による手旗信号指導が行われた。

　草津では、1932年に活動が開始された。第1組はI.M.ネトルトンが指導を担当した。コンウォール・リーの草津伝道とハンセン氏病者支援、教育の一環として建設された聖マーガレット館を会場とした。第2組はM.マギル、本橋たみよが指導を担当し、マギル邸、平和館にて集会を継続した。東京からウーレーが訪問し、入団式を行っている。

　久喜では、1932年に倉戸としみが指導し、日光の牛山（木村）里代、大宮の大越（桜井）房子、加藤きみ子の協力で発足した。久喜児童の家が母体となってブラウニ活動が数年継続した。

　この他、1923年に前橋聖マッテヤ幼稚園のB.マッキム（マッキム監督長女）が前橋第1組を始めた記録がある。

　以上を概観すると、日本女子補導団に改組されて、便覧において活動の原則をキリスト教主義と分離した後においても、実際には多くの活動に聖公会に関係するイギリス人宣教師、聖公会教会、学校、幼稚園の教職員が深く関わっており、また相互に連携していることがわかる。

　大連、長春等の組は「満州事変」という戦時情勢によって活動を停止し、大阪の組は室戸台風被害が休会の原因となった。一方で国内の大都市、地方部においても、児童生徒の多忙さを理由に活動の停滞が指摘されている。女

学校生徒による普通組の停滞の一方で、地方都市におけるブラウニの組織が試みられている。

註

1) 『神戸ボーイスカウト会報』創刊号・1924年1月、8ページ。
2) 松蔭高等女学校同窓会『千と勢』第16号・1925年11月、2ページ。
3) 『少年団研究』第2巻、第3号・1925年3月、27ページ。
4) 『女子補導団』第4号・1929年3月、4ページ。
5) 『女子補導団』第5号・1930年3月、11ページ。
6) 山田知輝『兵庫のスカウト運動の原点と継承』神戸ボーイスカウト50周年記念誌委員会、1992年、より。
7) 『女子補導団』創刊号・1926年3月、9ページ。
8) 同前、7ページ。
9) 『女子補導団』第3号・1928年3月、5−6ページ。
10) 同前、6ページ。
11) 『女子補導団』第5号・1930年3月、10ページ。
12) 『女子補導団』第6号・1931年3月、5ページ。
13) 前掲の『日本聖公会教役者名簿』によれば、M.バッグスはイギリスCMSの派遣宣教師で、1898年生まれ。日本の在任は戦中の帰国期間を除いて1925—1962であり、徳島半田、プール、徳島イマヌエル、佐古聖テモテ等の教会を担当している。A.ウィリアムスもイギリスCMSの宣教師（1889—1970）。また、日本聖公会の『大阪教区報』（1970年10月）によれば、ロンドン大学を卒業後、ウィローズ宣教師学校で学び、1917年に来日した。日本在任の期間は1917—1940、戦後の1952—1954である。戦後はプール女学院の中、高、短大で教えた他、大阪教区で奉仕活動等に尽力した。香蘭に在任した記録もある。
14) 『女子補導団』創刊号・1926年3月、10ページ。
15) 『女子補導団』第2号・1927年3月、48ページ。
16) 『女子補導団』第3号・1928年3月、6−7ページ。

英語原文は次ぎの通りである。

Miyamachi, Amagasaki,

I've been trying hard to get my Guides to write something for the magazine, but they are all so busy with examination that I've got nothing. So perhaps I'd just better report on the doings of our two companies.

The 1st Osaka has numbered 16 Guides this year. I've been giving them instruction in first aid and sick nurse work but they have not taken the badges yet. They have also learnt English country dances and songs. We are corresponding with two Guide companies in England who sends their magazines and letters very regularly so that we really feel that we are one big sister hood all over the world.

All these girls have individual guide correspondents in America or England, and fined great interest in the letters, post cards and photographs which pass between them.

One day we had a visitor from China who told us about her Guide company in Loochow, and left us a photograph of them. This with other photos of Indian and African and English companies pin on their notice board.

Last April I went with a few of the girls to a kind of camp. We stayed in a house, not in tents, but tried to get out as much as possible, but unfortunately it rained most of time. Nevertheless they kept the true Guide smile through out, and I think we learnt many thing from each other of cooking, entertaining and Guide spirits, but chiefly of our great ideal.

The 2rd Osaka now numbers about 30, some have had to give up for a while as they are doing special exam work. They are working hard for their second Class badges which I hope many of them will get before the end of this term.

I'm afraid this is a very short report but I too am pressed for two.

Yours Sincerely
M. C. Baggs.

Captain 1st 2nd Osaka.

17)『女子補導団』第 4 号・1929 年 3 月、4 ページ。
18)『女子補導団』第 5 号・1930 年 3 月、10 ページ。
19)『女子補導団』第 6 号・1931 年 3 月、5 ページ。
20)『女子補導団』第 7 号・1932 年 3 月、6 ページ。
21)『女子補導団』第 8 号・1933 年 3 月、6 ページ。
22)『女子補導団』第 9 号・1934 年 3 月、5 ページ。
23)『女子補導団』第 5 号・1928 年 3 月、11 ページ。
24)『じゃびらぁて―盛岡聖公会五十年小史』1959 年、および『銀杏―盛岡聖公会付属仁王幼稚園 80 年史』1988 年、を参照した。
25)『女子補導団』第 3 号・1928 年 3 月、9 —12 ページ。
26) 同前、10 ページ。
27) 同前。
28) 同前。

小　結　265

29）同前、11ページ。
30）『女子補導団』第3号・1928年3月、37ページ。
31）『女子補導団』第4号・1929年3月、4ページ。
32）同前、12ページ。
33）同前、40—41ページ。
34）同前、41ページ。
35）同前。
36）『女子補導団』第5号・1930年3月、10ページ。
37）前掲『じゃびらぁて―盛岡聖公会五十年小史』によれば、1929年12月には新礼拝堂の聖別式が行われ、宗務上の多忙さに加え（7ページ）、市内三業地の反対運動、さらに村上夫妻の子どもの病気、療養等（98—99ページ）がこの時期に重なっている。
38）日本ボーイスカウト岩手連盟『岩手のボーイスカウトの歩み』1980年、20—21ページ。
39）同前、24ページ。
40）前掲『じゃびらぁて―盛岡聖公会五十年小史』。
41）『女子補導団』第5号・1930年3月、40—41ページ。
42）『女子補導団』第3号・1928年3月、37ページ。
43）同前、38—41ページ。
44）『女子補導団』第4号・1929年3月、4ページ。
45）同前、41ページ。
46）『女子補導団』第5号・1930年3月、9ページ。
47）『女子補導団』第6号・1931年3月、4—5ページ。
48）『女子補導団』第7号・1932年3月、6ページ。
49）『女子補導団』第8号・1933年3月、6ページ。
50）森清一『みどりの舟　―アプタン先生の愛仕の生涯―』および、武井　幸子「埼玉県における先駆的保育活動―大宮名誉市民　アプタン女史の業績と生涯―」『埼玉保育短期大学紀要』1990年。
51）『女子補導団』第4号・1929年3月、4ページ。
52）『女子補導団』第5号・1930年3月、21ページ。
53）同前、9—10ページ。
54）同前、3ページ。
55）『女子補導団』第7号・1932年3月、2ページ。
56）『女子補導団』第5号・1930年3月、10—11ページ。
57）『女子補導団』第7号・1932年3月、2ページ。

58) ハンプレ（Miss. Marian Humphreys・1886-1968）はアメリカ聖公会（PE）から派遣された宣教師である。在日期間は1915―1937年であり、仙台、金沢、津、日光の各教会に所属した。（資料：『日本聖公会教役者名簿』）
59) 『女子補導団』第4号・1929年3月、4ページ。
60) 『女子補導団』第6号・1931年3月、2ページ。
61) 同前、4ページ。
62) 同前。
63) 『女子補導団』第7号・1932年3月、5―6ページ。
64) 『女子補導団』第8号・1933年3月、6ページ。
65) 『女子補導団』第9号・1934年3月、5ページ。
66) 沼津の聖公会および四恩幼稚園については、『日本聖公会　沼津聖ヨハネ教会百年誌』1998年を参照した。
67) エドリン（Miss. Edlin, Constance Maria Annuntiata Townshend・1898-1979）はイギリスSPGミッションの女性宣教師で在日期間は1927-1938である。東京、沼津、鴨川、香蘭を転任した。（資料：『日本聖公会教役者名簿』）
68) 『女子補導団』第7号・1932年3月、6―7ページ。
69) 『女子補導団』第8号・1933年3月、6―7ページ。
70) 同前、7ページ。
71) 同前、33―34ページ。
72) 同前。
73) 同前。
74) 同前。
75) 『女子補導団』第9号・1933年3月、5―6ページ。
76) 沼津の聖公会および四恩幼稚園については、『日本聖公会　沼津聖ヨハネ教会百年誌』1998年を参照した。
77) 『女子補導団』第8号・1933年3月、7ページ。
78) 同前、35―36ページ。
79) 『女子補導団』第7号・1932年3月、34―35ページ。
80) ネテルトン（Miss. Irene Mary Nettleton・1898年生まれ、日本着任は1926年）イギリスSPGの女性宣教師で神戸、草津の教会に所属した（資料：『日本聖公会教役者名簿』）。
81) 『女子補導団』第8号・1933年3月、53ページ。
82) 『女子補導団』第7号・1932年3月、6ページ。
83) 『女子補導団』第8号・1933年3月、6ページ。
84) 同前、41ページ。

85）同前。
86）同前、5ページ。
87）『少年団研究』第2巻、第3号・1925年3月、27ページ。
88）「証人の足跡」〈聖公会新聞〉第561号・2001年3月25日「証人の足跡」および日本聖公会北関東教区のWebページ、中村茂『コンウォール・リー女史と草津湯ノ澤への道』2003年11月23日草津町役場講演会資料（群馬県立図書館蔵）、日本聖公会『湯ノ沢聖バルナバ教会史』1982年、貫民之介『コンウォール・リー女史の生涯と偉業』大空社・1995年（再販）、等を参考にした。
89）日本聖公会歴史編集委員会編『あかしびとたち―日本聖公会人物史―』300―303ページ。
90）「証人の足跡」『聖公会新聞』第571号、2002年2月25日。
91）前掲『コンウォール・リー女史の生涯と偉業』82ページ。
92）ガールスカウト日本連盟『ガールスカウト半世紀の歩み』1970年、41ページ。
93）『女子補導団』第9号・1934年3月、6ページ。
94）前掲『ガールスカウト半世紀の歩み』40―41ページ。

第9章

日中戦争・第二次世界大戦下の
聖公会教会と女学校

　日中戦争から第二次世界大戦下の時代、キリスト教は関係が悪化し、交戦国となったイギリス・オランダ・アメリカ合衆国等の宗教であり、イギリス国教会系である聖公会とその系列の聖公会系女学校は宗教教育の禁止を含めた弾圧をうけた。日本のガールガイドである女子補導団も1942（昭和17）年1月に解散した。本章では、日中戦争・第二次世界大戦下の聖公会教会と補導団関係の女学校について概観したい。以下では、15年戦争と中等教育を概説し（第1節）、宗教団体に対する国家統制をはかった宗教団体法と日本聖公会（第2節）、外国人宣教師と教員の帰国を含めた戦時下の香蘭、プール、松蔭、東京女学館について（第3節）、戦時下における学校の組織変更について（第4節）、それぞれ学校の個性でもあった制服廃止と各校への戦時学生標準服の導入（第5節）、戦争継続にともなう国家総動員法と勤労動員（第6節）、さらに、学校報国隊の結成、女子勤労動員の経緯（第7節）について述べる。先に述べたように女子補導団は対アメリカ、イギリス開戦後の1942（昭和17）年に解散したが、その背景にある戦時下の女子教育について補導団活動の行われていた四つの女学校を中心に検討したい。

　次に示す文書は、戦時中の香蘭女学校に勤務していた教職員の手によるものである。[1)]

　私の勤めていた香蘭女学校は英国系聖公会に所属していたために、戦時中は特に警察や憲兵隊の注視するところとなり、昭和19年の3月に園芸科の教師が突然憲兵に連行され、四十日間拘置。裁判の結果流言とスパイ行

為という罪名で有罪。五年の執行猶予つき―（中略）―同年七月には校長以下二名の教師が辞職に追いやられ、官選の校長が任命された。英語の辞書や聖書は没収焼却され、毎朝の礼拝は軍国訓話に変わった。校舎のうち本館は城南地区師団司令部に占領され、特別教室は鬼足袋、北辰電気の工場と化した。三〇〇名ほどの生徒のうち高学年は校外の工場へ、低学年生は学校工場に動員されていた。

―（中略）―

　一方生徒は礼拝がなくなったのでせめて聖歌だけでも歌いたいと訴えたが拒否され、教室の黒板には校長に対する批判や落書きが目立つようになった。私はこの落書きを消して歩く役を命ぜられた。このころ憲兵のいやがらせや圧力が生徒や職員の家庭にまでじわじわと及びはじめた。
　十二月二十五日、「必勝の信念、必死のご奉公」と唱和して始まった。夕方工場の帰りに母校へ立寄った数人の生徒が、事務所に居残っていた私のところに来て「今日はクリスマスだから聖歌うたってもいいでしょう」と言った。私も歌いたかった。ちょうど砂原美智子（オペラ歌手）さんが就任して間もない時だったので、彼女をかつぎ出しその職権（都の私学課から推薦をうけて芸能科音楽の教師として採用、専ら愛国行進曲のようなものの指導に当った）を利用して、体育館のピアノを囲んで歌うことにした。はじめは小さな声で歌っていたのがいつの間にか大勢のコーラスになり、職場を離れてきた生徒たちの美しい声と涙で、暗幕を張りめぐらした体育館も温かくゆれていた。慌てて自宅からとび出してきた校長もこの光景にとまどったか、「早く、工場に帰りなさい」と言っただけで去ってしまった。心からのクリスマス賛歌だった。翌二十年五月二十四日夜の空襲により校舎は全焼した。師団司令部も兵隊もいち早く逃げて、最後までバケツで水をかけていたのは小使いさんだったとか。まだ煙の消えていない焼け跡に私がたどりついた時、校長は鍋釜と一緒に焼け残った校庭の隅にあるお祈り堂に避難していた。
　そして八月十五日終戦。数日後復校の宣言式のようなものがあった。理事長の佐々木鎮次主教は拷問によって傷めた足をひきずりながら焼跡に立ち、まず神に感謝の祈りを捧げ、つづいて全校生と教職員に向い復校の宣

言をし、さらに校長の罷免を発表した。丁度そのとき正門からリヤカーをひいた男が近づき、校長に耳うちし奉安殿を取りに来たと告げた。近くの八幡神社の神主とか。全員注目の中、校長と男は奉安殿に向い柏手を打ち扉を開けた。中からブリキ状の鏡が出てきた。爆笑！　権力は解体されリヤカーとともに退散した。

　私たちは久しぶりに心の底から笑った。青空に向けた目からは止めどなく涙が溢れた。

　以上は、第二次世界大戦下の聖公会系女学校の状況を象徴的に示している。警察、憲兵隊による監視、教員と教育内容の管理と統制、学校施設の軍部による接収、勤労動員と学校工場、教職員の心情、アメリカ戦略空軍による空襲、さらに1945年8月15日以降の変化も端的に描写している。

　本章では、女子補導団が活動を停止した背景となる十五年戦争下での教育、宗教法人法の問題、女学校の状況について具体的理解を試みたい。

第1節　十五年戦争と中等教育

　大正期末からの経済不況は昭和期に入って、さらに恐慌として深刻化した。日本は、経済的な閉塞状況の打開策として1931年3月の「満州事変」以降、中国大陸への軍事侵攻をすすめ、日本の対外関係は緊張度を増すことになった。一方で、国内的には思想統制がすすみ、その一環として学校への統制と干渉が強化されていった。1937（昭和12）年に日中戦争が始まり、同年には内閣総理大臣の諮問機関として教育審議会が設置された。『国体の本義』（文部省思想局・1937年12月）によって『古事記』、『日本書紀』を引用した天皇を中心とする君民一体の家族国家が全初等中等学校および社会教育関係団体を通じて徹底されていった。教育審議会でも国民精神総動員に一致するかたちで教育課程、制度があらためられ、その目的も皇国民練成におかれた。1938（昭和13）年からは国家総動員法にもとづく集団勤労作業が始まり、文部省は翌1939年3月、中等学校に対して集団勤労作業を暫時恒常化していくことを求めた。1941（昭和16）年2月になると年間30日以内の食糧増産のた

25．軍需品作製奉仕作業（東京女学館・1937年）

めの勤労奉仕が要綱として示され（青少年学徒食料飼料等増産運動への参加指示）、さらに中高等学校に学校報国隊が結成された。1943（昭和18）年には「学徒戦時動員体制確立要綱」、1944年3月「決戦非常措置要綱ニ基ク学徒動員実施要綱」の閣議決定により軍需工場への動員が本格化した。生徒の通年動員とアメリカ戦略空軍による日本の都市部への無差別絨毯爆撃も開始され、中等教育機関の授業はほぼ継続不可能な状態になっていた。1945（昭和20）年3月の「決戦教育措置要綱」によって国民学校初等科を除く授業は同年4月1日から翌年3月まで停止が決定された。

第2節　宗教団体法と日本聖公会

　1931（昭和6）年の「満州事変」、さらに1937（昭和12）年の日中戦争開始以降、国粋主義がより高揚し、キリスト教会に対する圧迫が加わりはじめた。社会不安が増大する中で、多くの新興宗教結社が活動を進めていたが、1935年から1939年にかけて、大本教、ひとのみち教、天津教、天理教系会派

関係者の多くが検挙・起訴された。それぞれ治安維持法違反ならびに不敬事件・結社禁止に関する問題であった。この時期「キリスト教、仏教等において、その教理・宗義等における反国体的言説・思想が厳密な調査検討を受けるものが少なくなく、それらの団体の内外から排撃・刷新を叫ぶ声も強まり、その『自由主義』『国際主義』『現状維持的平和主義』などが攻撃を受け」、「とくにプロテスタント派の多くのクリスチャンをはじめ多くの宗教者が、反戦・非戦や不敬（神社不参拝・神棚不祀・宮城遙拝拒否・その他）の言動について『要注意』」となった。教団内部でも当時の社会状況への対応とキリスト教の「日本化」をめぐる考え方の違い、教会の自給独立（外国からの経済的支援離脱）等の動きも起こった。1938（昭和13）年3月には「大阪憲兵隊の特高課長が、大阪のキリスト教牧師たちに、天皇とキリスト教の神との関係、勅語とバイブル、神社参拝などについて一三項目の質問状を発して回答を求め」、「立教大学では、配属将校が、礼拝堂の十字架を破壊する事件」[3]もあった。

挙国一致体制は、すべての宗教団体に対し「国体明徴」「尽忠報国」の一翼を担うことを求めていった[4]。そのひとつとして、文部省が1927（昭和2）年から提出・成立を試みていた宗教団体法が、1939（昭和14）年に成立した（同年4月8日公布、翌1940年4月11日施行）。これは、教派神道、仏教、キリスト教の宗教団体、寺院、教会に一定の規則を作成させて文部大臣の認可を受けさせようというものであり、神社のみが宗教団体の規制外におかれた。内容としては、①各教団は文部大臣の認定を受け、監督・認可を受けつつ活動すること（第三、四、五条）②地方において教会は地方長官の承認をうけること（第六、九条）③宗教上の活動・行事が「国家」の安寧秩序と臣民の義務に背かないという制約、そのための監督と禁止、罰則が明記された（第十六、十七、十八、二十六条）。文部大臣の管轄下に入らない場合、道府県知事に結社の届けを出さざるを得なくなり、その場合、内務大臣の監督下で厳しい取り締まりを受けることを意味した。その関連する条文を示すと下記の通りである[5]。

第一条　本法ニ於テ宗教団体トハ神道教派、仏教宗派及基督教其ノ他ノ宗教ノ教

団（以下単ニ教派、宗派、教団ト称ス）並ニ寺院及教会ヲ謂フ
第二条　教派、宗派及教団並ニ教会ハ之ヲ法人ト為スコトヲ得寺院ハ之ヲ法人トス
第三条　教派、宗派又ハ教団ヲ設立セントスルトキハ設立者ニ於テ教規、宗制又ハ教団規則ヲ具シ法人タラントスルモノニ在リテハ其ノ旨ヲ明ニシ主務大臣ノ認可ヲ受クルコトヲ要ス教規、宗制及教団規則ニハ左ノ事項ヲ記載スベシ
　一　名称
　二　事務所ノ所在地
　三　教義ノ大要
　四　教義ノ宣布及儀式ノ執行ニ関スル事項
　五　管長、教団統理者其ノ他ノ機関ノ組織、任免及職務権限ニ関スル事項
　六　寺院、教会其ノ他ノ所属団体ニ関スル事項
　七　住職、教会主管者、其ノ代務者及教師ノ資格、名称及任免其ノ他ノ進退並ニ僧侶ニ関スル事項
　八　檀徒、教徒又ハ信徒ニ関スル事項
　九　財産管理其ノ他ノ財務ニ関スル事項
　十　公益事業ニ関スル事項
　　教規、宗制若ハ教団規則ヲ変更セントスルトキ又ハ法人ニ非ザル教派、宗派若ハ教団ガ法人タラントスルトキハ主務大臣ノ認可ヲ受クルコトヲ要ス
第四条　教派及宗派ニハ管長ヲ、教団ニハ教団統理者ヲ置クベシ
　　管長又ハ教団統理者ハ教派、宗派又ハ教団ヲ統理シ之ヲ代表ス
　　管長又ハ教団統理者欠ケタルトキ、未成年ナルトキ又ハ久シキニ亙リ職務ヲ行フコト能ハザルトキハ代務者ヲ置キ其ノ職務ヲ行ハシムベシ
　　管長、教団統理者又ハ其ノ代務者就任セントスルトキハ主務大臣ノ認可ヲ受クルコトヲ要ス
第五条　教派、宗派又ハ教団ハ主務大臣ノ認可ヲ受ケ合併又ハ解散ヲ為スコトヲ得
　　教派、宗派又ハ教団ハ設立認可ノ取消ニ因リテ解散ス
第六条　寺院又ハ教会ヲ設立セントスルトキハ設立者ニ於テ寺院規則又ハ教会規則ヲ具シ第二項第五号ノ教会ヲ除クノ外予メ管長又ハ教団統理者ノ承認ヲ経、法人タラントスル教会ニ在リテハ其ノ旨ヲ明ニシ地方長官ノ認可ヲ受

クルコトヲ要ス
寺院規則及教会規則ニハ左ノ事項ヲ記載スベシ
一　名称
二　所在地
三　本尊、奉斎主神、安置仏等ノ称号
四　所属教派、宗派又ハ教団ノ名称
五　教派、宗派又ハ教団ニ属セザル教会ニ在リテハ前号ニ規定スル事項ニ代ヘ其ノ奉ズル宗教ノ名称及教義ノ大要並ニ教師ノ資格、名称及任免其ノ他ノ進退ニ関スル事項
六　教義ノ宣布及儀式ノ執行ニ関スル事項
七　住職、教会主管者其ノ他ノ機関ニ関スル事項
八　檀徒、教徒又ハ信徒及其ノ総代ニ関スル事項
九　本末寺及法類ニ関スル事項
十　財産管理其ノ他ノ財務ニ関スル事項
十一　公益事業ニ関スル事項
寺院規則若ハ教会規則ヲ変更セントスルトキ又ハ法人ニ非ザル教会ガ法人タラントスルトキハ檀徒、教徒及信徒ノ総代ノ同意ヲ得前項第五号ノ教会ヲ除クノ外予メ管長又ハ教団統理者ノ承認ヲ経、地方長官ノ認可ヲ受クルコトヲ要ス

― (中略) ―

第九条　寺院又ハ法人タル教会ハ命令ノ定ムル所ニ依リ宝物其ノ他不動産以外ノ重要ナル財産ニ付地方長官ニ於テ保管スル寺院財産台帳若ハ教会財産台帳ニ登録ヲ受クルコトヲ要ス、寺院財産台帳又ハ教会財産台帳ヲ閲覧シ又ハ其ノ謄本若ハ抄本ノ交付ヲ受ケントスル者ハ命令ノ定ムル所ニ依リ之ヲ請求スルコトヲ得

― (中略) ―

第十六条　宗教団体又ハ教師ノ行フ宗教ノ教義ノ宣布若ハ儀式ノ執行又ハ宗教上ノ行事ガ安寧秩序ヲ妨ゲ又ハ臣民タルノ義務ニ背クトキハ主務大臣ハ之ヲ制限シ若ハ禁止シ、教師ノ業務ヲ停止シ又ハ宗教団体ノ設立ノ認可ヲ取消スコトヲ得

第十七条　宗教団体又ハ其ノ機関ノ職ニ在ル者法令又ハ教規、宗制、教団規則、寺院規則若ハ教会規則ニ違反シ其ノ他公益ヲ害スベキ行為ヲ為シタルト

キハ主務大臣ハ之ヲ取消シ、停止シ若ハ禁止シ又ハ機関ノ職ニ在ル者ノ改任ヲ命ズルコトヲ得

教師法令ニ違反シ其ノ他公益ヲ害スベキ行為ヲ為シタルトキハ主務大臣ハ其ノ業務ヲ停止スルコトヲ得

第十八条　主務大臣ハ宗教団体ニ対シ監督上必要アル場合ニ於テハ報告ヲ徴シ又ハ実況ヲ調査スルコトヲ得

── (中略) ──

第二十六条　教師又ハ布教者第十六条（前条ニ於テ準用スル場合ヲ含ム）ノ規定ニ依ル制限、禁止若ハ業務ノ停止又ハ第十七条第二項（前条ニ於テ準用スル場合ヲ含ム）ノ規定ニ依ル業務ノ停止ニ違反シタルトキハ六月以下ノ懲役若ハ禁錮又ハ五百円以下ノ罰金ニ処ス宗教団体又ハ宗教結社ニ対シ第十六条（前条ニ於テ準用スル場合ヲ含ム）ノ規定ニ依ル制限又ハ禁止アリタル場合ニ於テ当該宗教団体又ハ宗教結社ノ代表者其ノ他ノ機関ノ職ニ在ル者、教師又ハ布教者制限又ハ禁止アリタルコトヲ知リテ其ノ行為ヲ為シタルトキ亦前項ニ同ジ

以上である。なお、宗教法人法の施行に関して問題となったのは、主管官庁と地方官庁の監視と圧力の他に、文部省から教団認可の条件として五十の教会数と五千人の会員を要するという基準が示されたことにあった。国内のキリスト教で「この条件を満たす教派は、ローマ・カトリック教会、ロシア正教会、日本基督教会、組合教会、メソジスト教会、バプテスト教会、ルーテル教会、日本聖公会の七つ」[6]のみであった。少規模の宗教団体ではこの基準に達しない多くの小教派が存在し、その存続のために日本キリスト教連盟を中心として教会合同の構想が急速に浮上することになった。これは、キリスト教をはじめとした総ての宗教団体が当時の政府の管理統制下におかれる問題性を意味したが、カトリック会派、プロテスタント会派、ロシア正教会派それぞれが対応を模索した。その結果、プロテスタント会派では1941（昭和16年）6月25日に33教派が合同して日本基督教団（United Church of Christ in Japan）を結成した。しかし、この合同に日本聖公会は「複雑」な立場をとることになった。

日本聖公会はイギリスでの設立の歴史的経緯からしてカトリックとプロテ

スタントの中間的存在といわれる。その組織成立時から「教会再一致」を理念のひとつとして掲げ、ローマ・カトリック、プロテスタント両教会派に対応したブリッジチャーチ（Bridge Church）という自負も擁していた。プロテスタント教会が中心となり、1940（昭和15）年、キリスト教連盟を中心とした「皇紀奉祝全国基督教信徒大会」が準備された8月になると、文部省から教団設立認可申請を行なうための通告が行われ、「キリスト教新教合同」への参加が勧誘された。10月27日「皇紀奉祝全国基督教信徒大会」が青山学院で開催されると全基督教会の合同完成にむけた宣誓文が読み上げられることになった。しかし、この信徒大会に先立って日本聖公会諸主教による協議により「この度の基督教連盟を中心として企図された教会合同には遺憾ながら参加できない」ことが表明された。さらに12月20日には、合同準備委員会代表と聖公会代表五主教が会見し、「聖公会は新教か旧教か」をめぐって懇談し、合同不能が言明されることになった。

　この時期、小説や映画には、宣教師と日本人牧師などをスパイとして扱ったものが登場し、天津問題により対英感情の悪化したこともあってロンドンに本部のある救世軍の植村益造たちがスパイ容疑で憲兵隊の取り調べを受けた。憲兵隊当局は文部省を通じて、救世軍に自発的に万国本営から離脱し、防諜上の組織変更を誓約させた。その結果、2名のイギリス人幹部が帰英してイギリスの本営との一切の関係を絶ち、名称も「救世団」と変更して再発足している。1940年9月には、賀川豊彦が日本基督教会の小川清澄とともに、「反戦平和的講演・評論」のため東京憲兵隊に検挙された。日本聖公会の場合、とりわけイギリスとの関係から教会と信者は軍部・警察から監視され、さらに一般の人々からも抑圧を受けるようになった。日本とアメリカ合衆国・イギリスとの関係が悪化するなかで、イギリス人を中心とした日本在住の教会関係者の帰国が始まり、同時に精神面と同時に経済的援助が断ち切られ、人事・財政両面での「自治自給断行」が課題となっていった。

　1941（昭和16）年3月、日本聖公会では教務院が中心となって宗教団体法に対応した教団設立認可申請書を提出し、同年4月には総会で「教団設立総会」としての決議が行われ、名出保太郎主教が統理者として推薦された。その後、文部省の要請通知を経て、1、教会名には「日本聖公会」の文字を冠

すること、2、聖徒名を教会名に付することは廃止すること、が決定された。しかし、その後の戦時体制の進行、アメリカ合衆国、イギリス両国との交戦状態を背景として聖公会の教団認可は困難度を増し、文部省からは日本聖公会の名称自体の非容認が言明された。聖公会の教務院では1942（昭和17）年3月までの単位教会の教会規則提出が指示されるが、このことは教区と主教制度の法的存続の否定につながる問題となった。この間、ローマ・カトリック教会は日本天主教団となり、合同したプロテスタント諸教会は日本基督教団として教団認可を受けていた。

このような動きの中で、1942（昭和17）年9月、日本聖公会大阪教区が日本基督教団に合同参加を表明し、また、東京教区においても日本基督教団加入の動きが生まれた。結果的に、聖公会全体の合同化についての動きは否定されたが、主教会議、教務院会議では統理者の推薦を受けていた大阪教区の名出保太郎主教が病気によって主教会議長を辞任した。その結果、佐々木鎮次主教が代努者に選出され、聖公会信仰の立場が表明されることになった。その際、聖公会の信仰擁護について協議され、11月6日に次の「大阪教区の合同に関する諸主教の声明書」が発表された。その概要は次の通りである。[11]

① 日本基督教団との無条件合同は聖公会のよって立つ所ではない。キリストの啓示を基にする点では、その信条を無視することになる。
② 神定の教会は使徒職をその体制の基幹として伝承されてきたものである。これを単なる伝統機構としてみてはならない。この意味において教会が主教職を保持確守しなければならないのは、教会が神定の聖旨に添い、その恩恵によって存立するものであって、人為的結合であってはならない建前を堅持するものである。
③ 皇国基督教樹立に対する熱意は少しも人後に落ちるものではないが、キリスト教として存在する為に教会の本質を除外して大同団結によってのみ達成されるものではない。この点我らの所信を堅く主張する所以である。
④ 9月11日大阪教区主教ならびに補佐主教が日本基督教団との合同に関する決意を表明されたことは聖公会主教として前項1及び2にもと

り、信仰擁護者である責務と相容れないものである。かつ主教聖別式の誓約にそむくものであるから、その決意を実行する時においては聖公会主教である職位を自ら解消したものであると言わざるをえない。

⑤　大阪教区の運動に呼応して合同したものは自らその聖職位を離脱したものと認める。

⑥　我らは信仰以外の事由によって教会主管者の合同加入を拘束もしくは牽制する者でないことを表明する。

この声明書の作成にあたっては、大阪教区名出・柳原両主教と東京教区松井主教が臨席し、次の主教が署名した。主教会議長代務者・中部教区主教佐々木鎮次、神戸教区主教・九州教区管理主教八代斌助、北関東教区主教蒔田誠、京都教区主教佐々木二郎、南東京教区主教・東北教区管理主教須貝止、北海道教区主教前川真二郎。この声明書は合同問題に対する主教会の態度を公的に表明したものである。これに対して合同派は次の様な点から合同の意味を主張した。概要は次の通りである。[12]

ア、教団認可が不可能となり、単立教会のままでは教会として十分な活動が出来ないし、「大東亜教化」の使命も果せない。日本聖公会は他と協力して皇国基督教の樹立に邁進しなければならない。

イ、日本基督教団は国民的発足をめざしているが、そこには基督教会の生命である「普公性」が欠けている。この「普公性」を日本基督教団に与えることが聖公会の役割である。さらに将来において天主公教会（ローマ・カトリック教会）との再一致を実現する道を開くことにつながる。

ウ、唯一であるはずの基督教会が多数の教派に分立している状況を解消して日本において特色ある基督教を確立する。

エ、日本においてキリスト教会が一つになる母体は日本基督教団によって可能。そこで生れた教会の根本的性格は国民的普公教会であり、歴史的主教制を保持しなくてはならない。そのためにも日本聖公会は日本基督教団に合同し、そこに主教制を導入する。

対立の焦点になったのは、日本におけるキリスト教会再一致への展望、主教職の位置づけ等の問題も含んでいた。なお、この問題は日本基督教団に合同した教会及び聖職の復帰問題等をめぐって、戦後に続く課題のひとつともなった。その際、根本にあるのは戦時体制において「交戦国の宗教」とりわけカンタベリー大主教をいだくイギリスとの関係をもつ聖公会に対する強い統制と弾圧があった事実、その中での状況判断によるものと捉えられる。

その後、教派の合同は政府の統制を容易にするものとなり、戦争目的遂行を目的とした「決戦態勢下基督教会実践要綱」「戦時布教方針」「決戦態勢宣言」等が伝達された[13]。なお、日中戦争から第二次世界大戦にいたる期間は、聖公会の教会と同様に系列のキリスト教主義女学校においても戦時下の問題が続いた。それは、当時の都市部の女学校・高等女学校に共通するものであり、さらにキリスト教系女学校に特有の問題をも有していた。

第3節　戦時下の四つの女学校―外国人宣教師、教員の帰国

1937（昭和12）年7月の盧溝橋事件によって日中全面戦争が開始され、アメリカ合衆国、イギリスが蒋介石政権を支援したこともあって、日本の対米英関係はさらに悪化した。大阪のプール学院では、「中国における戦争が拡大していくにつれ、日英関係、日米関係はますます悪化し、日本に在住するイギリス人やアメリカ人は敵国人視されるようになる。ミス・トリストラムには警察の目が厳しく光り、1938（昭和13）年11月、突然、彼女はイギリスへ帰ってしまう」[14]ことになった。横浜埠頭からエンブレス・オブ・ロシヤ号で帰国するトリストラム（Katherine Alice Salvin Tristram）を見送った卒業生は「先生にはなにをするにもスパイの目が光り、『いまの日本は、もう私のいられるところではありません』とおっしゃっておられました」[15]と証言をしている。同校では、ウィリアムス（Agnes S. Williams）、ショウ（Loretta Leonard Show）、ベイカー（Baker）、バックス（Mabel C. Baggs）、フォス（Eleanor Foss M）、ダイアソン（Kathleen Dyason）が在籍していたが、ベイカーが1938年10月、ウイリアムスが1939年7月、フォス、ダイアソン、ショ

280　第9章　日中戦争・第二次世界大戦下の聖公会教会と女学校

26．バジル主教による奉安殿「地鎮祝福式」（松蔭高等女学校・1940年）

ウも1940年秋には帰国する。教会関係では、ハワード（Rachel Dora Howard）がCMS関係者として最後まで在任し、1942年に離任した。[16]

松蔭高等女学校では、それぞれ英語を担当した、ドルイット（Isabel Mary Druitt）が1939年、バイオレット・ウッド（Violet Wood）1939年、ファウェルス（Dorothy Mary Antoinette Fowells）が1940年、ラドフォード（ラドフォード主教の妻・Mrs. Enid Mary Hasdden Radford）が1941年に帰国した。東京女学館、香蘭で教え、補導会初期から活躍したウーレー（Amy Katherine Woolley）は香蘭退職後、神戸に移り、1939年から1940年の在籍が確認できる。[17]なお、レオノラ・リー（Leonora Edith Lea）は、帰国せずに戦時中も神戸で過ごしている。[18]

香蘭女学校は、すべて補導会、補導団に直接、間接にかかわった教員である。エドリン（Constance Maria Annuntiata Townshend Edlin）が1938年に帰国、副校長を務めたタナー（Lucy Katherine Tanner）は1940年12月に帰国、前述のウーレーは神戸の松蔭高等女学校に転出後、香蘭の同僚であったヘイ

ルストン（Mary Elenor Hailstone）とともに、1942（昭和17）年7月の日英交換船「龍田丸」で帰国している。[19]

東京女学館は聖公会が経営する学校ではないが、先に述べたように明治期の学校成立時に聖公会ミッションに多くを依存し、英語を中心に多くのイギリス人教員が授業を担当していた。大正期に英語の授業嘱託として着任し、関東大震災後に香蘭に移籍したウーレーが、1939年3月末まで英語の授業を担当した記録が残っている（先述したように、ウーレーはその後、神戸に移り1942年に帰国）。また、トロット（Dorothea Elizabeth Trott）の1941（昭和16）年4月までの在籍記録がある。東京女学館で最後まで外国人として英語を担当したのはバークレーであり、1942年4月まで、英語の臨時授業嘱託としての記録がある。[20]

一部の例外的存在を除いて、1941年夏までに大多数の教員が日本を離れ、その任は当初は日本人教員が担うことになるが、外国人教師が主に担当していた英語、宗教の時間そのものが停止に追い込まれていくのである。

第4節　戦時下における学校の組織変更

先にも述べたように、「1940年10月14日の皇紀2600年奉祝全国キリスト教徒信徒大会でプロテスタント諸派の合同の決意表明がなされた。しかし日本聖公会は、『信条』や『職制』についての審議が不十分であるとして、この合同に参加しなかった」。[21]

聖公会では教区によって合同に参加する動きもあったが、例えば神戸教区を例にすると、「主教の八代斌助を中心として終戦に至るまで合同に反対し続け―中略―特高警察に監視され、時には呼び出され迫害を受けた」[22]といわれている。戦時下の日本では、宗教法人法の成立に続き、日本人による学校運営、キリスト教教育の禁止がすすめられていった。以下では、記録が残されている松蔭高等女学校を中心にあとづけてみたい。

全国的な動向としては、1940（昭和15）年9月6日、青山学院で開かれたキリスト教教育同盟校長会では次の申し合わせが行なわれた。その内容は次の通りである。[23]

1、学校長、学部長は日本人たること。
2、学校経営主体は財団法人たること。
3、財団法人の理事の過半数は日本人たること。
4、未だ財団法人たらざる学校の設立者は日本人たること。
5、各学校は外国教会より経済の独立を期すること。

以上を受けた形で同年9月13日の松蔭の理事会では次のことが決定する[24]。

1、理事の構成は日本人3名、英国人2名とし、日本人が過半数を占めるようにすること。
2、評議員の構成は日本人12名、英国人5名とすること。
3、財団法人、日本人校長、財政上の自主独立は従来通りとすること。
4、キリスト教教育と儀式を廃止し、その旨を教職員、生徒、その他各方面に公表すること。

その結果、具体的に次のような変化が生まれた[25]。

① 日米英関係の悪化にともないイギリスとアメリカ合衆国大使館が日本在住の自国民に帰国を警告し、1941(昭和16)年夏までに大多数の外国人が帰国し、その中には松蔭の関係者も含まれていたこと。学校の理事もフレデリック・ウォーカーとレオノラ・リーが1941年10月に理事を辞任し、理事は全員日本人となった。

② SPG所有地に建てられた寄宿舎は1941年3月に閉鎖され、同年7月には外国人教師の辞任により校内の西洋館も空家となり、これを同窓会である千と勢会が創立50年記念として買い取り学校に寄附する形をとった。また、チャペルは学校校内から垂水に移築され、購買部は物資統制により同年末に閉鎖された。

③ 1940(昭和15)年9月に神戸教区主教のバジル・シンプソン(John Basil Simpson)が病気療養のためアメリカ合衆国に出国した後、八代斌助(やしろひんすけ)が日本人として主教を務め松蔭の理事長を兼務す

ることになった。しかし、1942年には文部省の指示により、財団法人松蔭高等女学校の寄付行為が改正されて、主教などの教会関係者は学校経営に携わることが出来なくなり、濱根岸太郎に交代した。

④　1941（昭和16）年9月より、宗教的儀式、宗教的集会、聖書のクラス等、一切の宗教行事が中止された。12月8日の開戦後は新年節、紀元節、天長節、明治節の四大節に加えて毎月8日の大詔奉戴日の教育勅語拝読、靖国神社臨時大祭時の護国神社参拝、軍人援護に関する勅語奉読式等が行なわれた。キリスト教関係で唯一行なわれたのは「校長の朝礼訓話の中に時折聖句からの引用があった[26]」ことである。

⑤　これに先立って、1940（昭和15）年6月6日には奉安殿建設のためのバジル主教による「地鎮祝福式」が行なわれている。

以上のように、イギリスをはじめとした外国の宣教団体との関係を絶ち、したがって、その援助もなくなり、さらに学校関係者の中から教会関係者がいなくなることによって「学校の教会からの独立」が図られた。同様のことは、プール高等女学校、香蘭女学校においても行われた。

プール高等女学校では、1940（昭和15）年4月に外国人宣教師の自発的引退により理事長の名出保太郎大阪教区主教を理事長とし、全員が日本人で構成された。同年8月からは、宗教教育が学校から校友会宗教部の事業に移され、講話も各学年とも週1回放課後に行なわれること、校内の清心館での祈禱会、日曜学校も廃止された。10月には創立五十周年式典を契機として校名が聖泉高等女学校と改称された。

香蘭女学校では英語教育の維持と宗教教育の継続という観点から各種学校としての組織を維持し、第二次世界大戦中も英語と宗教教育を実施していた。しかし、1944（昭和19）年に入り、鈴木二郎教頭が憲兵隊に拘置された後に3月に退職、井上仁吉校長、さらに志保澤トキ教諭も7月には辞職を余儀なくされた。代わりに東京都から視学官である篠原雅雄が校長として派遣され、香蘭高等女学校への改組が行われた。あわせて、この時期から勤労動員の全学年への導入とともに英語教育と宗教教育は完全に停止したのである[27]。なお、香蘭の理事長を務めた佐々木鎮次主教は須貝止主教とともに、

1937.11.15	全職員、生徒は早朝、高津神社、生国魂神社、阿倍野神社に参拝
1938.8	勤労奉仕団結成　清掃作業、作業前に宮城遥拝、国家斉唱、皇軍将士の為黙禱
38.10.2	御真影奉戴式　清心館を宗教的会合に、体育館に国家的儀式に区別して利用
1939.5.22	「青少年学徒ニ賜ワリタル勅語」拝戴式に4、5年生参加
39.7.28-	校内夏期学校（心身鍛練集団訓練）
39.11.27	授業は高等女学校の法定課目で行い、宗教教育は有志に対し課外で、という方針を理事会で確認
1940.4.	財団理事会を改組、外国人宣教師の引退で理事は会員邦人により構成される
40.8.15	宗教教育は校友会宗教部、祈禱会、日曜学校の廃止決まる
40.9.25	学校自衛団の結成（防空、防火、非常災害に備えた訓練）
40.10.18	創立50周年式典―聖泉高等女学校に改称
40.11.10	紀元2600年奉祝会の開催
1941.2.6	5年生、伊勢神宮参拝
41.3.1	食糧増産の国策により校庭の3分の1を農園に、校外農園でも野菜づくり
41.4	新入生の制服が標準服に、皇国民練成のため校友会を報国団に改組
41.8	国民皆泳主旨の水泳行事
41.8.22	聖泉高等女学校報国隊の結成
41.12.22	戦前、戦中最後のクリスマス礼拝、全校生徒による生国魂神社参拝
1942.4.8	入学式で国民儀礼と皇軍感謝、英霊への黙禱、国家斉唱、勅語唱和
1943.1	生徒全員のモンペ着用
43.4	英語が週2単位の選択課目に
11.1	3年生以上の工場動員（勤労奉仕隊）
1944.7.7	1、2年生登校して勤労奉仕、（グループによる聖書学習あり）
1945.3.31	5年生、4年生（繰上げ）卒業式
5.28	低学年にも学徒動員令
6.21	校舎の一部の疎開命令
7.21	校舎の一部を郵便局に貸与
8.15	「玉音放送」、生徒は任意登校　授業開始は9月1日

1944年11月から12月、「主教会は秘密結社である」という告訴から検事による召喚取調べを受けた。翌年2月には、九段憲兵隊司令部に連行、拘禁され、その後は巣鴨拘置所に移されて「米英殊にカンタベリー主教と結ぶスパイ嫌疑」、日本基督教団への合同反対を理由として迫害を受けた。身体的衰弱から釈放されたのは1945（昭和20）年6月のことである。[28]

日中戦争開始以降の学校における学校組織の変化と戦時協力の主な動向について、プール高等女学校を例にみてみると前ページの別表の通りである。[29]多少、時期と用語の違いはあっても同様の変更を香蘭、松蔭、東京女学館も迫られ、実施している。

第5節　戦時下における学生標準服の導入

ガールガイドの日本への導入は、欧米式の生活・文化の都市生活者への浸透と期を一にしたものであった。補導団が導入された女学校がガールガイドに協力したトロットたちの助言を受けながら洋装の制服を制定したのは先述した通りである。学校における制服は、その学校の文化的シンボルでもあったが、戦時体制下では標準化の名目でその統制が計られた。戦時総動員体制は制服の素材である布地の不足問題と画一的な服装統一のため1941（昭和16）年1月に戦時下の女学生標準制服が決定された。プール女学院に所蔵される当時の生徒服装規定は次の別表の通りである。[30]

1941年の新入生から適用されたこの統一標準服は紺・ステープルファイバーのサージのツーピース・上着は和服と同じ右前打合せ、釦3個、共ベルト、ヘチマ衿に白い替衿付き、スカートは四枚接ぎセミフレアー、裾廻り180センチ以上で、生徒からは「みにくいデザイン統一」と言われた。[31]統一化によって学校名は左胸につけたバッチのみで示されることになり、校章バッチをそのためにあらたに制定した東京女学館のような対応も生まれた。[32]当初は新入生のみの着用であり、一部には上級生から譲り受けた従来の制服を着用する事例もみられた。

さらに、1943（昭和18）年になると、さらに商工省の立案で「米英模倣主義を一掃して、女子学生のスカートはすべてモンペにする」布告が示され、

プール高等女学校生徒服装規定（1941）

生徒服装規定（昭和十六年四月改正）
　　第一　総則
第一條　生徒登校ノ際ノ服装ハ必ズ本規定ニ定メラレタル事項ヲ厳守スベシ
第二條　生徒ハ外出ノ場合ト雖モ本規定ニヨル服装ヲナスベシ
第三條　生徒ハ装具ヲ使用スベカラズ
　　第二　服制
第四條　頭髪ハ結髪トシ頭髪ハ結紐ハ学年別ニ左ノ色ノモノヲ用フベシ
第五條　制服ハ左記ノ如ク規定セラレタル文部省制定ノ全国高等女学校生徒用制服ヲ着用スベシ

部分	種別	冬服	夏服	運動服
	生地	紺色サージ （商工省規格品）	白色ポプリン （商工省規格品）	白色ポプリン 型　スポーツ型 丈腰骨迄
	製式	右前合セ、前三ツ釦 襟ハ「ヘチマ型」 白覆襟ヲ附ス 袖先ハ四糎カフス釦附 帯の巾ハ三・五糎 留具ヲ以テ締ム 左胸部ニポケット 丈ハ背丈ヨリ約十五糎長クス	型ハ上ニ同じ	
袴	生地	紺色　サージ	冬服に同じ	紺色　サージ
	製式	襞ナシ裾開き丈ハ庄上約三十糎以上上部ハ胴衣ニ物入釦掛ハ左右両側ニ各一個		ニッカース型

一、袴ノ下ニハ膝下迄ノ同色中穿キ（ブルマース）ヲ穿ク　但シ夏ハ適宜トス。
二、靴下ナ中穿キ（ブルマース）ト多少重ナル長サノモノヲ穿ク。
三、所属学校ヲ表示スル為標識、校章「マーク」ノ類ヲ上衣ノ左胸部ニ附スルモノトス。
四、上衣ノ上前見返シニ氏名ヲ記スベキ片布ヲ附ス。
五、帽子ハ用ヒズ。但シ防暑上必要アル場合ニ於テハ此ノ限ニ在ラズ。

第5節　戦時下における学生標準服の導入　287

27．校名変更とヘチマ衿（聖泉「プール」高等女学校・1941年）

スカートの廃止が決定された。姓名・学年・組・血液型等を明記した布を胸に縫付けることになり、登下校は制服の上着にモンペ、勤労作業は上下モンペ姿となった[33]。皮肉なことに「スカートが廃止になり、思い思いのモンペをはくようになって、一時服装に開放感が生じ」、「東京では、日本女子大のエプロンモンペ、共立女専の防空服、戸板学園の戸板モンペなど各学校が独自のモンペを創意工夫し」、個々人での応用した姿も各地でみられた。これに対し、大政翼賛会から婦人会等に対し「モンペはボロぎれで作れ」という警告が行われるのである[34]。

第6節　国家総動員法と勤労動員

　1938（昭和13）年4月1日、国家総動員法が公布され、同年5月5日に施行された。この法律によって経済活動の全般に関わり、政府は議会の審議なく勅令等によって統制が可能となった。国民全般、そして女子生徒にも多様な形で動員と奉仕が求められることになった。

　1939（昭和14）年7月8日には、国家総動員法第4条（「政府ハ戦時ニ際シ国家総動員上必要アルトキハ勅令ノ定ムル所ニ依リ帝国臣民ヲ徴用シテ総動員業務ニ従事セシムルコトヲ得但シ兵役法ノ適用ヲ妨ゲズ」）により、「国民徴用令」が制定された。1940年になると、労働力不足から在学生徒を含めた青少年の動員が検討される。青少年を戦争遂行のための重要産業に投入する目的で、同年2月1日には、国家総動員法第6条（「政府ハ戦時ニ際シ国家総動員上必要アルトキハ勅令ノ定ムル所ニ依リ従業者ノ使用、雇入若ハ解雇又ハ賃金其他ノ労働条件ニ付必要ナル命令ヲ為スコトヲ得」）によって、「青少年雇入制限令」が制定され、一般青少年（12才以上30才未満の男子、12才以上20才未満の女子）の国家によって不要不急と判断した産業部門への雇用規制を計った。[35] 同年12月国民勤労報国協力令により勤労奉仕が義務化され、学校単位で勤労報国隊が結成され軍需工場への動員が始まった。

　1943（昭和18）年10月に「教育ニ関スル戦時非常措置方策」が閣議決定され、勤労動員の日数が年間の三分の一に延長された。これによって、短期間に多様な形で行われていた動員が中長期、あるいは通年に延長された。この方向は、1944年3月7日の「戦時非常措置要綱ニ基ク学徒動員実施要綱」によって、通年動員の原則に加え中等学校の低学年の動員が確認された。

　1944（昭和19）年1月18日、緊急国民勤労動員方策要綱が閣議決定された。緊急国民勤労動員方策要綱は、「国民勤労総力ノ最高度ノ発揚ヲ目途トシ国民勤労配置ノ適正化其ノ他国民勤労能率ノ飛躍的向上ヲ図ルト共ニ軍動員ト緊密ナル連繋ヲ保持シツツ国家ノ動員所要数ヲ充足為綜合的且計画的国民勤労動員ヲ強力ニ実施スル」ため、1．国民登録制度の確立、2．国民徴用運営の確立、3．学校在学者の勤労動員、4．女子の勤労動員、5．勤労

給源の確保、6．勤労配置の適正、7．勤労能率の増進、8．行政の刷新、9．国民運動の展開から成り立っていた。[36]

1944（昭和19）年2月25日には、「決戦ノ現段階ニ即応シ国民即戦士ノ覚悟ニ徹シ国ヲ挙ゲテ精進刻苦其ノ総力ヲ直接戦力増強ノ一点ニ集中シ当面ノ各緊要施策ノ急速徹底ヲ計ル」目的で非常決戦措置要綱が閣議決定されて、学徒動員の徹底、国民勤労態勢の刷新、防空体制の強化、空地利用の徹底、中央監督事務の地方委任等の措置が講じられた。3月7日には、学徒動員実施要綱により、学徒動員の通年実施、理科系学徒の重点配置、校舎の軍需提供が義務となった。

また同年、3月18日には未婚女子の勤労動員を徹底するための女子挺身隊制度強化方策要綱が出され、女子挺身隊を職域、地域ごとに結成し、その強制加入を行うことが閣議決定された。それまで、戦時中の学生、生徒以外の女子勤労動員は、主に1943（昭和18）年9月の女子挺身隊導入によって行われた。女子挺身隊は、市町村長、町内会、部落会、婦人団体等の連携により14歳以上25歳以下の未婚女性を中心に結成されていたが、本格的動員には消極的であった。女子徴用は、日本の家族制度の特質から考慮を要するという立場、性別役割分業と国家によって奨励された出産・育児という意見に対する配慮であった。しかし、戦局の急激な悪化と「本土決戦」を想定する非常事態の中で、男性と同様な女性に対する徴用が求められることになったのである。[37]女子挺身隊制度強化方策要綱、さらに、1944（明治19）年8月23日に女子挺身勤労令が公布、即日施行され、これによって学校卒業後の若年未婚女性に対する徴用の根拠が与えられることになった。

1944（明治19）年3月には、勤労昂揚方針要綱が閣議決定され、1．勤労統率組織の確立、2．勤労事務機関の整備、3．勤労者の養成及訓練の強化、4．勤労考査の徹底、5．要員基準の設定等勤労配置の適正、6．勤労者の生活環境の醇化、7．勤労衛生の刷新、8．学徒及女子の受入態勢の整備、9．協力向上の勤労管理に関する親工場の指導援助等の諸施策を講ずること、とされた。[38]並行して政府は、同年2月16日国民学校令等戦時特例を公布して、勤労動員のために義務教育の年限を満12才に引下げ、同2月19日国民登録を男子12〜60才、女子12〜40才に拡大した。同年7月19日文部省通達

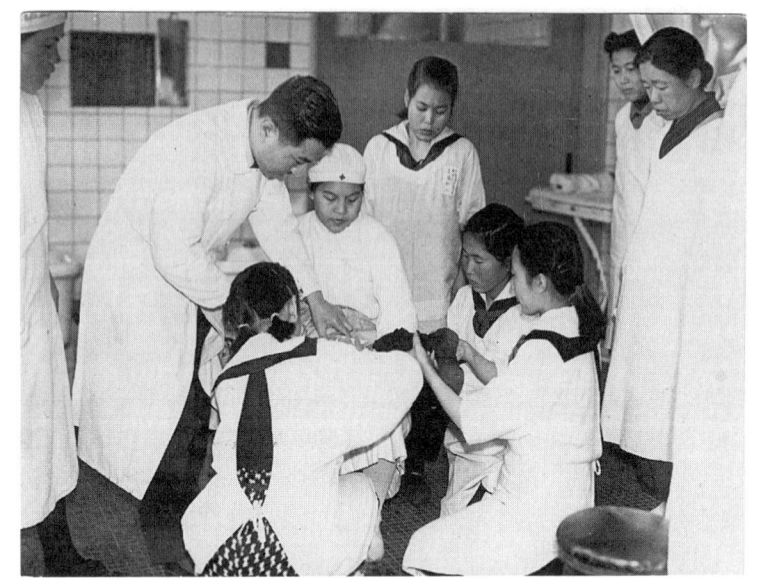

28. 病院での看護訓練（平安女学院・1943年頃）

「学徒勤労ノ徹底強化ニ関スル件」、8月23日勅令「学徒勤労令」の公布によって、中学校・高等女学校、国民学校高等科を含む生徒たちの工場配置がすすめられていった。なお、以上のように「矢継ぎ早に法令・通達が出されたが、それを受けた学徒の勤労動員の時期・動員先・学年は、地域・県・学校ごとに異なり、まちまちの状況」[39]であるため、今後も総合的な記録の収集と個別の検討が課題となっている。

第7節　学校報国隊の結成、女子勤労動員の経緯

　文部省の思想局が拡充された形で教学局に改組されて以降、各女学校でも奉仕作業、国防献金が行われた。プール学院に保存されている資料をみると次ページの通りである。[40] 1941（昭和16）年4月には皇国民練成の方針から校友会は報国団に改組され、夏には各高等女学校においても空襲への準備、学校防護の観点から各学年、クラスを基礎とした報国隊が結成されている。報

国隊心得を次に示しておきたい。

> 生徒防空心得　聖泉高等女学校報国隊
> 一、戦時下生徒の心構へ
> 　戦況の変化に伴ひ、今後如何に困難になろうとも、生徒はあくまで其の本分を確守して学業に専念すると共に、報国隊員として勇敢に学校防護に挺身し更に進んでは献身的に国防業務に従事するの覚悟を持たねばならぬ。
> 二、空襲の場合の心得
> 　1 空襲下にあっても、学校は極力授業を継続する決心であるから、生徒は空襲を恐れてはならぬ。
> 　2 学校の始業時刻前に空襲警報があった場合は登校するに及ばぬが、解除になった場合は直ちに登校せねばならぬ。
> 　3 在校中に空襲警報があった場合は、報国隊本部の命令を俟って静かに待避の行動に移るのである。
> 　4 在宅中に空襲警報があった場合は、自家又は隣組の防護に努め、若くは警防団に協力せよ。
> 　5 登校の途中又は帰宅の途中で、空襲に出会った場合は、車内であれば乗務員の指図に従ひ道路上であれば最寄の隣組又は警防団の指揮者の指揮下に入り防護に協力すべきであるが、其の際本校生徒が数名居合わせならば其の中の一名が班長となって他の生徒を指揮せねばならぬ。此の一団の生徒を通学班と名付けることにする。
> 三、学校防護と生徒の任務
> 　1 生徒一同は一人残らず報告隊員として、学校を防護すべき義務がある。
> 　2 上級生は事態によっては学校に宿泊し、終夜の勤務に服さねばならぬことがある。
> 　3 学校防護上必要ある場合は、空襲時と雖も生徒を登校せしめることもある。
> 　4 学校防護に当る生徒は、報国隊勤務要領に従って厳重に勤務せねばならぬ。
> 四、日常の防空訓練
> 　生徒は日常熱心に報国団国防訓練部の実施する訓練を受け、空襲時の防空動作が遺憾なく出来るやうに実力を養って置かねばならぬ。
> 　　　　　　　　　　　　　　（昭和十六年十二月十二日）

ここに示されているのは米英との開戦直後の学校報国隊の防空心得であ

292　第9章　日中戦争・第二次世界大戦下の聖公会教会と女学校

29．防空演習（松蔭高等女学校・1943年）

る。プール学院（当時、聖泉高等女学校）の場合、報国隊は「学校長ヲ中心トシ教職員及ビ生徒一体トナリ指揮系統確立セル隊ヲ編成シ統制規律アル体制ヲ整理シテ修練組織ヲ強化スルト共ニ国家的要請ニ基ク各種ノ要務ニ服シ有効且迅速ナル活動ヲナスヲ以テ目的トス」として、高等女学校1、2、3年が第一大隊、4、5年が第二大隊として構成され、各学年を一中隊に、クラスを一小隊に、さらに各クラスは10人程の四分隊で編成された。この時点では、空襲を想定した防護活動を主にしたものであったが、この組織はその後の教練と動員の基本組織ともなっていった。この点は、他の学校も同様である。

　次に勤労奉仕から、勤労動員への変化について東京女学館の資料を確認すると次ページの表の通りである。

　本格的な勤労作業、動員は1940（昭和15）年以降であり、継続的な動員はさらに後のことになるが、1937（昭和12）年から赤十字社篤志看護婦会の依頼による傷病兵のための裁縫作業、軍人の肩章づくり等の奉仕作業が開始さ

第7節　学校報国隊の結成、女子勤労動員の経緯

1937	赤十字社篤志看護婦会の依頼による傷病兵のための襦袢の裁縫、年末から翌年始まで中等科3年以上による軍肩章作り。
1938.7.21-	クラス分担による校内清掃、裁縫作業。
1939.7.21-	校内清掃、補修、裁縫作業。東京府依頼の慰問袋製作。7.「国民徴用令」
1940.5	東京府から「集団勤労作業実施要綱」、学校報国農場分配の指示
6.1	紀元2600年準備東京市肇国奉公隊に中等科四年以上470名参加、宮城外苑整備勤労作業、軍隊動揺の編成がとられる。7月校内勤労作業。
7.20	全校勤労作業
11.21-22	高等科・中等科5年以上生徒、陸軍兵器補給廠（赤羽）の勤労作業
1941.7.21-	中等科3年以上、陸軍被服本廠から素材送付の傷病兵夏衣裁縫（計10日間）
.8.9-	中等科3年以上、板橋被服補給廠、赤羽兵器補給廠で勤労作業（計3日間）
11.4	宮城外苑整備勤労作業に全校二中隊、十一小隊編成で参加（防諜の指示あり）
11.25	東京府学務部長「勤労作業ニ関スル件」
1942.2.2-	中等科3年以上、東京理科工業所等に出勤（計8日間）
2.8	「帝都ニ於ケル学校報国隊聯合大会」に参加
4.7	東京府「集団勤労作業実施ニ関スル件」5年三菱電機世田谷工場（10日間）
5.15	明治神宮外苑勤労作業、その後、被服本廠で傷病兵着衣製作
11.21-	内閣印刷局滝野川分室での作業
1943.3.1	中等科3年、東京第一陸軍造兵廠への動員（10日間）
6.25	「学徒戦時動員体制確立要綱」5年生、桜ゴムへの動員（6.21-・10日間）
7.24-	夏休み勤労作業、防空・救護訓練、4年生、明星電気への動員（10日間）
10.29-	中等科3年、藤倉電線への動員（2週間）
11.15	白菊会勤労報国隊（女子挺身隊を同窓会単位で結成）結成
1944.1.18	「緊急学徒勤労動員方策要綱」閣議決定
1.24	高等科、東京師団経理部に動員　2.25「非常決戦措置要綱」閣議決定
3.7	学徒勤労動員の通年実施を閣議決定（これまでの10日前後までが中長期に）
3.18	「勤労昂揚方針要綱」閣議決定

7.1-	7.1-藤倉工業五反田工場（5年）、7.5-奈蔵電機大崎工場（4年）、8.16田中航空計器（高等科）、8.28-彌栄工業作業を学校工場で（3年）各2ヵ月以上
8.	「学徒勤労令」「女子挺身勤労令」（7.学童集団疎開の通牒）
11.24-	11.24-前川精機製作所、12.1-高速機関工業・彌栄工業への動員はじまる（11.1-から警戒警報・空襲警報続く）学校工場の3年生が彌栄工業等へ
1945.2.1-	海軍技術研究所計算班に校舎の一部貸与
3.18	決戦教育措置要綱、（3.10　東京下町を中心に無差別絨毯爆撃）
3.30	4.5年生同時に卒業（前年12月の「新規中等学校卒業者ノ勤労動員継続ニ伴フ附　設課程ニ関スル件」により特設専攻科による勤労動員継続者多数）
5-	東京全域の工場の空襲被害、疎開者の増加により動員参加者の減少
5.22	「戦時教育令」6.東京女子学館学徒隊結成（第一中隊・高等科、特設専攻科、4年、3年生徒、第二中隊・2年、1年生徒）
7.23-	2年生、皇国第2012工場に動員
8.8	東京女子館学徒戦闘隊結成－3・4年生徒53名による6戦闘区隊の構成
8.27	生徒登校、臨時東京第三憲兵隊が学校の一部を宿舎に（9.15まで）

れていたことがわかる。当初は精神総動員にむけた精神面での奉仕、協力の環境整備が重点にあり、併せて学校は総動員体制の中の組織として位置づけられていった。米英両国と開戦した以降も、しばらく動員は2日から10日程度の短期的なもの（10日間の場合も数日ごとに分担する形で出動した）であった。しかし戦局の悪化にしたがって1944（昭和19）年、とりわけ秋以降は長期の動員が恒常化し、その学年も高学年から低学年の動員に拡大したことがわかる。東京女学館をはじめとした女学校の場合は国民学校初等科を対象とした集団学童疎開の対象とはならなかったが、この時期になると家族単位での疎開者も多くなり、在籍者が徐々に減少した。

　1945（昭和20）年3月には、中等学校令改正の適用をうけた1941年入学者の4年生が5年生とともに卒業した。しかし、彼女たちの多くは、勤労動員継続のために設置された敷設課程（東京女学館の場合特設専攻科）に進み動員は継続されることになった。それ以前の卒業生については、25歳未満の卒業

生の挺身隊加入問題が生じた際に縁故等で就職が不可能な場合、同窓生がまとまって作業をすべく白菊勤労報国隊が結成され、1943（昭和18）年末から海軍銃剣道具製作等の作業を開始した。なお、在学生、卒業生とも総ての報酬金はまとめられた形で国防献金に寄付された。

　1945（昭和20）年3月以降は、決戦教育措置要綱によって実質的に授業そのものが成立しない状況になるが、動員先が空襲被害によって稼動不可能な状況も増加した。同年5月には、戦時教育令によって本土決戦を前提とした学徒隊が組織され、さらに8月には3、4年生徒による東京女学館学徒戦闘隊組織が結成された。9名単位を原則とした戦闘区隊が6班組織されている。

　香蘭、プール学院、松蔭について、戦時勤労工場動員の状況は下記の通りである[43]。

　各学校の生徒は、1944年11月以降、空襲の危機にもさらされながら勤労動員の日々を継続することになった。1945年5月24日の「山手空襲」で香蘭女

学校名	学年	期間	場所	工場名	形態	参考
香蘭女学校	5	1944-	東京	鬼足袋工場	通勤	軍服作り
香蘭女学校	5	1944-	東京	学校工場	通勤	軍服作り
香蘭女学校	4	1944-	東京	鬼足袋工場	通勤	軍服作り
香蘭女学校	4	1944-	東京	学校工場	通勤	軍服作り
聖泉高等女学校（プール）	3以上	1943 11-	大阪	大阪毛織、中西軸承、田辺製薬、敷島紡績、松下電器、被服廠、枚方火薬庫、極東製作所、大阪城地下工場、	通勤	
松蔭高等女学校	5	1944.4	神戸	住友鋼管	通勤	
松蔭高等女学校	4	1944 7-	神戸	日本精工、金井重工業、日窯宝石、	通勤	
松蔭高等女学校	3	1944 6-		住友金属、川西航空	通勤	

学校は全焼し、東京女学館もさらに翌5月25日に続く空襲で講堂と校舎の一部が焼失した。松蔭高等女学校も6月5日の神戸地区に対する大規模な空襲で校舎全体が焼失している。聖泉（プール）高等女学校では校舎への被害は大きくなかったものの、6月7日、敷島紡績城北工場に勤労動員中の教員1名、生徒6名が空襲で亡くなった。

第一次世界大戦後、イギリスから日本に導入されたガールガイドであった女子補導団は、イギリス、アメリカ合衆国との第二次世界大戦の中で解散を余儀なくされた。それは、敵国の女子青年教育であったからである。一方、見方を変えれば、ガールガイド運動がもっていた性格の一面―総力戦への対応を想定した国家への忠誠と協力、機能的組織の確立と合理的対応、救護活動の技術、実践的活動の重視、活動しやすく統一された制服等は、戦時下の全国の女学校組織、動員先の工場において実現されることになった。

小　結

本章では、日中戦争・第二次世界大戦下の聖公会教会と補導団関係の女学校について概観した。15年戦争におよぶ対中国、世界大戦の中で日本の学校教育全体が変質し、キリスト教主義学校、とりわけイギリス、アメリカと関係の強い聖公会系の女学校には強い圧迫と弾圧があった。宗教団体に対する国家統制をはかった宗教団体法は、日本聖公会の宗教と教育活動を拘束するのみならず、教団統合をめぐる問題を戦後に継続する形で課すことになった。また、日本の対アメリカ・イギリス関係が悪化する中で、各校の外国人宣教師と教員は1930年代後半から帰国するが、ウーレー、ヘイルストンのように戦中の交換船で帰国したもの、また、レオノラ・リーのように日本に滞在した教員も一部に存在した。

戦時下では、日本人による学校経営のみでなく、校名変更、奉安殿の設置とチャペルの撤去が行われた。最後まで各種学校で宗教教育の維持を試みた香蘭女学校では、東京都から校長が派遣され、管轄する主教が拷問をうけている。私立学校の個性として登場した制服は戦時学生標準服に統一された。

戦争継続にともない、当初は奉仕活動として行われていた勤労作業はその

後、学校単位での勤労動員として組織され、第二次世界大戦末期には本土決戦を想定した学徒隊の形態をとった。アメリカ戦略空軍による空襲によって校舎に被害があり、勤労動員先で死亡した教職員、生徒もあった。多くの被害を経て、四つの女学校、さらに日本のガールガイド運動は戦後の再出発をはかることになった。

　女子補導団はイギリス、アメリカとの戦争体制の中で解散した。一方で、ガールガイド運動が目標のひとつとした総力戦下での国家への忠誠と協力、機能的組織の確立と合理的対応、救護活動の技術、実践的活動の重視、活動しやすく統一された制服等は、全国の女学校組織、動員先の工場において実現された。

註

1) 吉岡文子「その時キリスト教主義の学校では」〈西片町教会月報〉前掲『香蘭女学校100のあゆみ』65ページ所収。
2) 法政大学大原社会問題研究所『日本労働年鑑　特集版―太平洋戦争下の労働運動』1965年・労働旬報社（http://oohara.mt.tama.hosei.ac.jp より、2007.11.30）。
3) 同前。
4) 松蔭女子学院校史編纂委員会『松蔭女子学院百年史』1992年、210ページ。
5) 法令第77号
6) 前掲210ページ。
7) 日本聖公会歴史編纂委員会『日本聖公会百年史』1959、189ページ。
8) 同前、190ページ。
9) 同前、182―183ページ。
10) 同前、185ページ。
11) 同前、192―193ページ。
12) 同前、193―194ページ。
13) 前掲『日本労働年鑑　特集版―太平洋戦争下の労働運動』。
14) 前掲『プール学院の110年』1990年、ページ。
15) 同前、ページ。
16) 同前、90―93ページ、および前掲『日本聖公会教役者名簿』を参照した。
17) 前掲『松蔭女子学院百年史』581―582ページ（旧教職員名簿）および前掲『日本聖公会教役者名簿』を参照した。
18) 詳細は『想い出のミス・リー』神戸聖ヨハネ教会・1996年。

19）前掲『香蘭女学校100年のあゆみ』50―62ページ、および前掲『日本聖公会教役者名簿』を参照した。
20）前掲『東京女学館百年史』付録16―20ページ、および前掲『日本聖公会教役者名簿』を参照した。
21）前掲『松蔭女子学院百年史』210―211ページ。
22）同前、211ページ。
23）同前、211ページ。
24）同前、212ページ。
25）同前、212―215ページ。
26）同前、214ページ。
27）前掲『香蘭女学校100年のあゆみ』62―63ページ、および卒業生（浦野信子さん・1942年3月卒、西野桂子さん・1944年入学―1950年卒の証言による。聞き取り日時、2006年1月23日、於．香蘭女学校同窓会事務所）。
28）前掲『日本聖公会百年史』200―201ページ。
29）『年表で見るプール学院の120年』2000年、19―22ページ。
30）「生徒服装規定（昭和十六年四月改正）」プール学院・資料室所蔵。
31）戦時下勤労動員少女の会『記録―少女たちの勤労動員　女子学徒・挺身隊勤労動員の実態―』BOC出版・1997年、51―52ページ。
32）前掲『東京女学館百年史』
33）前掲『記録―少女たちの勤労動員　女子学徒・挺身隊勤労動員の実態―』52ページ。
34）同前、52―53ページ。
35）児玉政介『勤労動員と援護』51ページ。
36）労働省『労働行政史』第1巻、労働法令協会・1961年、1091～1094ページ。
37）国家総動員審議会における提案理由は、次のとおりである。

「現下ノ緊迫セル戦局ノ下ニ於テ戦力ノ飛躍的増強ヲ図ルコトノ緊要ナルコトハ申ス迄モナイ所デアリマス。而シテ之ガ為ニハ相当多数ノ勤労者ヲ必要トスルノデアリマスガ他面一般男子ノ勤労給源ハ相当逼迫セル状況ニアリマスノデ、此ノ際女子ノ勤労ニ期待スル所極メテ大ナルモノガアルノデアリマス、政府ニ於キマシテハ従来女子ノ勤労動員ニ付キマシテハ時局段階ニ即応シ夫々施策シテ参ツタノデアリマシテ、特ニ昨年9月勤労ノ態様トシテ新ニ女子挺身ヲ自主的ニ組織セシメ相当ノ指導者ノ下ニ団体ノ長期出勤ヲナサシムルノ制度ヲ創設致シマシテ既ニ行政官庁ノ指導勧奨ニ依リ女子挺身隊ニ加入セル女子ノ数ハ数十万ニ達シテ居ル状況デアリマス、而シテ今後更ニ本制度ヲ強化シ女子ノ勤労動員ヲ促進スル為ニハ明確ナル法ノ根拠ノ下ニ女子挺身隊ヘノ加入、出動ヲ的確ナラシムルト共ニ之ガ受入態勢ヲ刷新強化シ其ノ保護ニ付万

全ノ措置ヲ講ジ以テ女子ヲシテ挺身勤労愛国ノ至情ヲ尽サシムルコトガ肝要デアリマスノデ茲ニ国家総動員法第5条及第6条ニ基ク勅令ノ御制定ヲ仰ガントスル次第デアリマス、本勅令ノ運用ニ当リマシテハ特ニ皇国本来ノ家族制度ト女子ノ特性トヲ考慮シ徒ラナル強権ヲ発動ハ厳ニ之ヲ戒メ決戦下皇国女子ノ愛国心ニ訴ヘ挺身勤労ヲ指導スルト共ニ受入態勢ノ整備強化ニ重点ヲ置ク方針デアリマス」(前掲『労働行政史』第1巻1121〜1134ページ)。なお、45年3月の国民勤労動員令により、女子挺身隊は国民義勇軍に再編成された。

38) 前掲『労働行政史』第1巻1013〜1014、1023〜1029ページ。
39) 前掲『記録—少女たちの勤労動員　女子学徒・挺身隊勤労動員の実態—』8ページ。
40) 「生徒防空心得　聖泉高等女学校報国隊」1941年、プール学院・資料室所蔵。
41) 「聖泉高等女学校報国隊要領」1942年、プール学院・資料室所蔵。
42) 前掲『東京女学館百年史』462—473ページ。および東京女学館資料室蔵の勤労動員関係資料綴りより。
43) 前掲『記録—少女たちの勤労動員　女子学徒・挺身隊勤労動員の実態—』、前掲『香蘭女学校100年のあゆみ』、前掲『年表で見るプール学院の120年』、前掲『松蔭女子学院百年史』を参照した。

第10章

戦前日本の女子教育における
ガールガイド運動の意味

　戦前日本のガールガイド運動は、大正時代にイギリス国教会系の日本聖公会を通じて女学校、幼稚園等で始められた。ここまで、本論では、女子補導会、さらに女子補導団と改称され、東京からさらに活動を全国に展開した背景と実態について考察を行ってきた。

　本章では、女子補導団に関する本研究の目的の中から戦前期を総括する意味で次の3点について検討してみたい。具体的には、第1節では、キリスト教主義女学校における女子補導会・女子補導団の役割についてである。第2節では、青年教育としての女子補導会・補導団の位置について、第3節では、女子中高等教育の拡大と女子補導団の関係である。ここでは、以上3点から戦前日本の女子青年教育におけるガールガイド運動の意味についてあらためて確認しておきたい。

第1節　キリスト教主義女学校における女子補導会・
　　　　女子補導団の役割

　先にも述べたように、明治期以降の中高等教育はあくまで男子を中心に整備されたために、女子教育は別に扱われ、その制度も不十分なものであった。公立の高等女学校が確立するまで、女子教育を主に担ったのはキリスト教主義の学校である。キリスト教主義の女学校は、キリスト教の伝道以外に女子に中等教育の教育機会を提供し、それまでの日本とは異なるキリスト教に基礎をおいた欧米的な人間観にもとづく教育と近代的な女性像を伝えた役割

第1節　キリスト教主義女学校における女子補導会・女子補導団の役割　　301

は大きな意味をもつ。

　しかし、1880年代末からの日本のナショナリズムの台頭によって、政府はそれまでキリスト教主義女学校に多くを依存していた女子教育を見直し、改革を行った。女子教育においては良妻賢母を基調とした教育を重視し、キリスト教主義女学校に制約を設けた。それは、1899（明治32）年に出された訓令12号と高等女学校令として具体化した。制度として確立された高等女学校では、学校経営の枠組みと教育課程そのものが学校認可申請の要件となり、キリスト教主義女学校に具体的に次のような問題を課した。

① 高等女学校令では修身、家事・裁縫の必置、外国語時数の週3時間等の限定が生まれ、聖書と欧米文化の内面化を目標に掲げていたキリスト主義女学校にとって容認できない。
② 中等教員免許取得者の配置義務や理科充実のための施設、設備充実はキリスト教主義女学校の学校経営の改変を要求した。
③ 訓令12号―宗教教育の禁止によって、キリスト教主義学校における宗教活動が行えなくなり、宗教的儀式、聖書に関する授業が実施困難となった。
④ 高等女学校令にしたがって、各府県に公立として高等女学校が設立されて、国家的支援を得たこれらの学校との競合を余儀なくされた。

　結果的に、キリスト教主義女学校（さらに独自の学校文化を維持しようとした東京女学館等の学校も含む）の多くは、当初、高等女学校としての認可申請を見送り、各種学校のまま学校経営を選択した。しかし、大正期に入ると、都市部を中心に高等女学校への進学率が飛躍的に高まり、結果として女子の高等教育に関する要望も急速に強まった。1903（明治36）年の専門学校令によって、日本女子大学校、女子英学塾等が専門学校となり、さらに多くの女子専門学校が新設されると、それらの学校への進学希望者も徐々に増加した。各種学校として学校の継続を図っていたキリスト教主義女学校も、上級学校進学希望者のためにも、その対応をせまられることになった。
　具体的には、各種学校を高等女学校として改組して学校経営全体を見直し

た申請を行うか、高等女学校に近い教育課程を設置して高等女学校と同等以上の学力を有し「専門学校入学者無試験検定願」を文部省に提出するという選択肢が求められたのである。課題は高等女学校と「同格」であり、上級学校への接続を得ることであった。本書で取上げた四つの女学校について、あらためて確認すると次の通りである。

ア　香蘭女学校は高等女学校への改組を行わなかった。しかし、1917（大正6）年、文部省に専門学校入学検定指定の認可申請を行って、その指定を受けた。

イ　プール女学校は日露戦争後の不況、近隣の公立高等女学校の設立による生徒数減少のため、1909（明治42）年に専門学校入学検定指定の認可を受け、さらに1929（昭和4）年に高等女学校に改組された。

ウ　松蔭女学校は日露戦争後の不況と近隣の神戸高等女学校等の新設により生徒数が激減したことを機に1910（明治43）年に文部省に専門学校入学検定指定の認可の申請を行い、翌1911年に認可された。さらに、英語時間の削減、土曜日の出校等により授業時数を改革し、1915（大正4）年2月、高等女学校に改組された。

エ　東京女学館の場合、高等科、専門科を独自に設置した学校体系を有していたが、1929（昭和4）年に専門学校入学者検定指定を受けている。

以上の専門学校入学検定指定、あるいは高等女学校への改組のためには、教職員、施設、教育課程を高等女学校に合わせたものにして申請を行う必要があった。そこでは、従来のように教育課程としての宗教活動がじゅうぶんに認められず、それとは別に修身を必修として設置する必要があった。また英語を中心とした欧米文化理解にも関わる時間配当をかなり削減する必要があった。

したがって、政府の高等女学校としての要望に対応した経営を維持しながら、正規の教育課程とは別に、私立ミッションスクールとして、その独自性を維持する必要があった。その際、正規の教育課程とは別に、キリスト教にもとづく事業・教育活動を任意で行い、キリスト教主義女学校としての伝統

第1節　キリスト教主義女学校における女子補導会・女子補導団の役割

の維持とその伝道的役割を果たす必要があった。そこに日本のガールガイド、女子補導会、補導団の第一の導入理由があったと考えるものである。

　明治期、日本の女子教育を中心的に担ったキリスト教主義女学校は、高等女学校令と訓令12号にみられる宗教と教育の分離問題、大正期から高まってきた上級学校への接続の課題を解決することが必須の課題となった。同時に、正規の課程で実施できなくなった宗教的教育と欧米文化について生徒に学内外で課外活動を実施する必要があった。現在の日本のガールスカウトではみられないことであるが、当時の女子補導会はキリスト教の祈禱ではじまる活動であり、指導者が宣教のために派遣されたイギリス人女性たちであったことから、それは、キリスト教主義が強く反映された活動であった。

　次に当時のガールガイドは、欧米の最新の教育動向であり、児童中心主義にもとづくグループ活動を行った。それは、第一次世界大戦後、ヨーロッパでも注目されてきた医療・福祉・教育・保育面に視野においた国家的課題を担う女子青少年活動でもあった。社会教育として行われ、宣教師によって指導される最新の女子教育、そこに、キリスト主義女学校におけるガールガイドの導入、実践の意味もあったと考える。

　それゆえ、女子補導会・補導団の位置について論ずる際、キリスト教主義女学校、とくにイギリス聖公会系の教会と学校の発展過程の中でその意味を考える必要があった。教育と伝道両面の役割を果たしていく女子補導会、補導団の活動は聖公会系の女学校、教会で土曜日、あるいは、平日の放課後に行われ、さらにそれは地方の教会、幼稚園卒園者にひろめられていったのである。

　7、8章で取上げて個別に検討した日本のガールガイドの組と指導者をまとめたものが次ページからの10―1、10―2の表である。あらためて、その大多数はキリスト教主義女学校、教会を中心としたガールガイドであり、多くのイギリス人女性宣教師と日本の女性教員が指導した活動である。その意味で教育と伝道両面の役割を果たしていたことがわかる。

表10-1　補導会・補導団の組、活動一覧

組名	発足年	活動場所	中心人物、特色等
東京第1組（1a）	1920—1942	香蘭女学校（SPG）	M.グリーンストーリートを指導者、バンカムをチーフコミッショナーに、英国連盟の支部として12名で発足。香蘭の各学年生徒と刺繍部員の志願者で構成され、最初の団員は校内で集会をし、「わすれな草」「桜草」という二班から構成される。T.C.ウィリアムス、A.K.ウーレー、M.E.ヘイルストン、荒畑元子、細貝のぶ、竹井富美子、櫻井澄子等、多くのリーダーを輩出、1942年まで活動した。
東京第1組ブラウニ	1921	香蘭女学校聖ヒルダ陽光ホーム	A.K.ウーレー、竹井富美子が担当した。遥光ホームの児童の他、教会関係の小学生が入会したが、1932年頃から活動が停滞し、1933年に休会。
東京国際組（東京2組）	1920	香蘭女学校（SPG）	M.グリーンストーリートを組長として発足、英国・オーストラリア人少女等、聖心女子学院の生徒と女子学習院の生徒が参加した。1923に活動停止後、聖アンデレ教会の組が2組になる。
東京第1b組⇒東京第2組	1921　1組b、1923に2組	聖アンデレ教会	檜垣茂（聖アンデレ教会婦人伝道師、東京女学館教師）、細貝のぶ、井原たみ子、英国留学経験した溝口歌子、楢戸けい子が歴代指導者。香蘭の第1組から分かれて発足し、アンデレ教会の家族、教会の日曜学校の子どもが参加した。単独会員、特別賛助会員も参加し、教会信徒としての結びつきが強い。小学校児童を中心に東京第2組ブラウニ結成も結成されたが、1931年に女学校受験等で休会。
東京第3組	1921	聖バルナバ教会日本女子大学校	香蘭女学校のG.フィリップ、三田庸子（香蘭舎監）が中心となり、後に日本女子大の暁星寮におかれた。1920年から集会準備始まる。日本女子大付属女学校生徒を中心として発足。大正末に休会。
余丁町少女団⇒東京第3組（1929頃）	1921	牛込区余丁町小学校	池田宜政が指導者。渡辺ひさ、国木田みどり、田山茂、塚本清、福本八千代、多田まき子の女性教員、バンカム、B.マキムの協力を得る。同小学校は服部蓊校長の下、児童中心主義教育として少年団・少女団に取組む。震災援護活動でも注目された。小学校の4、5、6年を中心に結成され、少年団のジャンボリー等にも参加した。暁星寮の組活動停止後3組の呼称を使うが、1929年頃から高学年生徒の都合、学校分校化もあって活動が停滞する。

第1節　キリスト教主義女学校における女子補導会・女子補導団の役割　305

東京第4組	1923	東京女学館	A.K.ウーレー、M.E.ヘイルストン、関東大震災後は檜垣茂、井原たみ子の指導、D.E.トロット、ポールの協力。1922年10月に平河町マリア館で準備集会。1923年2月に正式発足した。柊、けし、菊、桜、月見草、かんな等の班をもつ組であり、教員人事を含めた香蘭との交流も深かったが、1933年度頃より授業時間の都合で停滞。
東京第5組	1940-1942	千住基督教会	山口敏子が指導者。
神戸国際組	1923	松蔭高等女学校（SPG）	補導団神戸地区代表V.L.マシュース、上西ヤエ、浅野ソワ子、藤喜代子、新井外子、が指導。神戸ボーイスカウトとも連絡関係があり、ミカエル教会、松蔭高等女学校で活動した。1927年頃から普通団員の活動が停滞しブラウニのみの活動に。1929年「一時解散」。
前橋1組	1923	前橋聖公開	前橋聖マッテヤ幼稚園のB.マッキムが指導者。
大連1組	1924-1931	大連市高等女学校	イギリス人宣教師でガイド中国支部長・カートリッジの指導。1928年のカートリッジ帰国後は田村幸子が幹事。大連市高等女学校生徒が中心で、幼女隊もあった。1924年には後藤新平、三島通陽の訪問があったが、卒業生の上級学校進学、「満州事変」で1931年に活動休止。
大阪第1組(CMS)	1925-1927	プール高等女学校（英文科生徒）	M.C.バックスが指導を担当した。バックスが英語の指導のため、高等科英文科の生徒対象に発足した。英文科の廃止後は第2組のみになった。
大阪第2組(CMS)	1926-1934	プール高等女学校普通科	M.C.バックス、A.S.ウィリアムス、加藤文子が指導を担当し、学校全体の協力があった。スウィートピー、勿忘草、柊の班があり、日曜学校、学校YMCAの一部としても活動した。多忙な学校の時間割、1934年の室戸台風被害を契機に活動を停止した。
大阪四〆島	1929	四〆島セトルメント	大阪四〆島セトルメントの大泉清子が指導者。日曜学校のクリスマス連合等で活動。高等小学生2人、小学校高学年4－5人。教会婦人部のバザー、給仕、ビラ撒きをして得た資金で病院、済生会で奉仕、見舞いを行う。
盛岡第1組	1927-1929	盛岡聖公会、盛岡市仁王幼稚園	岩泉みどり、松岡（坂本）良枝が指導者。盛岡聖公会の村上秀久、村上しげ子、少年団盛岡地方連盟松岡直太郎が協力。補導団本部との連絡により、1927年4月にウーレー、ヘイルストン、桜井国子が参加して発団

			式。高橋栄造は1928年に香蘭のヘイルストンを訪問している。団員の学校の課題が忙しく1929年以降、停滞。（1920年にディクソンの下で補導会活動開始の記録あり。）
大宮第1組	1927	桜木町愛仕母学会	組長は桜井（大越）房子、佐々木逸子、加藤きみ子が指導者。檜垣茂、竹井富美子、井原たみ子、ウーレーが指導に訪れた。白百合、マーガレットの班。埼玉県の幼児教育の貢献者であるE.F.アプタンの開設した保母養成機関で活動を行った。日光、久喜での幼稚園ブラウニ発足にも協力している。
福島第1組	1929－1930	片曽根村農業公民学校	公民学校教員の渡井芳枝が指導者。渡井に対して檜垣茂が入団式を行い、その後府附団員6人、少女部員6人に対する入団式を香蘭女学校で行い、あわせて研修旅行を体験した。渡井の退職によって1930年に休会。
長春第1組	1929－1931	長春高等女学校	組長代理は田中富貴子。結団式を1929年10月に行い、指導者1名、団員は長春高等女学校生徒6名。長春健児団の協力があったが、1931年の「満州事変」で休会。
日光第1組・ブラウニ	1930	四軒町聖公会・四軒町愛隣幼稚園	女性宣教師のM.ハンプレ、大宮愛仕母学会出身の木村里代が指導者。1930年4月、日曜学校の中等科の生徒が中心となりブラウニ7名が入団した。後、日光高等女学校生徒として参加して日光第一組結成を結成した。
沼津第1組・ブラウニ	1931	清水上聖公会・聖ヨハネ教会四恩幼稚園	女性宣教師のT.C.エドリン、新藤とし子が指導者、ブラウニは村山愛子、南岡春枝、佐藤千代子が担当した。1931年秋に活動開始。四恩幼稚園の卒園者は英語とゲームを学ぶ若葉会を結成していたが、それがブラウニになった。1933年にはウーレーが訪問している。
長野第1組	1931	小県郡弥津村愛シスター会	指導者は柳澤けさを。長野県新張少女団として1931年11月3日に発足した。ブラウニ、ガイド志望者に分かれて活動。1932年8月22日ウーレーが訪問し、ガイド32人、ブラウニ29人が入団式に参加している。
茂原少女会	1931	茂原聖公会	指導者は香蘭出身の黒瀬（細貝）のぶ。1931年6月活動開始。日曜学校上級生等によりツバメ、ハト、カナリヤの班。県内の旭ノ森幼稚園で音楽会、聖ルカ病院看護婦の講習、海軍機関学校による手旗信号指導等あった。

第1節 キリスト教主義女学校における女子補導会・女子補導団の役割

草津第1組・ブラウニ	1932	聖マーガレットホーム	I.M.ネトルトンが指導を担当した。コンウォール・リーの草津伝道とハンセン病者支援と教育の一環として建設された聖マーガレット館で1932年始めに活動を開始した。
草津第2組・ブラウニ	1932	草津町平和館	本橋たみよが指導を担当した。1932年8月発足し、M.B.マギル邸、平和館にて集会を続した。東京からウーレーも訪問し、入団式が行われた。
久喜第1組・ブラウニ	1933	久喜幼稚園	倉戸としみが指導者。日光の牛山（木村）里代、大宮の大越（桜井）房子、加藤きみ子が協力。久喜児童の家が母体となりフェアリー、ピクシー、グノムの班活動を中心にブラウニ活動が数年継続した。

表10-2 日本聖公会教役者とガールガイド指導者（担当・協力した聖公会関係教員一覧）

名前	国	Mission	生年	在日	着任地等	組
Miss Baggs, Mabel C	英	CMC	1898-	1925-1962戦中帰国	徳島半田、プール学院、徳島イヌマエル、佐古聖テモテ	大阪1, 2
Mrs. Buncombe	英	CMC		1888-1935	大阪、南東京（バンカム司祭夫人）	東京地区
Miss Edlin, Constance Maria Annuntiata Townshend	英	SPG	1898-1979	1927-1938	東京、沼津、鴨川、香蘭	沼津1, 2
Miss Hailstone, Mary Elenor	英	SPG	1889-1979	1920-1942 1947-1965	三光、香蘭	東京4, 1
Miss Humphreys, Marian	米	PE	1886-1968	1915-1937	仙台、金沢、津、日光	日光1
Miss McKim, Bessie M.	米	PE	1883-1973	1904	幡ヶ谷、逗子、前橋	前橋1
Miss Nettleton, Irene Mary	英	SPG	1898-	1926-	神戸、草津	草津1, 2
Miss Phillips, Elinor Gladys	英	SPG	1872-1965	1901-1941	香蘭、南東京婦人同盟会	東京3
Miss Trott, Dorothea Elizabeth	英	SPG	1885-1968	1910-1941 1947-1957	東京聖アンデレ、東京女学館、神戸松蔭、聖マリア館	東京4 神戸1

Miss Upton, Elizabeth Florence	米	PE	1880-1966	1908-1966	川越初雁幼、大宮愛仕幼、愛仕母学校、毛呂山精霊	大宮1
Miss Williams, Agnes S.	英	CMS	1889-1970	1917-1940 1952-1954	香蘭、プール	大阪1, 2
Miss Wooley, Amy Kathleen	英	SPG	1887-1976	1915-1942 1948-1964	東京女学館、香蘭、三光、神戸松蔭	東京
氏名			生年	教会歴	教会、学校等	組
荒畑元子（基子）			1882-不明		東京南部婦人同盟会 東京女学館卒・香蘭教員	東京1
井原民子			1903-1961	1936-	東京女学館卒 東京聖アンデレ	東京2, 4
上西八重（ヤエ）				1918-	神戸聖ミカエル 神戸松蔭卒、同舎監	神戸1
長谷川喜多子			1872-1925	1904-	畳町聖十字、聖マリア館　東京女学館教員	東京4
檜垣茂（子）			1885-1945	1908-	喜望、東京聖アンデレ 東京女学館教員	東京1, 2, 4
三田庸子			1904-1989	1929-	ヒルダ遥光ホーム、香蘭舎監	東京1
南岡春枝			1888-1948	1918-	静岡、沼津、茂原	沼津1

(『日本聖公会教役者名簿』日本聖公会歴史編纂委員会・1981等による)

第2節　女子青年教育としての女子補導会・補導団の意味

　ここでは、女子にとっての青年期教育の理解と女子補導会・補導団の意味についてあらためて考えてみたい。
　第4章、第5章で考察したように、日本のガールガイドはイギリス支部の補導会から日本女子補導団に改組され、神と天皇の位置づけに応用性を持た

せ、華族と教育関係者を本部に迎えて日本的な定着をはかり、一方で、活動の基礎となる組単位では聖公会を中心とした活動を維持した。活動内容としては、第一次世界大戦後の国家と女性像を反映した市民性、都市部の家庭と女子教育像を反映し、活動形態としては児童・生徒の関心に応じた新教育の性格をもった運動でもあったことを確認した。具体的には、キリスト教主義の女学校において、独自の女子教育のあり方を、方法・内容両面から新たに確立しようとした試みでもあり、イ．生徒をリーダーとした班（グループ）活動、ロ．宿泊を含む野外活動と自然観察、ハ．社会奉仕活動と救護法の取得、ニ．ゲームとソングを含むレクリエーションの導入、等を含む活動であった。

　女子補導会・補導団は、女子が家を出て活動することが少なかった時代に、妻や母としてのみではない社会的役割を重視し、少女達の自主性を尊重した小集団のグループワーク活動をおこない、キャンプなどの屋外での余暇活動をすすめたことは、当時として画期的な意味を持っていた。日本でガールガイド教範が紹介される際にもドルトンプランやプロジェクトメソッドが例に出された新教育の文脈で説明され、当時指摘されつつあった学校教育の問題を解決すべき実践活動でもあった。その背景には、第一次世界大戦後の自由主義教育と都市部での学校教育が持つ問題への対策も含まれていた。

　しかし、これらの性質のうち、従来と比較した女性のより積極的な社会的役割、公共的奉仕、体育の重視と衛生観念等については、女子補導会・補導団のみの特殊性ではない。当初「働妻健母」を育成する「内助的団体」として青年団の陰に隠れるように活動していた処女会においても、第一次世界大戦後には男性と「平等な」国家意識を育むことが期待され、1926（大正15）年に管轄が内務省から文部省に移されることで本格的に「公民の妻」のみではなく一人の「国民」として育成されることが目指されるようになったのである。それは、第一次世界大戦以後の女子青年教育の趨勢でもあった。これは、次に提示した1926（大正15）年の女子青年教育として初の内務・文部訓令「女子青年団体ノ指導誘掖ニ関スル件」にも現れている。

女子青年団体ノ指導誘掖ニ関スル件

輓近女子青年団体ノ設置漸ク全国ニ洽ク実績ミルヘキモノナキニアラスト雖一層其ノ普及ヲ促進スルト共ニ其ノ適順スル所ヲ明ニシテ堅実ナル発達ヲ遂ゲシムルノ要愈々切ナルモノアリ

惟フニ女子青年団体ハ青年女子ノ修養機関タリ其ノ本旨トスル所ハ聖訓ニ本ツキ青年女子ヲシテ其ノ人格ヲ高メ健全ナル国民タルノ資質ヲ養ヒ女子ノ本分ヲ完ウセシムルニアリ、之カ指導誘掖ニ関スル方途固ヨリ一ニシテ足ラスト雖特ニ左ノ事項ニ就キテハ深ク意ヲ用ヒムコトヲ要ス

　一、忠孝ノ本義ヲ体シ婦徳ノ涵養ニ努ムルコト
　一、実生活ニ適切ナル智能ヲ研磨シ勤倹質実ナル風ヲ興スコト
　一、体育ヲ重ンシ健康ノ増進ヲ期スルコト
　一、情操ヲ陶冶シ趣味ノ向上ヲ期スルコト
　一、公共的精神ヲ養ヒ社会ノ福祉ニ寄与スルコト

今ヤ内外ノ情勢ハ女子青年団体ノ振興ヲ促シテ止マサルモノアリ、局ニ当ル者克ク古来ノ美風ニ稽ヘ日進ノ大勢ヲ察シ督励指導其ノ宜シキヲ制シ女子青年団体ノ目的ヲ達成スルニ於テ遺憾ナカラムコトヲ期スヘシ

　　　　　　　　　　　大正十五年十一月十一日
　　　　　　　　　　　　　内務大臣　浜口雄幸
　　　　　　　　　　　　　文部大臣　岡田良平

　上記の中には、天皇制国家体制への忠孝と婦徳を基本とし、1918（大正7）年の臨時教育会議「女子教育に関する答申」において明記された「実際生活に即した知識能力」という女子教育の特色を、女子青年教育においても同様に示したものと捉えられる。一方で、ひろく女子社会教育場面において体育と健康増進を期し、情操と趣味の向上をはかり、公共的精神の養成と福祉への寄与を求めていることは、従来の女子教育とは異なる修養課題である。何より、女子青年を対象に訓令が出されたこと自体が画期的ともとらえられる。というのは、それまでの青年教育に関する訓令は、兵役を視野においた壮丁準備、実業補習充実等の観点から、実質的に男子青年を対象としたものであったからであり、国家の女子青年に対する一定の認知と期待を象徴

する訓令でもあった。

　その点、イギリスのガールガイドをもとに導入された女子補導会、補導団は女子青年教育として先駆的な存在でもあった。聖公会関係のガイドのみではなく、少年団関係者をふくむひろく教育関係者が注目した理由もそこにある。

　女子補導会は1920（大正9）年に発足しているが、大正期のこの時代は、①明治の学制頒布以降、低迷してきた女子就学率も大正期に入って安定し、それにともなって女子の中等教育進学要求も高くなってきたこと、②総力戦、科学戦としての第一次世界大戦を経て、女子教育のあり方が模索されたこと、③大正自由主義の空気の中で、新教育運動と児童中心主義思想が導入されつつあったこと、以上をふまえ、④臨時教育会議を経て、女子教育の理念と内容について議論され、女子教育に関する方針が学校教育、社会教育において明らかにされた時期であった。

　このような時期にあって、本来「大英帝国の母」を養成し、その後第一次世界大戦後の女子教育観を反映したガールガイドの導入は、日本の女子にとっての青年教育に対しても、女性のより積極的な社会的役割、公共的奉仕、体育の重視と衛生観念等と社会奉仕、また、小集団を活用した自主的な活動形態と余暇活動の内容・方法においてひとつの雛形を提起した。さらに、女子が洋装によって屋外でキャンプ等の活動をおこなう文化的意味も見逃せない。というのは、処女会・女子青年団と補導会・補導団とでは、農村女子と都市の女学校生徒であり、対象とする少女層が異なる。とりわけ補導会・補導団への参加者は大多数が都市中産階級の家庭の子どもたちであったことに留意しておきたい。それゆえの限定した理解が必要であり、同時にこの運動の特色も限定して理解する必要がある。

第3節　女子中高等教育の拡大と女子補導団

(1)　女子補導団と高等女学校受験問題

　日本のガールガイド運動である女子補導会・補導団が成立し、発展する1920年代は女子中等教育が急速に普及し、またそれにともなう制度的対応が

せまられた時期であった。大正後半期以降、「中学校・高等女学校進学希望者が顕著に増加し、中学校・高等女学校数も増加したが、その収容数は必ずしも需要にじゅうぶん対応しうるものではな」[2]く、「中等学校間の学校格差が発生し、特に都会において入学試験による競争を必要以上に激化させた」[3]のである。結果的に、小学校では中学校、高等女学校入試のための準備教育の弊害が指摘されるに至り、入学試験が社会問題となって論議される事にもなった。

大正末から昭和初期にかけての受験加熱は、当時として深刻な課題であり、高等女学校・中学校入学者選抜方法の改善、という改善案が提起された。その結果、1927（昭和2）年11月には、中学校令・高等女学校令の施行規則を改正し、入学者選抜の方法として従来の学科試験を廃止することになった。文部次官通牒では中等学校入学者選抜方法に関する準則が指示され、小学校長の報告書、人物考査、身体検査によって入学者の選抜を行ない、人物考査（常識、素質、性行）と口頭試問によって入学者選抜が行われることになった[4]。

この選抜方法の変更は画期的改革であったが、評価と解釈の違い、情実等の問題が指摘され、1929（昭和4）年11月の文部次官通牒によって口頭試問と筆記試験の併用が認められることになった。その際、筆記試験は小学校の教科の範囲で「暗記暗誦ニ流ルルコトナク理解、推理等ノ能力ヲ判定シ得ヘキ平易ナル事項」とされたが、事実上は筆記試験が復活した。その後も、1937（昭和12）年7月には、文部次官通牒によって小学校教育への弊害を除去するために、筆記試験の教科目数を可能な限り一科目に限定することが求められたが、いくつかの府県を除いて実施されなかった[5]。このようにして学科試験の廃止を目ざした選抜方法の改正は、事実上筆記試験の復活を許し、小学校における受験準備教育の弊害を除去しようとする意図を実現することはできなかった。暗記による筆記試験重視を否定し、推理力、理解力の重視と学校における「常識・素行・性行」を基礎にしようとしたのが上記の改革であったが、結果的に認められず、制度的に受験競争が肯定されることになった、と言えよう。

女子補導団で活動していた少女たちと高等女学校受験については密接な関

係があり、とりわけ都市部においては活動の継続にかかわる重大な影響があったことがわかる。

たとえば、東京の神谷町にあったアンデレ教会で活動を行っていた東京2組ブラウニの1931（昭和6）年度の報告には、「ブラウニの方が人数が減りましたのと小学校で五、六年生に高女入学準備を初められますのでブラウニの集りを規則的に開く事が出来なくなり、一時休止の姿で居りますのは、誠に残念で御座います[6]」とあり、翌1932年度には、「人数が少いため思ふ様な集りが出来ません。止むを得ず一時休む事に致しました[7]」とあってブラウニの活動が停止している。

当時、進歩的な児童中心主義の教育をすすめ、1920（大正9）年に日野鶴吉が少年団を始め、さらに池田宣政が補導団を始めた牛込区の余丁町小学校においても、1929年度（昭和4）年の報告には、この年、「6年の子供が色々の都合から、規則的にお集りになられなくなりました[8]」、とある。翌1930年度には、東京の市街整備と住民急増に対応して近隣に富久小学校が新設されると、1月中旬に余丁町小学校の生徒が分れて移ることになり、その後は「色々の都合でまだ集会をしていない[9]」ことが最後の報告となっている。余丁町小学校は学校区の公務員宿舎の子どもが多く在籍したが、一部転校する生徒があったこと、同時に団員の中心となる高学年生徒が補導団の活動そのものからも離れていった様子が報告されている。

日本初のブラウニである東京第1組でも、1931（昭和6）年には、「集会は毎月曜日午後三時から、香蘭女学校の体操場で開かれて居ります。出席率は中位のところと申しませうか。小学校の上級生は放課後の勉強や用事の為によく遅れます、ですから集会の最初は小さい子供ばかりで、一二のゲームに進んだ頃全部出揃ふといふわけです」とあり、翌1932年には、本部からの報告として、「地方のブラウニのお盛んなのに引較べて、折角本部のお膝元に居りながら貧しい報告を申上げますのが辛うございます。実は昨年冬から中止の状態なのでございます。原因はと申しますと、集りが非常に悪いので、その上この組はいつも同じ場所に生活して居る処から皆来るものですから、子供同志がつひ馴れつこになつて、それがブラウニの訓練中にも遺憾なく発揮されて、打つ、叩く、騒ぐといつた光景を度々現はすのでございます。で

すから指導者は相談の上、彼等が過去の楽しかつた事を想出して、今度は心からまたブラウニに来度いと申出て来るまで見合せませうと待機の姿なのでございます。ブラウニ御指導の方々よ、こんな時に若しよい御考がありましたら教へて下さい」[11]、が最後の報告となっている。

女子補導団の活動停滞の問題として、上記の文中に表現されているように主に小学校高学年からの上級学校受験、あるいは明確には示されていないが団員の欠席の問題があることがわかる。以下では、大正末から昭和前期までの女子の進学と受験の問題について東京を中心に具体的に確認してみたい。

下記の表10－3に示されるように1899（明治32）年の高等女学校令以降に、各地で増設されてきた高等女学校は、第一次世界大戦を経て学校・生徒数ともにさらに増加している。男子むけの中学校と比較しても高い数値を示しており高等女学校への強い進学要求が理解される（なお、男子むけには実業学校、軍関係の学校が多数存在し、ここには含まれていないことも、要因として考慮しておきたい）。

表10-3 大正期以降の高等女学校（含、実科高等女学校）と中学校の学校数・生徒数[12]

年度	学校数（校）				生徒数（人）			
	高等女学校	指数	中学校	指数	高等女学校	指数	中学校	指数
1920(T9)	514	100.0	368	100.0	151,288	100.0	177,201	100.0
1925(T14)	805	156.6	502	136.4	301,447	199.3	296,741	167.5
1930(S5)	975	189.7	557	151.4	338,999	243.9	345,691	195.1
1935(S10)	974	189.5	557	151.4	412,126	272.4	340,657	192.2
1940(S15)	1,065	207.2	600	163.0	555,589	367.2	432,288	244.0
1945(S20)	1,272	247.5	776	210.9	875,814	578.9	639,756	361.0

（高等女学校研究会『高等女学校の研究』1990年、および『文部省年報』をもとに作成）

次の表10－4は東京府下における高等女学校・中学校の成立状況を示したものであるが、明治期中期までに設立された高等女学校・中学校が各1校であったものが1899年の高等女学校令・中学校令によって各三校設置され、さらに、大正期の第一次世界大戦以降増設されていくことが理解される。これ

第3節　女子中高等教育の拡大と女子補導団　315

表10-4　東京府（都）下における主たる府立高等女学校・中学校の成立[13]

高等女学校名（現都立校名）	創立年・場所	中学校名（現都立校名）	創立年・場所
府立第一高女（白鷗）	1888・台東	府立一中（日比谷）	1878・千代田
府立第二高女（竹早）	1900・文京	府立二中（立川）	1901・立川
府立第三高女（駒場）	1902・駒場	府立三中（両国）	1901・墨田
府立第四高女（南多摩）	1908・八王子	府立四中（戸山）	1901・新宿
府立第五高女（富士）	1920・新宿	府立五中（小石川）	1918・文京
府立第六高女（三田）	1923・三田	府立六中（新宿）	1922・新宿
府立第七高女（小松川）	1927・江戸川	府立七中（隅田川）	1921・墨田
府立第八高女（八潮）	1927・品川	府立八中（小山台）	1923・品川
府立第九高女（多摩）	1933・青梅	府立九中（北園）	1928・板橋
府立第十高女（豊島）	1936・豊島	府立十中（西）	1937・杉並
府立第十一高女（北野）	1939・板橋	府立十一中（江北）	1938・足立
府立第十二高女（桜町）	1938・世田谷	府立十二中（芦花）	1937・赤坂
府立第十三高女（武蔵）	1940・武蔵野	府立十三中（豊多摩）	1940・杉並
府立第十四高女（桐ヶ丘）	1940・北	府立十四中（石神井）	1940・練馬
府立第十五高女（神代）	1940・調布	府立十五中（青山）	1940・青山
府立第十六高女（南葛飾）	1940・葛飾	府立十六中（江戸川）	1940・江戸川
府立第十七高女（八に統合）	1940・品川	府立十七中（日本橋）	1940・中央
府立第十八高女（井草）	1941・練馬	府立十八中（十に統合）	1940・杉並
府立第十九高女（千歳丘）	1942・世田谷	府立十九中（国立）	1940・国立
府立第二十高女（赤城台）	1942・新宿	府立二十中（大泉）	1941・練馬
府立第二一高女（一に統合）	1942・台東	府立二一中（武蔵丘）	1941・中野
府立第二二高女（十に統合）	1942・豊島	府立二二中（六本木）	1942・赤坂
		府立二三中（大森）	1943・大森
		府立二四中（九に統合）	1943・板橋
第一東京市立高女（深川）	1924・江東	第一東京市立中（九段）	1924・千代田
第四東京市立高女（竹台）	1940・荒川	第二東京市立中（上野）	1924・台東
		第三東京市立中（文京）	1940・豊島

は、東京に限定したものではあるが、大都市が成立・発展し、それにあわせて市街地が拡張され、中等教育機関への要望も急速に高まっていったことを示すものである。東京の場合、府立高等女学校、中学校の増設は第二次世界大戦最中の1943（昭和18）年まで継続するのである。

東京では、公立学校と私立学校の設置が受験生の増加の間に合わず、入学難と受験競争の過熱の様相を呈していた。ちなみに1927（昭和2）年の入学率（受験者と入学者の比率）は公立25.0％、私立44.1％（全国、55.7％）であり、1932（昭和7）年の入学率は公立25.7％、私立47.0％（全国、63.1％）であった。その際、地方と異なるのは、東京の女子児童は複数の女学校を受験しており（平均2.82校）、多くの児童がいずれかの女学校に入学することは可能であったことを示すと同時に、限定された官立・公立・私立学校入学を目

表10-5　1928年の入学者募集員数と志願者員数との割合[16]

入学者／志願者	高等女学校				実科高等女学校		
割合	官立	公立	私立	小計	公立	私立	小計
80％以下		36	48	84	60	4	64
80％以上		26	11	37	13		13
同数		21	7	28	36	4	40
計		83	66	149	109	8	117
～150％		193	50	243	44	5	49
150％～		118	29	147	2		2
200％～		45	20	65	1		1
250％～		15	9	24			
300％～		2	3	5			
350％～	2	9	15	26	1		1
計	2	382	126	510	48	5	53
合計	2	465	192	659	157	13	170

（桜井役『女子教育史』1943、より作成）

指して競い合ったことをも意味している。実科高等女学校への注目が衰退し、正規の高等女学校の一部への競合については、前ページの表10—5にも明らかである。

以上、上記の数字を見てみると、高等女学校の進学希望者は男子の中学校以上に急速な伸張をみせていること、また少数の「名門校」をめぐって競争があったことが想起される。また、男子が普通教育の中学校の他、実業学校、あるいは軍関係の学校を含めて複数の選択肢があったことと比較しても、高等女学校に集中した競争であったことが理解されるのである。

なお、高等女学校受験の問題は都市部のみでなく全国的な広がりをみせていた。1928（昭和3）年の盛岡からの報告にも、「ブラウニーは今は相応に成長して居るのですが学校の課題は予想以上に多く殆ど寸暇のない為めガイド訓練の余裕のないのに困つて居る様であります」とあり、1931（昭和6）年には茂原からも「学年末、入学準備のために集会出席率が低下しました」と報告され、新学期にむけて対応が検討されている。

以上のように、女子補導団の停滞要因のひとつに団員である女子児童の受験問題があることは確かであり、それが、暗記の弊害が指摘されて一度は停止していた筆記試験が再度復活する1930（昭和5）年前後に、補導団の各組での停滞、組員の欠席理由として進学準備が集中していることにも注目したい。

(2) 女子補導団と専門学校等受験問題

上記の問題は、女子補導団と高等女学校受験の関係であり、受験対象者は小学校の高学年生徒が中心で、ブラウニーである小学校児童の問題が中心であった。東京を例にとっても香蘭女学校ブラウニ（第1組）、アンデレ教会ブラウニ（第2組）、余丁町小学校（第3組）に現象が現れている。本来、女子補導団の普通組員に直接の影響はないはずであるが、女学校生徒を対象とした普通組の停滞、活動停止も同様に指摘されるようになっている。原因として考えられるのは、ブラウニで活動していた児童が女子補導団を退会し、女子補導団活動を実施している以外の高等女学校に進学していく状況である。また、女子補導団を実施している香蘭女学校、東京女学館、プール高等女学

校に入学してきた生徒たちにとっても、キリスト教主義、ガールガイドの学校文化とは異なる受験上の理由によって学校を選択し、入学したために女子補導団への関心が変化した可能性も指摘できる。

　さらに、女学校在籍者にとってみればさらなる上級学校への進学希望者の増加と受験準備が指摘できるのである。先述したように、本論で取上げた香蘭、プール、松蔭、東京女学館も上級学校の接続問題が切実であるからこそ、昭和初期までに学校文化の基礎である教育課程を変更し、高等女学校、あるいは文部省の「専門学校入学検定指定」校となったのである。戦前においてごく一部の例外を除いて、女子には大学入学は認められていなかったが、高等女学校生徒の増加にあわせて高等教育機関として設置されていった女子専門学校等に進学することが、「政府・生徒・学校のダイナミクス[19]」として急速に拡大していった。

　例えば、大連第1組から1927（昭和2）年に次のような報告があった。[20]

　　私たちの大連ガールガイドもこの三月にはまる四年を数えるやうになりました。私たちの団は大連庁立高等女学校の生徒を中心として居りました団員の方々の中には上級学校を御志望になって日本にお帰りになる方がかなり多く、その為に漸くおなれになって色々な方面に御力添へを願はうと思ふ頃にはスッポリと抜きとられてしまひますので、団の発展は中々困難でございます。

　大連補導団は大連高等女学校生徒の組であり、彼女たちの保護者の多くは官公吏、職業軍人、商社員、南満州鉄道職員等の家族であったが、親の転勤以外に本人の上級学校への進学希望で東京に移動している事実が理解される。

　この他、上級学校への進学とは明記されなくても、学校の多忙さを理由にあげる報告が多い。1930年の東京女学館からは、「集る人数は毎週十二三名程で只今のところ三時迄授業のある組などあります為余り多くの出席人数は望めません」[21]とあり、原因に授業時間上の問題をあげ、さらに1933年には「学校の時間の都合上組の集会に出席不可能となり、団員も六七名に達した

表10-6 日本における女子高等教育機関・専門学校等の成立一覧[27]

年代	関東	関西	地方	備考
1890 (明治23)	女子高等師範学校 (お茶の水女子大)			
1899 (明治32)				高等女学校令 私立学校令
1900 (明治33)	女子英学塾（津田) 女子美術学校 日本女子大学校			
1901 (明治34)	フェリス女学校 特別科	同志社女学校 専門学部		
1902 (明治35)	東京女子体操学校 (東京女子体育大)			
1903 (明治36)				専門学校令
1904 (明治37)	東京女医学校 (東京女子医大) 青山女学院英文専門科（青山短大)			
1906 (明治39)	東京女子薬学校 (明治薬科大)			
1908 (明治41)	実践女学校専門部 (実践女子大)	奈良女子高等師範学校（奈良女子大)		
1909 (明治42)	帝国女子専門学校 (相模女子大) 東京女子歯科医学専門学校 (女子衛生短大)	神戸女学院専門部 (神戸女学院大)		
1911 (明治44)	共立女子職業学校 高等師範科 (共立女子大)		活水女学院専門部 (活水女子短大)	
1913 (大正2)	東洋英和女学校 高等科（東洋英和女学院短大)			
1914 (大正3)	聖心女子学院 高等専門学校 (聖心女子大) 女子聖学院専門部 (女子聖学院短大)	梅花女学校専門部 (梅花女子大)		
1915 (大正4)			尚絅女学校家政科 (尚絅女学院短大)	
1916 (大正5)			金城女学校専攻科 (金城学院大学)	

年				
1917（大正6）	東京女子大 明華女子歯科医学講習所（東洋女子短大）			
1918（大正7）				大学令公布
1920（大正9）	聖路加高等看護学校（聖路加看護大）	京都女子専門学校（京都女子大）	広島女学院専門部（広島女学院大）	
1921（大正10）	東京府立第一高等女学校高等科（首都大東京）		福岡女子専門学校（福岡女子大）	
1922（大正11）	日本女子高等学院（昭和女子大） 二階堂体操塾（日本女子体育大） 東京女子専門学校（東京家政大） 日本女子歯科医学専門学校（神奈川歯科大）	大阪府女子専門学校（大阪女子大）		
1925（大正14）	東京家政学院（東京家政学院大） 帝国女子医学専門学校（東邦大）	樟蔭女子専門学校（大阪樟蔭女子大） 帝国女子薬学専門学校（大阪薬科大）		
1926（大正15）			宮城県女子専門学校	
1927（昭和2）	千代田女子専門学校（武蔵野女子大）			
1928（昭和3）	女子経済専門学校（東京文化短大） 和洋女子専門学校（和洋女子大）	相愛女子専門学校（相愛女子大） 大阪女子高等医学専門学校（関西医科大学）	広島（県）女子専門学校（広島女子大）	
1929（昭和4）	女子美術専門学校（女子美術大）		長野県女子専門学校（長野県短大） 椙山女子専門学校（椙山女学園大学）	
1930（昭和5）	共立女子薬学専門学校（共立薬科大） 昭和女子薬学専門学校（昭和薬科大）	大谷女子専門学校（大谷女子大）		
1931（昭和6）	東京薬学専門学校女子部（東京薬科大）			

1932 (昭和7)		神戸女子薬学専門学校（神戸薬科大）		

（東京都公文書館『東京の女子大学』等より作成）

るを以て七月に一度解散し九月より時間の都合のつく団員のみ数名を以て新たに組を立直す」ことが述べられている。女学校としての多忙さは、大阪プールの組からも報告があり、「春以来学校の時間の都合で生徒は時間の余裕が少なうございますので、夏からは、学校のY.W.C.A.の集会と交代に集りを致して居ります。二週に一度集る位です」と述べられている。以上は、高等女学校受験をめざすブラウニのみでなく、普通組についても上級学校受験あるいは学校での他の活動の多忙さが、補導団活動の停滞あるいは休会の原因となっていることを示している。もちろん、大連・長春のように1931年の「満州事変」が直接活動停止の原因となった場合もあるが、昭和初期の青年教育としての女子補導団停滞の背景として、戦前における女子にとっての高等教育機関であった専門学校の状況についても確認しておきたい。

臨時教育会議答申において、専門学校に関しての制度変更はなかったが、大正期から昭和期にかけての専門学校は量的に拡充した。1918（大正7）年、原内閣の「高等諸学校創設及拡張計画」によって高等工業学校、高等農業学校、高等商業学校などが多く設置、拡充され、翌1919（大正8）年から1940（昭和40）年までの間に、官立としては大阪外国語専門学校、富山・熊本薬学専門学校、気象技術官養成所、東京高等歯科医学校が設置された。さらに、福岡・大阪・宮城・京都・広島・長野には府県立女子専門学校が設置されている。この20余年の間に、私立専門学校も57校中設置されるが、そのうち女子専門学校は28校である。 専門学校としては、1920（大正9）年に校数74校、生徒数2万2000人であったものが、1940（昭和15）には121校、生徒数約8万8000人となった。この間、女子生徒の数は1677人から1万9900人と12倍に増加している。専門学校は女子高等教育機関として重要な位置を果たすことになったとも言える。そこで、図表10―6の女子高等教育機関の成立一覧を確認しておきたい。

上記には、高等師範学校に象徴されるように教員養成に関するものから出発し、文学、語学、教養、家政等、さらにより職業準備に直結する医歯薬系に

表10-7　専門学校・実業専門学校生徒数[28]

総数	男子	女子	
1910（明治43）	32,969	969	32,000
1915（大正4）	38,666	1,387	37,279
1920（大正9）	49,007	2,795	46,212
1925（大正14）	67,277	7,779	59,498
1930（昭和5）	90,043	17,505	72,538
1935（昭和10）	96,929	16,608	80,321
1940（昭和15）	143,982	23,110	120,872
1943（昭和18）	192,045	31,473	160,572
1946（昭和21）	230,724	42,211	188,513

（『文部省年報』、『近代日本教育史事典』より作成）

おいても拡大されていったことがわかる。あわせて、戦前の専門学校生徒数、実業専門学校在学生数、専門学校令による私立大学専門部を合計した数字の変化を示しておきたい（表10－7）。

　上記の数字を見ると、数では男子に及ばないものの、女子の生徒数の増加率は特に明確であり、高等女学校の進学希望者が男子の中学校以上に急速な伸張をみせていることがわかる。

小　結

　本章では、女子補導会、補導団の活動が聖公会系の女学校、教会、さらに地方の幼稚園卒園者等にひろめられていった目的について、キリスト教主義女学校を取りまく日本の教育制度が変化する中で、その活動が教育と伝道両面の役割を果たしていった点を確認した。

　また、女子補導団の停滞要因のひとつに団員である女子児童・生徒の進学問題があること、を指摘した。女子児童生徒の進路については、しばしば親の関心・教育期待の反映が指摘されるが、中高等教育機関への進学要求の拡大は、都市部、中間層の子どもたちであった女子補導団の団員たちにもこの

点での影響が明らかである。女子補導会、補導団自体は、大正自由教育、あるいは第一次世界大戦後の女子教育再編の中で、従来の学校教育の内容と方法を批判して登場した。その活動も女性のより積極的な社会的役割、公共的奉仕、体育の重視と衛生観念等を身に付け、また、小集団を活用した自主的な活動形態と余暇活動の内容・方法を目指すものであった。一方で、当時の受験の状況は、競争と暗記の弊害が指摘されながら、1930年度から文部省の判断によって高等女学校・中学校の筆記試験が復活し、また、補導団活動を担った女学校においても学校制度を女子高等教育に接続した体制にあらためている。この筆記試験が再度肯定された1930年前後から、女子補導団は停滞、休止の傾向を示すようになった。戦時体制の進行と、欧米、とりわけイギリスとの緊張関係によってその文化が批判され、その後の女性宣教師の帰国問題等は女子補導団活動にとって大きな阻害要因となったことは確かである。同時に、女子補導団も当時の受験競争のダイナミズムから無縁ではあり得なかった。

　イギリスにおいて、ガールガイドは「大英帝国の母」育成の課題に対応したものであった。その課題はイギリスから遅れて産業化、都市化が進んだ日本にも重なるものとして、日本の女子補導団が発足した。しかし、日本の場合、補導団が都市部の新中間層の女子を主たる対象としたこともあって、受験はより切実な課題となっていたと考えられるのである。

註

1) 渡邊洋子『近代日本女子社会教育成立史―処女会の全国組織化と指導思想』明石書店・1997年、387ページ。
2) 文部省『学制百年史』帝国地方行政学会・1972年、479ページ。
3) 同前。
4) 桜井役『女子教育史』誠進社・1943、320―326ページ（復刻・日本図書センター・1981年版）、および前掲『学制百年史』479―480ページ。
5) 同前。
6) 『女子補導団』第7号・1932年3月、4ページ。
7) 『女子補導団』第8号・1933年3月、5ページ。
8) 『女子補導団』第5号・1930年、8ページ。

9) 『女子補導団』第6号・1931年、4ページ。
10) 『女子補導団』第8号・1932年、4ページ。
11) 『女子補導団』第9号・1933年、4ページ。
12) 高等女学校研究会『高等女学校の研究』大空社・1990年、178ページおよび『文部省年報』をもとに作成。
13) 東京都立教育研究所『東京都教育史資料総覧』1-4・1991年、および各学校史より作成。
14) 『東京都教育史』通史編3巻・1996年、687ページ。
15) 同前、当時の東京帝国大の岡部弥太郎の調査にもとづくもの。
16) 同前『女子教育史』322—333ページ。
17) 『女子補導団』第4号・1929年3月、41ページ。
18) 『女子補導団』第7号・1932年3月、34—35ページ。
19) 佐々木啓子『戦前期女子高等教育の量的拡大—政府・生徒・学校のダイナミクス』東京大学出版会・2002年。
20) 『女子補導団』第3号・1928年3月、5—6ページ。
21) 『女子補導団』第6号・1931年3月、4ページ。
22) 『女子補導団』第8号・1933年3月、5—6ページ。
23) 『女子補導団』第5号・1930年3月、10ページ。
24) 『女子補導団』第7号・1932年3月、2ページ。
25) 前掲『学制百年史』486—487ページ。
26) 同前、495—496ページ。
27) 東京都公文書館『東京の女子大学』（都市紀要18）1969年・238—240ページ、および畑中理恵『大正期女子高等教育史の研究』風間書房・2004年、216ページ。
28) 『文部省年報』、海後宗臣『近代日本教育史事典』1971・107—108ページ等より作成。

第11章

戦後ガールスカウトの発足と女子補導団
―占領期におけるGHQ・CIEの青年教育政策とガールスカウト―

　大正時代にイギリスからガールガイド方式で導入された女子補導団は1942（昭和17）年に解散した。しかし、この女子青年活動は、戦後アメリカ合衆国を中心とした占領下においてガールスカウトとして新たに出発した。本章では、ガールスカウト運動と呼称されたこの団体が占領という状況下でいかなる過程で成立したのか、さらにGHQの民間情報教育局の支持もあって全国の青年教育関係者、婦人会等に紹介され、多くの社会教育関係団体のモデルとしての役割を果たしたことについて検討する。その際、戦前の女子補導会、補導団との連続性についても比較の観点から検討したい。

　以下、第1節では、占領期におけるGHQ・CIEの青年教育政策―連合国軍による占領状態の下で、民間情報教育局を中心とした青少年教育の展開について検討する。第2節では、女子青年団体としてのガールスカウトへの注目について考察し、その際（1）CIE・文部省の女性、少女の活動への注目、（2）ガールスカウトの理念・方法と青少年教育、（3）ガールスカウトのメンバーの検討を行なう。第3節では、ガールスカウトとしての発足と戦前の女子補導会・補導団の関係について考察する。その上で、第4節において、GHQ・CIEによるガールスカウト支援の組織化について確認したい。

第11章　戦後ガールスカウトの発足と女子補導団

第1節　占領期におけるGHQ・CIEの青年教育政策とガールスカウト

　第二次世界大戦における日本の敗戦と連合国軍による占領状態の下で、GHQ（連合国軍最高司令官総司令部　General Head Quarters the Supreme Commander for the Allied Powers）による民主化政策が進められ、青少年教育の分野ではGHQ内で教育政策を担当したCIE（民間情報教育局　Civil Information and Education）主導で変革の時期を迎えた。

　CIEが設置される以前の1945（昭和）年9月25日、文部省の次官通達「青少年団体ノ設置並ビニ育成ニ関スル件」が発表されている。そこには、「官製的或ハ軍国主義的色彩」の「排除」、「青少年の自発的活動」といった記述がある。一方で、会員の年齢、資格、役員、運営上の留意事項など青少年団体を細微にわたって規定し、「国体護持ノ精神ノ高揚ヲ図ルコト」が留意事項としてあげられており、戦前の青少年教育に関する方針を継承している側面もある。これを女子青少年教育の視点から考えると、団体構成は「青年、女子青年及少年夫々別個ニ団体ヲ組織」という性別の団体であることとし、「青年団体員」（男性）が14才から25才までとされているのに対し、「女子青年団体員」は25歳以下の未婚者とされている。女子青年の構成は戦前、大日本青少年団女子部の「十四歳以上二十五歳迄ノ未婚ノ女子青年」という規定に連続したものであった。

　以上は、軍国主義・超国家主義を否定し、政府・行政による指導（官府領導性）の排除を試み、あくまで青少年の自主協同を示唆している。一方で、地域振興、国体観念、さらに男女別の地域網羅団体の構成、という点においては、戦前からの連続性を読み取ることも出来、それが、敗戦直後の文部省の青少年団体に対する方針でもあった。しかし、その後のGHQのCIEを中心とした政策により、青年教育、女子教育について根本的な改革と指導とが行われていくことになった。

　アメリカ合衆国では国務省を中心として、日本との戦争開始初期から占領統治を前提とした対日教育政策を検討していた。その大きな方針の一つには

「青年の統制と教化の排除」があった[6]。1944年3月6日の戦略局の文書『日本の行政・文部省』では、「軍国主義的統制の末端機能を担っていた青年団について、短期占領の場合は青年団の集会と諸活動の禁止、6ヶ月以上の占領の場合は青年団の解散[7]」を提案している。実際、CIEの記録をあとづけていくと、占領初期において、CIEは日本政府による青年団の再組織化に対して強い警戒心を持ち、青少年教育に自国の民主主義的な団体運営の方法を導入するための指導を盛んにおこなった。

CIEのなかで、初代の青年団体・学生活動担当（Officer for Youth Organization and Student Activities・以下青年担当と略）のダーギン（Russel L. Durgin）による1946年6月の文書中には、戦後日本の青少年教育の充実をはかるために、「A. BS、B. GS、C. 4Hクラブに類似するクラブ、D. その他の建設的な人格形成のグループのようなタイプのグループの目的・方法を討論するグループ会議が提案された[8]」という記述があり、占領初期からCIEの青年担当として具体的にボーイスカウト、ガールスカウト、4Hクラブの導入を検討していたことがわかる。さらに、ダーギンが病気療養で帰国した後、1947年8月に着任したD. M. タイパー（Donald Marsh Typer）による1948年1月記録には[9]、

> ボーイスカウト、ガールスカウト、YMCA，YWCAの世界的コネクションは私たちの仕事を助けることができるプログラムを持ち、それらは、指導者の資源を得る上で彼らを支えるものである。

と記録されている。先ほど述べた文部省による「青少年団体ノ設置並ビニ育成ニ関スル件」で述べられていた地域青年団体については、正式な形での再結成が認められていなかった時期のことである。ここに明らかなのは、CIEの2人の青年教育担当者は戦後日本の青年教育を担う雛形としてボーイスカウト、ガールスカウト、YMCA、YWCAを念頭においていたことであり、従来の地域網羅型青年団体ではなかった点である。先に述べたように戦前の青年団を軍国主義、超国家主義の温床として批判した際、その地域網羅的な団体の性格をも否定し、それにかわるインタレストグループを基本と

した欧米型の団体が奨励、普及されることになった。その具体的団体として、国際的な活動をすすめるガールスカウト、ボーイスカウト、YMCA、YWCAは改革すべき日本の青年団体のモデルとして注目されていくことになった。加えて、ダーギン、タイパーがアメリカ人でありYMCAの指導者という経歴を持っており、さらにこれらはGHQ全体の方針でもあった[10]。タイパーの会議録・資料を確認しても、着任直後の一年間はとりわけこの４団体の関係者との記録が多くを占め、他に青少年赤十字（Youth Red Cross）が続く[11]。ダーギン、タイパーの仕事において明らかなのは、第一にミッション系、国際的な青少年団体・学生活動への支援であった。ダーギンは戦前の日本と東アジアのYMCA、タイパーはアメリカ国内においてのYMCAに関する活動経験を生かし、GHQ内部、地方軍政部、さらに日本人のこれらの団体経験者と連携していった。地域青年団体への支援について検討するのはしばらく後のことになる。

ちなみに、1946年当時のアメリカの主要な青少年団体の会員数を多い順に

団体名	会員数
アメリカ少年赤十字社	19,326,747人
ボーイスカウト	1,938,179人
YMCA	1,665,722人
４Ｈクラブ	1,562,622人
国際キリスト教努力団	1,500,000人
ガールスカウト	1,213,913人
メソヂスト青少年団	1,058,466人
聖母連盟	900,000人
カソリック学生団	800,000人
YWCA	666,726人
以下、全国ユダヤ福利団、キャンプファイヤーガール、ボーイズクラブ、将来のアメリカ農民、が続く。	

（駒田錦一・佐藤幸治・吉田昇編『青少年教育』による）

第1節　占領期における GHQ・CIE の青年教育政策とガールスカウト

あげてみると表のようになる。[12)]

　ダーギン、タイパーの会議録等に登場するガールスカウト、ボーイスカウト、YWCA、YMCA、さらに青少年赤十字はいずれも当時のアメリカ合衆国でも大規模な団体であり、CIE が日本においてこれらの団体の育成を推奨する背景ともなった。ガールスカウトについては具体的に後述するが、来日以前にこれらの青少年運動の経験を持つ CIE およびひろく GHQ の関係者が占領期の日本においてその育成と支援に積極的にかかわることも多かった。日本では、以上の団体はすべて戦中に解散あるいは機能停止におちいっていたが、それぞれ戦前からの団体関係者や CIE、軍政部職員、文部省社会教育課職員、そして各団体の世界中央機関やアメリカ支部から派遣された指導者をはじめとした多様な関係者のもとで再建されていくことになった。その際、CIE はこれらの団体を民主主義的団体として人々に紹介、育成し、それらは青年団等にとってのモデルともなり、その代表的なモデルとしてガールスカウトが注目されたのである。

補注

　青年団を軍国主義と超国家主義を支えた温床として警戒し、戦後の占領期においてガールスカウト、ボーイスカウト、YMCA、YWCA 等の育成を重視した指向は、東西冷戦による緊張によって、占領政策がソビエト社会主義共和国連邦陣営を意識した「反共」という目的に向けて変化するにつれて転換していく。地域青年団の組織化に反対していた CIE も、1948（昭和23）年中頃から「防波堤」としての観点からその全国組織化を検討するようになった。1950（昭和25）年8月には CIE のニュージェント（Donald R. Nugent）が、[13)]「青年団は団員の多さにもかかわらず無視されており、数の少ない BS、YWCA などが多く紹介されている。しかし共産主義を防ぐのは青年団からであり、オフィサーの努力の90％は青年団に対してむけられるべきである」[14)]と述べている。

　ここでは、ボーイスカウト、ガールスカウト、YMCA、YWCA にのみ集中することなく、現実に大規模な団体である地域青年団に目をむけるべきことが強調されている。それによって、ガールスカウト等を日本各地で新たに育成する方向よりも、むしろ地域網羅的であった従来の青年団体にグループワークを始めとした方法論を導入し、その組織の性格を変化させることに力を注ぐ具体的な方向転

330　第11章　戦後ガールスカウトの発足と女子補導団

30．合衆国ガールスカウト連盟理事と元補導団員（浴恩館・1948年）

換があった。その具体的手段が1948（昭和23）年10月から全国各地において開催されたIFELであった。ガールスカウト等はGHQにとって、当初は団体そのものが、その後は方法論において、民主主義政策の普及という目的を達成するものとして期待されたのである。次節では、このガールスカウトへの注目について具体的に検討してみたい。

第2節　女子青年団体としてのガールスカウトへの注目

　戦後青少年教育の出発の記録とも言える一枚の写真と記録がある（口絵写真④を参照されたい）[15]。それは1948（昭和23）年10月4日から15日まで、東京都下小金井の日本青年館分館、浴恩館で開催された青少年指導者講習会のものである。当時、教育基本法体制の発足直後であり、制度として戦後民主主義が整備される中で、それを担う新たな教育活動のありかたが問われていた。そこでは、民主的な教育理念と教育方法を普及するためにIFEL（教育長等指導者講習会・Institute for Educational Leadership）が開催された。CIE

と文部省の共催で全国の大学教員、教育委員会、学校関係者を対象として行なわれ、東京で始められたこの集会はその後、全国各地で開催された。この写真・記録は IFEL の青年教育版ともいえる YLTC（青少年指導者講習会・Youth Leaders Training Conference）の第 1 回の講師、受講者によるものである。

YLTC と IFEL では、民主的な団体運営のあり方とともにグループ・ワークの普及を中心とした小集団形態での教育活動がひろく紹介され[16]、レクリエーション、フォークダンス、ゲームを含めた新しい活動形態がその後にひろく戦後社会教育に浸透して行く契機となった。従来の講義形態中心ではなく、グループ単位の作業、机を囲む形で話し合い、屋外でのグループ実践の具体的なかたちは、戦前の教化運動が否定されて新しい教育形態を模索していた当時の多くの教育関係者に新鮮に受け止められた。さらに、ここで紹介されたグループワークは戦後社会教育のグループ重視、具体的な学習方法である共同学習にも発展していく出発点ともなった[17]。

ここに参加しているメンバーは、その後、各地域と団体の指導者として多くの社会教育関係者に影響を与えることになった。その意味からも、戦後の青年教育のリーダーとなって重要な役割を果たした人々である。あらためて、下記に本部役員名簿を提示したい。

　　講師　　Miss Dorothea Sullivan　　永井三郎　（日本基督教青年会同盟）
　　　　　　Miss Briesemeister　　　　石橋宮子　（日本基督教女子青年会）
　　　　　　Mr. Eugene C. Newman　　　今井襄二
　　　　　　Miss Marguerite Twohy　　 橋本祐子　（日本赤十字青少年課）
　　　　　　Mr. R. L. Durgin
　　　　　　Mr. D. M. Typer
　　講演講師　青木誠四郎　（文部省教材研究課長）
　　　　　　　桂廣介　　　（東京高等師範教授）
　　指導講師　三島通陽　　（日本ボーイスカウト連盟）
　　　　　　　末包敏夫　　（日本 YMCA）
　　　　　　　横山祐吉　　（日本青年館）

第11章　戦後ガールスカウトの発足と女子補導団

　　　　　　　本庄俊輔　　（日本赤十字青少年課長）
　　　　　　　近藤春文　　（文部省視学官）
講習会本部　日本青年館（欲恩館）
　増田弥太郎　雨海明　成田久四郎　清水泰雄　小野秀一　佐藤清子
　文部省
　前田偉男　伊藤英夫　金田智成　青村邦三　廣田玲子

　以上、CIEの派遣講師を筆頭にYMCA、YWCA、青少年赤十字、ボーイスカウト関係者が多く出席していることがわかる。しかし、この本部名簿では読み取れないが、この講習会の直前（1948年6月）に戦後の正式発足にむけて準備委員会を立ち上げた日米のガールスカウト関係者がこの講習会の中心に位置している。

　例えば、CIE講師としてのサリバンは、アメリカ合衆国から派遣された心理学者であり、同時に合衆国ガールスカウト連盟の理事である。M.テュウイも合衆国ガールスカウトから日本のガールスカウト支援のために直接派遣された理事として、ともにグループワーク理論を中心とした指導をおこなった。少年赤十字の橋本祐子は1948年6月からのガールスカウト中央準備委員である。空軍将校の妻として来日したコーキンス（Harriet Colkins）もガールスカウトのトレーナー経験を生かし、この講習会をはじめ多くのガールスカウト講習を担当している。なお、サリバンはガールスカウト養成に限らず、タイパーとともに地方のIFEL、YLTCの指導者としてこの後、全国各地の地域青年団対象の講習会等を担当する。また、注目すべきは写真と記録を確認するとアメリカ合衆国からの講師団、CIEスタッフを囲むように、戦後ガールスカウトの指導者となる人々を多く確認できることである。具体的に、確認できただけでも次のメンバーが出席している。

　D.サリバン（YLTC講師　合衆国ガールスカウト連盟理事）
　M.テュウイ（YLTC講師　合衆国ガールスカウト連盟派遣講師）
　H.コーキンス（ガールスカウト講習会講師　ガールスカウト・ニューヨーク組織のトレーナー経験）

橋本祐子（少年赤十字・ガールスカウト日本連盟中央準備委員）
三島純（すみ・戦前、女子補導団副総裁、戦後ガールスカウト日本連盟初代会長）
宮原寿子（林富貴子補導団総裁の長女、ガールスカウト日本連盟第三代会長）
大木千枝子（千葉県社会教育課、初代ガールスカウト日本連盟プログラム委員長）
原喜美（関東軍政部教育顧問、ガールスカウト日本連盟初代総主事）
内城千鶴子（ガールスカウト日本連盟岩手支部）
塩野幸子（タイパー通訳、ガールスカウト日本連盟初代東京都支部長）
芹野（小崎）朝子（日本基督教団、ガールスカウト日本連盟第２代プログラム委員長）
黒瀬のぶ（元女子補導会第１組、ガールスカウト日本連盟中央準備委員）

上記のメンバーから次のことが理解される。
①　戦後の青少年指導者講習会の主たるアメリカ人講師のうち２人は合衆国ガールスカウトの理事で、特にテュウイは合衆国ガールスカウト連盟から派遣された人物である。
②　三島純、宮原寿子、黒瀬のぶは女子補導団の経験者である。このうち、三島は副総裁、宮原は総裁をつとめた林富貴子の長女（富貴子は戦時中に逝去）、黒瀬は大正期に日本にはじめて導入された香蘭女学校第１組の第一期生であり、戦前のガールガイドの主要メンバーとして参加している。
③　少年赤十字の橋本祐子、タイパー通訳の塩野幸子、関東軍政部の原喜美、岩手の内城千鶴子、千葉の大木千枝子はCIE、地方軍政部の関係から戦後ガールスカウト運動に参加した人物である。
④　戦前の女子補導会、補導団運動の実践面での指導を担当したイギリス人女性宣教師は参加していない。

以上から、戦後青年教育指導の出発点とも言えるこの講習会において、多くのガールスカウト関係者が参加していること、その内訳は、アメリカ合衆国からのガールスカウト理事、戦前の女子補導団の中心メンバー、CIE・地方軍政部の関係から戦後にガールスカウトに参加したメンバーという複合し

た構成になっていること、がわかる。しかし、イギリス人ガイドの参加はなく、アメリカ式のガールスカウトとなっていることが確認される。

この講習会はもちろん青年教育関係者全体を対象としたものであり、多くの地域青年団関係者に加えて、ボーイスカウトから三島通陽、関忠志、村山有（たもつ）、YMCAから永井三郎、YWCAから竹内菊枝等が参加している。しかし、ガールスカウトは一団体として、しかも講習会当時に戦後ガールスカウトが正式には発足していなかったことを考え合わせると、際だって多い数であり、「中央」に位置していることがわかる。その際、なぜ、第一回の青少年指導者講習会にガールスカウトの関係者が多数参加しているのか、という問いが生まれる。

戦後青少年教育の出発ともいえるこの第一回青少年指導者講習会において、ガールスカウト関係者が多数参加している背景には次の３点が考えられる。

（イ）CIEおよび文部省が戦後の青少年教育を展開する際に、女性、少女の活動に注目したこと、また注目する必要があったこと。
（ロ）ガールスカウトの活動理念と方法が、当時、求められていた青少年教育のあり方として期待されたこと。
（ハ）ガールスカウトのメンバーそれぞれが個人的にも講習会を主催したCIEおよび文部省に支持され、期待された人々であったこと。

以下では、それぞれについて考察を試みたい。
（イ）CIEおよび文部省が戦後の青少年教育を展開する際に、女性、少女の活動に注目したこと、また注目する必要があったことについて。

GHQ-SCAPの最高司令官であったマッカーサーは、日本占領直後の1945（昭和20）年11月、五大改革指令を行っており、そのひとつは、「婦人参政権賦与」であった。新憲法には男女平等が明記され、教育基本法・学校教育法にもとづき、義務教育諸学校における男女共学が実施された。しかし、男女共学の原則は、そのまま男女合同の教育機会を意味しない。それまで普通選挙権、さらに男性と同様の教育機会を持たなかった女性に対する公

民権実質化の課題をどう考えるか、また、戦前において中等教育以降の教育機会が中学校と高等女学校とに区別され、大学進学の道が閉ざされていた女子の教育機会の整備を具体的にどう実質化するか、という課題があった。そこでは、戦後民主主義社会において活躍することが出来る女性の青少年、成人をふくめたひながたが必要であり、そのひとつとしてガールスカウトの活動とそこで育成された女性像が選ばれたという理解である。

組織の上で女性の指導者による女性を対象とした教育であり、イギリスおよび合衆国で発展したという歴史的経緯を持つガールスカウト活動は、占領下における女子青年教育のあり方として注目され、そのグループワークを中心とした方法は、多くの教育場面での応用が計られていくことになったと考えられる。

（ロ）　ガールスカウトの活動理念と方法とが、当時、求められていた青少年教育のあり方として期待されたことについて。

ガールスカウトはイギリスのガールガイドにはじまり、もちろんボーイスカウトから分化したパトロールシステムを中心とした活動である。ボーイスカウトと同様に6人から8人での小集団活動をすすめるパトロールシステムはイギリスに始まり、アメリカ合衆国を含めた世界各国に普及定着していた。パトロールシステムにおける小集団活動の原理は1930年代に新教育の方法としてグループワークにも発展していった。戦後初期、占領下の日本において、それまでの超国家主義と軍国主義が徹底的に否定され、民主主義が標榜された。それによって、戦前日本の「号令一下」の上位下達を連想させる講義・講演方式と地域網羅性で全員加入を原則とした方式にかわる青少年団体の経営方法が求められていた。明治以降の日本の青少年教育は地域青年団の官製化、また実業補習と壮丁準備教育を中心として組織化されてきた。戦後は、戦前の文部・内務省さらに軍部の影響下にあった地域青年団に変る存在が求められていたのである。そこにグループワークの導入の必然性が生まれ、インタレストグループを基礎とした任意加入であり、パトロールシステムを中心としたガールスカウトが期待されたと考えられる。

その際、ボーイスカウト＝少年団ではなく、なぜ、ガールスカウトかという問いが生まれる。それは、戦前においても、少年団は強固で広い組織をも

ち、一方で女子の活動は小さなものであったこと、それゆえにガールスカウトに力点をおいたことも要因として考えられる。実際、1948年時点においてボーイスカウトは条件付でがあるが、CIEからその組織的結成について承認を得ていたのである。一方で、日本のボーイスカウト運動はいくつかの系統を持つが、少年団運動として一部の軍関係者との関係を強く持ちながら、発展してきた経緯にある。戦前において指導者の考え方の違いから、少年団日本連盟、帝国少年団協会、さらに海洋少年団＝シースカウト等、複数の立場に分かれていたが、男子対象ゆえ、当然、兵役と壮丁準備の課題と無縁ではなかった。ボーイスカウト方式の日本への導入に際しては、乃木希典、東郷平八郎、田中義一などの軍人・政治家の介在もあって陸海軍関係者のつながりも存在し、戦前・戦中の軍国イメージが強かった。さらに、少年団日本連盟、帝国少年団協会は、第二次世界大戦中に、総力戦、本土決戦を視野においた大日本青少年団に吸収統合されている。占領初期のGHQ-SCAPが超国家主義、軍国主義の排除を戦後改革の課題に掲げ、そこに関与した団体の解散と役員の公職追放をすすめる中で、ボーイスカウトに動きにくい面があった点は否めない。少年団日本連盟の立場から後に戦時中に大日本青少年団の副団長を努め、戦後はボーイスカウト日本連盟の総長となった三島通陽も戦後初期の段階において、しばらく前面では活動していない。その点からも、妻の三島純が中心メンバーのひとりとなってガールスカウトを担当したとも考えられる。

　ガールガイド・ガールスカウトは女子が対象であり、戦前は規模の小さい活動であったため、戦前の日本軍部の介入も少なかった。むしろ、戦前はイギリス・アメリカ式の活動を堅持して、教会と学校関係者には弾圧が行われた、という「大義」があった。

　（ハ）　ガールスカウト・メンバーはそれぞれが個人的にも講習会を主催したCIEおよび文部省に支持され、期待された人々であったこと、について。それは、ガールスカウトの前史となる女子補導会・補導団の戦前の導入経緯にもかかわる問題である。ガールガイドはイギリスから導入された際に、日本聖公会の関係者によって多くが担われ、イギリス、さらにアメリカ合衆国のキリスト教関係者との結びつきが強かった。戦前の日本において、この運

動はイギリスから直接ガールガイドとして導入され、発足していた。1920（大正9）年以来、ガールガイドは女子補導会、補導団と翻訳され、主にイギリス国教会である日本聖公会系の学校および教会を中心として活動を継続し、一定の定着をみていた。聖公会との結びつきが強かったという事実においては、男女の違いのみではなく、軍関係との結びつきが存在したボーイスカウト、少年団とは明確に異なる点であった。

　補導会・補導団はキリスト教系の学校と教会を中心とした活動であったため、指導者およびそこで学んだ生徒たちはキリスト教を中心とした欧米文化に通じており、英語に堪能であり、教会の牧師や学校の外国人宣教師との交流をもち、さらにYWCA等を通じてキリスト教関係者との結びつきも国内外にひろがっていた。CIEの青少年活動および学生活動の担当者をつとめたダーギン、タイパーはともに前職はYMCAの主事であり、とりわけダーギンは戦前の日本において長い活動経験を持っていた。補導会・補導団の活動経験者にはダーギン、タイパーをはじめとしたCIEおよびGHQ-SCAP内の他部局との知遇を持つ人々も多く存在したのである。

　このような前史があるガールガイドを含めたガールスカウトへの期待こそが、戦後初の本格的青少年教育の指導者講習会の中央に日米のガールスカウト関係者を位置付けることになった。それは、CIEによる日本の戦後女子青年教育におけるガールスカウトへの期待であると同時に、ガールスカウトの持つ理念・方法・内容を他の青年教育団体に応用、普及する意味をもっていた。

第3節　ガールスカウトの発足と戦前の女子補導会・補導団の関係

　本節の目的は、戦後日本でガールスカウトが発足する際の戦前の女子補導会・補導団との関係についての検討にある。アメリカを中心としたGHQとの関係配慮から、名称はアメリカ式に「ガールスカウト」に変った。戦前の女子補導会、補導団はイギリス連盟の一支部として出発し、イギリスの女性宣教師を中心としたガイド指導者のもとですすめられたため、名称も「ガー

ルガイド」を翻訳した形になっていたが、戦後は、事実上、アメリカ合衆国占領下の再建となったため、名称も米国式の「ガールスカウト」と名乗ることになったのである。

『半世紀の歩み』等、ガールスカウト日本連盟発行の資料には、中央部の再建は、ボーイスカウトの三島通陽を通して元補導団関係者を集めるようにというGHQの意向が伝えられたこと、また、通陽の妻で元補導団の副総裁であった三島純が元補導団関係者と連絡を取り、1947年1月、青年教育担当者のダーギンと話し合いの場を持ったのを機に中央準備委員会が結成され第一歩を踏み出した、と記されている（補導団総裁であった林富貴子は44年に死去している)[18]。その経緯について、『半世紀の歩み』には次のように記されている[19]。

　1947年（昭和22年）、ボーイスカウトは国際的なスカウト運動がこのような時代こそ必要であるとの判断からマッカーサー元帥と再建の折衝を重ねていました。

　同じころ、ボーイスカウトの三島通陽総長をとおして、日本のガールスカウト関係者を集めるようにとの意向がGHQから伝えられました。元補導団の副総裁であった関係から、三島純夫人はさっそく旧友との連絡をはかりました。

　元総裁の林ふき子夫人はすでに他界、戦災で住むところも変わってしまった人、田舎へ疎開している人も多く、やっと宮原寿子、溝口歌子、黒瀬のぶ、西野邦子、井原多美子の人たちが集まったのは、同年1月、女子補導団が解散してから10年（ママ）ぶりのことでした。―中略―

　民間情報教育局青少年教育顧問ダーギン氏を囲んでの話し合いは、みんなに勇気と決心を与え、中央準備委員会の発足に踏み切らせました。この知らせは、友から友へと伝わり、また新しい協力者も現れて当初は三島宅を中心として宮原宅、松涛幼稚園などに集まりました。そのご、ダーギン氏の後任にドナルド・タイパー氏が着任、そのアドバイザーとして働いていた塩野幸子がガールスカウトを援助するため、たびたび会合に出席するようになりました。都庁の一室で開かれた会合では、ミス・ウーレイ、宮

原寿子、橋本祐子、三島純、林貞子が出席して趣意書、規則書、ピン、ネッカチーフの草案からハンドブックの作成、歌集の企画まで話し合いました。

　上記からは、ガールスカウトの中央本部の結成と組織化にはCIEの強い意図が働いたこと、ボーイスカウトとの関係で三島夫妻がその連絡をになったこと、戦前からの女子補導団のメンバーにも呼びかけが行なわれたこと、CIEの青年教育のオフィサーであるダーギン、タイパーの支援があったことが理解される。

　全国組織であるガールスカウト日本連盟は1949（昭和24）年4月4日に発足する。それ以前、1947（昭和22）年1月に、「日本女子補導団時代のガールガイド三島純、宮原寿子、黒瀬のぶ、西野邦子、井原多美子、溝口歌子等が中心となって、ガールスカウト中央準備委員会」[20]が結成され、1948（昭和23）年5月にはイギリスから再来日したA.K.ウーレーによる講習会、合衆国ガールスカウトでトレーナー経験のあるコーキンスによる養成講習会も開催された。前節で述べたように、1948年10月、日本のガールスカウトを支援するためにアメリカ合衆国連盟から派遣されたM.テュウイは、第1回青少年指導者講習会に講師としての指導を行ったが、彼女は全国のガールスカウト養成講習を行なうため来日した人物でもあった。それ以降、運動の基盤構築が本格化し、旧補導団員や戦後に新たに加わった人々などによって体制が整備されていった。以下、本節では、ガールスカウトが正式に発足する背景について、戦前の関係を視野に、（1）ボーイスカウト・ガールスカウト結成と三島純、三島通陽夫妻、（2）女子補導会・補導団メンバーとミッション・ガイド、の2点から考察を行なっていきたい。

（1）　ボーイスカウト・ガールスカウト結成と三島夫妻

　戦前、戦中の三島通陽は大日本青少年団等の役職を歴任したが、公職追放を受けることなく、戦後は文部政務次官を経てボーイスカウト日本連盟理事長をつとめている。妻の三島純および長女の昌子によれば、占領期においての通陽は戦前からのひろい交流関係を生かし、「GHQのスタッフに対して、

(祖父の時代から所有した)西那須野の別荘でホスピタリティーをもっておもてなしをした」(カッコ内筆者)。「民間情報教育局からエルワース中佐を皮切りに、タイパーご夫妻、ウイリアム氏、テイルトンご夫妻、フインネル氏、他ハワイ生まれの二世は、それぞれ戦前からお父さんとの交友があったので、息子達は進駐軍のGIであっても那須へはジープを駆って大喜びでやって来て純日本式の生活を満足して帰って行きました。このように、戦後の我が家は、戦後ゲストハウスとしての役目を十二分に果たしたのでした」とは、昌子の記述である。昌子の著作には、併せて、P.マッカーサー(総司令官D.マッカーサーの従兄弟)との戦前からの文通があったこと、通陽とGHQスタッフとの交流が具体的に記録されている。通陽はP.マッカーサーが「ポスト・キング」と名付けるほどの郵便物に丁寧な人物でもあった。その交流の過程で、ボーイスカウト、ガールスカウト再建の交渉も行なわれ、「日本の〈やくそく〉と〈おきて〉や、記章(エンブレム)の制定等について、米軍を納得させる」ことに苦心したと記されている。

ちなみに、戦後ボーイスカウトの結成状況は次の通りである。

○1945年11月　神田YMCA会館でダーギン来日の歓迎会
　　　　　　　内田二郎(戦前・弥栄ボーイスカウト)、合衆国ボーイスカウト出身の村山有、鳴海重和とGHQ内部のスカウトについて情報を得る。その結果、三島通陽(文部政務次官)と再建を協議。
○1946年2月　銀座の交詢社ビルでスカウト再建のため第1回スカウトクラブ開催。
　　　　　　　(三島通陽、内田二郎、村山有、鳴海重和と二世スカウトの出席)
○1946年3月　第2回以降は品川の森村学園でスカウトクラブ会合。
　　　　　　　(これ以降、二世スカウト、GHQ関係者、ダーギンの参加)
　　　　　　　—この間、京都・大阪でも中野誠一八、古田誠一郎、今田忠兵衛、中村知と元合衆国スカウトのフェッターらとの協議活動始まる。

第3節　ガールスカウトの発足と戦前の女子補導会・補導団の関係

○1946年6月　　東京のスカウトクラブから関西のスカウト関係者への支援要請
○1946年12月　CIEからボーイスカウトとしての再建承認
○1947年1月　　東京に5隊、横浜に1隊のスカウト結成
○1947年3月　　明治神宮外苑広場で第1回ラリー開催
　　　　　　　（明仁皇太子、ダーギン、第8軍ソープ大尉の参加）
　　　　　　　―臨時中央理事会の開催、規約、ちかいとおきての制定作業、指導者講習会始まる―
○1948年4月　　三島通陽、第一回参議院選挙に当選（全国区）
○1948年1月　　D.M.タイパーを講師に東京で公認指導者講習会
○1949年4月　　ボーイスカウト日本連盟の発足（4月1日）

　GHQ・CIEは、当初、大日本青少年団を軍国主義の関係団体と判断し、そこにかかわった少年団及びボーイスカウトの再建運動を容易には許可しなかった。しかし、日本側の再建希望者、CIEのダーギン、タイパーの援助、合衆国ボーイスカウト経験のある日本人二世スカウト、GHQ内部のボーイスカウト出身者の協力もあって、ボーイスカウトとしての再建組織化が進んでいったこと、その中心に三島通陽が位置したことがわかる。少年団の名称ではなく、ボーイスカウトの名称で再建することが三島の提案で決定され、その再建は占領関係国の間で内諾を得たのである[26]。1946（昭和21）年12月のボーイスカウト結成に関するダーギンからの指示は次の通りである[27]。

ボーイスカウト再編成についての指示

> 1．諮問または保証委員会の構成
> 　ボーイスカウトの経験ある者で、この最初の集団の保証をなし得る少数男子のグループであること。このグループは、日本人3、4名とアメリカ人1、2名とを包含されたく、かつ、この委員会は来週以内くらいには任命され、会合を催す計画をされたいと希望する。
> 2．指導者
> 　正規の指導者を選ぶために十分なる注意を払うべきこと。選出については

> 保証委員会によって慎重に論議されたきこと。
>   指導者は、ボーイスカウトの経験を有するとともに、以前のいわゆる「青少年団」となんら関係のない青年であること。なお、できれば英語の会話の心得があることが望ましい。指導者は、この仕事の発展のために、この冬相当の時間を提供することが可能であるか、またはすすんで提供されたきこと。また、かれは、自治精神訓練の基本的原理ならびにボーイスカウト綱領中の個性形成の諸目的を完全に理解しているべきこと。
> 3．少年のグループ
>   少年たちを選抜するために多大の注意を払うべきこと。かれらはだいたい同年輩でありたく、とくに12歳より14歳までがのぞましい。かれらの学校を異にするも可であるが、容易に集合せしめ得るように、各自近隣に居住しているべきこと。
> 4．会合の場所
>   このことは重要であり、細心な考慮を払われたきこと。
> 5．スカウト指導者の訓練課程
>   将来の発展に対する準備として、所定の課程に向って歩をすすめられたきこと。

　ここでは、ボーイスカウトの経験を重視し、日本人とアメリカ人の協力による運営を視野におき、また戦前の大日本青少年団との断絶を指摘した慎重な運営と訓練プログラムの確認が行なわれていた。この点から、第2節で述べたような男子の団体に対する「警戒心」も理解される。

　ガールスカウトとしての再建活動、結成活動が進められるのは、ボーイスカウトの動向と対応している部分が多々ある。ボーイスカウト結成の中心となった三島通陽の妻、純は食糧難と混乱を避けて生活していた西那須野の別荘と代々木上原の自宅を往復しながら、ガールスカウト結成準備をすすめている。1947（昭和22）年初期からは自宅を中央準備委員会の住所として活動を開始しており[28]、そこは、通陽を通じて得られるCIEからの情報と指示を受けての活動が可能な場でもあった。また、代々木上原付近には、林富貴子総裁の自宅の外、三島純の親戚、縁戚者が多く居住していた。この時期に、華族会、女子学習院の同窓会メンバーを通じて、林富貴子の長女である宮原

寿子（ガールスカウト日本連盟初代第一副会長）、林貞子、鍋島敬子（第4代・第6代会長）、伊藤幸子（第7代会長）、藤村千良（元、少年団少女班）たちに参加と協力を依頼している。

また、三島純は戦前の女子補導団副総裁の経験から多くの補導団関係者との連絡も行なっており、1947（昭和22）年1月22日に戦後第1回のガールスカウト結成にむけた会合を呼びかけ、タイパーのもとで行なった記録がある。[29] GHQ-SCAP資料においても、この日はガールスカウト関連の会合として記録されている。[30] この22日の会合の参加者はCIEのダーギンと通訳の塩野幸子、元補導団の三島純、加えて溝口歌子等5名（他に元少年団 キリスト教少年団女子部、赤十字関係者、元天理教少年団女子部1名）であった。以上のように、戦後ガールスカウトの出発には、戦前の女子補導団副総裁を経験し、ボーイスカウト再建を進める三島通陽の妻という立場から準備を行い、CIEとの交流を維持していた三島純が重要な役割を果たした。

補注
　ダーギンの会議録によれば、ガールスカウトに関し、CIEのダーギンと塩野が後援した「study committee for girl's group education」と名付けられた会合が記録されており、[31] 1947年には、この1月22日の会合以外にも、少なくとも2月に3回、女子青少年教育関係者（22日の出席者、児童館、赤十字、YWCAのミルドレッド・ロー［Mildred Roe］、学校教師、東京都社会教育課の中野ツヤ、文部省の山室民子等）を集めての会合が記録されている。またこの研究委員会で女子グループワーク指導者養成会議を開催することが決定され、同準備委員会が発足し、同年3月29・30日に小金井の浴恩館で開催された。

(2) 女子補導会・補導団とミッション・ガイド

前項に述べたように、戦後、ガールスカウト・ボーイスカウトの発足に三島純、三島通陽夫妻の果たした役割は大きい。それでは、戦前の女子補導会・補導団を立ち上げた聖公会関係のメンバーの役割はどうであったか、考えてみたい。先に、1947（昭和22）年1月に、三島純の呼びかけでガールスカウト発足準備の第1回会合が開催されたことを確認した。それ以前に、三

島純がCIEから、あるいは三島通陽を通じたガールスカウト結成に関する指示があり、交流があったことは推察される。

　それでは、聖公会関係の女子補導団であったメンバーについてはどうであろうか。彼女たちにとっての困難は、日本人として戦前の女子補導会時代から実践的指導者の代表であった檜垣茂が1945年12月に疎開先の福島で亡くなっていること、イギリス人女性宣教師たちは、戦後直後のこの時期にはGHQの許可が下りないため、来日できなかったことである（実際、再来日するのは1947年末から1948年以降が大多数である。また、再来日していないメンバーも存在する）。加えて、連合国軍といっても実質的にアメリカ合衆国を中心とした占領であり、当初よりガールスカウト方式が想定されていた。

　そんな中、1947年以前にもダーギンと旧補導団関係者の一部が接触をはかっていた資料がある。それは、1946（昭和21）年2月5日のDorothy Mizoguchi（戦前、女子補導団東京第2組・聖アンデレ教会、溝口歌子のクリスチャンネーム）からダーギンへの手紙 がそれである。

Zushi
Feb. 5, 1946

Dear Mr. Durgin

　I have been laid down with cold for the past five days and have just managed to get up enough energy go up to Tokyo. As I have been away from the laboratory for so long, I can't possibly get away today. Will you please forgive me?

　In the mean time, I have written to one or two girls whom I thought might be interested in such work. Some of them might turn up.

　One of them in particular, Miss Hana Kawai of Keisen girls' School (Miss Michi Kawai's niece or something) may have some good plan. The Keisen has a very good recreational facilities and the girls there go in for a lot of gardening, sports and chorus work. Perhaps you know already.

　Miss Tamiko Ihara wrote to me the other day that she may not be able to come to the meeting today but was sending a Miss Reiko Yoshida, who is in charge of a girls club of St. Andrews' Church in Shiba.

I don't know what you think about it but to people like us who have been used to the Girls Guides systems it would be much easier and less of a trouble if we could run the new movement on the same principle. Of course, there must be lots of changes made to suit the present conditions but the old, familiar Guides or Scouts seem just as good today.

As I've told you last time, it would be better if you could have the American Girl Scouts or the Youth Hostel Organization people to come over here and start a movement.

The young girls of today know nothing of these movements and as "Seeing is believing"- - -, it might speed up the present work considerably. I know they have already done this in Europe and picking up the severed thread. We might get the British Girl Guides to do that, too.

However you probably have some concrete ideas of your own. I only wish I could help you more but I just haven't any time nor energy to spare. Just carrying on my experiment and trying to make a decent living takes. up all my time and energy. I certainly aim burning the candle at both ends but what else can I do? It's sink or swim and I'm still young enough to want to do all in my power to make life worth living and to see this country of mine established once again.

Please excuse me for running on like this. I hope today's meeting is a success. Please give my best regards to all those present today.

Yours faithfully
Dorothy Mizoguchi

この手紙で、溝口はダーギンに、かぜで会合には出席できないことを謝罪

し、あわせて河合みちの経営する恵泉女学校と姪の河合はな、女子補導団で一緒だった井原たみ子と芝の聖アンデレ教会の吉田れい子、を紹介している。彼女自身は日々の生活に余裕はあまりないものの、ガールガイド・ガールスカウトを超えて、ダーギンが発足を検討していたガールスカウトへの協力を申し出ている。さらに、この手紙以前にガールスカウト、ユースホステル等について話しあいをしていることがわかる。そこでは、ガールスカウト結成のため、溝口歌子が聖公会のアンデレ教会で洗礼を受けていた立場から同じクリスチャンのメンバーを推薦していたことが理解される。

ガールスカウトの中央準備委員会は1947（昭和22）年1月とされているが、その一年前から溝口がガールスカウト・ガールガイドの発足にむけてタイパーと人材も含めた話し合いを行っていたことが確認される。補導会、補導団に中心的かかわった聖公会メンバーの活動と人間関係は、三島たちとは別に注目したい大きな要素である。しかし、戦前の女子補導会、補導団を担った東京女学館、大阪のプール、神戸の松蔭の各学校でガールスカウトが復活することはなかった。香蘭女学校は、旗の台の校舎が戦災を被ったため近くの九品仏の寺院境内で授業を開始していたが、本格的に東京第1組として活動を行なうのはヘイルストン、ウーレーが再来日した1948年のことである。したがって、この2人もガールスカウトの本部再建には初期において中心人物としての関与はしていない。

戦前のミッション・ガイド、女子補導会、補導団メンバーの戦後ガールスカウト結成への関与については次ページの資料を参照されたい[33]。これは、1949（昭和24）年3月、ガールスカウト日本連盟が正式発足する直前に、黒瀬（細貝）のぶから戦前の補導会・補導団関係者に送付された手紙の原稿である。黒瀬は香蘭出身であり、女子補導会第1組が1920年に発足した時の第一期生でもあり、アンデレ教会の東京第2組を担当、その後、茂原聖公会時代は茂原少女会を組織している。戦後は、IFELにも参加し、鎌倉のミカエル教会のガールスカウトのリーダー、ガールスカウト日本連盟のプログラム委員としても活躍し、M.テュウイとの親交も戦後長く続いている。下記の文は、1949（昭和24）年当時の、戦前からの補導団メンバーの動向を示すものである。

おなつかしいガイヅの皆様、御元気ですか。
戦後・元ガール・ガイヅがスカウト運動として新しく活動を始めました。
全国的に普及して、日本再建に役立とうとするのでございます。
ガール・ガイヅ及ガールスカウト世界聯盟を代表してアメリカ合衆国からミス・チュウイが派遣され、本部の組織を作り、全国の指導者養成を始めて居られます。
四月四日には、丸之内のエデュケーション・センターに全国総会を開き会長其の他本部の役員の選挙を致します。
この際故桧垣先生、ミス・ウーレーへの御恩に報じるためにも、御国の為に、私共クリスチャンガイヅがそれぞれの立場から無理のないお手伝いをさせて頂き度いと話し合って居ります。
特に日本の現在及将来にスカウト運動がどんなに重要な役割を持つかを、私達こそ良く理解できることを想います。
現今の世相をみて、思想的に、文化的に又一番正しい信仰の立場からも必要を感じるのでございます。
ゲームの中で楽しみ乍らこの難しい世の中で神と互と他の人への奉仕を念願とするこのスカウト運動が私共信徒によって奉仕されるのは当然のことと思います。
ミス・チュウイ、ミセス・コーキンスも聖公会の由、本部の総主事原キミさんもクリスチャンです。総会では大久保主教夫人、吉田澄子（桜井）さんを本部の役員に推挙いたして居りますからご記憶下さいませ。
東京十二団のリーダーの中、池田（二）、巽（五）、戸村（十二）、香蘭のリーダー数名、立教のリーダー数名（聖公会員）、小崎（日基）、山之内・和智（マ）等殆ど大多数のリーダーは教会関係であります。（マ＝立教マーガレット教会・筆者）

聖公会教会関係ガール・スカウト
地方
　1　栃木第一団　小山聖公会　主教夫人　大久保淑子　リーダー
　3　千葉第一団　市川聖公会　牧師夫人　松本信代　香蘭の先生
　4　茨城第一団　水戸聖公会　新家寿美子　教会幼稚園保姆

```
　5　山形県第二団　山形聖公会　片岡霊恵　牧師令嬢　保姆
　7　福島県　会津聖公会　牧師　山本夫人（未登録）
　　　　　　　　　　　保姆　菊池夫人
　2　（神奈川第二　鎌倉聖公会　聖ルカ幼稚園　保姆　北川恵美子）
　6　四国　徳島　ミス・バックス（未登録）
東京都内
　1　東京第一　香蘭女学校　ミス・ウーレー
　　　　　　　　　　　後藤八重子　小林保子　立入陽子　志賀
　2　東京第二　目白聖公会　池田木実子　松下苓子　栗山孝子
　3　東京第五　成城聖愛教会　巽芳香　鈴木千歳
　4　東京第八　立教マーガレット教会　牛島寿子　矢崎美恵子　細野能子
　　　　　　　　黒川美佐子
　5　東京第十二　神田末広教会　戸村富子
```

　ここでは、イギリスのガールガイド方式に代って、アメリカ合衆国のガールスカウト方式で発足しつつ中で、それは日本の女子青年教育にとって重要であることを説明し、戦前の檜垣茂やウーレーの指導を受けた人々にその経験の重要性と協力を呼びかけたものである。

　また、アメリカ人講師のM.テュウイ、H.コーキンスが合衆国の聖公会員であることを伝えたうえで、ミッション・ガイドの結成状況とメンバーを示し、本部役員選挙での吉田（櫻井）澄、大久保淑子への協力を呼びかけているのである。

　また、この呼びかけ文からは、黒瀬のぶが夫の黒瀬保郎と池袋の聖公会神学院に居住しながらガールスカウト日本連盟設立にむけた中央準備委員会に協力し、あわせて聖公会関係者と協議を続けていたことがわかる。戦前から香蘭、東京女学館の補導団を担当したウーレー、ヘイルストンが再来日して以降、次の会合を行なった記録がある。[34]

○1948（昭和23）年2月22日（シンキング・デー）
　ミス・ウーレー、ミス・ヘイルストン歓迎会
　高輪泉岳寺前　カーネル・シャープ邸　十数名出席

○1949（昭和24）年3月12日　相談会
池袋聖公会神学院構内　黒瀬宅　出席者　西沢、井原、吉沢、柴山、西野、黒瀬
○1949（昭和24）年4月23日　午後十一時より二時まで　相談会

　ここでは、女子補導会・補導団を経験した聖公会のミッション・ガイドたちが日本連盟正式発足と前後して協議を重ねていたことがわかる。その際、作成されたのが次の「ガール・スカウト後援会員（旧補導団員）名簿」である（メモに記された施設、氏名より筆者が作成した―カッコ内は旧組名）。[35]

アンデレ教会関係	細貝ナオ（東京1）　石黒（東京4）　井原　楢戸
目白　女子大関係	西沢　吉澤　長嶋
女学館関係	柴山（東京4）　森竹（東京4）　目賀田（東京4）
三光教会関係	入江静子　大久保　村田美恵
大森聖公会関係	松田敬子　堀内　伊藤
聖三一教会関係	谷川　小島
聖ルカ病院関係	竹田ルツ子　高橋シュン
聖愛教会関係	吉田澄子（東京1）　櫻井くに子（東京1）
千葉市川聖公会	松本信代（東京1）　田中邦子
栃木	大久保淑子　岡田淑枝（大宮）
毛呂	アプタン（大宮）　金井シメ（大宮）　植松敬子
下福岡	飯田あさ子
和歌山	三田庸子（東京1）
山形	片岡タマエ　霊江と御母さん
水戸	新家寿美子
香蘭	森山有美子（竹井）（東京1）　右田トキ子（弥永）（東京2）

　これらのメンバーは戦前の女子補導会・補導団の東京第1組、第2組、第4組、大宮第1組のメンバーであり、あるいは戦前からの聖公会の教育活動の参加者である。前出の呼びかけ文のガールスカウトの新設した団、担当者とあわせみたとき、聖公会の教会、関係する教育機関に多くのミッション・

ガイドたちが協力する体制が計画されていたことが理解される。なお、戦前の補導会・補導団の中心的担い手であったイギリス女性宣教師は戦後再来日した人物でもガールスカウト再建の中心的担い手とはなっていない。例えば、香蘭女学校のA.K.ウーレーは48年5月の講習会やプログラム作成など、連盟の仕事に協力するが、主要な役職等には就いていない。

　以上、本節では、戦後ガールスカウト結成の背景にあった、(1)戦前の少年団、女子補導団の本部役員であった三島夫妻の役割、(2)女子補導会・補導団員の経験をもつミッション・ガイド、聖公会関係者の役割について述べた。その上で、CIEの青年教育担当者であるダーギン、タイパー等の指導、援助があったことを確認した。

補注
　戦後アメリカ式にガールスカウトが発足したことについて、戦前の女子補導会・補導団員から明確な批判はなかった。イギリス人女性宣教師のウーレーは戦前、戦後を通じてガールガイド、ガールスカウト双方を指導した数少ない外国人女性であったが、戦後もガールスカウト日本連盟のプログラム委員として活動の充実につとめている。
　しかし、戦後初期にウーレイの指導を受けた市川政子は、「戦後アメリカの指導者たちによって習ったのですが、一団のウーレイ先生がよく、くやしそうにおっしゃっていました。『今まで自分は、イギリス式にやって来たのに、今はちがう』と」、「例えば、時間がルーズになりますと、あとからお叱りの電話を受けました。三十分遅れると、『イギリスでは絶対に許されないことです』」との指摘があった、との証言を行なっている。単にアメリカ式に対する批判ではなく戦後の変化をも含むものであるが、戦前のイギリス式補導団を知る他の会員も「アメリカ直輸入的な感じを受け[37]」た、と述べている。
　アメリカ方式で進められたガールスカウトに関して、黒瀬（細貝）のぶ等とともに香蘭の女子補導会東京第1組一期生の吉田（櫻井）澄は、戦後、CIEの協力で準備された地方の講習会に参加し、「これはガールスカウトではない」と抗議した経験があった。彼女は1950年のアメリカ訪問の際にも、「アメリカ本部でミス・ツーイなど関係者と話し合ったのです。スカウトは単なるガールのクラブではない、世界共通の指針をもち、教育方針もあるので、そのようにあるべきだと

主張したのです。イギリスのベーデン・ポウエル卿の教育方針です」と述べた。その後、日本のガールスカウトについて「組織はアメリカ式をとって、方法はイギリス式を」[38]という主張が一部に生まれたのである。

ガールスカウトの名称についてはCIEの方針で決定されたこと、女子補導団とイギリス式そのものが「昔風」とされたこと[39]、への反発もあったが、何より、戦前の補導団がミッションスクール、教会において少数指導が行われていたのに比して、戦後は組織が大きくなるにつれて「大衆化」したことへの批判もそこには存在していた。

第4節　CIE・地方軍政部によるガールスカウトの組織化

(1) CIE・地方軍政部によるガールスカウト結成への支援

前節ではガールスカウト結成の背景にある戦前の補導団副総裁、三島純、また聖公会関係の女性の位置について考察した。本節では、地方での具体的な結成状況を視野におきながら、戦後ガールスカウトの結成に際してCIEあるいは地方軍政部の役割、影響を焦点に検討してみたい。

次の表は、戦後初期からガールスカウト日本連盟に参加し、役員・主たる委員をつとめた人物について、ガールスカウトに参加する契機をまとめたものである。便宜的ではあるが、三島純との個人的な接点等が大きいものを(a)、戦前から女子補導会・補導団メンバーであったものを(b)、CIEあるいは地方軍政部の指示、講習会等を契機としたものを(c)とした。

次表をみる限り、前節で述べたように三島純の親類、縁者、女子学習院の同窓生(a)、女子補導会・補導団メンバーとミッション・ガイドの経験者(b)が存在する。しかし、以上に加えて東京のCIEで勤務経験のある女性、あるいは地方講習、社会教育関係者(c)、が多く存在することがわかる。

ダーギン、タイパーが中央でガールスカウトを支援した動きとほぼ平行して、占領初期から日本各地でガールスカウトは組織されつつあった。CIEから地方軍政部や県社会教育課に対し系統的なガールスカウトの組織化についての指導があった。詳細な資料は少ないが、GHQから社会教育課を担当として各県にガールスカウトをつくる指令が出た、という証言がある[40]。実

氏名	GSの役員	参加する契機	出身・職業等
三島純	第1代会長	女子補導団副総裁 b	女子学習院、三島通陽の妻
吉田澄	第2代会長	女子補導会 b	香蘭、1937世界大会参加
野口綾子	第3代会長	タイパー c	東京女子大、前橋女子市議
鍋島敬子	第4・6代会長	三島純の案内 a	女子学習院
古賀みつえ	第5代会長	北海道地区講習 c	東京女子医専
伊藤幸子	第7代会長	三島純の親戚 a	中央準備委員会委員
高力寿壽子	第9代会長	大阪府室長時代 c	同志社女学校
岸直枝	第11代会長	群馬県 c	女医、群馬県支部創立
三島昌子	第13代会長	三島純の長女 a	女子学習院、少年団少女班
永井かよ子	第15代会長	ウーレーの指導 c	お茶の水大、戦後、香蘭教員
原喜美	初代総主事	関東軍政部教育顧問 c	津田塾大、シカゴ大院
片山登代子	第2代総主事	GHQ図書館通訳 c	津田塾大、シカゴ大
清水俊子	第3代総主事	埼玉県教委社会教育 c	県女子師範学校
浜田喜美子	第5代総主事	高知県軍政部 c	青少年担当
黒瀬のぶ	中央準備委員会委員	女子補導会 b	香蘭、連盟プログラム委員
藤村千良	中央準備委員会委員	少年団少女班 a	1938年世界大会参加
橋本祐子	中央準備委員会委員	青少年赤十字 c	アンリデュナン受賞
森本富子	庶務委員長	長崎県教委社会教育 c	地方理事
宮原寿子	第1副会長	女子補導団 b	林富貴子長女
林貞子	中央準備委員会	宮原、三島案内 a	林富貴子の長男の妻
塩野幸子	初代東京都支部長	CIEタイパー通訳 c	YWCAキャンプ委員
大木千枝子	初代プログラム委員長	千葉県教委社会教育 c	千葉県支部創立
加藤恵美子	副会長	女子補導会国際組 b	国際書記、サンガム委員
松下龍子	組織委員長	松山の大学婦人協会 c	G.ジョンソンの指導
小崎朝子	2代プログラム委員長	牧師の父の紹介 c	赤坂霊南坂教会の団創立
尾崎美津子	組織委員長	少年団少女班 a	静岡県支部創立

第4節　CIE・地方軍政部によるガールスカウトの組織化　353

際、各地方軍政部の教育スタッフはガールスカウト育成のために各方面に働きかけていった。以下に、いくつかの事例をあげてみたい。

　例えば、京都では、1946（昭和21）年6月、中央部で組織化が始まる以前に、第1回女子スカウト運動推進座談会が開かれている。これは、府・市・地方軍政部・元少年団（健児団）員・青年団・子ども会が集まりガールスカウトについての話し合いがもたれたものである。[41]　この会に参加した下瀬晶子は後日、「突然呼び出されてスカウトの話―中略―なにはともあれボーイスカウトの人たちに助けていただき、スカウトとやらを勉強することになりました」と回想している。[42]　また下瀬は、「軍政部の係官に振り回され、時にはスカウト活動をやめさせられそうになった[43]」が、その後に就任した別係官は理解があったとも述べている。そこでは、地方軍政部の教育担当者のガールスカウトに対する考え方、取り組み方よってガールスカウトの普及に影響があったことがわかる。

　四国地区の地方軍政部女性担当のG.ジョンソン（Germen Johnson）は合衆国ガールスカウトでの指導経験があり、彼女は四国のガールスカウト結成のために積極的に活動し、東京においてガールスカウト関係者、タイパーとの協議も行なわれている。[44]　ガールスカウト日本連盟の組織委員長を務めた松下龍子の場合は、夫の勤務先であった愛媛県松山市で大学婦人協会の愛媛県支部設立に取組んでいた際に、香川県高松から視察にきたジョンソンの紹介で愛媛県ガールスカウトが発足した経緯を証言している。また、それが東京での三島純への協力に結びついていく、というものである。[45]

　岐阜県の場合は、デービス（Ruth. V. Davis）が岐阜県地方軍政部教育課補佐官として着任した直後の1948年4月22日、軍政部経済課アクトン（Akuton・女性）の協力をえて、ガールスカウト運動を開始するように指示を出し、5月1日には地方軍政部でガールスカウト発足会を開いている。[46]　地方軍政部と県社会教育課が協同で婦人団体や青年団女子指導者を対象に講習会を開き、そこからガールスカウトが発団された一例である。

　東京においても、1947（昭和22）年6月に日本キリスト教団、赤坂霊南坂教会のガールスカウト東京第4団の例があげられる。小崎（芹野）朝子は、神父である父の紹介からコーキンスに出会い、アメリカ合衆国方式のガール

スカウトハンドブックを譲りうけて「やくそく」と「おきて」を学び、アドバイスを受けながら団を発足したことを述べている[47]。

これらの点について、タイパーの会議録によれば、タイパーはガールスカウト運動に関して、日本のガールスカウト設立準備のメンバーや地方軍政部の担当者（その多くは女性担当官）と頻繁に会談しているが、その他、婦人団体関係者との話し合いの中でも彼がガールスカウトについて述べているケースが多々見られる。例えば、滋賀県連合婦人会副会長の「フジ」との会談において、婦人団体は青少年活動の分野で何ができるかという質問を受け、タイパーは一番目に、「ガールスカウト、ボーイスカウトを後援する責任を負うこと」をあげているのである[48]。以上のように、CIEと地方軍政部は相互に連絡をとりながら、地方におけるガールスカウト指導者の発見と組織結成に動いていたことがわかる。

(2) コーキンスとテュウイによるガールスカウト講習会

運動の普及のためには、ガールスカウト指導者養成講習会開催の必要があった。そのため中央準備委員会によって東京やその他各地で講習会が開かれ、当初、そのなかで講師を務めた主要な一人が在日米空軍将校の妻コーキンス（Harriet Calkins）である。1948（昭和23）年4月24日、タイパーとコーキンスが参加の契機となった会談をしている記録がある。それによるとガールスカウト・ニューヨーク事務所がCIEのタイパーに対して彼女を日本のガールスカウト・リーダー養成を援助する人物として推薦していること、また、会談の際、タイパーはコーキンスと日本のガールスカウト幹部を引き合わせることを約束している[49]。彼女は、都内の駐留軍家族向けの住宅に居住していたが、これ以降、ニューヨークでのガールスカウト・リーダー経験を生かし、東京以外の地域にも講師として出張を行なうことになった。

タイパーの会議録には、その後、さらなるガールスカウト指導者養成講習の充実にむけて、合衆国ガールスカウトからCIEへの働きかけと連絡が記録されている。それは、プロフェッショナルな指導者を日本ガールスカウトに「貸し付ける」というものであり、タイパーは渡航許可の便宜を図ることを伝え、その来日する指導者の日本での仕事内容についても提案をして

第4節　CIE・地方軍政部によるガールスカウトの組織化

いる。1948（昭和23）年10月、この指導者派遣計画が実現した。合衆国ガールスカウトの仲立ちで世界連盟の資金援助により合衆国ガールスカウト連盟のM・テュウイ（Marguerite Towhy）が派遣されたのである。彼女の他に、日本の青年団体の指導者という名目で心理学者、青年教育に詳しい同じく合衆国ガールスカウト連盟理事のサリバン（Dorothea Salivan）が来日した。ふたりが、コーキンスと合流し、最初に指導したのが1948年10月に浴恩館で開催された第1回YLTC（青少年指導者講習会）だったのである。

テュウイ来日以前、日本のガールスカウト準備中央委員会は財政的基礎もなく、小さな集まりであった。テュウイは、ガールスカウト指導者養成講習会や財政基盤の確立など様々な面で貢献した。特に彼女の北海道から九州にまで及ぶ指導者養成のための巡回によって、多くのリーダー養成のほか、講師養成課程の準備がすすみ、日本のガールスカウト会員は増加していった。その統計は次のとおりである。

```
1949年 5月11日現在　少女会員2,068人、大人  595人、100団
1949年 8月31日現在　少女会員3,657人、大人1,159人、156団
1950年12月29日現在　少女会員7,192人、大人3,276人、565団
```

以上から、CIE、地方軍政部、ガールスカウト日本連盟結成にむけた中央準備委員会、地方教育委員会、社会教育課の連携による結成の働きかけ、支援によるこの時期の会員増加が理解される。地方での各団はそれぞれ様々な経緯で発団された。具体的に、1948（昭和23）年前後に発団したところは、婦人会・青年団女子団員、PTAのメンバーなどを集めて開催された地方軍政部やCIEの青少年担当官による各地での講演（県社会教育課との共催）で、ガールスカウトが紹介されたことが契機となった。それによって、ガールスカウト運動に関心を抱いた女性たちが推進委員会や団を結成、その後、地元で指導者養成講習会を開催するための指導者の派遣を中央準備委員会へ要請する、という事例が多数存在した。当時の状況は、「…次々と要望されるのである。あの県も作るなら、自分の県でも作りたいからきてくださいなどと──。こちらが間に合わないのですよ。みんなで手分けして、2人ずつがせい

ぜい」というものであった。その後1950年代になると、受講した地方で女性のトレーナーが養成され、各地で独自に講習会が実施された。

各地で団発足に関わった女性には、PTA・婦人会や大学婦人協会県支部等の教育団体・文化団体の参加者、旧補導団員、学生、教師、地域指導者の妻、CIEの職員（例えば、前出のようにダーギンの通訳としてガールスカウトの会合に参加していた塩野幸子、図書館の片山登代子等）、県社会教育課の女性職員等も含まれている。ちなみに、岩手における講習の参加者リストによると参加者の年令は19～62歳に及んでいるが、20歳代前半が最も多い。

それでは、この女性たちをガールスカウト運動に参加させたものは何であったろうか。彼女たちの回想、あるいは『ガールスカウトハンドブック』等から読み取れるのは、①彼女たちが戦後初期の社会混乱の中で問題となっていた「青少年不良化」に憂慮し、これを防止し少女を「健全」に育成するものとしてガールスカウト運動に期待したこと、②「婦人解放」の流れの中で女子教育に対する考え方も変化し、社会性をもった女性の養成をめざす活動として期待していたこと、があげられる。のちにガールスカウト日本連盟の総主事になり、当時は埼玉県教育委員会で社会教育を担当していた清水俊子の場合、「婦人教育の巡回指導において、聞き手の成人女性たちは説明を理解するが実行がともなわない」こと、そのことが、彼女を次世代をになう少女たちへの教育にむかわせたという。さらに、③ガールスカウトが欧米文化の象徴であり、占領という特殊状況下において、いわば憧憬が存在したことも想起しうる。実際、各団活動のなかでは、運動に協力している欧米人女性や、在日アメリカ人少女のための団（東京、横浜、沖縄等にある合衆国ガールスカウト所属のもの）との交流会、アメリカ人リーダーの自宅におけるパーティーやテーブルマナーの学習等が行われ、それらは「豊かな」欧米的生活を提示する機会ともなっていた。また、少女たちにとってはアウトドアのキャンプ、さらに制服に対する憧れも存在したのである。

(3) ガールスカウト中央組織に対するCIEの指導

CIEは中央組織であるガールスカウト日本連盟結成に向けた動きの中でも詳細な指導を行っている。

第4節　CIE・地方軍政部によるガールスカウトの組織化　*357*

31．テュウイ、サリバンを囲んで（有楽町・1949年4月）

　初代の青年教育担当のダーギンは、戦前、YMCA主事として30年の在日歴があり、「知日派で日本の青少年団体の事情に詳しい」彼が青少年教育の担当官であったことは「日本の青少年団体にとって幸運であった」。ガールスカウトの再建の過程において、ダーギンさらに後任のタイパーは、会合や資料の提供等を通じて日本の中央準備委員会メンバーに対しアドバイスを行った。ダーギンは1947年の最初の会合以降、「毎月集まって、団員をどのように獲得していくか、リーダーをどう養成してゆくか、などについて話し合いをつづけ」、担当者がタイパーに交代してからも、月に1回は会合し、委員会やトレーニングの成果などを報告、会の規約、常任委員会の運営、財政問題等について助言している。以下、（イ）運営資金、（ロ）全国組織化、（ハ）「やくそく」と「おきて」について具体的に考えてみたい。
　（イ）　運営資金について
　戦後初期のガールスカウト運動を理解する際に、他の青少年団体と同じく運営資金の問題がある。GHQ、CIEが戦後に社会教育関係団体に対して行った象徴的な政策に「ネルソン通達」がある。これは、戦前の公的補助金によって社会教育関係団体が政府の統制を受けた、という判断から、行政から

社会教育関係団体への補助金を禁止したものである。1948（昭和23）年7月、この「ネルソン通達」によって行政からの補助金支出が禁じられて以降、地域のガールスカウト育成組織と地方行政組織の関係についてガールスカウト関係者はタイパーに相談をしている[64]。当時のガールスカウト関係者の証言によると、財源問題について「GHQの干渉はかなり厳しいもので」あり、独自の「財源獲得のためのキャラメルを販売した時には、不正をしていないか確認のため収支決算の帳簿を提示するよう要求された」[65]。社会教育関係団体の「ノーサポート・ノーコントロール」原則をどう維持するかが注目されたのである。財政源としては会員の登録費やハンドブック、スカウトピンの売り上げ、中央部によるバザーや音楽会などの開催のほかに、財界、合衆国ガールスカウト連盟（2000ドル）[66]、Christian Women's Association、在日アメリカ女性クラブ（約50万円）、GHQ女性クラブ[67]等からの寄付があった。

　（ロ）　全国組織化の問題

　なお、地域青年団に対するのと同様、GHQのなかにはガールスカウトの全国組織化に不信感が存在したことも事実である。例えば、1948（昭和23）年9月、タイパーは教育課長オアー（M. T. Orr）に次の文章を送付している。概要は、四国地区からガールスカウト中央準備委員会が「官僚的」「統制主義」であるという批判があったこと、これに関してタイパーがオアーにこの点を釈明・反論する文章を提出しているのである[68]。GHQ、CIEのガールスカウト、ボーイスカウトへの対応は必ずしもひとつではなく、中央と地方軍政部、さらに担当官ごとにも相違が存在した。この点、ダーギン、タイパーは上官のオアーに説明を行い、また各地域との調整をはかり、慎重に組織化を検討していったことがわかる。そのために、青少年指導者講習会の主要都市での開催、各地域でのガールスカウト講習会の実施と指導者養成、グループワークの普及が重要な意味をもったのである。

　（ハ）　「やくそくとおきて」の文言について

　次に、ガールスカウトの「やくそくとおきて」の文言の問題である。その際、1948年1月に東京第1団で使われていたガールスカウト「やくそくとおきて」の案を示しておきたい[69]。

第4節　CIE・地方軍政部によるガールスカウトの組織化

―約束―
私は名誉にかけて神と国とに対するつとめを行ひ、いつも他人をたすけ、ガールスカウトのおきてを守るようにいたします。
(附則、神でも仏でも可)
　―おきて―
一、ガールスカウトの名誉は信頼されることである。
二、ガールスカウトは忠実である。
三、ガールスカウトのつとめは人をたすけ人に役立つ事である。
四、ガールスカウトはすべての人々の友達であり他のガールスカウトとは互に姉妹である。
五、ガールスカウトは礼儀正しい。
六、ガールスカウトは親切である。
七、ガールスカウトは規則にしたがふ。
八、ガールスカウトは快活である。
九、ガールスカウトは倹約にする。
十、ガールスカウトは思にも言葉にも行にも純潔である。

　これは、東京第1団を担当した後藤八重子のノートに記されたものであるが、繰り返し訂正された後があり、正式な文言が確定するのはしばらく後のことである。ガールスカウトの「やくそく」の作成においてCIEは慎重であった。戦前の女子補導団の「契約」は戦後の「約束」にあたるが、その冒頭の(一)、「私は(神様と)天皇陛下(と)に忠誠を誓ひます」の「天皇陛下」は削除された。後にこの部分は、「私は神(仏)と国とに対するつとめを行い」と正式に決定されている。また、戦後最初の要覧である尾本和栄による『ガールスカウトハンドブック』(48年)の原案は英訳された文書として確認が行なわれ、手書きで校正がなされている(この校正者は、前後のメモと筆跡からタイパーと判断される)[70][71]。この書類において、スカウトの「やくそく」のなかの、「神とコミュニティー(community)にたいし義務を果たす」との条には、「community」の箇所に「削除(delete)」との意見が手書きで記載されている。その結果、発行された『ガールスカウトハンドブック』に

32．ガールスカウトの日米交流（ワシントンハイツ・1953年）

は、「私は神と社会とに負ふ義務を果たし」と書かれている。

　以上のように、本節では、CIE、地方軍政部によるガールスカウトの組織化について、CIE、地方軍政部によるガールスカウト結成への指示と支援、コーキンスとテュウイによるガールスカウト講習会での指導、さらに、ガールスカウト中央組織に対するCIEの指導について、運営資金、全国組織化、「やくそく」と「おきて」を中心に検討した。

　ガールスカウトはCIEと地方軍政部の指導、これに呼応した教育委員会、青年教育関係者等の日本人の活動によって広められた。1949（昭和24）年4月には、丸の内 Army Education Center で第1回全国総会が開かれ18県から120名が集まり、ガールスカウト日本連盟として正式に発足した。1952（昭和27）年にはガールガイド、ガールスカウト世界連盟の準加盟国に認可され、1959年に正加盟国として承認された。[72)]

小　結

　本章ではGHQとCIEの青年教育政策とその政策内におけるガールスカ

ウトの位置、その再建過程と背景について考察した。具体的には、第1節で、占領期におけるGHQ・CIEの青年教育政策―連合国軍による占領状態の下で、民間情報教育局の青少年教育の展開について検討した。第2節では、女子青年団体としてのガールスカウトへの注目について考察し、その際、（1）CIE、文部省の女性、少女の活動への注目、（2）ガールスカウトの理念・方法と青少年教育、（3）ガールスカウトのメンバーの検討、を行なった。第3節では、ガールスカウトとして発足する背景にある戦前の女子補導会・補導団等との関係について考察した。その上で、第4節において、CIE・地方軍政部によるガールスカウトの組織化について確認した。

　ガールガイドは戦前の大正期にイギリスから日本に紹介、導入され、キリスト教関係者を中心とした小規模な活動であり、それは第二次世界大戦中の1942（昭和17）年に解散している。戦後、日本は、アメリカ合衆国を中心とした連合国軍によって占領され、その中で、CIEの青年教育担当を中心とした指導によって、アメリカ式にガールスカウトとして発足した。その際、戦前の女子補導団関係者、CIEの日本人スタッフ、地方の教育関係者が多く参加し、また、ひろくGHQ、地方軍政部のアメリカ人スタッフも母国での経験から結成に協力している。女子の青年教育活動として、さらに欧米の文化を背景とし、そのグループワーク理論ゆえに多くの青年教育団体のモデルとなった。他の多くの社会教育関係団体は、戦前の軍国主義・超国家主義への協力を理由として解散、改組の命令を受け、地域網羅の組織原理を批判されていた。そのような団体に対してガールスカウトはYWCA、YMCA、ボーイスカウト、青少年赤十字とともに民主的青年教育のモデルとして提示されたのである。グループワークの内容と方法はYLTC、IFEL等の青年指導者講習会等を通じて紹介され、合衆国ガールスカウト連盟の理事、トレーナーが日本のガールスカウト育成と他の青年団体指導の講師として招聘されたことはその象徴的出来事であった。

　1949（昭和24）年4月に、ガールスカウト日本連盟として正式に発足し、1952（昭和27）年には世界連盟の準加盟国に認可され、1959（昭和34）年に正加盟国として承認されている。

註

1) 文部省次官通達「青少年団体ノ設置並ビニ育成ニ関スル件」1945年9月25日。
2) 同前。
3) 同前。
4) 大日本青年団女子部規程。
5) 前掲『少年団の歴史』309ページ。
6) 同前。
7) 小川利夫・新海英行編『GHQの社会教育政策―成立と展開―』大空社・1990年、56ページ。
8) Youth Organizations and Student Activities, 20 June 1946, Trinor Collection, Reel No. 57
9) Present Status of Youth in Japan : Donald M. Typer, Trainor Collection, Reel No. 58, Jan. 5, 1948
10) タイパー、ダーギンについては、拙著「占領期社会教育の研究-D.M.Typer Conference Report を中心に」(『日本社会教育学会　第37回研究大会課題研究発表集録』およびレジ目、および、拙著「寒河江善秋研究」大槻宏樹編『社会教育と主体形成』成文堂・1982年を参照されたい。
11) 前掲「占領期社会教育の研究-D.M.Typer Conference Report を中心に」18―21ページ、および『D.M.Typer 会議録』(財団法人日本青年館資料室蔵)。
12) 駒田錦一・佐藤幸治・吉田昇編『青少年教育』(朝倉書房、1951年、154頁)に引用されたアメリカ教育評議会 (American Council of Education) による統計をもとに作成した。
13) CIEの青年団組織化に関する対応については、拙著「戦後青年団の全国組織化過程-日本青年館の解散団体問題と占領軍の対応を中心に」『文学研究科紀要』早稲田大学大学院別冊第17集・1990年、を参照されたい。
14) To : chief, Education Division, From : Chief　CIE, Subject : chapter XV ,Date : 12 Aug. 1950, Trainor Collection, Reel No. 58 (以下 Trainor Collection は、国立国会図書館蔵のものを使用した。)
15) 『昭和23年10月4日～15日　青少年指導者講習会議事要録綴』(財団法人日本青年館資料室蔵)。なお写真はガールスカウト日本連盟所蔵のものであり、出席者については青年団、ガールスカウトに関係した多くの方々の証言と前記の要録綴の内容を照合によって確認した。
16) 同前『昭和23年10月4日～15日　青少年指導者講習会議事要録綴』および『財団法人日本青年館七十年史』1991年・500―503ページ。

17) 社会教育基礎理論研究会編『叢書生涯学習Ⅱ―社会教育実践の展開』の第3章「共同学習論提唱への歩み」、第4章「日本青年団協議会における共同学習提唱の背景」、および前掲「寒河江善秋研究」等を参照。
18) ガールスカウト日本連盟『半世紀の歩み』1970年、およびガールスカウト日本連盟『ガールスカウトハンドブック続編』1950年を参照。
19) 同前『日本のガールスカウト運動』52―53ページ。
20) ガールスカウト日本連盟『日本のガールスカウト運動』2000年・10ページ。
21) 三島純および三島昌子への聞き取りによる。1999年10月30日、於．三島宅。
22) 三島昌子『バァーバはガールスカウト』2000年、54ページ。
23) 同前3―4ページ。
24) 同前。
25) ボーイスカウト日本連盟『日本ボーイスカウト運動史』1973年・229―239ページ。
26) 前掲『少年団の歴史』303ページ。
27) 前掲『日本ボーイスカウト運動史』231―232ページ。
28) 三島純および三島昌子への聞き取りによる。1999年10月30日、於．三島宅。
29) ガールスカウト日本連盟資料室には、ガールスカウト結成にむけた1947年1月22日の会合の開催案内への礼状（井原たみ子、山口敏子）が保存されている。
30) GHQ/SCAP Records, Box No. 5722, Sheet No. CIE (C)-04448（以下 GHQ/SCAP Records は、国会図書館蔵）。
31) Typer "Report of conference" 日本青年館蔵。
32) GHQ/SCAP Records, Box No. 5722, Sheet No. CIE (C)-04448。
33) 「黒瀬のぶの手紙原稿」（1948年当時のもの）ガールスカウト日本連盟所蔵。
34) 同前。
35) 同前。
36) 「東京都支部二十年の歩み」『明日へのはばたき』ガールスカウト日本連盟東京都支部・1970年、16ページ。
37) 同前。
38) 同前、15ページ。
39) 同前、14ページ。
40) 前掲『半世紀の歩み』57ページ。
41) 同前、235ページ。
42) 『半世紀の歩み』69ページ。
43) 同前。
44) Typer "Report of conference" 5 Dec 1947.
45) 前掲『半世紀の歩み』65ページ。

46) 志知正義『戦後岐阜県青少年教育史』教育出版文化協会、1980年。
47) 前掲『半世紀の歩み』66ページ。
48) Typer "Report of conference" 12 Feb 1948。
49) Typer "Report of conference" 24 April 1948
　前掲『半世紀の歩み』65ページ、清水俊衣『いつも明日を―ガールスカウト賛歌』（1996年、200ページ）の回想ではコーキンスは1947年に既にGS活動に従事していたとなっているが、他の資料からみてもコーキンスは48年春からGSに関わるようになったと推測される。
50) Typer "Report of conference" 21 April 1948
51) 前掲『半世紀の歩み』より。
　Typer "Report of conference" 12 July 1948では、Twohyは7月10日来日となっている。
52) ガールスカウト日本連盟『ガールスカウトハンドブック　続篇』。
53) 前掲『半世紀の歩み』を参照。
54) 『ガールスカウト日本連盟 会報』No. 3、ガールスカウト日本連盟、1949年。
55) 『ガールスカウト日本連盟 会報』No. 6、ガールスカウト日本連盟、1951年。
　（未登録数を含まない）
56) 前掲『半世紀の歩み』57ページ。
57) 『半世紀の歩み』によれば、社会教育課の職員が講習会に参加することは、CIEによって禁止されていたが、戦後初期の段階では普及のためには県の職員に連絡する場合も多く、その際は、「県の人といわずに個人の資格で出席してください」と依頼した証言がある。
58) GHQ/SCAP Records, Box No. 2641, Sheet No. CAS (B)-02574。
59) 前掲『いつも明日を―ガールスカウト賛歌』。
60) 1948年の『ガールスカウトハンドブック』では、「経済、産業その他の事情に鑑みて制服まだ許されてい」ないと書かれている。B・SもGHQから敗戦後、制服の着用・分列行進・三指の敬礼（B・Sの敬礼法）、信号訓練などが禁止されていたが、1949年には許可されている。G・Sの制服許可時期は不明だが、おそらく同時期であろう。1951年に制服・制帽が制定されている。
61) 前掲『少年団の歴史』302ページ。
62) 『半世紀の歩み』85ページ。
63) 新海英行「占領軍社会教育政策の展開―ネルソン関係文書にみる―」前掲『GHQの社会教育政策―成立と展開―』大空社・1990年、87ページ。
64) Typer "Report of conference" 12 Dec 1950。
65) 『半世紀の歩み』70―71ページ。なおタイパーの"Report of conference"では、

1950年3月30日の会合がそれであると思われる。この報告書でタイパーは、この会議から「G・Sの帳簿が、会計係（the National treasurer）の自宅で保管されていることが明らかになった」といい、即刻全国事務所で保管するよう強く促したと述べる。そして、このような新しい組織にはいかに多くのガイダンスが必要かが明らかになったとの意見が記載されている。

66) Typer "Report of conference" 9 Dec 1949。
67) Trainor Collection, Box No. 28, Reel No. 26、『半世紀の歩み』を参照。
68) "Complaints on Girl Scout Developments" 2. Sept. 1948, Trainor Collection, Box No. 28, Reel No. 26。
69) 後藤八重子ノート『The Girl Guides 1st TOKYO』ガールスカウト日本連盟所蔵。
70) 尾本和栄『ガールスカウトハンドブック』河北印刷出版所、1948年。
なお尾本は、1939年に『若草〔日本少女スカウトの指針〕』〔兵庫教育会〕』を刊行した尾本けえと同一人物かとも考えられるが、これについては更なる調査を要する。
71) "Headquarters Kinki Mil Govt Region Apo 301 (Kyoto, Honshu)" Trainor Collection Box. 28, Reel No. 26。
72) 前掲『半世紀の歩み』を参照。

第12章

戦後初期の「婦人教育政策」とガールスカウトにみられる性別教育観の検討

　本章では、女子青年教育団体であり、性別団体であるガールスカウトが占領期にCIEによって奨励された意味について明らかにしたい。戦後教育改革の中で、学校教育における6・3・3・4制の単線型の学校体系と男女共学の学校体制が発足した。また、社会教育においてもCIEによって「婦人教育」「母親学級」等の講座が男女に平等でないという理由で禁止されている。その様な教育における男女共同の原則が進められる中で、青年期の女子を「女子団体」として設置することは、性別教育を固定すること、とも捉えられかねない。その際、CIEの青年教育の担当者は「女子青年教育団体」としてのガールスカウトをどのように捉えていたのか、それによって、戦後ガールスカウト出発時の女子教育観について検討することが本章の目的である。

　以下では、まず、戦前から戦後にわたる日本の婦人教育政策、占領期における女性政策と「婦人教育」禁止の経緯について概観し、「婦人教育」政策に関するGHQ内部の多様な立場、見解を検討したい（第1節）。次に、占領期のGHQ女性スタッフを中心とした「婦人教育」観について考察を行い（第2節）、占領後期の1951（昭和26）年に「婦人教育」が復活することになった背景について分析する（第3節）。以上、「婦人教育」の禁止、「婦人教育」復活の背景にある占領政策の転換について検討しながら、CIEに指導された女子青年団体としてのガールスカウトにみる女子教育観とその意味を確認したい（第4節）。

第1節　占領期における女性政策と「婦人教育」禁止の経緯

　前史として、社会教育の歴史を辿った時、政策として家庭教育と婦人団体が注目されたのは、生活改善運動、とりわけ昭和恐慌期の「家庭教育振興ニ関スル訓令」(1935年) であり、特性教育としての側面からであった。文部省が昭和恐慌期に家庭教育振興、婦人団体の組織化を強調した目的は、国内の経済的・思想的危機の回避にあり、戦時体制強化の文脈の中にあった。国家的困難の中で女性と家庭が注目される。経済的困窮と秩序意識の混沌の解消を家庭との関連において女性に期待するという姿勢は、敗戦直後の文部省の「婦人教育」、「家庭教育」にも連続している。第二次世界大戦末期に、「銃後」役割の最後に登場したのは「戦争の決を取るものは婦人なり」(大本営陸軍部報道班) という一文であった。皮肉にも、戦前の婦人団体が1942 (昭和17) 年の大日本婦人会への統合を経て、本土決戦直前において解散されたことは、戦場の前線に立つという男性と「同等の役割」を女性に求めたことを示している。

　日本の敗戦後、GHQの総司令官であるマッカーサーは着任直後に改革指令を示し、女性参政権は、教育の自由主義化、圧制的諸制度の撤廃、労働組合の結成、経済の民主化とともに五大改革とされた。その後、民法の改正と日本国憲法の第14条、第24条は男女平等の明文化と女性の自己決定を示すものとなった。教育に関しては、女子教育刷新要綱 (1945.12)、米国教育使節団報告書 (1946.3)、帝国大学総長会議・大学入学者選抜要項・国民学校施行規則改正での女子の大学入学試験資格認可、義務教育初等科の男女共学、旧制高校入学資格認定がすすめられた。以上を受けて、1947 (昭和22) 年制定の教育基本法では第5条に男女共学が明記された。戦後教育改革において、男女共学の6・3制が発足し、社会教育においてもその活動は基本的に男女共同参加となった。

　しかし、このような動きの中で、文部省は「婦人教育」の維持を図ろうとするのである。例えば、1945年11月、「昭和21年度婦人教養施設ニ関スル件」

を通達している。そこでの「母親学級開設要項」、「家庭教育指定市区町村設定要項」には、初の婦人参政権行使にむけた政治教育の配慮は存在するが、それは「家族制度を基盤とし、その中での主婦・母親役割を女性に求める理念」にもとづいていた、と理解されている。

　これに対し、1945（昭和20）年11月、GHQ-SCAPの五大改革の第一指令は、選挙権・被選挙権賦与による「婦人解放」であった。GHQ文書以前の国務・陸・海軍3省調整委員会（SWNCC）文書等の研究によって、対日占領政策としてアメリカ的な民主主義をすすめるために、極度な中央集権化制度、国家神道、家族制度が問題視され、五大改革指令が出されたことが指摘されている。女性の権利問題について「最も簡単明瞭で、通説となっている答え」は、「アメリカは日本を戦争へと導いた軍国主義やファシズムの根本原因は、反民主主義的な家族制度にあると考えていた。それで、家族制度の改革という大きな政策の一環として、女性の権利強化が考えられた」というものである。そこには、戦勝国による軍事的プレゼンスを背景とした解放の図式が存在することは確かである。また、間接統治形態とはいえ、占領政策としての民主的改革の推進という矛盾がそこにある。マッカーサーを頂点としたGHQを全体としてみれば、占領政策としての女性解放の限界は存在する。マッカーサーの「婦人解放」は、『回想録』で「心暖まる出来事」と語られ、民主化のメルクマールとなったが、彼自身の成育史─母子関係、をめぐる背景も指摘されている。解放者であるとともに、「将軍は婦人たちが婦人だけの団体を作って行動するようなことは戒め」、それは、GHQ上層部の基本方針にもなった。

　女性政策をめぐるGHQ内部の対立の一例として、1946（昭和21）年5月、民間情報教育局（CIE）のウィード（Ethel B. Weed）たちの覚書から始まった女性の社会的・経済的地位に関する総合的な行政機関の発案が、その後、48年8月の労働省婦人少年局（初代局長・山川菊栄）として承認された過程が指摘される。当初、内務省内の婦人局、あるいは半ば独立した婦人省（庁）という提起について、民政局（GS）の局長特別補佐ハッシー（Alfred R. Hussey）は、①そのような部局の設置は男女間の相違を強調し利益の分離を引きおこす、②不必要に物事を混乱させる、③日本の男性の間に強い反

発をよびおこす、と反対した。ハッシーは、女性が重要な行政の諸部門、労働、福祉、教育などあらゆる部門に代表を送ることに賛成するが、女性解放のための運動という点で批判的であり、これは民生局のケーディス(Charles L. Kades)局長の判断でもあった。それは、社会的な不満がある人々、抑圧された集団が社会的に救済される道は、その集団の独立した行動ではなく、あくまで調整と協力を通じて達成されるという見解であり、1930年代、陸軍参謀長として退役軍人デモを鎮圧したマッカーサーの思想でもあった。方法が合法的である限り独自な主張を持つ社会的集団が形成され、行動できるという多元主義的な民主主義観(合衆国では、1960年代以降に形成)は当時、容認されなかったのである。

社会教育に注目した場合、母親学級開設奨励に象徴される文部省の戦後初期「婦人教育」案に対し、ネルソン(John M. Nelson-CIE)は「①男女の厳格な社会差別を助長する、②学習内容や運営方法の実態において、戦前的な体制が引き継がれている」と批判している。女性をのみ対象とした名称は「両親学級」「社会学級」に変更され、「婦人教育」も行政用語上1951(昭和26)年の『社会教育の現状』(文部省)まで、禁止された。戦前からの「婦人教育」政策を批判的に検討した結果、女性をのみ対象とすることを問題視し、両性参加を原則とした判断である。同様な観点から「婦人団体のつくり方育て方(文部省案)」(1946年5月)は「団体の民主化とは」(46年8月)に改められ、PTAの結成が提起された。両性参加原則は、戦前から連続した文部省「婦人教育」政策への批判であるが、当時のGHQ上層部の民主主義観と両性協力の教育観を前提とした措置でもあった。つまり、日本政府が主導し、女性のみを対象とした学級・講座は戦前からの「政府主導の連続性」という観点から否定された。ただし、社会に残る従来の性差別・性抑圧を解消するために、さらに女性が地域社会や政治に能動的に関わるために教育機会を設けることは別の問題であり、その点から新たな女性を対象とした教育機会の是非が検討されていた。

第2節　占領期女性スタッフを中心とした「婦人教育」観

　占領期間のうち1946年から51年は、用語上は「婦人教育」が禁止された時期であった。しかしこの期間は、女性の参政権とその実質化について議論され、男女平等と社会教育のあり方が模索された時期ともなった。

　占領期の女性の教育と女性解放を考える際、女性史研究の立場から次の3点の指摘を考慮しておく必要がある。「一つは日本女性が婦人政策の恩恵にあずかっただけの受身的存在ではなく、政策の立案・実施に積極的に参加し重要な役割を果たしたこと。第2に日本女性が得た権利の中にはアメリカの女性にも認められていなかった権利の保障—憲法による男女平等の規定（憲法第14条）—もあったこと。第3に占領軍は決して一枚岩ではなく、婦人政策の推進に関しても内部に対立があった」[11]という指摘である。

　第1の点について言えば、ポツダム宣言受諾放送後の1945（昭和20）年8月25日には、戦後対策婦人委員会が結成され、婦人参政権や政治的結社の自由を政府に対して申し入れたこと、である。このうち、労働組合婦人部と新日本婦人同盟は45年中に結成され、参政権国会通過に向けた活動を開始した。戦前の女性と社会教育の背景を概観したとき、例えば青踏にみられる女性の「人間表明」、戦後に連なる婦人参政権獲得期成同盟の動向を見落とすことは出来ない。そこに連なる新婦人協会、婦人矯風会、労働組合、無産政党の婦人部、婦人文化団体、学校同窓会等の人々には、前出のGHQ女性スタッフと連携した社会教育活動もみられる。

　第2点については、憲法第14条に関して「1970年代の後半になっても、アメリカ人の多くは『日本の平等権利法修正案』とは、その用語と内容のいずれの点でもさして変わらない憲法修正案をめぐって、国をあげての論戦に追い込まれていたこと」。また、「第24条に至っては、第14条よりも、一層急進的である。というのは、男女の平等が公的な範囲だけでなく、家族という私的な領域でも保障されているからである」[12]という指摘に集約することができよう。

　第3点に関しては、占領期間の継続にともなって表面化したGHQ内部の

第2節　占領期女性スタッフを中心とした「婦人教育」観　　371

　ニューディーラー（進歩派）と実務派（保守派）の対立に加えて、GHQ の民生局、CIE、経済科学局（ESS）や地方軍政部（MGS・MGT）、さらに顧問として来日した女性スタッフそれぞれに立場の多様性がある。その際、戦後社会教育の出発における多くの女性の役割に注目する必要がある。

　第一次合衆国対日教育使節団の中で第5章成人教育を担当したウッドワード（Emily B. Woodward）―報告書最終案には記述されなかったものの、「家制度」や「女性のための勧告」が彼女によって検討された。1946年3月に来日した使節団への報告の際に、日本の女性教育（Women's Education）の歴史と問題点について報告を行ったのはドノヴァン（Eileen R.Donovan-CIE 教育課、中等教育・女子教育担当）であった[14]。さらに、女子専門学校の大学昇格、ドノヴァンと大学婦人協会設立に貢献したホームズ（Lulu H. Homes-CIE 女子教育顧問）、PTA の設立と IFEL でグループワーク理論を指導し、戦後大学での社会教育主事養成にも関わったコロン（Rose M. Cologne）、IFEL を統括したカーレイ（Verna A. Carley）、IFEL・YLTC（青少年指導者講習会）講師のサリヴァン（Dr. Salivan）、テュウイ（Marguerite Towhy）等が、戦後社会教育形成に重要な役割を担った。

　前出のウィードは、婦人情報担当のオフィサーという立場から出発し、他部局の女性スタッフや第1点で述べた日本女性と協力し、時に GHQ 内部の対立を克服して独自の「女性の政策同盟」[15]を構築したことが知られている[16]。民政局の調査分析担当として来日し、22歳で民法改正を目的とした憲法第14条、第24条原案を執筆したベアテ（Beate S. Gordon）の存在もある[17]。

　占領期における文部省とは別の「婦人教育」の動向は、社会教育学会においても、上村、井上、伊藤等の先行研究において詳細な検討が行われている[18]。例えばウィードは、45年11月、加藤シズエ（戦前、麗日会、日本産児調節婦人連盟等を結成）との会見をはじめに、同月、超党派的「婦人諮問委員会」（後の婦人民主クラブ）を組織している。並行して市川房枝（当時、新日本婦人同盟会長）とも接触を重ね、団体やメディアを活用した女性の参政権についての啓発と投票行動促進に尽力している。「日本の婦人の民主化は、銀のお皿にのせてマッカーサーから与えられたものではない。戦前からの婦人運動が、戦争中も低流にあって、戦後に実現したのだ」[19]という立場であり、女性

を歴史を動かしてきたひとつの力と捉えたビアード（Mary R. Beard）の女性史観を反映した行動でもあった。ウィードはCIEスタッフとして、「婦人を投票させるための情報プラン」（1946年2月）、「日本女性の間に民主的団体の発達を奨励するための情報プラン」（同年6月）、「地方軍政部を通じた婦人団体調査と日本政府への勧告」（同年8月）を中心的に担い、戦前からの地域婦人団体の継続性の問題点を明らかにし、教育活動を推進した。それは女性がその権利を実質化するための社会教育活動とも捉えられよう。

後述するように、CIEのネルソンとウィードの対立が指摘されるが[20]、両者とも旧来の団体運営方法と官府領導的な組織の改革に注目し、文部省作成の「婦人団体のつくり方育て方（案）」（1946年5月）を「団体の民主化とは」（同年8月）に書き変え、それが社会教育関係団体へのノーコントロール・ノーサポートの原則（48年7月「地方における社会教育団体の組織について」）＝「ネルソン通達」に反映されるなど、共通部分も大きい。相違点といえば、①ネルソンが施設（公民館）の充実と社会通信教育を重視したことに対し、ウィードはラジオ、ポスター、演示を始めとしたメディアを積極的に活用し、多くの女性と話し、地域で調査をおこなったこと、②母親学級を両親学級・社会学級に、母の会と学校後援会をPTAに統合して両性参加・協力を一貫して主張したネルソンに対し、ウィードは女性をひとつの社会集団と認定し、むしろ重視して差別や抑圧からの解放にむけて行動した点である。多くの合衆国の女性スタッフが、占領軍男性スタッフとは異なる女性という立場から日本女性と協力して活動した事実、また環境にあった事を確認しておく必要がある。

第3節　戦後「婦人教育」復活にみられる性別教育観の背景

占領初期、ひとたびは文部省の「婦人教育」が禁止され、両性協力が原則とされる一方で、GHQの女性スタッフと日本人女性を中心とした女性の教育のありかたが模索されたことは確かである。その中心に「女性の政策同盟」も存在した。しかし、占領末期の1951（昭和26）年には、女性の権利実

質化にむけた支援の一方で、旧来の女性対策との区分があいまいな形で「婦人教育」が復活した[21]。そこには、男女が共同して参画する社会を実現するという理念と同時に、性別教育の理解や性差による抑圧・差別問題をいかに理解するかという課題も存在した。背景に何が存在したのか、以下では、占領期における「婦人教育」の背景について考察していきたい。

(1) 占領下「婦人政策」推進の理解

ビアテの改革、ウィード等と一部の日本女性による「女性の政策同盟」が急進的活動を行えた背景について、ファー（Susan J. Pharr）は以下4つを要因としてあげている[22]。

① 占領期において民主主義と女性解放運動が概念的に特別な対をなすものと考えられた。自分を完全な民主主義者と考える人の多くが、女性解放や女性の権利の改革について反対する＝一種の形容矛盾を持っていた。しかし、占領期の一種の理想主義を抱いて行動するなかで、実利的立場からすると却下したかも知れない政策まで、数多く採用するような素地を創り出していた。

② 総司令部の指導的立場の人々が、彼らが決定した政策の結果に、責任を負う必要がなかった。占領軍当局のアメリカ人男性たちは、日本においては、体制の局外者であり、日本における両性間の勢力均衡を変更した。日本の男性と違い、男性特権の喪失に苦しむことがないことを知っていた。「売春取締」提案のような、アメリカ人の男性職員に直接影響を与える政策は、占領軍のトップ指導者の間では、ほとんど支持されなかった。

③ 占領という状況＝7年間にわたって、全面的とも言える権力を掌握していた総司令部は、日本の役人が猛烈に反対した改革ですら、押し通せるほどの権力を持っていた。その結果、日本の役人は、反対をする場合、どこに全力を注ぐべきかという選択に迫られた。女性の権利に関する法案は、日本政府が非常に憂慮した他の法案とともに審議されたことで成立した。

④　日米女性の政策同盟の活力と献身が、急進的実験の鍵となった。日米双方とも、それぞれの側の中において、常に政策上の立場が一致しているわけではなかった。日本側では女性指導者間の政治的イデオロギーの相違から、女性解放の目的に関して、合意を形成し相互に協力することが困難になってきていた。米国側では、女性職員が外部の支持層や、女性の権利に関する問題に集中すると、GHQの上役・同僚から批判、非難等を受けるようになった。その中で、占領者と被占領者の同盟が続き得たのは、双方がこの同盟から得るところがあったからである。

　以上、占領政策としての民主化の中、そのメルクマールである女性解放推進の要因として、占領下であるがゆえ実現した「理想」の構造とその限界が整理されている。同時に、その実質化のために、主にGHQの女性スタッフと日本の一部の女性リーダーが連携した活動の重要性を指摘しているのである。女性解放の実質化のためには、成人女性のための教育内容と方法が必要となった。文部省が継続した「婦人教育」をCIE教育課が禁止した一方で、日米をこえた女性の地位向上という立場から、時に男性を中心としたGHQ上層部との対立関係においてすすめられた女性たちの行動、という構図が見えてくる。日米女性有志による女性のための「婦人教育」がそこに出発した、ともいえる。結果として、一部の日本女性は、政策形成過程に意義のある参加をする機会を得て、多くはその後の社会的立場、機会の獲得につながった。GHQの女性職員は、日本女性の権利強化のために働くことで、それまで多くの重要ポストが男性に独占されていたにもかかわらず、重要な役割を演じる機会を得た。少なくとも、占領軍内の大多数の職員が民主主義と女性の権利を結びつけて考えるようになったのである。[23]

　しかし、そこには大きな限界も存在した。なぜなら、軍事占領下における女性解放の推進であり、合衆国の男性が第三者的な立場において容認したものであったために、その定着と実質化の問題は別次元の課題となったからである。それは、今日に至る「女性問題と社会教育」理解の前提でもあると考える。

（2）「女性の政策同盟」の「婦人教育」観の課題

確かに、ウィードたちの「政策同盟」は女性解放のための政治、労働、教育、福祉における法整備に貢献した。その点において、新しい女性解放のあり方を提示し、女性の公民権実質化という観点から、占領末期復活した文部省の「婦人教育」観に反映された。しかし、地方軍政レベルや当時の地域社会実態をどれだけ理解しえたか、また、GHQ内部とその政策変更の過程での限界は先行研究、および（1）で指摘した通りである。加えて、社会教育において性別に組織された女性団体を民主主義実現の存在として認定するとすれば、多元的な民主主義観の理解、女性問題をどう把握するか、解決のため如何なる学習が必要かが絶えず問われることになった。それは公的社会教育場面において「女性」を冠した施設・団体の存在理解にも関わる問題であった。

（3）「ミッションボード」の影響—ダーギン・タイパーを中心に—

占領期社会教育における男女共学と性別教育を「現実的」に理解する際、示唆深いのは、同じCIE教育課に在籍した青少年団体・学生組織担当の、ダーギン（R. L. Durgin）、タイパー（D. M. Typer）の行動である。両者には、YMCA主事の経験を持つという共通項がある。ダーギンは1919（大正8）年のYMCA日本支部での活動以来、1942年の抑留者交換（浅間丸）で帰国、第二次世界大戦終了直後にはGHQの顧問として来日、そのままCIE教育課に継続勤務する。前章で考察したように来日直後からYMCA、YWCA等のキリスト教系青年団体、ボーイスカウト、ガールスカウト、青少年赤十字等の国際的団体の関係者を中心に連絡を取りあって、活動再開にむけて準備を整えている。例えば女子補導団関係者とも1946（昭和21）年2月には、再結成にむけた書簡の交換がある。タイパーは、ダーギンが病気により一時帰国した後任として1947（昭和22）年8月に来日した。タイパーの文書（Report of Conference）を概観すると、着任当初はCIE共通の立場＝社会教育団体の地域網羅性に対して厳しい見解を示し、興味関心に応じたインタレスト・グループを提唱した。YMCA、YWCA、ガールスカウト、ボーイスカウト、青少年赤十字等に注目し、その組織充実を計っている。しか

し、GHQの冷戦構造による政策転換とともに、地域網羅団体の根強さに注目し、その存在は容認しながら、方法としてのグループワークの導入により、組織を変えていこうという姿勢が目立つ。それは1948（昭和23）年の夏以降、YLTC、IFELの実施が始まる前後からの事である。[26]

　ダーギン、タイパーにおいて明らかなのは、第1にミッション系、国際的な青少年団体・学生活動への支援の重視にある。戦前からのYMCA主事経験を生かし、GHQ内部・地方軍政部および日本人のつながりを活用し上記の団体経験をした多くの人々と連携していることである。地域網羅団体への批判、これにかわる雛型として合衆国に存在し、戦前日本においても活動していた民間団体（性別団体を含む）を念頭においたことである。前出のホームズやドノヴァンが男女共学と同時に私立女子専門学校を大学昇格させ、あるいは大学婦人協会にかかわる際、ミッション系の大学、合衆国と歴史的関係のある大学が中心となったことと結びつく。

　第2に、方法としてのグループワークの導入がある。戦後の教育方法について理解する際、また社会教育にとってもひとつの画期となった青少年指導者講習会（YLTC、IFEL）の合衆国講師として、テュウイとサリバン（合衆国ガールスカウト連盟理事）が重要な役割を果たした。そこで指導された方法の中心はグループワークである。グループワークは本来、ボーイスカウト、ガールガイドのパトロールシステムから出発した。さらにアメリカで発達した経験主義にもとづく理論であり、当時の欧米、とくに合衆国の教育観と家庭観、さらに性別教育観が反映された存在がガールスカウトであった。ガールスカウトは女子青年と少女の活動であるが、GHQ、およびCIEにとって占領後期の「婦人教育」と性別教育理解のモデルとも考えられるのである。

第4節　占領期にみるガールスカウトの女子教育観

(1)　GHQ、CIEの女子青年団体観

　戦前の地域青年団、女子青年団は戦後、GHQの指導もあり原則として男女共同の「新生」青年団に改めるべく指導が行われた。また、青年団以外の青少年活動においても男女共同の活動が奨励された。1947（昭和22）年12

第4節　占領期にみるガールスカウトの女子教育観　377

月、CIEから各地方軍政部向けに作成された「女性問題プログラム」には、チェックリストのなかに「Youth Organizations（この場合、青年団の訳として用いられている・筆者）において男女共学活動を促進しているか」との項目、また「強調することと促進すること」の5項目の中にも「少年・少女が参加する青少年・学生活動」との記述がみられる[27]。しかし、社会教育、青年教育における「男女共同」が進められる中で、CIEがモデルとした青年団体には男女両性参加の青少年赤十字、4Hクラブに加えて、ガールスカウト、ボーイスカウト、YWCA、YMCAという男女別の団体が含まれていた。

　CIEはなぜ、性別団体であるガールスカウト等を推奨したのか—その問題を考えるため、先にも述べたが、CIE教育課成人教育担当官ネルソンとCIE情報課婦人情報担当官ウィードの女性教育観について改めて確認しておきたい。上村千賀子は、男女共学を主張するネルソンと、女性を対象にした教育を重視し民主的婦人団体育成をすすめるウィードの間に意見の食い違いがあり、CIEの婦人教育政策は二系統に分かれていた点を指摘している[28]。

　ネルソンはCIE担当官への着任後、日本政府によるそれまでの婦人教育政策を批判的に検討し、当時行なわれていた母親学級のあり方を問題にして、母親学級では男女の厳格な社会差別を助長しかねないこと、それゆえに、男女双方のための学級「社会学級」に変更すること、また補助金は団体でなく学校に出す、といった修正をおこなっている。また、成人教育政策全般においても、ネルソンは男女共同参加を社会教育活動の重要な理念としており、文部省は一時、婦人教育を削除した。ネルソンが危惧したのは母親学級では母の会が「学校長に支配され、婦人の低い地位を固定化する傾向がある」[29]ことであった。

　これに対し、ウィードは従来の日本女性の状況をふまえ、女性が選挙権を含めた公民権を実質化するための教育機会を重視し、GHQや地方軍政部、日本の女性と協力した活動を行っている。ネルソンの仕事は男女共学によって教育内容の均等化を目指し、ウィードのそれは女性の教育によって「結果の平等」を目指したものであったともいえる。

　この点について、伊藤めぐみは、ネルソンの母親学級の修正は、母の会の

会員が母親学級の参加者であり、母親学級のための政府補助金が団体（母の会）に対して使われることへの警戒、文部省の婦人統制や女性を低い地位に固定化する教育内容を容認する政策への批判からおこなわれたものであった、と指摘する[30]。また「男女の共同参加」は女性の教育機会拡大、婦人の地位向上を目指した措置であった、と捉える。ネルソンは終始女性団体に直接的には関わらなかったが、自主的な婦人団体活動そのものは重視し、両者の考えは一致している部分もあり、その上で各々の分野で仕事を進めていった。両者は女性の地位向上と諸権利の実質化という点において一致し、むしろ補完関係にあったという捉えかたも出来るのである。

　GHQおよびCIEの女子青年団体に対する対応を、この女性教育政策に関する見解を参考にして考えた場合、地域青年団は、女子を低い地位に固定化する教育を排除するために男女共学化政策がとられた学校教育や社会学級の役割を果たす存在と捉えられる。従来の青年団は地域網羅的なものであったこと、加えて女子青年団は男性指導による女子の統制という性格が強かった点を危惧して男女共同への移行が指導された、と考えられるのである。他方、ガールスカウト、YWCA等の奨励は女子・女性のみの活動・運営により男性の指導を排除し、自主性を養い地位向上の契機とする民主的女性団体の役割として把握できる。CIEがガールスカウトと同様に推奨した青少年赤十字、4Hクラブは男女共同団体であったが、青少年赤十字は学校のクラス単位、4Hクラブは青年団とその対象をほぼ同じくする団体であり、前者の類型に当てはまる。ネルソンとウィードの対比を先に述べたが、男女がそれぞれに機会を得て活動していく団体と、女子・男子がともに活動する団体はともに準備されたことになる。ネルソンによる男女の機会均等化とウィードによる女性の権利の実質化は、その母国である合衆国でも課題であった多様な「理想」が投影されたものであったとも言える。

(2)　占領政策の転換とCIEの青年教育への対応

　その際、注目すべきは、同時期におけるアメリカの青少年団体の状況である。前章において1950年前後のアメリカ合衆国の青年団体を紹介したが、そこでは、性別団体が男女共同の団体よりも、数においても成員においても多

数を占めていた事情を考慮する必要がある。アメリカの主要14青少年団体の統計中、男女別団体は8団体である。ちなみに「将来のアメリカ農民（Future Farmers of America）」は男子団体であり、女子団体としては「アメリカ将来の主婦（Future Home maker of America）」があった。[31] また、男女共同団体にあっても実際の活動では性別ごとに行うことも多く、4Hクラブでは男子は農業技術、女子は家事経済を習得することを目的のひとつとしていた。合衆国では南北戦争後に共学の大学が増加、19世紀末にはハイスクールの男女共学が一般的になるなど学校教育では共学化がすすめられていたが性別格差は根強く、男女に固有の性質、関心事があるという考え方が多数を占めていた。青少年団体が男女別であることは自明なことであり、むしろ、日本において「我が国の青年団が一挙に全国的に男女両青年団を合体したことを話したら、アメリカ人はその勇猛果敢に驚いていた」という指摘も存在した。[32] GHQの内部において保守派、改革派の相違、部局による立場、男性・女性スタッフの多様な見解があったことは先に述べた。CIEにおいても、青年教育の性別教育観に関しても少年少女の性別の嗜好を重視し、彼等の将来にとって有益な訓練は性により異なるという考え方が存在していたのである。

　青年教育についての問題は反軍国主義、反超国家主義において統一性を保っていたが、その後、占領政策の転換の中で問題が顕在化する。1947（昭和22）年1月31日の2．1ストに対するマッカーサーの中止命令は、第二次世界大戦後の東西冷戦の深刻化を背景とした占領政策の転換「逆コース」の端緒といわれている。青年教育に注目すると、戦後初期において軍国主義・超国家主義の温床として批判、否定されていた地域青年団への働きかけ、さらにその組織化が進められていくことになった。戦前から地域青年団の事務局を担い、戦後の全国組織化に向かってCIEおよび文部省と調整を行った日本青年館所蔵の資料を見るかぎり、1947年前半まで、CIEの地域青年団に関する積極的指導はみられず、むしろ警戒感があるが、1947年秋以降、組織化にむけた支援が行なわれていくことがわかる。占領政策が「反共」という目的に向けて変化するにつれて転換し、地域青年団の組織化に反対していたCIEも、48年中頃から「反共防波堤」としての観点からその全国組織化を

検討するようになった点は前章で述べた通りである。[33]

　CIEの青年教育担当者が地域青年団関係の集会に参加する経過について具体的に確認すると、ダーギンは1946（昭和21）年6月に東京都青年団体育成懇談会に初めて出席している。これ以降全国各地で行われた青年思想問題研究会、各種講習会等の講師、助言者を努め、この姿勢は後任者であるタイパーにも引き継がれていった。その後、地域青年団組織化にむけた会議の開催は1947年10月からの全国6ブロックごとの青年団会議以降となり、翌1948年2月からは全国組織としての規約をもって発足した第1回日本青年団体連絡協議会等の開催―地域青年団の全国組織化への歩みを容認して支援していくことになった。その際、ダーギン、タイパーは内容面より、「青年集会法」「討議法」「会議の持ち方」などアメリカ的な教育と団体運営方法の普及にこだわった指導に力点を置かれた。[34] 後に、CIEのニュージェント（Donald R. Nugent）が、「青年団は団員の多さにもかかわらず無視されており、数の少ないＢＳ、YWCAなどが多く紹介されている。しかし共産主義を防ぐのは青年団からであり、オフィサーの努力の90％は青年団に対してむけられるべきである」[35]と後に明言しているが、このことは1947（昭和22）年秋以降に準備されていることがわかる。

　GHQ全体およびCIEの社会教育、青年教育に関する政策変更の中で指摘されるのがネルソン通達（「地方における社会教育団体の組織について」1948年・7月）と1948年10月から開始された青少年指導者講習会（YLTC）、教育指導者講習会（IFEL）の役割である。前者のネルソン通達によって青年団その他の団体への行政による補助金を禁止し、財政的自立と自立性を促すことになった。また、「『民主的』社会教育団体の早期育成がひとつの緊急課題」となり、社会教育団体の運営・教育方法を講習する場としてYLTC、IFELが位置づけられ、全国で開催されていった。そこに講師、参加者としてガールスカウト合衆国連盟の理事、指導者、また日本のガールスカウト指導者が多く参加していたことは、占領政策転換の中で、アメリカ的団体のモデルとしてあらためてガールスカウトの内容と方法が重視されたことを意味する。また、ガールスカウト、ボーイスカウトは多くのGHQ、CIEおよび地方軍政部のスタッフに理解され、経験者が多いゆえ協力を得やすい団体で

もあった。そこに、ボーイスカウトと共通するそのグループワーク理論と組織経営のあり方を地域青年団に普及していく意味もあった、といえよう。青年教育としての女子教育の役割、GHQ による青年教育政策の転換が図られる中で、ガールスカウトの普及とその応用がひとつの「現実的」な選択として示されることになった。

(3) 占領期ガールスカウトにみられる女子教育観

　GHQ の中でガールスカウトの中央組織準備員会メンバーと接触をしていたのは CIE 青年教育担当官ダーギンとタイパー、同じく CIE のウィードや女子教育顧問ルル・ホームズ、中等教育・成人教育担当アイリーン・ドノヴァン等である。ガールスカウトにはダーギン、タイパーが最も深く関わっているが、ウィードや女子教育顧問ホスプ（H. M. Hosp）、第 8 軍女性問題担当官ハザウェイ（Emily Hathaway）との接触もあった。

　また、各地域のなかでのガールスカウトの普及の過程では、地方軍政部の女性の担当官がその援助をおこなうことが多かった。タイパーは1948年 1 月の文書で YWCA に対して、「間違いなくあなたがたの女性オフィサーはすでに地域ユニットと接触している」[36]と述べており、女性担当官が YWCA、ガールスカウトを重視していたことがわかる。一方、ガールスカウトの『半世紀の歩み』や『会報』にも各県内の団発足に地方軍政部の女性スタッフが関わっていたとの記述が多くみられる。女性担当官は婦人団体や青年団女子リーダー等にガールスカウトを紹介し、県と呼応して講習会を開催した。[37]日本人女性が団体を組織するにあたって、女性スタッフの言動、存在は多大な影響を与えたはずである。その意味では、アメリカ人女性を中心とした軍政部スタッフの女子教育観を反映した組織として団が結成された。

　次に、戦後初期ガールスカウトの女子教育観について検討したい。ガールスカウトの活動は、ゲーム・劇・奉仕活動・水泳・キャンプなど各団によって多少の相違点があった。ガールスカウトにはスカウト（少女）が各自特定のテーマの課題に対して獲得していく「技能章」（現在は「バッジ」）というシステムがある。スカウトたちは制服にこの「技能章」を多数つけるために課題に積極的に取り組む傾向もあり、その点は効果的に配慮され、目的とす

る価値がはっきりあらわれている。補導団時代から既に日本でも取りいれられており、「和式調理章」、「家事章」、「体育章」、「救護章」、「通訳章」など24があった[38]。戦前と1948（昭和23）年当時の「技能章」の内容は大きく変わらないが、異なるのは、①家事関係の章がいくつかに統合されていること、②1948年には「『私の社会』章」、「弁論章」といった社会生活に関するものが加わっていること[39]、の２点である。戦前の補導団から継続して家事関係の技能は存在しているが、社会活動、弁論といった市民としての社会活動と個人の主張が重視されていること、がわかる。さらに1950（昭和25）年発行の『ガールスカウトハンドブック続篇』では、ガールスカウト活動の目的について以下の様に述べられている[40]。

　今や女子はよい家庭を作るだけでなく、家庭以外の一般社会の人々にも関心を持ち、活発で公共精神に富んだ公民になるよう望みをかけられています。今まで女子には殆ど開放されたことのない教育、実業、科学、政治など新しい分野に参加出来るよう次第に多くの機会が開けました。そこで日本の少女達が、与えられた責任を充分果たし得る善良な公民をなるよう訓練をすることが一層大切なこととなりました。

　ここには戦後の女性の選挙権、学校教育の共学化を反映して、家庭を守るだけでなく「公民」としての役割を果たし、様々な分野に参入する可能性を持つ女性像が表わされている。女性に「教育、実業、科学、政治など新しい分野に参加出来るよう次第に多くの機会が開」かれたという認識と、そうした社会に対応した訓練を行っていこうとする意識は、下記の戦前の補導団要覧と明らかに異なる点である[41]。

　女子補導団の目的は、学者、音楽家、美術家、或は体育家等の如き、特殊の専門家を作るのではなく、最も普通な家庭的に完全な婦人、然も各境遇に応じて充分其責務を全うし得るだけの『準備ある婦人』を作る事である。

第4節　占領期にみるガールスカウトの女子教育観　383

しかし、この戦後のハンドブックにおいても、主婦像は前提として重視され、「大部分のスカウトたちは他日、家庭に入って子どもを育てることになるでしょう。ですからスカウト生活をしている間に、将来よい母親となるよう『備えよ常に』です」と記述されている。一方、男性との関係に関しては次の通りである。

> 婦人は対手の話によく耳を傾けると同時に、又自分自身の意見をもち、それを怖じけず述べることが出来るならば、男子は誰れでもその婦人に興味を引かれます。若し婦人が間違っていると思うことに（それが対手の男子の言つた事であったとしても）きっぱり『イイエ、違います。』と云いきることが出来るならば、その為に、男子は反ってその婦人を尊敬するようになります。尊敬と云うことがなければ、真実の愛情というものはありません。―中略―生涯の友として羊を奥さんにしたい男子は一人もいないでしょう。

ここには、男性と対等な関係でお互いの尊敬のもとに家庭を築く賢明な女性像が表わされている。一方で、ガールスカウトの「おきて」にある「ガールスカウトは思いにも、ことばにも、行いにも純潔であります」に対応して次の説明がある。

> 少女は将来健全な子供を産む母体となる使命を持っています。白痴や不具（ママ）の子どもを産まないためには、是非とも男子との交際に純潔を保ち、正しい結婚をしなければなりません。

以上からは、戦後初期のガールスカウトの育成する女性像として、参政権を初め政治的権利を持ち、「対等」な夫婦関係のもとで築く家庭を生活の中心としながら、社会との接触の場をもって「公民」としての義務を果たす「主婦」像が明らかになる。

上村千賀子はCIEのホームズやホスプの取り組みを例にあげ、占領期における女子高等教育制度改革の特質の一つとして、「新しい良妻賢母」理念

が提示されていること、すなわち「戦前の家庭を女性の生活の場とした良妻賢母主義から、家庭を足場として社会活動や職業生活をおこなう型」への移行が目指されたことを指摘している。戦後初期のガールスカウトにおいて志向されたものを説明するときも、この表現は妥当である。

　戦後初期のガールスカウトの女性像は、GHQと当時の日本政府によって推進された民主化という目的を受け止めるものであった。一方で、期待されるのは、維持すべき家庭を支える賢明な女性像であり、その点は戦前から連続している。なお地域青年団の女性像においては、より性別役割分業観が強固であった。1949（昭和24）年に発行された『青年団ハンドブック』には、「青年団における女子の問題」の項で次のように説明されている。

　　民主主義というものはいたずらに男女の同権をとなえるものではなく、男女はそれぞれの特質をもつ異なったものであり、人格において同一のものであることをよく認識し、常に相手に対する尊敬を保ち、仕事の分担の領域をあきらかにしつゝ、お互のよき理解と礼儀によって賢明な融和が生まれることが望ましいのであります。[46]

と述べられている。これは地域青年団組織化のために示された女性観であるが、占領期に発行されたものであり、また、CIEで青年教育担当官であったダーギンが監修していることから、この時点でのGHQとCIEの女子教育観を反映している、とも言えよう。青年団の女性像は、ガールスカウトの性格にも通じるものであった。

小　結

　本章では、女子青年教育団体であるガールスカウトが占領期においてCIEによって奨励された意味、また、そこで示された女子教育観について検討した。
　戦後教育改革において、男女共学の6・3制が発足し、社会教育においてもその活動は基本的に男女共同参加となった。文部省は社会教育として母親

学級、婦人学級等の「婦人教育」継続を検討したが、これに対してCIEのネルソンは戦前の体制を継続し、男女の共同参加にも反するものとして禁止した。「婦人教育」政策に関してはGHQ内部でも多様な立場、見解が存在し、戦前的な特性教育という観点から女性の教育機会を禁止する立場とは別に、これまで教育をはじめとした社会的権利を剥奪されてきた女性に対し、その権利を実質化するための教育機会をおく立場もあり、この点のためにGHQ、地方軍政部の女性スタッフと日本人女性の間に「政策同盟」が結成され、連携した活動がはじめられた。

　GHQおよびCIEは、地域青年団について、戦前において軍国主義、超国家主義の温床となり、女性を低い地位に固定化する組織であったとして、徹底的な改革と男女共同への移行を指導した。一方で、ガールスカウト、YWCAには女子・女性のみの活動・運営により男性の指導を排除し、自主性を養い地位向上の契機とするための民主的女性団体の役割が期待されたのである。しかし、東西冷戦の深刻化を背景とした占領政策の転換「逆コース」はGHQとCIEの青年教育への対応を一変させる。日本の地域青年層の多くが所属する地域青年団の存在が無視し得ないものとなり、「反共防波堤」という観点から、その性格を改変しながらその組織化を進めていくことになった。そこで、行政による団体への統制を排除し、一方で団体の自主化を促すために行なわれたのが、ネルソン通達によるノーサポート・ノーコントロールの原則による補助金禁止措置であり、グループワーク指導を中心としたYLTC、IFELの講習会の実施であった。この講習会の中核には、ガールスカウト合衆国連盟と日本人ガールスカウト関係者が重要な位置をしめた。ガールスカウトという女子青年教育への期待と同時に、ガールスカウト等がもつアメリカ式のグループワーク理念をひろく地域青年団関係者に普及する意味があった。また、ガールスカウト、ボーイスカウトはGHQスタッフの経験者も多く、その内外で支持と協力が得られやすい運動でもあった。戦後日本のガールスカウトの女子教育観は、家事裁縫のみでなく参政権行使をはじめとした公民としての資質を視野におき、封建的な家と家族関係を否定するものである。同時に、その中心には純潔教育が強調され、家庭イメージを生活の中心とし、公民としての義務を果たす主婦像があった。

註

1）『婦人倶楽部』第24巻、12号（丸岡秀子『現代日本婦人問題資料集成』第8巻、ドメス出版、1976年）。
2）3、西村由美子「戦後婦人教育の成立」室俊司『婦人問題と教育』東洋館出版・1982年、150ページ。
3）竹前栄治『占領戦後史—対日管理政策の全容—』双柿舎・『GHQ』岩波新書・1983年、鈴木英一『日本占領と教育改革』勁草書房・1983年等。
4）スーザン．J．ファー（坂本喜久子訳）「女性の権利をめぐる政治」坂本義和他編『日本占領の研究』東京大学出版会・1987年、460ページ。
5）メリー．R．ビアード（加藤シヅエ訳）『日本女性史』河出書房・1953年、354ページ。
6）西清子『占領下の日本婦人政策』ドメス出版・1985年。前掲「女性の権利をめぐる政治」『日本占領の研究』482ページ。
7）山崎紫生「婦人政策の推進にかかわった占領軍の女性と日本女性の役割」（その1）『月刊婦人展望』1986年7月・12ページ。なお、同論文は、85年12月7日の「占領史研究会公開シンポジウム」の研究報告にもとづいたものである（占領史研究会『占領史研究会ニュース』1986年2月、No. 66）。
8）前掲「女性の権利をめぐる政治」『日本占領の研究』483ページ。
9）伊藤めぐみ「CIE教育教育課の婦人教育政策」小川利夫・新海英行編『GHQの社会教育政策』大空社、1990年・216～217頁。
10）この間の経緯については、千野陽一編『現代日本女性の主体形成』第1巻、ドメス出版、1996に資料として1部所収されている。
11）前掲「婦人政策の推進にかかわった占領軍の女性と日本女性の役割」（その1）12ページ。なお、占領初期、鈴木安蔵等の憲法研究会が植木枝盛の『日本国国憲案』をもとに憲法草案をGHQに提出し、自由と人格価値の関係において女性の権利が強調され、民政局（GS）に注目されたことも確認しておきたい。
12）前掲「女性の権利をめぐる政治」『日本占領の研究』464～465ページ。
13）井上恵美子「アメリカ対日教育施設団報告書と占領軍社会教育政策の形成」前掲『GHQの社会教育政策』60ページ。（ドノヴァンは男女共学の導入、女子高等教育、家庭科教育の他、成人女性の教育にも関わった。彼女はウィードと協議しながら女性の教育制度・プログラムについて、また、ネルソンが来日するまで成人教育の必要性について協議した）。
14）同前、69ページ。
15）前掲「女性の権利をめぐる政治」『日本占領の研究』を参照されたい。

16) 前掲「婦人政策の推進にかかわった占領軍の女性と日本女性の役割」（その１）12～13ページ、および（その２）『月刊婦人展望』1986年８月。
17) ベアテ・シロタ・ゴードン（平岡磨紀子訳）『1945年のクリスマス』柏書房・1995年。
18) 前掲の山崎紫生、伊藤めぐみ、井上恵美子論文の他、上村千賀子「終戦直後における婦人教育」『婦人教育情報』14号・1986年、「昭和20年代の婦人教育」『婦人教育情報』18号・1988年、「占領期における婦人教育政策」『日本社会教育学会紀要』28号、「占領政策下における地方軍政部の活動」『婦人教育情報』24号、1993年等がある。
19) 縫田曄子「占領初期の婦人対策に３画した椛島敏子さん」『月刊婦人展望』1986年９月・12ページ。
20) 前掲「昭和20年代の婦人教育」26頁、伊藤論文「CIE教育教育課の婦人教育政策」でも指摘されている。
21) 前掲「戦後婦人教育の成立」を参照されたい。
22) 前掲「女性の権利をめぐる政治」『日本占領の研究』494～499ページ。
23) 同前、498ページ。
24) 坂井博美・矢口徹也「女子補導団（会）・ガールガイド・ガールスカウトの研究」1999年度日本社会教育学会自由研究大会発表レジュメ・資料添付、および坂井博美・矢口徹也「女子青少年の研究―ガールガイド・ガールスカウトを中心に―」『早稲田教育評論』第17巻１号2003年３月。
25) 拙著「占領期社会教育の研究―タイパー研究」『日本社会教育学会第37回研究大会課題研究発表集録』1991年。
26) 拙著「戦後青年団の全国組織化過程」『早稲田大学文学研究科紀要』別冊第17集・1991年３月。
27) WOMEN'S AFFAIRS PROGRAM, 1 December 1947, GHQ/SCAP RECORDS, Box No. 3081, Sheet No. CAS（A）-09530。
28) 上村千賀子「昭和20年代の婦人教育―占領前記における占領政策と婦人団体」（国立婦人教育会館『婦人教育情報』No. 18　1988年９月）、上村千賀子「占領政策下における地方軍政部の活動―婦人教育活動を中心として」（国立婦人教育会館『婦人教育情報』No. 26. 1992年９月）を参照されたい。
29) 伊藤めぐみ「CI&E教育課の婦人教育政策」（小川利夫・新海英行『日本占領と社会教育II GHQの社会教育政策―成立と展開』大空社、1990年）、217ページ。
30) 同前、215―223ページ。
31) 前掲『青少年教育』。
32) 前掲『青少年教育』157ページ。

33) CIE の青年団組織化に関する対応については、拙著「戦後青年団の全国組織化過程－日本青年館の解散団体問題と占領軍の対応を中心に」『文学研究科紀要』早稲田大学大学院別冊第17集・1990年、を参照されたい。
34) 前掲「戦後青年団の全国組織化過程－日本青年館の解散団体問題と占領軍の対応を中心に」『文学研究科紀要』早稲田大学大学院別冊第17集・1990年、を参照されたい。
35) To : chief, Education Division, From : Chief　CIE, Subject : chapter XV, Date : 12 Aug. 1950, Trainor Collection, Reel No. 58（以下 Trainor Collection は、国立国会図書館蔵のものを使用した。）
36) Donald M. Typer, Present Status of Youth in Japan, Jan 5 1948, Trainor Collection, Box No. 67, Reel No. 58。
37) 前掲『半世紀の歩み』を参照。
38) 前掲『日本女子補導団便覧』。
39) ガールスカウト日本連盟中央準備委員会『ガールスカウトハンドブック』1948年。
40) ガールスカウト日本連盟『ガールスカウトハンドブック　続篇』1950年。
41) 前掲『日本女子補導団便覧』3～4ページ。
42) 前掲『ガールスカウトハンドブック　続篇』35ページ。
43) 同前、35ページ。
44) 同前、34ページ。
45) 上村千賀子「占領期日本における女子高等教育制度の改革とアメリカの女子教育者たち」（『アメリカ研究』29、1995年）。
46) 青年団ハンドブック委員会『青年団ハンドブック』財団法人日本青年館・1949年、56ページ。

　（本章第1節、2節、3節は、拙著「戦後初期における『婦人教育』政策にみられる性別教育観の検討」日本社会教育学会『ジェンダーと社会教育』2001年、を書き改めたものである。）

終章

女子補導団研究の成果と課題

　本論は、ガールガイド運動がイギリスから日本に導入され、女子補導会、女子補導団として活動を展開し、第二次世界大戦中の解散を経て、戦後初期においてガールスカウトとして再発足する過程を検証したものである。ガールガイド、ガールスカウトはキリスト教女子青年会（YWCA）とともにイギリスに起源をもち、女子青年教育に関する国際的な団体である。日本では女子補導会として1920年代に結成され、独自の展開を行い、小規模なものではあったが都市型の女子青年教育のモデルを示した。また、戦後教育改革の中で、合衆国式にガールスカウトとして再出発を行い、その理念と方法とは戦後の女子教育方法のひとつとして定着し、さらにひろく戦後社会教育のモデルのひとつともなった。本章では、本研究をすすめてきた目的と問題意識、および構成を述べた上で、成果と課題を確認したい。

第1節　各章の成果

　本書では、次の各章にしたがって論を展開した。
　第1章では、イギリスにおけるガールガイドの成立について検討した。イギリスのガールガイドの成立について確認した目的は、①日本の女子補導団がもともとイギリスのガールガイド運動を導入する形で発足したこと、②日英同盟という友好関係を時代背景として、それは当時、日本の女子青年教育モデルのひとつとされたこと、③ガールガイドは「大英帝国の母」育成の課題に対応したものであったが、その課題は、イギリスから遅れてすすんだ大正期における日本の産業化、都市化に重なるものであったこと、さらに、④総力戦、科学戦としての性格をもった第一次世界大戦を経て、世界的に認識

され始めた女子青年教育の必要性を反映していたからである。これらは、日本における女子補導団理解の前提となるものであった。

イギリスにおいてボーイスカウトから分離し、少女を対象として発足した過程とその時代状況、とりわけガイド運動が第一次世界大戦前後の「求められる女性像」の変化をどのように反映したのか、活動内容を含めて検討した。その背景には、1．女子青年教育の課題の発見と注目、2．工業化・都市化と家庭での性別役割分業、3．総力戦としての世界大戦と女性の戦時役割、を含んだ女子教育理解が含まれている。検討の結果、以下の点が明らかになった。

ガールガイドの背景には、イギリスがかつての「黄金時代」を経過して経済面、社会面で問題が顕在化した時代があった。そこでは、教会の宗教的影響力低下への危惧があり、都市化と青少年の生活、余暇への対応のために登場した青年教育のひとつとしてガールガイドを捉えることが出来る。ガールガイドはベーデン・パウエルが発足させたボーイスカウト運動から分岐した形で出発したものであるが、少年の場合の目的が「大英帝国」の勤勉な市民、兵士、労働者となる資質を求めたものに対して、少女の場合は「大英帝国」の母であり、良き妻の姿であった。1910（明治43）年に正式に発足したガールガイドは、当初ボーイスカウトと同様の活動を基本としながら、救護、保育を中心にことなるプログラムも有してはいたが、キャンプへの参加をはじめ少女むけの活動としての適否が内外で問われた。しかし、第一次世界大戦により状況は大きく変化した。総力戦の中で、急速に女性の社会参加が進んだこと、結果として女性の地位向上がはかられたこと、また、ガールガイドそのものも戦時の救護と支援に活躍したこともあって、少女の活動としての認知を得ることになった。ベーデン・パウエルの妻、オレブが指導者となり、市民として活動する女性像を示したこともあり、運動はイギリス国内外でより発展をみせることになった。

第2章では、明治大正期における女子教育とキリスト教について考察した。大正期に日本で発足したガールガイド運動は、キリスト教と結びつきを持って始まった。キリスト教は、明治期以降の日本の女子教育振興にとって大きな要因であった。明治政府の女子教育振興とキリスト教、とりわけ欧米

第 1 節　各章の成果

から派遣された宣教師たちとの関係は、明治政府の西欧文化に対する姿勢と、育成しようと女性像の変化もあって直線的ではなく、緊張関係をもちつつ推移した。ここでは、1、学制頒布と女子教育、2、明治初期におけるキリスト教と女子教育、3、キリスト教主義学校への明治政府の対応の変化と高等女学校、4、大正期の女子教育と臨時教育会議、5、明治・大正期における女子教育とキリスト教、について検討しながら、1920年のガールガイド＝女子補導会出発の背景について検討した。

　その結果、次の点が明らかになった。①明治初期から男子中心に学校制度が整備される中で、キリスト教主義女学校は女子教育において中心的役割を担ってきた、②しかし、日本のナショナリズムが高まる中で、訓令12号、高等女学校令が出され、戦前における日本的な女子中等教育制度が確立されると、③キリスト教主義女学校は独自の対応を迫られ、さらに高等女学校卒業生の急増にともない女子高等教育の要望が高まると、上級学校への接続を検討していくことも課題となっていた。④大正自由主義を反映した児童中心主義や新しい女子教育への試みも課題となった。このような時期に、日本におけるガールガイド、女子補導会は発足した。明治以降、日本の女子教育を中心的に担ってきたキリスト教系女学校は、高等女学校と訓令12号にみられる宗教分離問題という日本政府の圧迫の中で、じゅうらいの教育事業を継続しながら新たな社会活動を展開していく必要があった。そこに、教育と伝道両面の役割を果たしていく女子青年教育活動が必要となった。女子補導会、補導団の活動には以上のようなキリスト教系女学校の教育、経営上の背景があった。

　第3章では、戦前のガールガイド活動が行なわれた女学校について検討した。具体的には、東京の香蘭女学校、大阪のプール学院、神戸の松蔭女子学院、さらに、イギリス聖公会から派遣された英語教師等を擁した東京女学館である。ここでは、この四つの女学校の設立経緯とスタッフ、教育観・教育内容をあとづけながら、その上で大正期にガールガイドが導入される背景について概観した。

　女子補導団の組織された四つの女学校は、香蘭と松蔭が聖公会SPG系列で、プール学院は聖公会CMS系列であり、また、東京女学館は大日本女子

教育奨励会という国家的な取組みを遂行し、欧米文化の受容のために、教員スタッフの派遣をはじめSPGミッションの協力を得て出発した。したがって、いずれの学校も、イギリス聖公会と緊密な関係を保ち、それゆえ明治20年代以降の日本政府による女子教育の政策転換期においては、しばしば改革をせまられ、独自の教育活動を模索した学校であった。訓令12号、高等女学校令に対しては、当初、キリスト教主義と独自の学校文化を維持するために各種学校としての学校経営を維持する方針であったが、その後、女子の中高等学校機関への進学要望が高まる中で、学校存続の課題から高等女学校への改組、専門学校入学検定無試験指定の認可を受けることになった。以上の専門学校入学検定指定、あるいは高等女学校への改組のためには、教職員、施設、教育課程を高等女学校に合わせたものにして申請を行う必要があった。そこでは、従来のような宗教活動が教育課程として認められず、修身を必修として設置する必要があった。また英語を中心とした欧米文化理解に関わる時間配当をかなり削減する必要があった。

その意味では、各校とも政府の方針に抗いながらも、現実の高等女学校、あるいは高等女学校に準ずるかたちに学校経営を変換せざるを得ない事情があった。同時に、各校の学校文化を維持していくためには、高等女学校令と訓令12号によって禁止されたキリスト教、英語等の欧米文化を学ぶ課外活動が必要になっていた。この時期に、各校で日本のガールガイドが発足しているのである。

第4章では、日本女子補導会が、イギリスのガールガイド連盟の日本支部という形で発足した経緯とその性格について検討した。最初の補導会は、日本聖公会SPG系列の香蘭女学校の入信者を中心に始められ、キリスト教教育の一貫として紹介、導入されたものであった。活動の中で、イギリス人宣教師たちは、日本人少女に対するガールガイドの教育的可能性と布教にとっての有効性を確認している。活動初期の女子補導会の特色は、①イギリスのガールガイドの翻訳段階からはじまり、②キリスト教にもとづく活動であり、③少女を対象とした都市型の任意参加の社会教育活動であった点にある。

大正中期以降、日本でも大都市部を中心に従来の家制度とは異なる都市型

第1節　各章の成果　　393

家族が登場し、官庁、企業に通勤する男性と家事・育児を担う主婦により構成された親子二世代の都市家族が急速に増加した。家庭を基点にして科学的・合理的な思考の出来る女性の育成が求められ始めていた。男子に比較して女子社会教育活動への関心が薄い時代、補導会は、女子のみの団体として児童、生徒の自主性を尊重し、グループ活動を目指した。女学生の制服も和装から洋装に変化しつつある時期であったが、当時の日本では女子が洋装で手旗信号、救急法、キャンプや野外調理を行う姿は、全体的に見れば少数であった。旧来の家制度の中の女性、また処女会・女子青年団において期待された若い娘像とは異なり、補導会は、都市型の女子青年教育として捉えられる。

　第5章では、日本女子補導団への改組とその組織について検討した。都市における女子青年教育としての可能性を持ったこの運動は、1923（大正12）年に日本女子補導団に改組されて再出発した。イギリスの支部を日本独自の組織とし、キリスト教主義的性格を緩和し、イギリス人宣教師と日本人本部役員の協力による運営にあらためた。また、東京を中心とした限定的な活動をこえて、地方での展開が準備された。ここでは、日本として独自の組織を構成した女子補導団の性格と全国各地の組および支えた指導者についての概要を明らかにした。具体的に、1、日本女子補導団への改組、2、『女子補導団便覧』にみる女子補導団の性格を、①キリスト教の理解、②神と天皇の位置、③第一次世界大戦の影響、④家庭婦人の養成と女子教育、⑤新教育と児童中心主義から捉え、3、女子補導団の組織と指導者の概要、の順で考察した。その結果、この時期、日本のガールガイドは、イギリス支部の補導会から補導団に改組され、神と天皇の位置づけに応用性を持たせ、華族と教育関係者を本部に迎え、「日本的」組織に変更された。しかし、活動の基礎となる組単位では聖公会を中心とした活動であったこと、第一次世界大戦後の国家と女性像が反映した市民性、新しい都市の家庭と女子教育が要望されたこと、さらに、新教育の側面をもった運動でもあったことを確認した。日本女子補導団への改組は、日本のガールガイド運動の普及と展開のための改組でもあったが、ボーイスカウト・ガールガイド運動が世界的普及のために各国の独自文化と宗教を尊重するというベーデン・パウエルと世界会議の方針

転換に合致したものでもあった。

　第6章では、女子補導団活動の展開過程について本部記録を中心に検討した。1925（大正14）年から発行された機関紙『女子補導団』の本部記録を中心にその活動の展開過程について検討した。イギリス、アメリカを中心としたガールガイド、ガールスカウト運動の展開と日本の女子補導団運動については、1922（大正11）年から1938（昭和13）年の世界大会に補導団の役員が直接参加して国際交流をはかり、とりわけ檜垣茂は4回参加し、最新のガールガイドの内容と方法を日本に伝えている。なお、1928（昭和3）年のガールガイド・ガールスカウト世界連盟結成に際しては、女子補導団は創立会員となっている。

　次いで、本部日誌にみる女子補導団の活動について年次別に確認を行った。1925～1934年（大正末期から昭和9年）までの女子補導団の活動概要について、本部記録に現れた補導団全体の方針、海外交流、本部事業、組と団員数等について、年次、月日別に整理、検討を行った上で、以下の4点を確認した。①日本のボーイスカウトである少年団との関係については、少年団日本連盟との関係から結成された団もあること。②しかし、昭和初期に少年団日本連盟との協力で進められた組の結成やキャンプ活動は、「満州事変」後から急速に後退し、聖公会系の学校、教会、幼稚園で継続するのみとなった。③戦前における女子補導団の停滞の背景には上級学校の受験問題等があることを指摘した。また、④女子補導団は大日本青少年団等の他の団体に合流することなく、1942（昭和17）年1月末日に解散した。

　第7章では、女子補導団の展開について東京の動向を中心に検討した。日本における戦前のガールガイド運動の中心ともなり、本部が設置されていた香蘭女学校の東京第1組aとブラウニ、アンデレ教会を中心とした東京1組bとブラウニ、バルナバ教会・日本女子大暁星寮の第3組、当時の牛込区余丁町小学校の余丁町少女団、東京女学館の第4組について、それぞれの活動の特色を、機関紙『補導団』および関連する資料を中心にあとづけ、指導的人物、各組結成の経緯、結成の背景、活動場所と内容についても確認した。

　香蘭女学校、アンデレ教会、バルナバ教会、日本女子大暁星寮、東京女学

館ではイギリス人女性宣教師、日本人の婦人伝道師、各校の教師、補導会OGが指導を担当し、団員としては各校生徒、教会の家族、日曜学校の子どもが参加し教会信徒との結びつきも強かった。余丁町少女団は、児童中心主義教育の学校長の教育方針で始められ、小学校の高学年生を中心に結成された。余丁町小学校教員が指導者となり少年団との結びつきも強かった。イギリス人女性宣教師、日本人指導者の協力があり、教員人事をも含めて、香蘭、日本女子大、東京女学館との交流を生かした活動が行なわれた。東京地区の活動は、第一次世界大戦後の自由主義、また児童中心的な活動として注目され、さらに関東大震災を経て「そなえよつねに」はひろく社会に浸透することになった。

　しかし、香蘭の組は1942（昭和17）年まで活動を継続するものの、日本女子大の暁星寮におかれた組は大学生、女学生の多忙さから大正末に休会した。余丁町少女団は1929（昭和4）年頃から高学年生徒の都合を理由として停滞、アンデレ教会のブラウニは女学校受験等の問題から1931（昭和6）年に休会の報告があった。東京女学館の組も1933（昭和8）年度頃より授業時間の都合で活動縮小の報告があった。なお、1940年（昭和15）には、千住キリスト教会で東京第5組が発足している。

　第8章では、女子補導団の展開のうち、地方の活動について概観を行った。組の発足年代にしたがって、神戸、大連、大阪、盛岡、大宮、福島、長春、日光、沼津、長野、茂原、草津、久喜の順に、発足時期、地域と団体名、指導者、さらに活動の背景を確認しながら内容を検討した。以上を概観すると、女子補導会が補導団に改組され、キリスト教主義にもとづく運動という性格を緩和させた後でも、実質的に多くの組は、聖公会に関わりのあるイギリス人宣教師、聖公会教会、学校、幼稚園の教職員が多く関わっており、また相互に連携していることがわかった。また、地方都市の活動は、大都市部での活動が会員の受験準備等によって停滞をはじめ、その一部は休会となる1930年以降に発足している。その多くは、教会、幼稚園を拠点に年少のブラウニを中心とした活動が準備されるようになった。大連、長春等の組は地域の高等女学校生徒の参加を中心とし、少年団との結びつきもあったが、「満州事変」という戦時情勢によって活動を停止した。大阪の組は室戸

台風被害が休会の原因となった。戦時体制によるイギリス、アメリカとの緊張関係、児童生徒の学校生活の変化、自然災害等を補導団活動の阻害要因としてあげることができる。同時に、国内の都市、地方部共通に、上級学校進学と、学校の教育課程全体の多忙さからの児童生徒の欠席、退会が指摘できる。

　第9章では、日中戦争・第二次世界大戦下の聖公会教会と補導団関係の女学校の状況について検討した。日中戦争から第二次世界大戦下の時代、キリスト教は交戦国であるイギリス・オランダ・アメリカ合衆国等の宗教であり、とりわけイギリス国教会系である聖公会とその系列の聖公会系女学校は宗教教育の禁止を含めた弾圧をうけた。日本のガールガイドである女子補導団も1942（昭和17）年1月に解散した。本章では、日中戦争・第二次世界大戦下の聖公会教会と補導団関係の女学校について概観した。具体的に、1．15年戦争と中等教育を概説し、2．宗教団体に対する国家統制をはかった宗教団体法と日本聖公会、3．外国人宣教師と教員の帰国を含めた戦時下の香蘭、プール、松蔭、東京女学館について、4．戦時下における学校の組織変更について、5．各校への戦時学生標準服の導入、6．戦争継続にともなう国家総動員法と勤労動員、さらに、学校報国隊の結成、7．女子勤労動員の経緯について、検討した。イギリス、アメリカ合衆国と日本との関係が悪化する中で、各校の外国人宣教師と教員、女子補導団指導者の多くが帰国し、女子補導団を含む欧米的教育活動も停止した。

　戦争継続にともない、当初は奉仕活動として行われていた勤労作業はその後、学校単位での勤労動員として組織化され、第二次世界大戦末期には本土決戦を想定した学徒隊の形態をとった。アメリカ戦略空軍による空襲によって校舎に被害があり、勤労動員先で死亡した教職員、生徒もあった。多くの被害を経て、四つの女学校をはじめとした日本のガールガイド運動は完全に停止したのである。しかし、見方を変えれば、イギリスでの発足以来ガールガイド運動がもっていた性格、すなわち総力戦への対応を想定した国家への忠誠と協力、機能的組織の確立と合理的対応、救護活動の技術、実践的活動の重視、活動しやすく統一された制服等は、皮肉にも全国の女学校組織、動員先の工場において実現されることになった。

第10章では、戦前期全体の総括として戦前日本の女子青年教育としてのガールガイド運動について考察した。前章まで、大正時代に女学校、幼稚園等で始められ、女子補導会、女子補導団と改称され、東京さらに活動を全国に展開した同運動の背景と実態について検討を行った。戦前期日本のガールガイド運動について改めて確認しながら、本研究の目的でもある次の3点について考察した。

　1．キリスト教主義女学校における女子補導会・女子補導団の役割について。女子補導会、補導団の活動が、聖公会系の女学校、教会、さらに地方の幼稚園卒園者等にひろめられていったことについては、キリスト主義女学校をめぐる日本の教育制度が変化する中で、教育と伝道両面の役割を果たしていった点を確認した。2．青年教育としての女子補導会・補導団の位置について。女子補導会・補導団は、大正自由教育・あるいは第一次世界大戦後の女子教育再編のなかで、じゅうらいの学校教育の内容と方法を批判し、女性のより積極的な社会的役割、公共的奉仕、体育の重視と衛生観念等と社会奉仕を重視した。また、小集団を活用した自主的な活動形態と余暇活動の内容・方法を用いる活動であり、その意味において都市型の女子青年教育の理念と方法を提起した。これは、女子中等教育の発達にともない、学校で行なわれた教育活動を補い拡張するものでもあった。3．大正期から制度的にも拡充した女子の中高等教育との関係について。女子補導団の停滞要因のひとつに団員である女子児童・生徒の進学問題があることを指摘した。中高等教育機関への進学要求の拡大は、都市部、中間層の子どもたちであった女子補導団員へ明らかな影響を与えた。受験競争と暗記の弊害から1927（昭和2）年に中止された高等女学校・中学校の筆記試験も1930（昭和5）年度より復活され、補導団活動を担った女学校においても、学校制度が女子高等教育に接続した体制にあらためられた。女子補導団運動の阻害要因には戦時体制の進行と、欧米との緊張関係、それにともなうイギリス人女性宣教師の帰国問題等が指摘できる。同時に、女子青年教育としての女子補導団の存続も受験競争の動向に大きく影響されたことが理解された。

　第11章では、戦後ガールスカウトの発足と女子補導団の関係について考察した。大正時代にイギリスからガールガイド方式で導入された女子補導団は

1942（昭和17）年に解散した。しかし、この女子青年活動は、戦後アメリカ合衆国を中心とした占領下において、ガールスカウトとして新たに出発した。本章では、ガールスカウト運動が占領という状況下でいかなる過程で成立したのか、さらにGHQの民間情報教育局の支持もあって全国の青年教育関係者、婦人会等に紹介され、多くの社会教育関係団体のモデルとしての役割を果たしたことについて検討を行った。その際、戦前の女子補導会、補導団との連続性についても比較の観点から考察した。

その結果、次の点が明らかになった。戦後、日本は、アメリカ合衆国を中心とした連合国軍によって占領され、CIEの青年教育担当を中心とした指導によって戦時中に解散したガールガイドは、アメリカ式にガールスカウトとして発足した。その際、戦前の女子補導団関係者、CIEの日本人スタッフ、地方の教育関係者が多く参加し、またGHQ、地方軍政部のアメリカ人スタッフも母国での経験から結成に協力している。女子の青年教育活動として、さらに欧米の文化を背景とし、そのグループワーク理論から多くの青年教育団体のモデルとなった。他の多くの社会教育関係団体は、戦前の軍国主義・超国家主義への協力を理由として解散、改組の命令を受け、地域網羅の組織原理を批判されていた。そのような団体に対して、ガールスカウトはYWCA、YMCA、ボーイスカウト、青少年赤十字とともに民主的青年教育のモデルとして提示されたのである。グループワークの内容と方法はYLTC、IFEL等の青年指導者講習会等を通じて紹介され、合衆国ガールスカウト連盟の理事、トレーナーが日本のガールスカウト育成と他の青年団体指導の講師としても招聘されたことは、その象徴的出来事であった。

第12章では、戦後初期の「婦人教育政策」とガールスカウトにみられる性別教育観の検討を行った。前章に引き続き、ガールスカウトが占領期においてCIEによって奨励されたこと、その女性団体としての意味について明らかにした。戦後教育改革の中で、学校教育における単線型の学校体系と男女共学の学校体制が発足し、社会教育においてもCIEの男女機会均等の原則が進められる中で、青年期の女子教育を特立、推奨した意味を検討した。それによって、CIEのガールスカウト観と女子教育観を明らかにすることが本章の目的であった。

その結果、次の点が明らかになった。文部省は社会教育として母親学級、婦人学級等の「婦人教育」継続を検討したが、CIEの担当者はそれが、戦前の体制を継続し、男女の共同参加にも反するものとして禁止した。しかし、「婦人教育」政策に関しては、GHQ内部でも多様な立場、見解が存在し、①戦前的な特性教育という観点から女性を特定した教育機会を禁止する立場、②教育をはじめとした社会的権利を剝奪されてきた女性に対し、その権利を実質化するための教育機会を提供しようとする立場があった。GHQおよびCIEは、地域青年団に対しては、戦前において軍国主義、超国家主義の温床となり、女性を低い地位に固定化した組織として、徹底的な改革と男女共同への移行を指導した。一方で、ガールスカウト、YWCAには女子・女性のみの活動・運営により男性の指導を排除し、自主性を養い地位向上の契機とするための民主的女性団体の役割が期待されたのである。

その後、東西冷戦の深刻化を背景とした占領政策の転換＝「逆コース」はGHQとCIEの青年教育への対応を一変させた。日本の地域青年層の多くが所属する地域青年団の存在が無視し得ないものとなり、「反共防波堤」という観点から重視されると、性格を改変しながら再組織化が進められていくことになった。そのための講習会の中核には、ガールスカウト合衆国連盟と日本人ガールスカウト関係者が重要な位置をしめており、ガールスカウトという女子青年教育への期待と同時に、ガールスカウト等がもつアメリカ式のグループワーク理念、教育観をひろく地域青年団関係者に普及する意味があった。また、ガールスカウト、ボーイスカウトはGHQスタッフの中にも経験者が多く、GHQ内外で支持と協力が得られやすい運動であった。戦後日本のガールスカウトの女子教育観は、家事裁縫のみでなく参政権行使をはじめとした公民としての資質の育成を視野におき、封建的な家と家族関係を否定するものである。同時に、純潔教育の重視と家庭を生活の中心とし、公民としての義務を果たす主婦像が存在していたのであった。

第2節　結論と課題

これまでの考察をふまえて、本研究の目的に関する結論は以下の通りであ

る。

（1）戦前日本の女子教育におけるキリスト教の役割を理解し、またイギリス聖公会経由で導入された女子補導会、補導団の意味を明らかにすること、について。

　明治初期から日本の中等教育は男子中心に整備され、キリスト教主義女学校はそれを補うように女子教育を担った。明治中期以降、日本のナショナリズム高揚による訓令12号、高等女学校令が出され、教育と宗教の分離および高等女学校の拡充の動きはキリスト教主義学校を圧迫する。男子校が高等教育機関への接続と兵役猶予特典の関係から中学校に改組し、宗教性を分離していくことに比して、多くのキリスト主義女学校は宗教活動維持のため各種学校としての道を選択した。

　しかし、不況期に、新設の公立高等女学校を生徒が選択し、生徒募集が課題となったこと、高等女学校卒業生の急増にともない女子高等教育の要望が高まっていくこと、また女子専門学校の増設と女性の職業選択の拡大、資格付与の関係から、キリスト教主義女学校においても高等女学校への改組、あるいは専門学校入学試験免除の指定を受ける選択を行っていった。この改組にともない、宗教活動の分離および英語時間の削減によってミッションスクールとしての文化維持が困難となる。そこで、学校教育課程外の任意の活動であり、イギリス人女性宣教師によって指導される女子補導会、補導団は伝道、教育の観点から有効な存在となり、社会に対する女子青年教育活動のアピールとなった。もともとガールガイドは19世紀末のイギリスにおいて、教会の宗教的影響力低下への危惧、都市化と青少年の生活、余暇へ対応の課題として登場した青年教育のひとつとしてボーイスカウトから分離し、イギリス人少女の興味と関心に応える形で独自の発展をみせたものである。女子補導団はキリスト教系女学校の教育、経営上からも導入された活動であった、と考える。

　香蘭女学校、松蔭女学校はイギリス聖公会SPGミッションの系列にあり、プール学院はCMSミッションの伝道を行う学校である。松蔭のガールガイド運動は早期に休会するが、GFS（ガールフレンドソサエティー）活動を継続し、伝道、教育上の充実を継続している。東京女学館はキリスト教主義

女学校ではないが学校創設以来SPGミッションとの関係が強く、また伝統、文化を重視する学校であった。このような宗教的性格の重視は、その後も多くの補導団活動において継続された。それによって、女子補導団のキリスト教的性格は強く維持された一方、その活動の普及と展開には限界があった。

（2）青年期教育の二重構造と女子青年期教育の検討の観点から女子補導会、補導団の意味を明らかにすること、について。

　戦前の日本の青年期教育には男子と女子に分けられた別学の構造が存在し、男子、女子それぞれに中等教育、青年教育の二重構造が存在した。教育における先行研究では、男子を中心とした二重構造の問題が焦点であり、女子の中等教育と青年教育の関係はじゅうぶん明らかにされていない。また、女子青年教育としては、農村部における処女会、女子青年団の研究は存在しても都市部での活動はほとんどなされていない。日本における女子補導会・補導団の検証は、女子の青年教育、とりわけ都市部の青年教育という意味を持つ。女子補導会が発足した1920（大正9）年は、女子教育をめぐって、①明治の学制頒布以降、低迷してきた女子就学率も大正期に入ってある程度、安定し、それにともなって女子の中等教育教育進学要求も高くなった時期である。高等女学校教育の内実が問われると同時に、女性の職業資格と高等教育が検討課題となっていた。②総力戦、科学戦としての第一次世界大戦を経て、世界的に科学教育と女子教育のあり方が模索されていた。③大正自由主義の空気の中で、新教育運動と児童中心主義思想が導入されつつあった。④臨時教育会議を経て、一方では良妻賢母主義にたつ高等女学校教育が提示され、同時に女子教育の科学性、合理性、実践性が議論された時期である。それまでの知育偏重を批判し、新教育運動として経験と自主性を尊重した補導団活動は、当時の女子教育に対し実践的な社会教育としての問題提起をふくむものであった。

　イギリスでのガールガイドは、当初少女むけの活動としての適否が問われていた。しかし、第一次世界大戦の中で状況は大きく変化した。総力戦の中で、国家の女性に対する要望が変化し、急速に女性の社会参加が進んだこ

と、結果として女性の地位向上がはかられたこと、また、ガールガイドそのものが戦時の救護と支援に活躍したこともあって、女子青年教育としての認知を得ることになった。ベーデン・パウエルの妻、オレブが指導者として新しい女性像を示したこともあり、運動はイギリス国内外でいっそうの発展を示すことになった。

　日本においても、大正中期以降、商工業と都市の発展にともない、大都市部を中心に従来の家制度とは異なる都市型家族が登場し、官庁、企業に通勤する男性と家事・育児を担う主婦により構成された親子二世代の都市家族が急速に増加した。家庭生活の担い手として科学的・合理的な思考の出来る女性の育成が求められ始めていた。男子に比較して女子社会教育活動への関心は低かったが、女子のみの団体として児童、生徒の自主性を尊重したグループ活動は都市部において新たな女子教育像として受け止められた。おりしも女学生の制服も和装から洋装に変化しつつある時期であり、それは旧来の家制度の中の女子教育、また処女会・女子青年団において期待された農村部の女子教育観とは異なるものであった。大正自由教育と第一次世界大戦後の女子教育再編のなかで、女子補導団は女性のより積極的な社会的役割と社会奉仕に注目し、小集団を活用した活動形態と余暇活動の内容・方法を目指す活動であり、その意味において都市型の女子青年教育の理念と方法として提起されたものであった。

　女子補導団は女子中等教育の発達にともない登場し、学校で行なわれた教育活動を補い拡張した社会教育活動として捉えることが出来る。大正期から制度的にも拡充した女子の中高等教育との関係については、受験の影響が大きいことが理解された。大正期から昭和初期の中等教育への進学要求は、学校増設等の対応を大きく上回るものであり、その結果、深刻な受験競争と暗記等の弊害が指摘され始めた。1927（昭和2）年には、文部省が高等女学校・中学校の入学試験において全国一斉に筆記試験の禁止を指示している。そこでは、判断力と理解力を問う口答試験と小学校からの調査書による選抜が行われることになった。しかし、公平性の問題から批判があり、結局は1930（昭和5）年度より筆記試験が復活されることになった。女子補導団の停滞要因のひとつに団員である女子児童・生徒の進学準備問題があった。受

験競争の中に都市部の中間層の子どもである女子補導団員が存在したのである。皮肉にも、都市部のブラウニでは高等女学校受験のために休会する組が登場し、入学後の（高等）女学校においても上級学校進学のための受験勉強により繁忙となる。

　さらなる女子補導団運動の阻害要因には、戦時体制の進行と、欧米との緊張関係、それにともなうイギリス人女性宣教師の帰国問題等が指摘できる。欧米的で、またキリスト教主義のガールガイドは、活動において、また学校と教会そのものが圧迫と弾圧を受けたことは確かである。しかし、戦前、戦中の活動の停滞の総てを政治的、国際的要因に帰することはできない。当時の女子の進学をめぐる競争状況の中で停滞した問題をここでは指摘しておきたい。女子青年教育としての女子補導団も受験競争のダイナミズムから無縁ではあり得なかったのである。イギリスにおいて、ガールガイドは「大英帝国の母」育成の課題に対応したものであった。その課題はイギリスから遅れて産業化、都市化が進んだ日本にも重なるものであった。しかし、日本の場合、補導団が都市部の新中間層の女子を主たる対象としたこともあって、受験がより優先する課題となっていたと考えられる。

　また、戦時体制と女子青年教育という観点から見たとき、ガールガイド運動がもっていた総力戦を想定した国家への忠誠と協力、機能的組織の確立と合理的対応、救護活動の技術、実践的活動の重視、活動しやすく統一された制服等は、女子補導団の解散後、戦時下の日本の女学校組織、動員先の工場において実現されたという事実を指摘しておきたい。

(3)　第三の目的は、戦前の女子補導会、補導団の歴史、とりわけ戦後青年教育への影響の理解についてであった。

　女子補導団は約20年余の活動を経て解散した。キリスト教主義にもとづく運動であり、対象が限定された活動であったこと、また上級学校受験の問題等からひろく普及した運動とはならなかった。しかし、大正期以降、この運動に参加した女子たちは、キリスト教、英語、さらにグループワーク活動を身につけて成長した。その中には、高等教育機関に進学し、ガールスカウトの国際大会に参加した人物もいる。女子補導会、補導団に属する女子は多く

が女学校、あるいはそこへの入学を目指す少女たちであり、主に都市部の新中間層の子どもたちであった。女子補導団の性格は欧米的であり、キリスト教主義にもとづくとともに、都市中間層の家庭の要求に対応したものであった。女子補導団の持つ、将来の家庭人養成のための女子教育の重視、新教育と児童中心主義の立場は戦後の家庭像と女子教育を先取りしたとも捉えられる。つまり、戦前期において女子補導団はキリスト教主義的性格と対英米緊張関係の高利によって、ひろく受け入れられることはなかった。しかし、戦後になって、戦前のキリスト教的性格が緩和されたこと、親英米の社会が生まれたことにより、ガールガイド・ガールスカウトの持つ家庭観と児童中心の女子教育像は、全国規模での工業化、都市化にともなう家族と女子教育像の変化の中で、多くの日本人に支持されるものとなった。

次に占領下におけるガールスカウトとしての再出発の理解である。占領は連合国軍による間接統治の形態ですすめられたが、実質的にアメリカ合衆国スタッフの意向が強く反映され、CIEの青年教育担当を中心とした指導によってアメリカ式にガールスカウトが採用された。それはYWCAとともに、女子青年教育のモデルとして推奨され、中央組織としての準備委員会結成とともに地方の軍政部、新設された教育委員会の協力で活動が組織された。その理由には次の各点があった。①CIEおよび文部省は、戦後の婦人参政権、男女共学をはじめとした機会均等政策の中で、女性による自主的な活動モデルが必要であり、ガールスカウトがそれにふさわしいものであったこと。②ガールスカウトの活動理念と方法が、グループワークを中心としたアメリカの教育方法に一致していたこと。③ガールスカウトの指導者として想定されたメンバーとして、戦前の女子補導団メンバーは英米文化に通じた存在であり、あるいはCIEスタッフとの関係という点で問題がなかった。また、ボーイスカウト（少年団）と比較して、戦前の軍部との関係を疑う存在でもなかった。

それゆえ、ガールスカウトとして活動が奨励されると同時に、YLTC、IFEL等の指導者講習会を通じてひろく他の社会教育関係団体のモデルとして紹介された。しかし、占領政策の変更の中でガールスカウトの持つグループワークの持つ意味も変化した。

例えば、占領初期において地域青年団は軍国主義、超国家主義の温床として強く批判されていたが、東西冷戦の深刻化を背景とした占領政策の転換いわゆる「逆コース」化の進行によってCIEは青年教育への対応を一変させた。地域青年団の存在が無視し得ないものとなり、「反共防波堤」という観点から重視されると、青年団の性格を改変しながらその組織化が進められていくことになった。その際、モデルのひとつが地域網羅性によらないインタレスト・グループを活動原理とし、女性が自主的に活動するガールスカウトであった。それゆえ、ガールスカウト合衆国連盟と日本人のガールスカウト関係者は戦後の青年教育、社会教育の発足において重要な位置をしめることになった。また、ガールスカウト、ボーイスカウトはGHQスタッフ中にも経験者が多く、新たに発足した教育委員会メンバーにとっても理解しやすい雛形となり、GHQ内外で支持と協力が得られやすい運動であった。しかし、CIE、地方軍政部、教育委員会の協力と指導によって結成された青年団体ゆえに、地域においての継続的活動においては課題が存在した。また、戦前のガールガイド方式の経験者からは、ガールスカウト運動がひろく普及するにつれて、運動の理念と方法が問われることもあった。

(4) 女子青年教育としての戦後ガールスカウトの性格とその女子教育観について。

戦後教育改革の中で、学校教育における単線型の学校体系と男女共学の学校制度が成立した。社会教育においても男女機会均等の原則が進められ、戦前の特性教育に連続する「婦人教育」は禁止されている。その際、女子青年団体であるガールスカウトが推奨された意味、その背景にあるCIEのガールスカウト観と女子教育観を明らかにする必要があった。

戦後初期において、文部省は社会教育として母親学級、婦人学級等の「婦人教育」の継続を検討したが、CIEの担当者はこれを禁止している。それは、母親学級、婦人学級が地域において女性を不当に支配することへの懸念であり、戦前の体制を継続することへの否定からであった。占領期、「婦人教育」政策に関して、文部省およびGHQ内部でも多様な立場、見解が存在しており、①戦前から継続して女性の性役割への期待から「婦人教育」を継

続する立場、②女性を特定した機会を差別として禁止する立場、③参政権、教育機会を含む社会的権利を剥奪されてきた女性に対して、その権利を実質化するための教育機会を設けようとする立場があった。

　ガールスカウト、YWCAには女性のみの活動・運営により男性の指導を排除し、自主性を養い地位向上の契機とするための民主的女性団体の役割が期待され、グループワークによる成員の関心にもとづく集団形成は地域網羅性にかわる青年団体の組織原理とされたのである。ガールスカウトに期待されたのも、女性の自主性の涵養と地位向上のためにアメリカ的民主主義を内面化することであった。したがって、CIEと日本人スタッフによって協議され、形づくられていった日本のガールスカウトの女子教育観も、家事裁縫のみでなく参政権行使をはじめとした公民としての資質を高め、封建的な家とそこでの家族関係を否定するものであった。このように家庭生活を中心におきながら、公民としての義務を果たす主婦像への期待は、ボーイスカウトには見られないものであった。その後、合衆国において第二次大戦中に職場進出した女性たちに対しては、「家庭へ帰れ」キャンペーンで多くが職場を去ることになった。これと呼応するようにCIE関係者による男女に対する性別役割の考え方は、占領政策の変化の中でより明白なものになっていくのである。

　最後に女子補導団研究通じて明らかになった女子青年教育研究の課題を確認しておきたい。
　第一は、女子教育をめぐるの政策の二面性という問題である。
　イギリスにおけるガールガイド運動は、かつての「黄金時代」が過ぎて、経済面、社会的に問題が顕在化した時代に登場した。ボーイスカウトの目的が「大英帝国」の勤勉な市民、兵士、労働者となる資質を求めたものに対して、少女に求められたのは「大英帝国」の母であり、良き妻の姿であった。当初ボーイスカウトと同様の活動を基本としながら、救護、保育を中心に男子とは異なるプログラムが存在し、当時の少女の希望に反して屋外のキャンプも正式には認められていなかった。
　しかし、第一次世界大戦を契機として、ガールガイドは多様な活動に取り

組み、また、社会的に注目された。総力戦の下、参戦国の女性は積極的に銃後活動に参加せざるを得ない状況が生まれ、また、奨励されたからである。戦時体制は女性が家の外に出るという意味において「画期的」な結果をもたらし、社会の女性に対する考え方も微妙に変化していった。この点において、ガールガイド運動とその女性像は社会に多大な影響を与えたのである。1916年、ベーデン・パウエルの文章においても、それまでのガールガイドで強調された「妻・母」や「女らしさ」の理念はややトーンダウンし、「市民」としての役割が強調されるようになっている。以上のように、第一次世界大戦を経てイギリスのガールガイドの目標は、良き妻・母から良き市民に変化をとげていった。

　この変化は、世界大戦という時代環境の劇的な変化とチーフガイドをはじめとした世代交代によって説明されてきた。しかし、それは、社会、とりわけ国家の女性に対する期待の二面性にあったとも言えるのである。つまり、平時においては、大英帝国において夫の良き妻であり、良き母であることを求め、戦時においては男性の多くが戦場に拘束される中で、女性のあらゆる場面での活躍が期待される、という理解である。イギリスにおいて第二次世界大戦は生産、流通、交通等のあらゆる場面で女性が労働し、ガールガイドもナチスドイツとの攻防の中で、疎開学童支援、戦場後方での救護をはじめより多くの「社会参加」を経験した。しかし、大戦終結とともにガールガイドは平和友好のシンボルとされ、また、女性は家庭に戻ることが奨励され、再び良き妻と母役割が求められることになった。この点は、アメリカ合衆国においても日本においても多くが共通している。

　本論で検討した戦後初期に論点となった「婦人教育」における二面性、つまり、戦前からの「婦人教育」との連続性と女性解放のための「参政権実質化」という二つの側面は、いわば並行したまま、占領末期を迎えている事実がある。1951（昭和26）年、行政用語として「婦人教育」は再登場し、その際の特設の論拠は、①婦人の後進性からの解放、②婦人を特異な領域から説明する必要性であった。そこでは「婦人問題」の存在認定と同時に、課題のひとつとして「母性としての教養や技術」も説明されている。女子教育、また女子の青年教育を考える際、時代状況によって「妻、母役割」と「社会

人、市民としての役割、貢献」は力点と表現を変化させながら登場してくることに注目したい。占領後期、CIE と日本人スタッフによって協議された日本のガールスカウトの女子教育観が、公民としての資質を高め、封建的な家とそこでの家族関係を否定するものであると同時に、将来、家庭生活の主たる担い手となること、公民としての義務を果たす主婦像におかれていることは、多様な「立場」に配慮した両論併記であった。以上、日本政府、あるいは GHQ による女子教育をめぐる政策の二面性に留意し、占領期の女子青年教育に関する歴史的課題を確認した。

　第二に、このような「婦人教育」への期待の二面性を周知し、占領軍の立場を越えて連携したのがアメリカ人女性スタッフと日本人女性による「女性の政策同盟」であったと捉えることが出来る。彼女たちの活動は、GHQ の男性職員と同一に捉えることはできない。

　占領期において民生局、民間情報教育局、経済科学局、地方軍政部、さらに顧問として多くの女性スタッフが来日している。本文中でも取上げたように、第一次使節団報告書のウッドワード、IFEL を統括したカーレイ、先述した IFEL・YLTC 講師のサリバン、テュウイ等、が戦後社会教育形成に重要な役割を担った。前出のウィードは、婦人情報担当のオフィサーという立場から出発し、他部局の女性スタッフや日本女性と協力し、時に GHQ 内部の対立を克服して独自の「女性の政策同盟」を構築したことが知られている。民生局の調査分析担当として来日し、22歳で民法改正を目的とした憲法第14条、第24条原案を執筆したベアテ（Beate S. Gordon）の存在もある。彼女たちは、戦後の女性解放が決して外部から与えられたものではない、として抑圧されてきた日本人女性の主体的契機、教育に注目している。このような、GHQ 内外における女性スタッフの役割と、その協力関係、さらに女子青年教育への影響をあらためて詳細に検討する必要性がある。

　第三に、占領当初、CIE に批判された日本の「家」イデオロギーとそこでの性役割は、すでに第一次世界大戦後登場した都市部新中間層以上の間では変化し始めていた、という理解である。その意味で、女子補導団は戦後を先取りした女子青年教育であった。女子補導団の背景にあった「核家族」化は1920年代以降、都市部において急速に進んでいた。これは、補導会、補導

団と戦後のガールスカウトの歴史にも当てはまる部分が多い。背後にある、都市部の家族形態と女子の青少年教育観の理解にかかわる問題である。昭和前期の「15年戦争」のもとで日本人の家族関係には徐々に抑圧が強まり、戦争継続と経済状況の深刻化の中で変形を余儀なくされたが、「家」制度とは別個の「家庭」像の素地、そこでの女子教育観は、戦前すでに形成されつつあった。だからこそ、ガールスカウトは戦後急速に団員数を増加させ、その活動を「新鮮」に受けとめる層を産みだした。それは性別教育観に多少の差異はあっても、占領期にダーギン、タイパーやドノヴァン、ホームズと行動をともにした多くのガールスカウト運動指導者の経歴にもみてとれる。彼女たちの多くは、戦前、新中間層の家庭に成育し、近代的な「家庭」像を内面化した人々たちである。皮肉なのは、戦前の女子補導団と戦後のガールスカウトの少女たち共通に、受験を理由に運動が停滞するという現象が生じていることである。

　戦後初期に再出発した社会教育関係団体でめざされた「家庭」像と「性別教育」観は、戦前都市部のそれと連続している面が多々ある。戦前都市部の補導会、補導団と戦後ガールスカウトの女子教育観を、「性別教育」と「家庭」観の連続性という観点からさらに精緻に検討したい。また都市型の女子補導団と地域網羅型の処女会、女子青年団とを比較考察する必要がある。さらに、イギリス、合衆国での女子青年教育の動向も視野に入れて再検討していくこと、以上の課題を確認して、論を閉じたい。

おわりに

　早稲田大学で青少年教育論を担当するようになったのは1992（平成4）年のことだった。後輩でもある学生たちと青年期教育を論じていたある日、女子学生からの感想カードに「先生の青少年教育論には女子の姿が見えない」という記述があった。次の授業時、「近代の青年期教育はエリート育成、兵役準備ともに男子中心で行われた」という弁解をした。しかし、彼女の指摘は自分の青少年教育論を再構成していく契機となった。女子の青年期教育は男子のそれに比べて未整備であったと同時に研究されていない部分が多いことに気付いた。

　その後、YWCA、ガールスカウトを研究していた坂井博美さんとCIEの記録を一緒に読む機会を得た。戦後教育改革の中での女子補導団、ガールスカウトの役割を知り、「不思議」なこの対象に引きこまれていくことになった。

　本研究をすすめる過程で、改めて、男子の中等教育、青年団体と比較した女学校、女子社会教育関係資料の少なさ、そして資料そのものが公的に記録、保存されて来なかったことの意味を深く考えさせられた。その後、女学校、補導団の活動記録を辿りながら、自らの中等教育と女子社会教育に関する勉強不足を痛感することにもなった。文中で取り上げた、昭和初期に政府に入試制度見直しを迫り、女子補導団の存続を脅かすほどに発展した高等女学校とは何であったのか、今後、改めて検証したいと考えている。

　本研究は学位論文の中心部分ともなった。主査をお願いした朝倉征夫先生、ご助言をいただいた同僚の前田耕司先生、小林敦子先生、坂内夏子先生、青少年教育の立場からご指導いただいた廣瀬隆人先生に厚く御礼申し上げたい。また、学部、大学院時代を通じてお世話になった大槻宏樹先生、故大槻健先生、故日高幸男先生、故横山宏先生、松村健一先生、長田三男先生、さらに多くの先輩と仲間たちにこの場をお借りして御礼申し上げたい。

412　おわりに

　また、本研究をすすめる際、多くの方々に資料提供とご助言をいただいた。元女子補導団副総裁の故三島純さん、ガールスカウト日本連盟およびOGの三島昌子さん、高力壽美子さん、清水俊衣さん、永井かよ子さん、元資料担当の住吉節子さん、同大阪府支部の蒲池冨美子さん。学校では、香蘭女学校（ご担当の関修司先生）、プール学院（ご担当の大八木秀子先生）、松蔭女子学院（ご担当の吉村厚子先生）、東京女学館（ご担当の山岸章子先生）、平安女学院（ご担当の小林敬三先生）。

　日本聖公会関係では、名取多嘉雄先生、垣内茂先生、大澤克次先生、片岡霊恵先生、東京教区事務所、聖アンデレ教会、牛込聖公会聖バルナバ教会、鴨川聖フランシス教会、北関東教区事務所、大宮愛仕幼稚園、宇都宮聖ヨハネ教会、草津聖バルナバ教会、盛岡聖公会、山形聖ペテロ教会、仙台聖フランシス教会、沼津聖ヨハネ教会、京都聖アグネス教会、神戸聖ミカエル教会の方々。少年団研究に関してはボーイスカウト日本連盟、品川区の上平泰志さんにアドバイスをいただいた。

　最後に、本書に登場する女子補導団、ガールスカウト団員を含むすべての方々に心から感謝したいと思っている。ありがとうございました。

2007年12月10日

矢口　徹也

写真資料所蔵・提供者一覧

香蘭女学校同窓会　3
東京女学館資料室　1、6、7、16、17、25
松蔭女子学院資料室　5、18、26、29
プール学院資料室　はじめに写真、4、20、21、27、
平安女学院資料室　2、28
ガールスカウト日本連盟　カバー表紙、口絵①、口絵②、口絵③、口絵④、8、9、10、11、13、14、15、19、22、23、30、31、32
吉田実氏　12
大宮愛仕幼稚園　24
ボーイスカウト日本連盟　カバー裏表紙

著者紹介

矢口徹也（やぐち　てつや）

1956年12月30日　栃木県生まれ。
1991年　早稲田大学大学院文学研究科博士課程単位取得退学。
早稲田大学　教育・総合科学学術院教授　博士（教育学）

主著

『山形県連合青年団史』萌文社・2004年。
『女性・しごと・ライフデザイン』（編著）アムプロモーション・2007年。

女子補導団
―日本のガールスカウト前史―

2008年2月29日　初版第1刷発行

著　者　矢　口　徹　也
発行者　阿　部　耕　一

〒162-0041　東京都新宿区早稲田鶴巻町514番地
発行所　株式会社　成文堂
電話 03(3203)9201(代)　Fax 03(3203)9206
http://www.seibundoh.co.jp

製版・印刷　シナノ印刷　　製本　佐抜製本
☆乱丁・落丁はおとりかえいたします☆　検印省略
©2008 T.Yaguchi　　Printed in Japan
ISBN978-4-7923-6087-0 C3037

定価（本体3500円＋税）